KB003676

일동기유

수신사기록 번역총서 1

일동기유 日東記游

김기수 지음 · 구지현 옮김

보고사
BOGOSA

서문

1876년 4월 4일 김기수(金綺秀, 1832~1894)는 고종에게 하직인사를 하고 사행 길에 올랐다. 1811년 쓰시마로 마지막 통신사를 보낸 지 60여 년 만에 일본에 파견되는 사신이었다. 조정에서는 옛 외교를 다시 닦는다는 의미에서 사신 명칭을 '수신사(修信使)'로 바꾸었다. 그러나 조선에서 준비한 사행의 내용은 이전과 별반 차이가 없었다. 75명밖에 되지 않는 사행원이었지만 통신사 때와 마찬가지로 화원, 서기, 중국어 통역이 포함되어 있었고, 육로에서의 행차를 대비해 악공과 기수, 고수들도 빠짐없이 준비되어 있었다. 이전 통신사행을 답습하는 사행단의 구성인 것이다.

반면에 낯선 곳을 가는 위험은 더 컸다. 운요호 사건을 통해 억지로 이끌어낸 불평등한 조약 체결의 결과로 이루어진 사행이었기 때문이다. 「상략(商略)」에 보이는 지인들의 충고는 대부분 조심하기를 강조하는 것이었고 여기에 그저 네네라고 대답하는 김기수에게서 아무 것도 대비할 수 없는 두려움이 읽힌다. 못 돌아올지 모른다는 가족들의 염려를 알면서도 떠날 수밖에 없는 전근대 관료로서의 책임감도 느껴진다.

부산에서 화륜선을 볼 때부터 그에게는 충격이었다. 근대의 문물과 마주친 김기수는 눈으로 보고 있어도 어떻게 설명해야 할지 모르겠다고 『일동기유』 내에서 종종 고백한다. 그런 와중에도 증기선의 원리, 서양 건축물의 양식, 새로운 병기의 활용법 등 아는 지식 내에서 나름대로 묘사하기 위해 노력하였다. 전근대인의 방식으로 소화하려 했던 것이다. 메이지유신 이후의 일본을 경험한 최초의 기록이기도 하지만 그의 꼼꼼하고 자세한 기록 태도는 자료 가치를 높이는 데 일조하였다. 반면 이런 태도 때문에 그의 전근대성이 두드러지게 드러났으니 아이러니하게 느껴진다.

김기수는 전대(專對)를 담당한 사신으로서 새로운 일본에 대처하고 판단할 수밖에 없었다. 그러나 사행 내내 소극적인 관찰 태도를 보인 것과는 달리 『일동기유』는 당시 사람들의 정보 욕구에 부합할 수 있는 성실한 견문의 기록이 되었다. 자신의 견문을 객관적으로 상세하게 기술하는 것은, 공적인 보고서로서 활용되었던 전통적인 사행 견문록의 중요한 특성이다. 김기수는 충실하게 이 전통을 따랐던 관료였다.

『일동기유(日東記游)』는 조선고서간행회에서 낸 『해행총재(海行摠載)』에 편입되었고 일찍 번역이 나와서 연구 텍스트로 용이하게 활용되었다. 이번에 새로이 번역하면서 장서각본을 저본으로 하고 고서간행회본을 참고하였다. 그동안 연구 성과를 바탕으로 상세한 주석이 되도록 주의를 하였고, 근대적인 분위기를 살리기 위해 일본 인명과 지명은 현지음을 반영하였다.

통신사 연구자로서 김기수의 기록을 볼 때마다 안쓰러움이 느껴진다. 일본에 도착한 김기수 일행을 관찰한 한 영국인 기자는 "일본인들은 자기들도 최근까지 그 손님들과 거의 똑같은 모습을 하고 있었던 것을 생각하지 못하고 이 불쌍한 조선 사절을 보고 절제 없이 웃었다. 이 조선 사절은 중국인풍의 잘 생긴 얼굴을 한 사람들이다."라고 일본인을 조소하는 기사를 썼다. 어쩌면 우리는 그동안 당시 영국 기자가 포착했던 본질을 놓친 채 우리의 전근대인을 평가했는지도 모른다. 이런 안쓰러움의 일면을 독자들도 느낄 수 있었으면 좋겠다.

소롤 수석재에서
구지현

차례

서문 · 5
일러두기 · 10
해제 · 11

◇ 일동기유(日東記游) 권1

사회(事會) 1칙 ········ 15
차견(差遣) 2칙 ········ 18
수솔(隨率) 2칙 ········ 20
행구(行具) 4칙 ········ 23
상략(商略) 6칙 ········ 24
별리(別離) 6칙 ········ 27
음청(陰晴) 12칙 ········ 30
헐숙(歇宿) 부(附) 정리(程里) 8칙 ········ 33
승선(乘船) 9칙 ········ 40
정박(停泊) 14칙 ········ 44
유관(留官) 19칙 ········ 51
행례(行禮) 의복(衣服) 부(附) 11칙 ········ 57

◇ 일동기유(日東記游) 권2

완상(玩賞) 22칙 ········ 62

결식(結識) 34칙 ··· 76
연음(燕飮) 부(附) 주식(酒食) 20칙 ··· 91
문답(問答) 9칙 ··· 100

◇ 일동기유(日東記游) 권3

궁실(宮室) 16칙 ··· 127
성곽(城廓) 부 교량도로(橋梁道路) 13칙 ··· 131
인물(人物) 12칙 ··· 134
속상(俗尙) 24칙 ··· 139
정법(政法) 22칙 ··· 145
규조(規條) 6칙 ··· 151
관왜서(館倭書) ··· 152
함내규칙(艦內規則) ··· 154
괘위죄목(詿違罪目) 28조 ··· 156
대설(代舌) ··· 157
학술(學術) 7칙 ··· 159
기예(技藝) 7칙 ··· 162
물산(物產) 26칙 ··· 163

◇ 일동기유(日東記游) 권4

문사(文事) 9칙 ··· 169
서계(書契) ··· 169
별폭(別幅) ··· 171

별폭(別幅) 172
회서계(回書契) 173
왕복문이(往復文移) 176
창수시(唱酬詩) 183
미야모토 오카즈에게 주는 편지 한 편을 부기함 202
「식헌편후제(息軒扁後題)」를 부기함 203
「관육군성정조국기(觀陸軍省精造局記)」를 부기함 204
귀기(歸期) 4칙 208
환조(還朝) 1칙, 또 별단(別單) 14칙 209
「행중문견별단(行中聞見別單)」을 부기함 210

◇ **일동기유 후서(日東記游後敍)** 220

[원문] 日東記游 卷一 225
日東記游 卷二 242
日東記游 卷三 266
日東記游 卷四 285
日東記游 後敍 306

[영인] 日東記游 卷一 608
日東記游 卷二 543
日東記游 卷三 454
日東記游 卷四 382
日東記游 後敍 316

일러두기

1. 한국학중앙연구원 소장 필사본을 저본으로 하여 번역하였다.

2. 번역문, 원문, 영인본 순서로 수록하였다.

3. 가능하면 일본의 인명이나 지명을 일본어 발음으로 표기하였다. 단, 시문에 사용된 단어나 한국식 표현, 발음을 고증할 수 없는 고유명사는 한국 한자음으로 표기하였다.

4. 원주는 번역문에 【 】로 표기하고 본문보다 작은 글자로 편집하였다. 원문에서도 동일한 방식으로 편집하였다. 각주 및 간주는 모두 역자 주이다.

5. 인물 및 사건 정보는 주로 한국학진흥사업성과포털에서 제공하는 《조선시대 대일외교 용어사전》을 참고하여 작성하였다.

일동기유(日東記游)

1 기본 서지

4권 2책. 필사본.

현전하는 『일동기유(日東記游)』의 완본으로는 한국학중앙연구원 소장의 4권 2책, 미국 버클리대학 소장의 불분권 1책의 필사본이 있다. 국사편찬위원회에서 『한국사료총서(韓國史料叢書)』 9집으로 출간된바 있는데, 당시 이선근(李瑄根)이 소장하고 있던 김기수 집안의 필사본을 저본으로 출판한 것으로 알려져 있다. 현재는 장서각에 소장되어 있으며, 김기수의 친고에 가장 가까운 것으로 보아도 좋을 것이다.

2 저자

김기수(金綺秀, 1832~1894)의 본관은 연안(延安), 자는 계지(季芝), 호는 창산(蒼山)이다. 서울 출신으로 김준연(金駿淵)의 아들이다. 1875년 현감으로 별시문과에 합격해, 병과로 급제하여 홍문관응교가 되었다. 1975년 9월 운요호 사건(雲揚號事件) 발생 후 일본은 전권대사 구로다 기요타카(黑田淸隆)를 조선으로 보냈으며, 1876년 2월 조일수호조규가 체결되었다. 이에 따라 일본은 조선에게 수교 교섭에 대한 회사(回謝) 사절단을 보내도록 요구하였으며, 김기수는 제1차 수신사로 파견되었다. 5월 22일부터 6월 27일까지 일본에 체류하였으며, 부산을 출발해 시모노세키(下關)·고베(神戶)·요코하마(橫濱)·도쿄(東京)를 방문해, 육군성, 해군성 등을 견문하였으며, 공부경(工部卿) 이토 히로부미(伊藤博文), 육군경(陸軍卿) 야마가타 아리토모(山縣有朋), 외무대승(外務大丞) 미야모토 오카즈(宮本小一) 등 여러 주요 인사들과 만나 대화를 나누었다. 일본에 체류한 동안 견문한 것을『일동기유(日東記游)』및『수신사일기(修信使日記)』로 남겼다. 귀국 후 1877년 황해도 곡산군수(谷山郡守), 1879년 덕원부사(德源府使), 1881년 성균관대사성, 1883년 감리의주통상사무(監理義州通商事務) 등을 역임해, 1893년 황간(黃澗)·청풍(淸風) 지방에서 민란이 발생하였을 때 안핵사(按覈使)로 파견되었다.

3 구성

1876년 강화도조약이 체결된 직후 수신사로 일본에 다녀온 김기수의 일본 견문록으로, 총 4권으로 구성되어 있다. 「일동기유후서(日東記游後敍)」에 따르면 일본에 다녀온 이듬해인 1877년 2월에 황해도 곡산군수(谷山郡守)로 있을 때 정리한 것이라 한다. 1권에는 사회(事會)·차견(差遣)·수솔(隨率)·행구(行具)·상략(商略)·별리(別離)·음청(陰晴)·헐숙(歇宿)·승선(乘船)·정박(停泊)·유관(留館)·행례(行禮)의 내용이 실려 있고, 2권에는 완상(玩賞)·결식(結識)·연음(燕飮)·문답(問答)이 실려 있다. 3권에는 궁실·성곽·인물·속상(俗尙)·정법(政法)·규조(規條)·학술·기예·물산 등의 내용이 있으며, 4권에는 문사(文事)·귀기(歸期)·환조(還朝)·후서(後敍)가 수록되어 있다.

4 내용

『일동기유』는 총 29항목으로, 일반적인 사행록과는 달리 사건별로 시말을 적은 기사본말체(紀事本末體)로 서술되었다. 각 항목은 다음과 같은 내용을 담고 있다.

사회(事會) : 1칙. 일본과 교섭하게 된 경위를 기록함.
차견(差遣) : 2칙. 수신사 파견을 결정함.
수솔(隨率) : 2칙. 수신사 사행원의 명단.
행구(行具) : 4칙. 행장에 관련된 사항 및 물목.
상략(商略) : 6칙. 김기수가 파견되기 전 들었던 충고들.
별리(別離) : 6칙. 서울에서부터 부산까지 친지 및 지인들과 이별한 일들.
음청(陰晴) : 12칙. 사행 과정 동안 겪었던 날씨.
헐숙(歇宿) : 8칙. 사행 도중 묵었던 곳이나 들러서 쉬었던 곳을 기록함.
승선(乘船) : 9칙. 부산에서 배를 출발하는 과정을 기록함.
정박(停泊) : 14칙. 사행도중 묵었던 항구의 사정을 기록함.
유관(留館) : 19칙. 도쿄에서 묵었던 엔료칸의 제도와 받았던 접대를 기록함.
행례(行禮) : 11칙. 인사할 때의 예와 의복 차림에 대해 기록함.
완상(玩賞) : 22칙. 사행 도중 유람한 곳과 방문한 곳을 기록함.
결식(結識) : 34칙. 면식을 트게 된 일본인들에 대해 각기 기록함.
연음(燕飮) : 20칙. 연회의 방식과 참석한 인물 및 음식에 대해 기록함.

문답(問答) : 9칙. 일본 관료들과 나눈 문답을 기록함.

궁실(宮室) : 16칙. 일본의 주거제도를 기록함.

성곽(城廓) : 13칙. 도쿄의 성과 거리에 대해 기록함.

인물(人物) : 12칙. 일본인의 신체적 특성, 태도 등을 기록함.

속상(俗尙) : 24칙. 일본인의 풍속을 기록함.

정법(政法) : 22칙. 일본의 법규 변화에 대해 기록함.

규조(規條) : 6칙. 일본 측에서 준 규칙을 기록함.

학술(學術) : 7칙. 일본의 학문, 특히 유학과 학풍에 대해 기록함.

기예(技藝) : 7칙. 일본의 서예 및 그림에 대해 기록함.

물산(物産) : 26칙. 일본에서 생산되는 자원에 대해 기록함.

문사(文事) : 9칙. 일본인과 주고받은 문장을 기록함.

귀기(歸期) : 4칙. 귀국 일자가 늦어진 경위를 기록함.

환조(還朝) : 14칙. 조정에 복명함. 견문록을 부기함.

후서(後敍) : 『일동기유』를 짓게 된 이유를 설명한 서문임.

5 가치

김기수의 『일동기유』는 최초로 메이지(明治)시대의 일본을 관찰한 기록이다. 사행일기 방식에서 벗어나 항목별로 정리하였다는 것은 여행기보다는 보고서의 성격이 강했음을 알려준다. 에도(江戶)시대와의 비교를 통해 얼마나 다른지 지적하면서도 세세한 곳까지 정리하여 일목요연하게 보여준 훌륭한 관찰기록이라 할 수 있다.

일동기유(日東記游) 권1

사회(事會) 1칙(則)

일본의 영토는 우리나라 남쪽 동래부에서 4백6십 리 떨어진 곳에 쓰시마섬(對馬島)[1]이 있다. 이곳을 거쳐 바다나 도서(島嶼)를 지나 나가토주(長門州)[2]의 아카마가세키(赤間關)[3]에 이르면 비로소 육지로 연결된다. 이곳을 거쳐서 향하는 오사카성(大坂城), 에도성(江戶城)은 모두 일본의 도회지들이다. 국조 이래 때때로 사신의 왕래가 있었다. 선조(宣祖) 임진년(1592)에 이르러 다이라 히데요시(平秀吉 : 도요토미 히데요시)가 관백(關白)【일본의 대신이다. 한나라 「곽광전(霍光傳)」의 "모든 일을 먼저 곽광에게

---

1 쓰시마섬(對馬島) : 현재의 나가사키현(長崎縣) 쓰시마시(對馬市)로 규슈(九州)와 한반도 사이에 있는 섬. 전근대 시기 쓰시마번은 쓰시마번청(對馬藩廳)·에도번저(江戶藩邸)·왜관(倭館)에 출장소를 설치하여 조선과의 외교와 무역에 선봉적 역할을 수행하였다. 쓰시마 소가(對馬宗家)는 무로마치시대(室町時代)부터 에도시대에 걸쳐 조선과 일본 사이의 외교 실무와 무역을 독점하였다.

2 나가토주(長門州) : 현재의 야마구치현(山口縣) 서부 지역. 율령제(律令制)하에서는 산요도(山陽道)에 속하였다. 나가토는 바다를 사이에 두고 한반도와 마주보는 위치에 있기 때문에 외교·방위상 북부 규슈(北部九州)에 준하는 정도로 중시하였다. 1871년 폐번치현(廢藩置縣) 정책에 의해 나가토국과 스오국(周防國)으로부터 야마구치현이 설립되었다.

3 아카마가세키(赤間關) : 나가토국(長門國)에 속하고 시모노세키(下關)의 옛 이름으로, 현재의 야마구치현(山口縣) 시모노세키시(下關市). 세토나이카이(瀨戶內海)의 서단(西端)에 위치한 해관(海關)·해항(海港)이다.

말하였다."라고 한 말을 사용하여 "관백(關白)"이라고 칭한 것이니, 혹은 박륙후(博陵侯)라고도 한다.[4] 이른바 천황(天皇)은 배부르고 따뜻하게 마음껏 지내며 하는 일이 없다.】이 되어 일으킨 갈등과 패악이 이르지 않은 곳이 없었다. 선조께서 도탄에 빠진 백성들을 특히 염려하시어, 세력을 따지지 않고 그들과 강화를 맺었으니, 3백 년 간 애경사에 사신 보내는 일이 끊이지 않았다. 금상 무진년(고종 5년 : 1868), 일본이 관백을 폐하고 천황이 친정을 행하게 되었음을 우리에게 알렸으나,[5] 변방의 신하가 보고하지 않았으니 참람하고 망령된 호칭을 미워했기[6] 때문이다. 그래서 심도(沁都)의 역(役)[7]이 있었다.【심도의 역은 이른바 판리대신(辦理大臣) 구로다 기요타

---

4 한나라 … 한다 : 관백(關白)이라는 호칭은 본래 헤이안(平安)시대 천황 대신 집정한 관직을 가리켰으나, 조선에서는 후대 막부의 쇼군을 가리키는 말로도 사용되었다. 본래 후한 선제(後漢宣帝) 때 곽광(霍光)이 정권을 잡고 있어, "모든 일은 곽광을 통해 아뢴 연후에 천자에게 아뢰었다.[諸事皆先關白光 然後奏御天子]"라고 한 구절에서 유래한 호칭이다. 박륙후(博陵侯)는 곽광의 봉작이다.

5 금상 … 알렸으나 : 1867년 왕정복고 대호령을 통해 메이지 정부가 성립되었고, 1868년 12월 19일 천황의 명을 받은 쓰시마 가로 히구치 데쓰시로(樋口鐵四郎) 등이 부산항에 와서 신정부 성립의 통고서를 제출하려고 하였으나, 일방적인 '양속관계 탈퇴서'였기 때문에 조선 측에 수리되지 못하였다.(부경대학교 대마도연구센터, 『부산과 대마도의 2천년』, 241쪽)

6 참람하고 … 미워했기 : 일본 스스로 황제를 칭하였기 때문이다.

7 심도(沁都)의 역(役) : 강화도조약(江華島條約)을 가리킨다. 조약의 정식 명칭은 조일수호조규(朝日修好條規)이며, 강화조약(江華條約) 또는 병자수호조약(丙子修好條約)이라고도 한다. 일본은 조선 현지의 사정을 정탐하고 무력시위에 의한 국교 촉진의 방안을 건의한 모리야마 시게루(森山茂)의 권고를 받아들여 군함 3척을 파견, 부산항에서 함포사격 연습을 한다는 구실로 조선 정부에 간접적인 위협을 가해 왔다. 또한 일본은 운요호(雲揚號)를 수도의 관문인 강화도에 출동시켜 연안 포대의 포격을 유발시킨 운요호 사건을 기회로 군사력을 동원한 강력한 교섭을 펴, 마침내 1876년 2월 27일 강화 연무당(鍊武堂)에서 전권대신 신헌(申櫶)과 특명전권판리대신(特命全權辦理大臣) 구로다 기요타카(黑田淸隆) 사이에 12조로 된 조일수호조규를 체결하였다. 조약의 체결로 조선은 개항정책을 취하게 되어 점차 세계무대에 등장하는 계기가 되기도 하였으나, 불평등조약으로 인해

카(黑田淸隆),[8] 이노우에 가오루(井上馨)[9] 등이 와서 천황 호칭의 유래가 오래되었으나 특별히 관백이 정사를 돌보도록 하여 이 호칭이 없었던 것이고 지금은 천황이 직접 정사를 돌보기 때문에 외교문서에 황제 호칭이 있는 것이라서 일본의 황제 호칭은 스스로 높이는 것일 뿐 다른 뜻은 없다고 말하였고, 우리에게 우호를 저버렸다고 도리어 책망하는 말을 하였다.】 조정에서는 비로소 다른

일본의 식민주의적 침략의 시발점이 되기도 하였다. 한편, 이 조약은 척사위정세력과 개화세력 사이의 대립이 일어나는 정책적 전환점이 되기도 하였다.

8 구로다 기요타카(黑田淸隆) : 1840~1900. 사쓰마(薩摩) 출신의 하급무사이며, 사쓰마와 조슈 간의 동맹(薩長同盟) 설립에 힘썼고, 보신전쟁(戌辰戰爭)에 참여하였다. 메이지 유신 이후 1874년 참의(參議) 겸 개척장관(開拓長官)이 되었다. 1876년 부변리대신(副辨理大臣) 이노우에 가오루(井上馨)와 함께 내한하여 운요호(雲揚號) 사건에 대한 책임을 추궁하였으며, 특명전권변리대신(特命全權辨理大臣)으로서 전권대관(全權大官) 신헌(申櫶)과 협상을 벌여 조일수호조규를 체결하였다. 1887년 제1차 이토 히로부미(伊藤博文) 내각에서 농상무대신(農商務大臣)이 되었으며, 1888년에는 제2대 총리대신이 되었으나, 불평등조약의 개정에 실패하여 1889년 퇴임하였다. 재임 중에는 대일본제국헌법(大日本帝國憲法)이 발포되었다. 이후 제2차 이토 히로부미 내각에서 체신대신(遞信大臣)이 되었으며, 1895년에는 추밀원의장(長樞密院議長)에 취임하였다.

9 이노우에 가오루(井上馨) : 1835~1915. 호는 세가이(世外). 하기번사(萩藩士) 이노우에 고쿄(井上光享)의 둘째 아들이다. 유신 정권 성립 시기에 참여직(參與職), 외국사무괘(外國事務掛), 구주살마총독참모(九州薩摩總督參謀), 장기재판소참모(長崎裁判所參謀), 외국사무국판사(外國事務局判事), 장기부판사 겸 외국관판사(長崎府判事兼外國官判事), 장기부무기수리어용괘(長崎府武器修理御用掛) 등으로 활동하였고 1869년 대장성(大藏省)으로 옮겨 조폐두(造幣頭), 민부대승 겸 대장대승(民部大丞兼大藏大丞), 대판부대참사심득(大阪府大參事心得)을 겸하여 조폐사업의 진전에 힘썼다. 그 후 민부소보(民部少輔), 민부대보(民部大輔)를 거쳐 1871년 대장대보(大藏大輔)가 되어 폐번치현 후의 중앙재정의 확립, 은행과 회사의 창설 등에 활약하였다. 1876년 특명전권 부변리대신(副辨理大臣)이 되어 변리대신 구로다 기요타카(黑田淸隆)와 함께 내한, 조선 정부에 운요호(雲揚號) 사건에 대한 책임을 추궁하여 강화도조약(한일수호조약)을 체결하였다. 1884년 전권대사로 다시 내한, 갑신정변 당시 일본 측 피해보상을 약정한 한성조약(漢城條約)을 체결하였다. 1885년 제1차 이토(伊藤) 내각의 외무대신, 구로다(黑田) 내각의 농상무대신, 1892년 제2차 이토 내각의 내무대신, 청일전쟁(淸日戰爭) 때인 1894~1895년 주한공사, 1898년 제3차 이토 내각의 대장대신 등을 역임하였다.

의도가 없음을 잘 알게 되어 옛 우호를 잇도록 허락하니, 그들이 기뻐하면서 떠나갔다.

차견(差遣) 2칙

◎ 그들이 비록 기뻐하면서 떠나갔으나 심중을 살펴보면 끝내 우리를 석연치 않게 여길 것이라 조정에서 염려하였다. 그들이 요청하기에 앞서 우리가 먼저 사신을 보내면 분명 뜻밖의 기쁨이라 여길 것이었다. 우리가 은혜를 베풀어 회유하고 의를 베풀어 제어하고 바로잡아 복종시키고 믿음을 주어 우호를 맺는다면, 우리와 순망치한(脣亡齒寒)의 사이가 되고 우리를 막아줄 가림막이 되어 해롭지 않을 것이라고 생각하고 여러 사람이 의논하여 계획을 결정하였다. 이에 의정부에서 다음과 같이 아뢰었다.

"예전에 일본의 사신이 배로 온 것은 오로지 수호(修好) 때문이었으니, 우리에게 선린(善隣)의 뜻이 있다면 마땅히 지금 사신을 보내고 수신사(修信使)의 호칭을 써야 할 것입니다. 수신사로는 응교(應敎) 김기수(金綺秀)가 적당하니 특별히 가자(加資 : 품계를 올림)하여 임명하시고 해당 관청에서 구전단부(口傳單付 : 임금의 구두 명령을 받아 단일 후보를 임명함)하게하고 수행인원은 일을 잘 아는 자를 골라 선발해 보내야 할 것입니다."

윤허가 내렸다. 이때가 병자년(1876) 2월 22일이다.

◎ 나는 재주도 없고 학식도 변변찮은 자로, 비록 심상한 사명일지라도 걸맞을까 걱정스러웠다. 여태껏 단발을 하고 문신한 일본인을 눈으로 본

적도 없고 세찬 파도와 물결을 발로 건너본 적도 없는데, 이상한 언어와 기괴한 풍습을 따르고 물고기와 용이 있는 바다를 상대해야 한다면 두려워하거나 위축되지 않는 자가 거의 없을 것이다. 그러나 사대부 출신은 임금을 섬기니, 임금을 섬긴다면 제 몸을 잊고, 나라를 위한다면 집안을 잊어야 한다. 단단한 것은 뱉고 부드러운 것만 먹거나 험한 길은 버리고 평탄한 길에만 나서는 일을 의리상 감히 할 수 있으랴? 오직 사신에 걸맞은 인물이 아닌 것이 두렵다 말할 수 있을 뿐이지 바다 건너는 일을 다시는 두렵게 여기지 못하고 유유자적 편안히 즐거운 곳에 가듯 해야 한다. 그런데도 이러한 장풍과 풍랑을 도리어 부러워하는 사람이 있었으니, 환재(瓛齋) 박 상국(朴相國)[10]이 와서 다음과 같이 말하였다.

"한스럽게도 내 나이와 지위가 공적으로 여기에 이르러 마침내 이번

---

10 환재(瓛齋) 박 상국(朴相國) : 박규수(朴珪壽, 1807~1877)를 가리킨다. 본관은 반남(潘南). 초명은 규학(珪鶴). 초자(初字)는 환경(桓卿), 자는 환경(瓛卿) 또는 정경(鼎卿). 초호(初號)는 환재(桓齋), 호는 환재(瓛齋) 또는 환재거사(瓛齋居士). 한양 출신. 북학파 거두 지원(趾源)의 손자. 1848년 증광시에 병과로 급제해 사간원 정언으로 관직에 나아갔다. 한성부판윤·지경연사(知經筵事) 겸 공조판서·평안도관찰사 등 내직과 외직을 두루 지냈다. 청국의 양무운동(洋務運動)을 목격하고 돌아온 뒤 흥선대원군에게 개국의 필요성을 여러 차례 역설하였다. 특히 종전의 서계 격식과 달리 조선국왕에 대한 일본의 '皇'·'勅', 조선국에 대한 '大日本' 등의 표기문제로 조선 정부가 수리하기를 거부한 서계문제(書契問題)에 대해, 문구에 구애되지 말라고 하면서 일본이 옛날같이 통호(通好)하려는 뜻을 표명하는 한 대국적 견지에서 서계를 받아들일 것을 대원군에게 역설하기도 하였다. 1875년 판중추부사(判中樞府事)가 되어 국정의 제일선에서 물러나 은거생활에 들어갔고, 이 시기에 개화운동의 선구적 인물들을 양성하였다. 문호개방을 위해 계속 진력하던 중, 1875년 9월 일본이 운요호 사건(雲揚號事件)을 일으켜 수교를 강요해 오자 오경석 등과 함께 정부 당국자들을 설득해 1876년 2월, 드디어 강화도조약(江華島條約)을 체결하게 하였다. 같은 해 1월 고희(古稀)를 넘겨 기사(耆社)에 든 뒤 한직(閑職)인 수원유수(水原留守)로 있다가 타계하였다. 김옥균·박영효·김윤식·유길준 등 개화운동의 선구적 인물들이 그의 문하에서 배출되었다.

사행을 내 벗에게 양보하게 되었구려."

수솔(隨率) 2칙

◎ 별견당상(別遣堂上).[11] 가선대부(嘉善大夫) 현석운(玄昔運).[12] 호는 자영(紫英)이다.

장무관(掌務官).[13] 전(前) 참봉(參奉) 현제순(玄濟舜).[14]

---

11 별견당상(別遣堂上) : 대일외교에서 공적으로 중요한 사안이 있을 경우, 훈도와 별차에게만 책임지게 할 수 없으므로 조정에서 쓸 만한 인물을 뽑아 보내거나, 혹은 동래부에서 장계로 차송해 주기를 요청하면 변경의 정세를 잘 아는 당상역관을 내려 보냈는데, 이를 가리킨다. 인조 16년 무인(1638) 별견당상 홍희남(洪喜男)이 그 시초이다.

12 현석운(玄昔運) : ?~?. 본관은 천녕(川寧). 자는 덕민(德民). 호는 자영(紫英). 1858년 22세 때 역과 식년시에 합격하였고, 품계는 가선대부(嘉善大夫)이다. 왜학(倭學)을 전공하여 훈도(訓導)를 지냈다. 1875년 운요호(雲揚號) 사건 발생 당시 일본 측과의 교섭을 맡았으며, 1876년 1월 일본과의 수교를 위한 강화도회담에도 참여하였다. 1876년 4월 제1차 수신사 김기수(金綺秀)를 수행하여, 별견당상(別遣堂上)으로 일본에 다녀왔다. 귀국 후 부산해관이 설치된 이래 관세권의 회복에 힘썼다. 1881년 2월 조선 정부는 20개월 후에 인천항(仁川港)을 개항하기로 합의함에 따라 일본과 세율문제 등을 교섭하게 되었으며, 1881년 8월 7일 정사(正使) 조병호(趙秉鎬), 종사관(從事官) 이조연(李祖淵)이 임명하여 수신사를 파견하였다. 이때 현석운은 삼사(參事)로 수행하였다. 1898년 중추원 일등의관이 되었으며, 1903년 농상공부협판·탁지부협판을 역임한 후 수륜원부총재(水輪院副摠裁)가 되었다.

13 장무관(掌務官) : 사행 중 삼사신(三使臣)을 도와 직접 사무를 도맡아 보는 관원. 장무역관(掌務譯官)·장무통사(掌務通事)라고도 한다. 왜관(倭館)에는 1명이 있어 사무를 총괄하였다. 원래의 사행 인원 중에서, 그 중에서도 특히 역관 중에서 1명을 뽑아 정하였고, 정사를 따라 제일선(第一船)을 타고 갔다. 일본에서 온 회답서계와 각처의 공사(公私) 회례물(回禮物)을 기록 보관하거나 사행 도중 문제가 발생하였을 때 삼사신의 뜻을 받들어 일본 측에 알리는 일 등을 전담하였다.

14 현제순(玄濟舜) : 1849~?. 본관은 천녕(川寧). 자는 치화(致華). 1873년 25세 때 계유(癸酉) 식년시(式年試) 역과에 합격하였고, 왜학(倭學)을 전공하였으며, 참봉(參奉)·총민(聰敏)·교회(教誨) 등을 지냈다. 1876년 강화도조약 체결 후 일본에 파견된 제1차 수신사(修信使)의 일행으로 일본의 문물제도를 견문하고 돌아와서 일본의 발전 모습을 알렸다.

건량관(乾糧官). 전 참봉 고영희(高永喜).[15]

이상은 왜학역관이다.

별견한학당상(別遣漢學堂上).[16] 가의대부(嘉義大夫) 이용숙(李容肅).[17] 호는 국인(菊人)이다.

화원(畫員). 부사과(副司果)[18] 김용원(金鏞元).[19]

---

15 고영희(高永喜) : 1849~?. 본관은 제주(濟州). 자는 자중(子中). 호는 우정(雨亭). 참봉(參奉)을 역임하였고, 1866년 부사용(副司勇)이 되었으며, 뒤에 요직을 두루 거쳤다. 친일파 정객으로 알려져 있다. 1876년 강화도조약 체결 후 일본에 파견된 제1차 수신사(修信使)의 일행으로 일본의 문물제도를 견문하고 돌아와서 일본의 발전 모습을 알렸다. 1881년 일본에 파견된 조사시찰단(朝士視察團)의 일원이던 홍영식(洪英植)의 수행원으로 일본에 다녀왔다. 1881년 8월 정사(正使) 조병호(趙秉鎬)가 일본을 방문하였을 때에 당상역관(堂上譯官)으로 수행하였다.

16 별견한학당상(別遣漢學堂上) : 통신사나 수신사를 파견할 때 외교상 중요한 일이 있을 경우 조정에서 특별히 선발하여 파견한 한학(漢學) 당상역관(堂上譯官). 별견당상(別遣堂上) 혹은 별견당상관(別遣堂上官)이라고도 하는 별견왜학당상(別遣倭學堂上)을 염두에 둔 표현이다. 대일외교에서 중국어 통역과 관련하여 중요한 사안이 있을 경우, 훈도(訓導)와 별차(別差)에게만 책임지게 할 수 없으므로 조정에서 쓸 만한 인물을 뽑아 보내거나, 혹은 동래부(東萊府)에서 장계로 차송해 주기를 요청하면 일본의 정세를 잘 아는 당상역관을 내려 보냈다.

17 이용숙(李容肅) : 1818~?. 본관은 전주(全州). 자는 경지(敬之). 호는 국인(菊人). 1866년 제너럴 셔먼호(General Sherman)가 정박하였을 때, 역관 정대식(丁大植)을 수행하여 입국 사유에 대해서 물었다. 1876년 제1차 수신사 김기수(金綺秀)의 수행원으로 일본에 다녀왔다. 1879년 헌서재자관(憲書賫咨官)으로 청나라에 파견되어 군사에 관련된 일에 대한 자문과 지원을 구하였다. 1880년 제2차 수신사 김홍집(金弘集)의 수행원으로 일본에 다녀왔고, 주일청국공사(駐日清國公使) 하여장(何如璋)과 통상·외교 문제 등에 관해서 대화를 나누었다. 신분은 별견한학당상(別遣漢學堂上)이었다. 1881년 재자관(賫咨官)으로 청나라에 다녀왔으며, 통상문제에 대해서 자문과 지원을 구하였다. 1882년 임오군란이 발생하자 대원군이 납치되었으며, 김홍집(金弘集)이 수행하여 천진에 있는 대원군을 찾아갔다.

18 부사과(副司果) : 조선시대 오위(五衛)의 종6품 군직. 부장(部長)의 다음으로, 녹봉을 주기 위해 현직에 있지 않은 관리 중에서 등용시켰다.

19 김용원(金鏞元) : 1842~1896. 본관은 청풍(清風). 자는 선장(善長). 호는 미사(薇史). 1876년 제1차 수신사(修信使) 김기수(金綺秀)의 수행원으로 일본에 다녀왔다. 김용원은 일본에 머물렀을 때 화원으로 활동하는 한편 기계·총포·아연 등의 구입을 담당하였다.

서기(書記). 부사과 박영선(朴永善).[20]

군관(軍官). 전 낭청(郎廳)[21] 김문식(金汶植). 전 판관(判官) 오현기(吳顯耆).

반당(伴倘).[22] 부사과 안광묵(安光默). 전 낭청 김상필(金相弼).

◎ 서기 이하는 수신사 스스로 추천하여 입계(入啓)한 자로, 별견당상 2원, 당하역관(堂下譯官) 2원, 화원 1원 총 10원이다. 겸인(傔人)[23] 김한원(金

1881년 4월 조사시찰단(朝士視察團)의 일원으로 기선(汽船)의 운항을 시찰하였으며, 손붕구(孫鵬九)가 수행하였다. 귀국 후 하나부사 요시모토(花房義質)의 권유로 부산에서 사진기술을 배웠으며, 1882년에도 김옥균과 동행하여 일본에서 사진기술을 배웠다. 이후 1903년 천연당사진관(天然堂寫眞館)의 사진가가 되었다.

20 박영선(朴永善) : 1828~?. 본관은 밀양(密陽). 호는 죽존(竹尊). 1876년 수신사 김기수(金綺秀)의 서기(書記)가 되어 부사과(副司果)로 일본으로 건너가서 도쿄의 준텐도(順天堂) 의원의 의사 오타키 도미조(大瀧富三)에게 종두법을 배우고, 구가 가쓰아키(久我克明)의 『종두귀감(種痘龜鑑)』을 가지고 돌아왔다. 이를 그의 제자인 지석영(池錫永)에게 전해줌으로써 한국 종두법 발전에 영향을 미쳤다. 1878년 무신 겸 선전관, 훈련원주부, 훈련원감찰, 1881년 통리기무아문의 주사(主事), 1889년 울진현령(蔚珍縣令), 1890년 내금위장(內禁衛將), 1895년 문산만호(文山萬戶) 등을 지냈다. 1883년 강위(姜瑋)와 함께 박문국(博文局)을 세우고, 일본인 이노우에 가쿠고로(井上角五郎)를 고문으로 위임하여 『한성순보(漢城旬報)』를 간행하고 주필로 활약하였다.

21 낭청(郎廳) : 조선시대 각 관아 당하관의 총칭. 낭관(郎官)이라고도 한다.

22 반당(伴倘) : 사신이 자비(自費)로 데리고 간 수행원. 반당(伴人)·반종(伴從)·반종인(伴從人)이라고도 한다. 원래 종친·공신·당상관들에게 그 특권을 보장하고 신변 안전을 도모하기 위해 지급한 호위병이었다. 문위행(問慰行)이나 통신사행은 물론 수신사(修信使) 파견 때에도 사신을 따라다니면서 시중을 들거나 신변을 보호하는 역할을 하였다. 대체로 문위행과 수신사 파견 때는 2명을, 통신사행 때는 3명을 데리고 갔다.

23 겸인(傔人) : 양반 관료에 딸린 일종의 수행원. 겸종(傔從)이라고도 하며, 때로는 청지기와 같은 의미로 쓰이기도 한다. 원래는 양반집의 수청방(守廳房)에 있으면서 여러 가지 잡일을 맡아보고 시중을 드는 사람을 이르던 말이다. 주로 방문객 응대(應待), 문서 수발, 행차 호종(扈從), 재산 관리 등의 일을 하면서 종친이나 대관 가까이 머무는 하인(下人)이자 가신(家臣)을 말한다. 겸인 중에는 평민이나 노비도 있지만, 글을 아는 사족 출신 겸인

漢元), 노자(奴子) 한검(漢釗)과 한갑(漢甲), 검사(檢査) 1명, 교자꾼 10명, 각방 노자 9명, 동래부에서 따라온 향서기(鄕書記) 변택호(邊宅浩)·강익수(姜益洙), 지인(知印)[24] 홍치조(洪致肇)·박영호(朴永浩)·이장호(李章浩)·박문찬(朴文燦)이다. 나머지 소통사(小通事) 4명, 악공 6명, 절월수(節鉞手) 2명, 영기수(令旗手) 2명, 각수(角手) 2명, 나수(螺手) 2명, 가수(笳手) 2명, 정수(鉦手) 2명, 고수(鼓手) 2명, 일산직(日傘直) 1명, 주방마두(廚房馬頭) 1명, 숙수(熟手) 1명, 사환(使喚) 7명은 나란히 장무관 사례책자에 자세히 기록되어 있다.

행구(行具) 4칙

◎ 관(冠)과 띠, 의복, 신 등 건건이 모두 갖추고 차, 환약, 술, 양식 등 종류마다 준비하는 것은 만 리 먼 길을 떠나는 행인이 그만둘 수 없는 일이다.

◎ 경서 여러 종은 여행의 시름을 달래기 위한 것이고 종이와 먹 등의 물품들은 행주(行廚 : 여행 도중 음식 준비)에 공급하기 위한 것이다. 말에 짐을 실으니 또 커서 가벼운 행장이 아니다.

◎ 임금께서 하사하신 사신 일행의 반전(盤纏 : 노자) 및 행중의 증여 예물은 모두 장무관의 사례책자에 기록되어 있다. 전례에 따라 검소하게 하고 사치스럽게 하지 않았으니, 오직 후인에게 모범을 보이기 위해서

도 적지 않았다.

24 지인(知印) : 사행 때 정사나 부사 등에 딸려 인장(印章)을 맡은 사람. 속칭으로 통인(通印)이라고도 한다.

이다.

◎ 올 때 행장과 갈 때 행장을 비교하여 증감이 없도록 하니, 수신사 행차에 무역은 급선무가 아니기 때문이다. 일행에게 간곡히 경계하고 증가분이 없도록 거듭 금하였다. 그리고 갈 때 실은 것은 내가 그들에게 줄 것이요, 그들 역시 내게 줄 것이 있을 테니, 양쪽 다 줄어드는 분량이 없을 것이다. 만약 나를 율무를 가져온 마복파(馬伏波)[25]처럼 오인한다면 망령된 것이다.

부 내사사신신행물목(附內賜使臣贐行物目)

호초(胡椒) 3근(觔).

접부채 9병(柄).【백첩선(白貼扇) 3병, 칠첩선(漆貼扇) 3병, 별선(別扇) 3병.】

납약(臘藥) 7종.【청심원(淸心元) 10환(丸), 구미청심원(九味淸心元) 10환, 소합원(蘇合元) 10환, 광제환(廣濟丸) 10환, 제중단(濟衆丹) 30정(錠), 박하전(薄荷煎) 8환, 자금정(紫金錠) 7정.】

상략(商略) 6칙

◎ 사신의 칭호가 수신사(修信使)이니, 수신이란 옛 우호를 닦아 신의를 돈독히 하는 것이다. 사명(辭命 : 외교사령)으로 인도하고 위의(威儀)로 성사시키며, 과격하게 하지도 순응하지도 않으며, 장중하고 신중하게 스

---

25 마복파(馬伏波) : 복파장군 마원(馬援)을 가리킨다. 교지(交阯)에 있을 때 율무로 건강을 유지하였으므로, 돌아올 때 수레에 율무를 가득 싣고 왔다. 그가 죽은 뒤 수레에 싣고 온 율무가 실은 진주였다고 비방하는 자가 있었다. ≪後漢書 卷24 馬援列傳≫

스로를 다잡는다. 만일 임금의 명을 욕되게 하지 않는다면 거의 그럭저럭 괜찮게 해낸 것일 뿐이다.

◎ 어떤 이가 말하였다.

"왜인은 서양의 앞잡이니, 귀신이자 창귀(倀鬼)요 도적이자 간첩이다. 영남과 호남의 목화, 호서와 호남의 메벼와 모시, 관동과 관북의 금은과 철동, 호피, 웅담, 녹용이 모두 그들이 매우 갖고 싶어 하는 것들이다. 말이 엿처럼 달고 태도가 예전부터 아는 사이처럼 친근하지만 마음은 헤아리기 어렵다. 그대는 조심하라."

나는 네네 대답하였다.

◎ 어떤 이가 말하였다.

"그들은 우리 부녀자를 좋아하고, 그들의 부녀자 역시 우리나라 장부를 좋아한다. 백주대로에서 가슴을 풀어헤치고 불러댈 테니 그대는 갈 때 반드시 조심하라. 오늘의 실수에 내일의 보복이 있을 것이다. 그대는 또 유람을 일삼지 말라. 우리의 유람이 곧 저들의 유람이기도 하니, 그대는 조심하고 조심하라."

나는 네네 대답하였다.

◎ 어떤 이가 말하였다.

"그대는 염려할 것이 없을 것이다. 만 리 넓은 바다가 일대 장관이요, 에도의 산천이 일대 장관이다. 우리의 사행이 저들에게 기쁨이니, 저들이 기뻐하면 필시 관사가 훌륭할 것이고 음식이 풍성할 것이고 예의가 공손할 것이다. 화륜선(火輪船)이 한 번 돛을 걸면 천 리를 가서 평온하게 갔다가 빠르게 돌아와, 정원에 나갔다 오는 것이나 마찬가지일 테니 그대는 무슨 걱정할 것이 있는가?"

나는 네네 대답하였다.

◎ 어떤 이가 말하였다.

"저들은 본래 자립한 나라라서, 행동거지를 마음대로 하여 남의 견제를 받지 않는다. 그래서 홍모(紅毛 : 유럽인)가 천하를 뒤덮어 가는 곳마다 풍미하였으나 홀로 물리치고 딱 잘라 거절하였다. 힘이 부족해 하루아침에 굴복하고는 그들이 비웃는 것을 비웃고 그들이 꾸짖는 것을 꾸짖으니, 겉모습은 홍모와 마찬가지이다. 그러나 속은 오히려 그렇지 않다. 모리야마 시게루(森山茂)[26]가 우리나라 사람과 말할 때 자기 의관을 매우 부끄럽게 여겼다.【이때 일본 관인은 모두 서양 오랑캐의 의관을 따랐다.】 때로 다른 사람을 물리치고 스스로 손가락 세 개를 세우면서 우리에게 '우리나라와 귀국, 중국이 만일 이와 같이 된다면 어찌 유럽이 두려워할 만한 것이겠소?'라고 하였다. 이 사람은 서양을 제어할 술수를 얘기할 만한 자이니 그대는 가서 반드시 그 실제를 타진하여 우호를 맺어야 할 것이다."

나는 네네 대답하였다.

◎ 어떤 이가 말하였다.

"말이 충신(忠信)스럽고 행동이 독경(篤敬)스러우면 오랑캐 나라일지라도 행할 수 있다[27]고 하니, 그대는 말을 충신스럽게 하고 행동을 독경

---

26 모리야마 시게루(森山茂) : 1842~1919. 나라(奈良) 출신으로, 메이지유신 이후 효고재판소(兵庫裁判所)에 출사했다. 1869년 외교관 서기가 되었고, 외무성 창립 후 외무소록(外務少錄)에 임명되었으며, 조선 사정을 조사하기 위해 쓰시마 및 부산에 출장을 갔다. 1872년 외교권한이 쓰시마에서 외무성으로 이관되었다는 취지의 문서를 지니고 조선과 교섭하였으나 실패하였다. 1875년 운요호 사건을 일으켰고, 이듬해 강화도조약이 체결되도록 앞선 예비회담에서 조선 측을 위협하였다. 관직에서 물러난 후 원로원 의원, 도야마현(富山縣) 지사, 귀족원의원 등을 거쳤다.

27 말이 … 있다 : 『논어』 위령공(衛靈公)에, "말이 충신(忠信)스럽고 행동이 독경(篤敬)스러우면 오랑캐 나라일지라도 행할 수 있고, 말이 충신스럽지 못하고 행동이 독경스럽지

스럽게 하라. 훌륭한 사신이라 일컬어지는 것은 예로부터 어려웠으니 그대는 조심하라."

나는 네네 대답하면서 여러 차례 일어나 절을 하였다.

별리(別離) 6칙

◎ 사명을 받은 날로부터 행장을 꾸리는 것을 일삼았으니 떠날 날짜가 촉박해서였다. 그 사이 방암(坊巖)의 선산에 성묘를 다녀오니 기일이 더욱 촉박하여, 바쁜 와중에 이별을 생각할 겨를이 없었다. 그러나 문밖에는 손님의 신이 언제나 뒤섞여 있었다. 대개 이별을 하러 온 것이었다. 어떤 이는 기이한 우연을 과장하기도 하고 어떤 이는 장대한 유람을 부러워하기도 하고 어떤 이는 단계를 뛰어넘은 임명을 겸양시키기도 하였으나 다들 본심은 이것이 아니었다. 비록 통이 큰 대장부라도 무사히 빨리 돌아오라는 말로 간곡히 부탁해 마지않는 이가 없었으니, 실은 다들 위험하게 여겼던 것이다.

◎ 늙은 동서와 어린 딸이 기일 전에 와서 모여 병든 처와 억지로 웃고 말하면서 태연자약하게 굴었다. 그러나 어느새 바느질한 옷과 음식을 곱절이나 더 준비한 성의를 보면 내가 다시는 집에서 밥을 먹지 못할 수도 있다고 생각하는 듯하였다. 평온하게 동요하지 않았으나 가묘에 사직할 때가 되자 갑자기 마음이 울컥하였다. 어릴 때 부모를 여읜 고달픈 인생이 날마다 가묘를 찾아서 부모를 평생 사모하던 옛 효자를

못하면 비록 가까운 고장에 있다 하더라도 어찌 행하겠는가?[言忠信 行篤敬 雖蠻貊之邦 行矣 言不忠信 行不篤敬 雖州里 行乎哉]"라는 구절이 나온다.

흉내 내어 마음을 조금이나마 달래 왔었는데, 지금 큰 바다 만 리 길은 끝이 없으니 비록 강철 같은 마음일지라도 눈물을 뚝뚝 흘리지 않을 수 없었다.

◎ 궁궐에서 하직할 때 주상께서 거듭 칙유(飭諭)하시고 여정과 돌아올 기일을 따져보시는데, 한 집안의 부자지간처럼 간곡하고 안쓰럽게 여기셨다. 앞으로 나와서 얼굴을 우러러보게까지 하시어, 공손히 천안을 살펴보니 주상의 뜻이 어디에 있는지 우러러 헤아릴 만하였다. 나는 황공함을 이기지 못하고 지극히 감읍하였으니, 비록 당장 죽는다 할지라도 여한이 없었다. 하직하던 날은 바로 병자(丙子)일이다.【4월 4일이다.】

◎ 남대문 밖에 조장(祖帳 : 전별연 자리)을 설치하였다. 공경대부가 성을 비우고 모두 나와 잘 다녀오라고 이별하였다. 이때 서쪽으로 해가 기울어 산으로 넘어가고 강가 나무가 어둑해지는데도 수레 말의 울음소리가 여전히 끊이지 않았다. 드디어 억지로 일어나 소매를 떨치고 한 번 읍하고 수레에 올랐다.

◎ 북리(北里)의 친한 벗이 30리 거리를 뒤따라 도착했다. 각기 술 한 병과 잔 하나를 가지고 와서 크게 취하였다. 국리(菊里)의 이 씨 어르신은 80세 노인이신데, 형의 아들인 범선(範善) 치원(穉元)[28]이 뫼시고 왔다. 하시는 말씀이 강개하여, "아침에 왕명을 받고 저녁에 얼음물을 마셨다."[29]는 말과 옛사람이 머나먼 나라에 사신을 갔던 일을 들어 격려하셨다.

---

28 범선(範善) 치원(穉元) : 이범선(李範善, 1835~1905). 본관은 전주(全州). 자는 치원(穉元). 호는 수서(水西). 1873년 진사시 합격. 아버지는 이구하(李龜夏), 할아버지는 이인태(李寅泰)이다. 공조정랑(工曹正郎), 한성부판관(漢城府判官) 등을 지냈다.

29 "아침에 … 마셨다." : 『장자(莊子)』 인간세(人間世)에 "내가 아침에 사신의 명을 받고 저녁에 얼음물을 마셨다.[今吾朝受命而夕飮氷]"라는 구절이 나온다.

◎ 서은경(徐殷卿)[30]이 길을 돌아오고, 권경순(權景純)이 기다렸다 만난 것은 모두 하나의 기연이었고, 조여해(趙汝晦)가 조령 너머로 직접 찾아와준 것은 더욱이 기연 가운데 기연이었다. 조양각(朝陽閣)[31]에서 덕소(德昭)를 만나고 봉래관(蓬萊館)[32]에서 욱재(勖哉)와 이별한 일은 벼슬길에서 이런 일이 있을까 싶다. 술이 네 순배 돌자, 청삼(靑衫 : 하급 관리)이 늙은 내 모습을 위해 배 떠나는 노래 한 곡을 부르고 기생들이 이 때문에 오열하였다. 증봉(甑峯 : 부산의 증산)에 해가 뜨니 뱃고동 소리가 귀에 진동하고, 초량의 연기가 끊긴 곳에 배들이 가득했다. 화륜선에 올라 가만히 앉아 있었다. 어성집(魚聖執)[33]은 평소 마음이 굳건한

---

30 서은경(徐殷卿) : 서상우(徐相雨, 1831~1903). 본관은 달성(達成). 자는 은경(殷卿). 호는 규정(圭廷). 1882년 통리기무아문부주사(統理機務衙門副主事)로 조미수호통상조약과 이듬해 조영수호통상조약을 체결할 때 종사관으로 참여하였다. 1885년 서리독판교섭통상사무(署理督辦交涉通商事務)·호조참판·이조참판 등에 임명되었으며, 동지부사로 청나라에 다녀왔다. 귀국 후 성균관대사성이 되었고, 조이수호통상조약(朝伊修好通商條約)의 비준, 교환을 주관하였다. 1886년 협판교섭통상사무(協辦交涉通商事務)로 천진(天津)에 파견되어 북양대신(北洋大臣) 이홍장(李鴻章)에게 제1차 조러밀약사건(第一次朝露密約事件)을 설명하였다. 1894년 김홍집 내각(金弘集內閣)의 내무대신이 되었고, 이듬해 중추원의 일등의관(一等議官)에 임명되었다. 사직서제조(社稷署提調)·평안북도관찰사·태의원경(太醫院卿)·궁내부특진관(宮內府特進官)·장례원경(掌禮院卿)·홍문관학사 등을 역임하였다.

31 조양각(朝陽閣) : 현재 경상북도 영천시 창구동에 있는 누각. 경북유형문화재 제144호. 본래 고려시대 건립되었으나 임진왜란 때 불탄 것을 1637년 재건하고 조양각이라 부르게 되었다. 조선시대 일본으로 사행을 갈 때 모여서 연회를 베풀던 곳이다.

32 봉래관(蓬萊館) : 동래부에 있던 객사의 이름. 정확한 창건 연대는 알 수 없으나 적어도 광해군 때는 이미 조성되었던 것으로 보인다. 개항기에는 동래공립보통학교의 교사로 사용되었다. 1955년 복천동 고분군 남쪽의 현재 위치로 옮겨졌고, 동래시장 남쪽 객사터에 표석만 남아있다.

33 어성집(魚聖執) : 어윤중(魚允中, 1848~1896). 본관은 함종(咸從). 자는 성집(聖執). 호는 일재(一齋). 충청도 보은(報恩) 출신. 1881년 조사시찰단(朝士視察團)의 일원으로 일본을 방문하였다. 대장성(大藏省)을 시찰하고, 재장성의 직제와 사무장정 등을 기록한

사람이다. 애써 거듭 뒤따라왔으니 아마도 간절히 일러줄 말이 있는 듯하였는데, 물어보려 하니 이미 떠나버렸다.

음청(陰晴) 12칙

◎ 이 해에 큰 가뭄이 들어 논이 갈라지고 길 위의 먼지가 얼굴까지 날아와 쌓였다. 길 떠나는 사람은 비를 만나 길이 막힐까 근심하는 법인데 오히려 비가 내리기를 바랐으나 끝내 오지 않다. 떠날 때부터 돌아올 때까지 기름먹인 외투를 쓸 데가 없었다.

◎ 아카마가세키를 떠나 고베(神戶)[34]에 도착한 새벽에 잠깐 비가 내려 깃발이 젖어 색이 바랬다.

◎ 고베를 출발하여 다시 대양에 나섰다. 바람이 불지 않아도 배가 흔들렸다. 흔들리기를 그치지 않는데 또 바람이 더해졌다. 길 떠난 사람의 근심을 알만하다.

◎ 요코하마(橫濱)[35]에 도착한 새벽에 번개와 천둥이 치고 큰 비가 내렸다.

『일본대장성직제사무장정(日本大藏省職制事務章程)』을 남겼다. 유정수(柳定秀)·유길준(兪吉濬)·윤치호(尹致昊)·김양한(金亮漢)·황천욱(黃天彧) 등이 어윤중을 수행하였다. 일본을 시찰한 후 한 달 정도 일본에 더 체류하여 같은 해 8월 요코하마(橫濱)에서 상해(上海)로 건너가서 영선사(領選使) 김윤식(金允植)과 합류해 청나라의 개화정책을 견문하였다. 귀국 후 다시 조미수호조규를 상의하기 위해 청나라로 건너가, 1882년 4월 합의에 이르렀고, 이어서 조영수호조규와 조독수호조규 협약문제를 합의하였다. 천진(天津)에 머물 때 임오군란이 발생해, 청나라 군대를 따라 귀국하였다. 군란이 진정된 후 조중수륙무역장정(朝中水陸貿易章程)을 문의하기 위해 청나라에 파견되었다고 결국 수정 못하고 조인하게 되었다. 1894년 김홍집(金弘集)과 박정양(朴定陽) 내각이 수립되자 탁지부대신(度支部大臣)을 맡아 재정·경제의 개혁을 주도하였다. 1896 아관파천 후 보은에 피신하였으며, 그곳에서 사고로 사망하였다.

34 고베(神戶) : 현 일본 효고현(兵庫縣)에 있는 항구. 수신사의 기항지 가운데 하나였다.

쏟아지는 빗줄기가 화살 같았다.

◎ 하마연(下馬宴 : 사신이 도착할 때 베푸는 잔치)이 있던 날 엔료칸(遠遼館)[36]에서 비를 만나 돌아왔다. 귀로에 박물원(博物院)[37]에 들어갔다. 박물원 뜰에 벽돌이 깔리지 않은 곳은 진흙으로 미끄러워서 걷기 어려웠다.

◎ 조카엔(長華園)[38]의 연회에 가던 날에 비가 왔으나 마차를 타고 가는 것이 편리해서 걱정할 것이 없었다.

◎ 해군성(海軍省)에서 수뢰포(水礌砲) 쏘는 것을 관람하고 이어서 이노우에 가오루의 집에서 열리는 연회에 갔다. 도중에 비를 만났는데, 비가 종일 주룩주룩 내렸다. 밤이 깊어 파하고 돌아왔다. 돌아올 때도 여전히 그치지 않았다.

◎ 다시 요코하마를 출발하여 요코스카(横水河)[39]에서 묵던 밤에 큰 비가

---

35 요코하마(横濱) : 현 일본 가나가와현(神奈川縣)에 있는 항구. 수신사의 기착지로, 이곳에서 내려 기차로 도쿄까지 이동하였다.

36 엔료칸(遠遼館) : 엔료칸(延遼館). 도쿄도(東京都) 주오구(中央區) 하마리궁(浜離宮) 정원에 있는 별궁. 1869년 하마리궁 정원에 건립되어, 1879년 개수(改修)되었다가 1889년에 해체되었다. 일본 최초의 서양식 석조건축물이었다. 영빈관(迎賓館)으로 사용되어 국빈을 위한 연회가 열렸다.

37 박물원(博物院) : 홋카이도물산종관소(北海道物産縦觀所)를 가리킨다. 1875년 도쿄 시바[芝, 현재의 미나토구(港區)] 지역에 위치한 홋카이도(北海道) 개척사 출장소에 설치되었다. 홋카이도 개척에 종사할 사람을 증가시키는 목적으로 설치되었으며, 홋카이도의 목재, 생시, 관물, 동물표본 등을 전시하여 자연의 풍부함을 홍보하였다.

38 조카엔(長華園) : 미야모토 오카즈(宮本小一)가 관리한 농원. 메이지시대 도쿄(東京) 스가모(巣鴨)에 있었다. 원래 후쿠이번(福井藩)의 번저(藩邸)였다가 1868년 미야모토 규헤이(宮本久平)와 아들 미야모토 오카즈가 건물, 정원을 825냥(兩)으로 구입하였다. 1870년 태정관포고(太政官布告)에 따라 후쿠이번이 이곳을 도쿄부(東京府)에 반납하게 되었으나, 미야모토 부자(父子)는 도쿄부에 구입을 신청하여 받게 되었고, 조카엔으로 명명하여 농원으로서 정비되었다.

39 요코스카(横水河) : 요코스카(横須賀). 현 일본 가나가와 현에 있는 항구. 메이지시대 이래 군항(軍港)으로 지정되어 있다.

내려 아침까지 계속되었다.

◎ 고베항에 돌아와 정박한 아침에 비가 왔다. 이날은 윤5월 1일이라서 비가 그치길 기다려 겨우 망궐례(望闕禮)[40]를 행하였다.

◎ 아카마가세키에서 다시 출발하던 밤에 대풍이 불어 배가 여러 차례 뒤집힐 뻔 했다.

◎ 저들의 영토에 있을 때 대엿새에 한 번은 반드시 비가 왔다. 그들의 말로는 반드시 큰물이 나는 때인데 올해는 그렇지 않다고 하였다. 내가 보기로는 날씨가 매우 적당하였으나 저들의 말로는 일대 가뭄이라고 하였다.

◎ 귀국한 후 우리나라 사람들에게 날씨를 따져보니 계속 큰 가뭄이었다고 한다. 농가에서는 마른 날이 너무 심하였다고 애석해 하였고 기우제를 네 번 지냈으나 감응은 막막하였다. 동래부에 머물던 이틀째 잠시 가랑비가 뿌렸고 통도사(通度寺)[41]에서 아침에 잠시 비가 왔다. 귀로에 선산부(善山府)에 도착한 날 비를 만나 도중에 우구(雨具)를 꺼냈으나 잠시 후 걷어버렸다.

---

40 망궐례(望闕禮) : 외지에 나가 있는 관리가 직접 왕을 배알(拜謁)하고 경의를 나타낼 수 없을 때, 멀리서 궁궐을 바라보고 전패(殿牌)에 절하는 예식. 원래는 음력 초하루와 보름에 관리들이 지방 관청이나 왕과 궁궐의 상징인 전패를 모신 객사 등에서 대궐을 향해 예를 올렸다. 또한 왕과 왕비의 생일·설·단오·한식·추석·동지 등 명절날에도 예를 올려 왕과 왕비의 만수무강을 빌었다.

41 통도사(通度寺) : 현 경상남도 양산시 하북면 영축산에 있는 사찰. 우리나라 삼보 사찰(三寶寺刹) 가운데 하나인 불보(佛寶) 사찰이며, 대한불교 조계종 제15교구 본사이다. 646년 선덕여왕 15년에 자장율사(慈藏律師)가 창건하였다.

헐숙(歇宿) 부(附) 정리(程里) 8칙[42]

◎ 이번 사행에 가는 곳과 숙박지에 대해서 저들 지역은 상세히 기록하였으나 우리 국경 안은 누락되어 있다. 이것은 누락된 것이 아니라 어느 읍을 지나갔는지, 어느 읍에서 지공을 하였는지, 읍재(邑宰)는 누구인지와 떠날 때 조양각(朝陽閣)에서 머물며 하루 연회를 행하는 것, 귀로에서 범어사(梵魚寺),[43] 통도사로 우회하여 이틀 숙박한 것, 영남루(嶺南樓)[44]에서 어떤 일로 사흘 유숙한 것, 달성부(達城府)에서 병 때문에 하루 체류한 것은 모두 장무관의 사례책자에 소상하게 실려 있으므로 가져다 살펴볼 수 있다. 조양각의 헌창(軒敞)함, 범어사의 유절(幽絶)함, 통도사의 걸거(傑巨)함, 영남루의 굉활(宏豁)함 역시 모두 시간이 흘러도 잊을 수 없다. 통도사는 해장(海藏) 신석우(申錫愚)[45] 선생의 진영이 벽에 걸려 있어 홀을 들고 절하였으니, 역시 영해(嶺海 : 궁벽한 땅)에서의 일대 기연이었다. 만일 선생께서 살아계셔서 귀국한 후 선생을 뫼시고 일본의 뛰어난 경관을 자랑하였다면, 선생께서는 반드시 흔쾌히 들

---

42 8칙 : 원문에는 모두 18칙이다. 오기로 보인다.

43 범어사(梵魚寺) : 현 부산시 금정구 청룡동 금정산에 있는 사찰. 화엄종(華嚴宗) 10찰(刹)의 하나이며, 일제강점기에는 31교구 본산의 하나였다.

44 영남루(嶺南樓) : 경상남도 밀양시 내일동에 있는 누각으로 예전 객사(舊客舍)의 부속 건물이었다. 진주 촉석루, 평양 부벽루와 함께 한국의 3대 누각으로 꼽힌다.

45 신석우(申錫愚) : 1805~1865. 본관은 평산(平山). 자는 성여(聖如). 호는 해장(海藏). 1834년 식년문과에 급제하여, 가주서(假注書)·예문관검열·사간원정언을 거쳐 1838년(헌종 4) 용강현령(龍岡縣令)을 지냈으며 그 뒤 부교리·병조참판·우승지·양주목사·대사성·이조참의·승지·이조참판 등을 거쳐 1855년(철종 6) 경상도관찰사를 지냈다. 1857년 대사헌이 되고 이듬해 한성부판윤을 거쳐 1859년 형조판서에 이어 예조판서가 되었다. 1860년 동지정사(冬至正使)로 청나라를 다녀왔다. 문장과 글씨에 뛰어나 1863년에는 「해주기적비(海州紀蹟碑)」의 서사관(書寫官)으로 특별 가자(加資)되기도 하였다. 시호는 문정(文貞)이다.

고 부러워하시면서 서쪽 유람한 것만을 훌륭하게 여기지 않으셨을 것이다. 사람과 시대가 아득하여 지금은 다시 만날 수 없으니 도리어 서글퍼진다.

◎ 병자년(1876) 4월 29일 경인일에 부산포에서 배를 탔다. 이달은 작은 달[29일까지 있는 달]이 다하였다. 5월 1일 신묘일 아침에 나가토주 아카마가세키【아카마가세키(赤馬關)라고 표기하기도 하고, 단칭으로 시모노세키(下關)라고 하기도 한다.】에 도착하였다. 반나절과 하룻밤이 걸린 것이다. 밤에 배 안에서 묵었다. 배는 주야로 항해하니, 사람은 묵어도 배는 묵지 않는다. 중류에 배를 멈추고 작은 배로 하륙하였다.【승선과 하선은 반드시 중류에서 배를 멈추고 작은 배로 오르내리니, 이 선박이 얕은 물가에 정박하지 못하기 때문이다. 후에도 모두 이와 마찬가지로 하였다.】 에이후쿠지(永福寺)[46]에 들어가 점심을 먹었다.【이로부터 배 안에서 혹은 정박해서의 별도 지공은 반드시 지방관이 외무성의 지휘를 따라 준비하였다.】 이어서 하룻밤 유숙하였다. 부산에서 이곳까지 8백 리이다.

◎ 임진일(2일) 다시 배에 올라 미시(未時 : 13시~15시)에 전진하여, 배 안에서 이틀 묵은 후 갑오일(4일) 새벽 고베항에 정박하였다. 아카마가세키에서 이곳까지 1천7백 리이다. 아침에 하선하여 시중의 회사루(會社樓)에서 쉬는데, 점심을 내왔다. 신시(申時 : 15시~17시)에 다시 배에 올라 배 안에서 묵었다.

◎ 을미일(5일) 진시(辰時 : 7시~9시)에 출항하여, 배 안에서 이틀을 묵었다.

---

46 에이후쿠지(永福寺) : 현 일본 야마구치현(山口縣) 시모노세키시(下關市)에 있는 임제종(臨濟宗) 사찰. 일본 쪽 기록에 따르면 611년 백제 성명왕(聖明王)의 아들 임성태자(琳聖太子)가 건너와 지니고 온 관세음보살을 본전으로 하여 건립하였다고 한다.

정유일(7일) 아침 요코하마에 정박하였다. 고베에서 이곳까지 2천4백 리이다. 하선해서 잠시 철로관(鐵路關)에서 쉬었다. 여기에서 에도까지 1백1십 리이니 육로로 간다. 정오에 출발하여 신시에 에도의 엔료칸【관소는 예전 대장경(大藏卿)의 집이다. 일명 도미노코지칸(富少路館)이라고도 한다.】에 도착해 묵었다. 낮에 혹시 일이 있어 다른 곳에 가기도 하였으나 밤에는 이곳에서 묵었다. 무술일(8일) 외무성에서 예를 행하였다.

◎ 경자일(10일) 아카사카궁(赤坂宮)[47]에서 예를 행하였다. 돌아오는 길에 잠시 어화원(御花苑)에서 쉬었다. 점심을 내왔으니, 모리야마 시게루가 대접한 것이었다.

◎ 임인일(12일) 엔료칸【이곳은 엔료칸(延遼館)이라고도 한다.】에서 연회를 받고, 돌아오는 길에 박물원을 관람하였다.

◎ 을사일(15일) 육군성 내 교련장에서 조련하는 것을 관람하였다. 돌아오는 길에 외무성에 들어가 점심을 먹었다.

◎ 병오일(16일) 미야모토 오카즈(宮本少一)[48]의 조카엔에 갔다.

◎ 정미일(17일) 해군성(海軍省)을 견학하고, 다시 이노우에 가오루 집에 갔다.

---

47 아카사카궁(赤坂宮) : 아카사카카리고쿄(赤坂仮皇居). 일본 천황이 임시로 거주한 궁. 1873년 5월 5일 에도성(江戶城) 니시노마루고텐(西の丸御殿)이 화재로 소실되어, 아카사카미쓰케(赤坂見附)의 기이번(紀伊藩) 가미야시키(上屋敷)가 천황이 거주하는 임시 고쿄(皇居)가 되었다.

48 미야모토 오카즈(宮本少一) : 1836~1916. 메이지 초기의 외교관으로 이름은 '고이치'라고도 읽는다. 주로 메이지유신 이후 일본을 방문한 외국 귀빈을 접대하는 일을 맡았다. 조선과의 관계에서는 강화도 문제 처리와 수호 교섭에 전력을 다해 조일수호조규(朝日修好條規) 체결에 종사했다. 이후에는 조일통상장정(朝日通商章程)을 조사하는 임무도 수행한다. 메이지 정부의 관료로서 제1차 수신정사 김기수(金綺秀) 및 제2차 수신정사 김홍집(金弘集)과 나눈 창화시가 남아있다.

◎ 기유일(19일) 쓰시마 도주 소 시게마사(宗重正)[49]의 집에 갔다. 후카가와(深川 : 도쿄 내 지명) 별장이다.

◎ 경술일(20일) 모리야마 시게루의 집에 갔다.

◎ 신해일(21일) 육군성 병학료(兵學寮)를 견학하였다. 고이시테이(小石亭)[50]에서 점심을 먹었다. 다시 공부성(工部省)의 공학료(工學寮)에 가서 전선(電線)을 구경하였다. 돌아오는 길에 공부경(工部卿) 이토 히로부미(伊藤博文)[51] 집의 연회에 갔다.

◎ 계축일(23일) 태학(太學)[52]을 견학하고 선사(先師 : 공자)의 소상(塑像)을

---

49 소 시게마사(宗重正) : 1847~1902. 소 요시노리(宗義和)의 셋째 아들. 제16대 쓰시마 후추번(對馬府中藩) 번주. 1869년 메이지정부의 명에 따라 조선에게 왕정복고를 알렸다. 1871년 폐번치현으로 번(藩)이 폐지된 후 외무대승(外務大丞)에 취임하였으며, 1872년 모리야마 시게루(森山茂)와 함께 부산에 내항하여 국교교섭을 시도하였으나 실패로 끝났다. 1882년 일본 정부와 임오군란 사후 수습을 협의하기 위해 박영효(朴泳孝)를 특명 전권대신 및 수신사로 파견하였을 때, 11월 3일 수신사 일행과 접견하였다. 당시의 직책은 해군 소장이었다.

50 고이시테이(小石亭) : 메이지시대에 있었던 식당. 현재 도쿄도(東京都) 신주쿠구(新宿區)에 있었던 육군성(陸軍省) 내에 있었다.

51 이토 히로부미(伊藤博文) : 1841~1909. 호는 슌포(春畝). 스오국(周防國) 구마게군(熊毛郡) 출신. 하야시 주조(林十藏)의 아들. 이토가(伊藤家)의 양자. 조슈번(長州藩)의 쇼카손주쿠(松下村塾)에서 배웠으며, 존왕양이운동(尊王攘夷運動)에 참여하였다. 메이지유신 이후 1871년 이와쿠라사절단(岩倉使節團)에 부사로 참가하여 구미 각국을 견문하고 귀국 후 오쿠보 도시미치(大久保利通) 등과 함께 메이지정부 국정의 중심인물이 되었다. 헌법조사를 위해 유럽에 다녀와, 대일본제국헌법(大日本帝國憲法, 1989) 기초하는 데 중심적인 역할을 담당하였으며, 1885년 내각제도로 이행 후 초대 내각총리대신이 되었고, 제5대, 7대, 10대 내각총리대신을 역임하였다. 또한 1905년 한국통감부(韓國統監府)가 설치되면서 초대 한국통감이 되었다. 1907년 하얼빈에서 안중근(安重根)에 의해 살해되었다.

52 태학(太學) : 유시마성당(湯島聖堂)을 가리킨다. 현재 도쿄도(東京都) 분쿄구(文京區) 유시마(湯島)에 있는 공자묘(孔子廟). 도쿠가와막부(德川幕府)의 정치고문이었던 하야시 라잔(林羅山)이 우에노시노부가오카(上野忍岡)에 건립한 공자묘(孔子廟)를 1690년에 도쿠가와 쓰나요시(德川綱吉)가 현재의 유시마(湯島)에 이축하였다. 쓰나요시는 대성전(大

뵈었다. 돌아오는 길에 가이세이학교(開成學校)[53]와 도쿄여자사범학교(東京女子師範學校)[54]를 견학하였다.

◎ 갑인일(24일) 원로원(元老院)[55]을 거쳐 엔료칸에 가서 연회를 받았다.【상선연(上船宴)[56]이다.】

成殿)이라고 개칭하였다가 이곳에 인접한 건물들도 포함하여 성당(聖堂)이라고 다시 개칭하였다. 1691년에 완성되어 린케(林家)의 학문소도 이곳으로 이전되었다. 1797년 에도막부 직할학교로서 쇼헤이자카학문소(昌平坂學問所)가 개설되었다. 창평(昌平)이란 공자(孔子)가 태어난 마을의 이름이었으며, 공자와 유학을 가르친다는 뜻이다. 메이지유신 후, 성당과 학문소는 정부가 관할하여, 당초 학문소는 대학교·대학으로 개칭되었다가 1871년 정부가 이를 폐지하여 문부성이 설치되었다. 같은 해 일본 최초의 박물관인 현재 도쿄국립박물관(東京國立博物館)이 설치되었고, 1872년 도쿄고등사범학교(東京高等師範學校) 및 부속학교, 일본 최초의 도서관인 서적관(書籍館)이 설치되었고, 1874년 도쿄여자고등사범학교(東京女子高等師範學校) 및 부속학교가 설치되었다.

53 가이세이학교(開成學校) : 메이지시대의 관립(官立) 양학(洋學) 교육기관. 1857년 양학을 연구 및 교육하는 목적으로 설립된 반쇼시라베쇼(蕃書調所)에 기원이 있다. 1863년에 가이세이쇼(開成所), 1868년에 가이세이학교가 되었으며, 양학교육과 번역, 출판허가 등을 담당하는 메이지정부의 정부기관의 역할도 하였다.

54 도쿄여자사범학교(東京女子師範學校) : 1874년 설립된 관립학교(官立學校). 미국의 교육가 데이비드 머레이(David Murray)가 일본 문부성의 고문을 담당하여 교사로서의 여성의 능력을 높이 평가하자, 이에 영향을 받은 문부소보(文部少輔) 다나카 후지마로(田中不二麿)의 제안으로 설립되었다.

55 원로원(元老院) : 일본 메이지시대의 일본의 입법기관. 1875년 오쿠보 도시미치(大久保利通), 이토 히로부미(伊藤博文), 기도 다카요시(木戶孝允), 이타가키 다이스케(板垣退助) 등이 메이지 정부의 방침을 토의한 오사카회의(大阪會議)를 바탕으로 1875년 4월 25일에 설치되었다. 당초는 의장, 부의장 각 1명씩이었고, 정원은 무제한이었으나, 11월 25일 직제(職制)가 개정되어 의장, 부의장 각 1명과 이를 보좌하는 간사 2명, 기타 의관 23명 등이었다. 신법의 제정과 구법의 개정을 관장했으며, 의안(議案)은 천황의 명령에 따라 정원(正院)으로부터 하달받았고, 긴급을 요하는 경우에는 사후에 승인 받는 정도의 사무를 담당했으므로 그 권한은 약한 편이었다. 구성원은 원로원의관(元老院議官)이라고 불렸다.

56 상선연(上船宴) : 외국 사신이 머문 뒤 기한이 차거나 임무를 마친 다음 돌아갈 때 설행(設行)하는 전별식. 상선연례(上船宴禮)·상선연향(上船宴享)이라고도 하고, 줄여서 상선(上船)이라고도 한다.

◎ 병진일(26일) 외무성에서 예를 행하였다.【고별한 것이다.】

◎ 정사일(27일) 다시 출발하여 신바시(新橋)[57]에 가서 화륜차(火輪車)를 탔다. 요코하마 철도관에 도착해 점심을 먹었고 미시에 승선하였다. 요코스카에 가서 정박하여 하룻밤을 묵었다. 무오일(28일)에 또 전진하였으나 바람에 막혀 5백여 리를 우회하였고, 다시 요코스카 근방 3십 리 되는 곳에 돌아와 정박하여 또 하룻밤 묵었다. 기미일(29일) 미시에 출발하여 배에서 이틀을 묵었다. 신유일(윤5월 1일)에 비로소 고베에 도착하였으니, 윤달 1일이었다. 병 때문에 하선하지 못하고 배에서 묵었다. 임술일(2일) 잠시 하선하여 또 회사루에서 쉬었는데, 점심을 내왔다. 다시 곧바로 승선하여 또 하루를 묵었다. 요코하마에서 이곳까지 2천 4백 리이다. 요코스카 이전에 5, 6십 리 돌았고, 요코스카 이후에 또 5백 리를 우회하였으니 합하여 3천여 리 될 것이다.

◎ 계해일(3일) 새벽에 출발하여 배에서 하루를 묵었다. 갑자일(4일) 이른 아침에 아카마가세키에 정박하였다. 하루 밤낮에 1천7백 리를 운항하였으니 참 빨랐다. 하선하여 에이후쿠지에서 점심을 먹고 잠시 쉬다가 다시 승선하였다.

◎ 이날 신시에 출발하였다. 밤에 바람이 심하게 불어, 3백 리를 갔다가 다시 돌아와 아카마가세키 근방에 정박하고 또 하루를 묵었다. 을축일(5일) 바람이 여전히 역풍이어서 부득이 우회하였다. 쓰시마에 도착하여 하선하고 이테이안(以酊菴)[58]에서 묵었다. 이테이안 승려 겐소(玄蘇)[59]

---

57 신바시(新橋) : 현 일본 도쿄도 미나토구(港區) 신바시(新橋). 시오도메가와(汐留川)에 만든 신바시[새 다리]에서 유래한 지명이다. 1872년 일본 최초의 철도가 신바시역에서 개통되었다.

58 이테이안(以酊菴) : 외교문서를 관장하기 위해 에도막부(江戶幕府)에서 쓰시마에 파

는 임진왜란 때의 승려로, 정유년에 태어났기 때문에 우리 소경왕(昭敬王 : 선조. 소경은 시호)께서 특별히 '이테이안'이라는 호를 내렸다. 병인일(6일) 정오에 옛 도주 소 요시요리(宗義和)[60]【소 시게마사의 아버지이다.】의 집에서 열린 연회에 참석하였다. 신시에 승선하여 해시(亥時 : 21시~23시) 초에 바람이 잠잠해지자 비로소 출발하여 배에서 하룻밤 묵

견한 승려가 거처하던 암자. 1597년에 겐소(玄蘇)가 쓰시마에 사찰을 건립하고, 그가 태어난 해가 정유년이어서 이테이안이라고 하였다. 에도막부의 쇠퇴에 따라 1866년에 막부는 쓰시마번에 이테이안윤번제의 폐지를 통고하고 윤번승이 귀환하였다. 에도막부를 대신한 메이지 정부가 쓰시마번으로부터 대조선외교권을 박탈하자 주인이 사라진 이테이안은 메이지 원년(1868)에 폐사(廢寺)되었다. 메이지 이후에는 세이잔지로 복귀되었고, 겐소의 유품과 이테이안 관계자료는 세이잔지가 소장하고 있다.

59 겐소(玄蘇) : 게이테쓰 겐소(景轍玄蘇, 1537~1611). 자는 게이테쓰(景轍). 호는 센소(仙巢). 지쿠젠국(筑前國) 무나가타군(宗像郡) 출신. 하카다(博多) 쇼후쿠지(聖福寺) 주지로 재직했으며, 교토 도후쿠지(東福寺)의 주지를 거쳐 1580년에 쓰시마도주 소 요시시게(宗義調)의 초빙을 받고 쓰시마로 건너가 일본국왕사(日本國王使)로서 조선외교를 담당했다. 1589년 도요토미 히데요시(豊臣秀吉)의 명을 받아 야나가와 시게노부(柳川調信)와 소 요시토모(宗義智)와 함께 조선에 와서 명을 치기 위해 길을 빌려달라는 요청을 하였고, 그 후 임진왜란이 발발하자, 고니시 유키나가(小西行長)와 함께 다시 조선에 왔다. 1595년에 명에 건너가 만력제(萬曆帝)로부터 본광국사(本光國師)라는 칭호를 받았다. 도쿠가와 막부가 수립된 후, 조선과의 수교를 회복하고자 하였는데, 1604년 조선 조정에서 손문욱(孫文彧), 승장(僧將) 유정(惟政)을 파견하여 조선인 포로 3,500명을 쇄환할 적에 겐소가 조선수문직(朝鮮修文職)에 있었다. 1607년 기유약조(己酉約條) 체결에 공로가 있어 조선 조정으로부터 선소도서(仙巢圖書)를 받았다. 1611년 조선수문직의 역원(役院)으로 이테이안을 개창하였으나 곧 병으로 죽었다. 이테이안에 묘를 안치하였으나 그 후 암자 그대로 세이잔지(西山寺)로 옮겨 현재는 세이잔지에 목상과 함께 안치되어 있다.

60 소 요시요리(宗義和) : 1818~1890. 쓰시마번의 제15대 번주. 1842년 형을 이어 번주 자리에 올랐다. 부친의 시대부터 계속된 혼란을 수습하기 위하여 재정 재건을 중심으로 하는 번정개혁을 단행했지만 실패했다. 1861년 러시아군함이 쓰시마에 내항했던 쓰시마사건(對馬事件)을 계기로 에도막부(江戶幕府)의 사스 이오리(佐須伊織)는 쓰시마번을 막부 직할령으로 하고, 소씨(宗氏)는 다른 영지(領地)로 이봉(移封)할 것을 막부에 탄원했는데, 이 계획이 드러나자 세자 옹립 문제의 여파와 맞물려 이오리는 존왕양이파(尊王攘夷派)에게 암살당했다. 이 사건으로 득세한 존왕야이파는 번정쇄신을 이유로 요시요리(義和)에게 은거(隱居)를 요구했으므로 12월 25일 자리를 물려주고 은거하였다.

었다. 이튿날 윤5월 7일 정묘일에 다시 부산포에 정박하였다. 아카마가세키에서 이곳까지 8백 리이다. 아카마가세키에서 7백 리를 우회하였고, 아카마가세키에서 쓰시마까지 8백여 리이고, 쓰시마에서 이곳까지 또 6백여 리이다. 갈 때 길을 계산하니 5천 리이고, 돌아올 때 우회한 길까지 합하니 7천여 리를 왔다.

◎ 동래부에서 5일 머물고 다시 출발하여, 모두 18일 만에 서울에 도착했다. 모두 1천1백 리이고, 갈 때는 2천2백 리가 되니, 왕복한 길을 계산하면 1만 4천2백여 리가 된다.

승선(乘船) 9칙

◎ 4월 26일 부산에 내려가, 27일 해신제를 지냈다.【제문은 사과 안광묵이 지었고, 초헌(初獻)도 그가 하였다. 나머지 수행원들이 한 일은 장무관의 사례책자에 나란히 기록되어 있다.】 28일 연회를 행하였다.【동래수사(東萊水使)가 주인이 되어 장복(章服 : 문양이 그려진 예복)을 입고 상견례를 한 후 시복(時服 : 공부 볼 때 입는 관복)으로 갈아입고 잔칫상을 내왔고, 나중에 사립(絲笠 : 명주실 싸개를 쓴 갓)과 융복(戎服 : 군복의 일종)으로 갈아입었다.】 술이 반쯤 돌았을 무렵, 동래부사, 울산부사, 양산군수, 기장현감, 부산과 다대포의 첨사 및 각 역승(驛丞), 각 진의 변장(邊將)이 모두 모였다. 드디어 기생에게 음악을 연주하게 명하였다. 악기와 노랫소리가 번갈아 연주되니 길 떠나는 사람의 근심을 잊을만하여, 실컷 즐기고 파하였다. 이튿날인 작은 달 29일에 화륜선을 탔다.

◎ 승선한 날, 위의를 크게 떨치고 초량진을 나섰다. 멀리 중류에 서 있는 큰 선박이 보였는데, 협판(夾板)과 쌍범(雙帆)이 있었고 두 돛 사이에는

굴뚝이 있었으니, 꿈에도 상상하지 못할 모습이었다. 동래부사 및 열읍 수령이 진두에 장막을 줄지어 치고 전송하였다. 잔을 들고 서로 바라보며 모두 잠잠하게 말이 없었다. 방기(房妓 : 수청기생)들은 설문(設門 : 초량 왜관의 출입통제를 위해 설치한 문)에 막혀【초량관(草梁館)에서 부산진(釜山鎭)까지 설문이 있으니, 저들이 나오지 못하도록 제한하는 것이다.】 오지 못하고, 전배(前排) 기생 몇 명만이 있었는데 역시 모두 몸을 돌리고 소매로 눈물을 닦으면서 차마 고별하지 못하고 있었다. 드디어 총총히 승선하였다. 선박의 영접관 이하가 모두 일본인이었다. 선박을 처음 보고 사람도 처음 보니 비록 얼굴이 우리나라 사람과 같아도 의관의 제도가 다르고 언어가 통하지 않아, 서로 얼굴만 엿보면서 예를 행할 줄 모르고 몸가짐을 진중히 하면서 삼가 입을 다물고 있을 뿐이었다.

◎ 선박 제도를 살펴보아도 설명하지 못할 것인데, 더욱이 내가 진중히 있으면서 자의로 탐색할 수 없었음에랴. 대체로 선박 전체가 모두 기계장치로 이루어져서 하나의 기계가 녹이 슬면 전체 선박이 움직이지 않는다. 그러므로 선박의 운항과 조정에 각기 소임이 있다. 그리고 별도로 몇 명이 각기 기름병 하나와 수건 하나를 지니고서 때때로 칠하고 때때로 닦기 때문에 구리로 된 서까래와 철로 된 동아줄 등속이 모두 반들반들하여 거울 같았다. 그들의 말을 들으니 운항할 때뿐 아니라 일이 없는 한가한 날에도 쉬지 않고 칠하고 닦는다고 한다. 이렇게 하지 않으면 선박을 운행할 수 없으니 배가 있는 것이 없는 것만 못하다.

◎ 선박 양 끝은 좁고 낮았고, 옆 길이는 백 척이고 높이는 2십 척이었으며, 2십 척 가운데 십여 척은 바다에 잠겨 있었으니 그렇게 된 후에야 전복되는 사고를 면할 수 있기 때문이다. 다른 배들은 낮아도 물과 평

평하여서 물이 많고 순풍이면 돛을 걸고 마치 재각(齋閣)처럼 간다. 그러나 이 선박은 그렇지 않아 꼭 칼로 물건을 베는 것 같다. 선박은 칼이 되고 물은 물건이 되어서, 큰바람이 불지 않더라도 바람이 있으면 운항하고 없더라도 운항한다. 온 선박의 힘은 전적으로 석탄에서 나온다. 석탄에 불이 붙으면 기계 바퀴가 저절로 돌아가서 배가 나는 듯이 간다. 선체는 항상 흔들거려서 비록 순풍이 돛에 가득할 때일지라도 붓을 들고 종이에 쓰려면 점을 몇 번이나 찍지 않을 수 없다.

◎ 선창 안에는 시렁을 설치하였고 시렁마다 사람이 머문다. 각 시렁은 2층으로, 상층과 하층 모두 누울 수 있는 평상이 있다. 또한 반드시 아로새긴 문이 있어 영롱하고 찬란하다. 세숫대야에 물을 받을 수 있고 타호(唾壺)가 걸려 있었으며 유리로 된 등과 수정으로 된 병, 수놓은 담요와 그물 무늬 베개가 있었다. 또 눈높이에 시간을 알려주는 시계와 벽에 붙여져 몸을 비추는 거울이 금빛과 푸른빛으로 눈길을 빼앗고 아찔하게 만들어 오관이 피로하여 칠성(七性 : 일곱 가지 감정)이 미혹될 것만 같았다.

◎ 선박은 반 이상 물에 잠기는 것을 중요하게 여기기 때문에 실은 것이 가벼우면 모래와 돌을 많이 실어서 조금 안온하게 만들어 운행하였다. 선박은 반드시 기계를 돌려야 하고 기계를 돌리려면 석탄이 필요했기 때문에 길을 계산하여 석탄을 실었고, 석탄이 없는 곳을 만나거나 갈 길이 남았는데 석탄이 부족하면 할 수 없이 배를 돌렸다.

◎ 선창 밖을 갑판(甲板)이라고 한다. 갑판의 간격은 빽빽하고 석회로 메꾸어서 틈이 없으며 옻칠과 기름칠을 하여 빗물이 새지 않는다. 사방으로 철 난간을 설치하고 난간 위 양옆에는 각기 두 개의 작은 배를 걸어 놓아서, 걸린 배의 가운데로 오르내린다. 좌우에는 각기 철사 다리가

있으니 작은 배를 타고 정박할 때 쓰는 사다리와 판이었다. 옷을 걷고 올라가니 4, 5장 되는데 나뭇잎에 붙어있는 새처럼 사다리에 따라 몸이 흔들렸다. 파도를 굽어보니 정신이 아득하였다.

◎ 배 가운데 구멍으로 된 선창은 사다리를 타고 출입한다. 둥근 덮개가 구멍을 덮고, 역시 판판한 문을 설치하여 덮개를 덮으면 문이 합쳐 완전히 봉쇄된다. 배 가운데의 위와 아래에도 구멍이 있다. 위의 구멍은 평평한 덮개가 있고 사방으로 창문을 설치하였으며 구리 난간에 금칠을 하고 선창 지붕에 유리를 붙여놓았으니 빛을 통하게 하기 위해서이다. 아래 구멍의 평평한 덮개에는 창과 난간이 없어 덮개를 벗기면 밝아도 덮으면 어둡다. 이곳은 선창 가운데 도예(徒隸 : 선원)가 거처하는 곳이다. 아래로 더 내려가면 구멍 덮개가 앞의 것과 같은데, 온 배의 기계 바퀴가 모인 곳이다. 숙이고 보니 곧바로 선창 바닥이 보였다. 둥근 것, 네모난 것, 위는 둥글고 아래는 네모난 것, 반달 모양의 것, 비스듬히 뾰족한 것, 톱니가 작은 것, 톱니가 큰 것, 물레가 도는 것 같은 것, 쳇바퀴가 도는 것 같은 것, 삐걱삐걱 소리를 내는 것이 있었다. 바닥은 기름투성이이고, 네모난 솥 안의 얕은 물이 끓어오르고 있었으나 석탄이 타는 곳은 끝내 보지 못하였다.

◎ 굴뚝의 옆에는 또 바람주머니가 있어서 때때로 우는데 깊은 산 한밤중 귀신 소리를 듣는 듯하다. 뱃고물에는 대포 1좌(坐)를 설치하였고 앞에는 영표(影表 : 해시계)를 설치하였는데, 하늘을 우러르고 구렁을 굽어보는 듯한 형태였다. 배의 이물에는 집이 있어서 선장이 거처한다. 집 앞에는 높이가 몇 길 되는 대가 있어서 사다리를 타고 올라간다. 위에는 자오반(子午盤 : 나침반)이 설치되어 있어서, 선장이 조준하여 배를 운행하는 것이다.

정박(停泊) 14칙

◎ 부산포에서 출항하여 오륙도(五六島), 절영도(絶影島)를 거쳐 해구로 나섰다. 멀리 시야에 들어오는 머리카락 한 올처럼 희미하게 보이는 푸른 산 하나가 쓰시마이다. 쓰시마는 예전 통신사(通信使)가 반드시 경유하던 곳이나 이번 사행에서는 곧바로 대양으로 나가기 때문에 왕왕 나타나는 섬들을 그대로 지나쳐 상관하지 않았다. 한 번 대양에 나서자 파도가 솟구쳐서 배가 더욱 요동쳤다. 일행 모두 구토하고 어지럼증을 느껴 머리를 쥐고 누웠다. 나와 정산(挺山) 안광묵과 비장 오현기(吳顯耆), 당상역관 이용숙은 다행히 멀미가 심하지 않아서, 때때로 함께 갑판에 올랐다. 물과 하늘이 아득하여 끝없이 푸른 모습을 보니 몸이 비록 흔들거려도 가슴은 탁 트였다. 이처럼 하루 밤낮을 가서 나가토주의 아카마가세키에 정박하였다. 저자와 백성, 물화가 즐비하게 느껴졌으니, 이곳 역시 각국이 통상하는 일대 포두(埔頭 : 교통이 편리한 상업 도시)였다. 포시(晡時 : 15시~17시)에 하선하여 에이후쿠지로 향하였다. 절은 둥근 담 안에 있었다. 북을 단 누정과 등을 단 누각이 절의 모습을 하고 있었으나 절도 아니고 민가도 아닌 거대한 하나의 사당 같았다. 당을 하나 오르니 다시 내려가지 않고 구불구불 돌아서 들어가게 되어 있었다. 하나의 집에 겹겹이 집을 덧붙이고 집마다 벽을 설치하여, 하나의 방을 들어가면 또 하나의 방이 있었다. 가장 깊은 곳이 내가 쉴 곳이었는데, 작은 정원의 꽃과 나뭇잎이 매우 그윽하였다.

◎ 이곳에서부터 정박한 곳마다 구경하러 놀러온 일본인들이 거리를 메웠으나 금할 수가 없었다. 그들 가운데 필묵을 들고 서화를 구걸하는 자가 이어져서 수행원들이 팔이 빠질 지경이었으나 당상역관 국인(菊人)

이용숙 홀로 팔팔하여 그치지 않았다.

◎ 대양은 비록 험한 물마루가 있어도 배가 한 칼로 베어 지나갈 수 있었으나 양쪽 산에 끼인 곳이 가까워지면 왕왕 막혔기 때문에 이곳을 피하기 위해 육지의 말뚝처럼 수면에 부표를 띄어놓았다. 또 산모퉁이에 때때로 환한 집이 있었으니 등명대(燈明臺 : 등대)라고 하는 것이었다. 밤에는 반드시 불을 붙여서 왕래하는 배를 비추었으니 길을 잃고 떨어져 나가는 사고를 방지하기 위한 것이라 하였다.

◎ 물가 배 댄 곳에는 반드시 돌을 쌓아 교량을 만들고 왕왕 갑문을 설치하여 무지개다리처럼 만들어놓았다. 또 긴 제방을 쌓아서 물을 가로질러 들어가 막아놓았으니 하나의 저수지 같았다. 가운데 정박하면 풍랑이 두려울 것이 없었다. 몽충(蒙衝 : 전함)과 거선(巨船)이 빽빽하게 들어서고 배들이 첩첩이 들어서서 마치 울창한 밀림 같았다.

◎ 아카마가세키에서 고베항까지 양쪽 언덕 사이에 끼어 있어서 물결이 잔잔하였다. 뱃멀미를 앓던 사람들도 매우 좋아하였다. 양쪽 해안의 청산이 보이는 곳마다 사랑스러웠고, 왕왕 보이는 인가는 산을 등지고 물을 앞에 두고 있었으며 마을들이 위아래로 아담하게 들어서 있었다. 쳐다보고 있으니 멍해져서 고깃배를 좇아 무릉도원으로 들어가는 것만 같았다.

◎ 고베항에서 정박했을 때 잠시 시장의 누각에서 쉬었다. 누각 앞의 시장 사람들이 과일과 밀감, 비파, 배를 바쳤는데, 거의 한 동이 분량이었다. 효고(兵庫) 현령 간다 다카히라(神田孝平)[61]가 사람을 보내 명함을

61 간다 다카히라(神田孝平) : 1830~1898. 이름은 모카쿠(孟恪). 호는 단가이(淡崖)·도카요(唐華陽). 1847년부터 교토(京都), 에도에서 한학(漢學)과 유학(儒學)을 배웠고, 1853

통하고 인사를 하였다. 돌아가는 길에 또 이곳에서 쉬었는데 밀과 여러 종을 보내 감사하였다. 밤에 선박으로 돌아와 묵었다. 이때가 단양절(端陽節) 전날이었다. 현령이 집집마다 등을 내걸게 하여, 불빛이 수면에 떨어져 마치 대낮처럼 환하였으니 우리들의 구경을 위한 것이었다. 오사카성이 이곳에서 2백 리 정도로 가까웠기 때문에 시장과 누대와 인물이 아카마가세키보다 훨씬 더 번성하였다. 돌아갈 때 외무성에서 이곳에서 하루 더 머물러 오사카의 조폐국(造幣局)을 견학하라고 신신당부한 것도 이 때문이었다. 이곳에서 오사카까지 철로를 놓아 화륜차가 다녀서 하루면 왕복하니 마음대로 유람할 수 있다고 한다.

◎ 고베에서 요코하마까지 또 대양으로 나섰다. 파도가 부산과 아카마가세키 사이보다 더 심하였다. 겨우 출항하자 일행들이 모두 음식을 먹지 못하고 이불을 뒤집어쓰고 누웠으니 애처롭기도 하고 밉기도 하였다. 파도가 과연 위험하여 이틀 밤낮을 고생하고 요코하마에 정박하였다. 요코하마에서 에도까지 육로로 1백1십 리에 불과하여 화륜차를 타면 순식간에 도착한다.

◎ 돌아올 때 정박한 곳들이 이곳들에서 벗어나지 않는다. 그러나 요코하마를 출발하여 7십 리 가서 하루 정박한 곳은 갈 때 보지 못한 곳이었

년 이후에는 스기타 세이케이(杉田成卿), 이토 겐보쿠(伊東玄朴), 데즈카 리쓰조(手塚律藏)에게 난학(蘭學)을 배웠다. 1862년 이후, 반쇼시라베쇼(蕃書調所), 가이세이조(開成所)에서 가르치게 되었다. 1868년 메이지정부에 출사하여 의사체제취조소(議事體裁取調所), 외무성(外務省) 등에서 근무하였고, 1871년 효고현령(兵庫縣令)이 되었다. 1877년 이후는 문부소보(文部少輔), 고등법원배석판사(高等法院陪席判事)가 되었고, 1890년 귀족원의원(貴族院議員)이 되었다가 다음해 사임하였다. 학자로서는 도쿄수학회사(東京數學會社) 사장, 도쿄인류학회(東京人類學會)의 초대 회장을 역임하였고, 서양수학(西洋數學)의 선구자이다.

다. 지세가 흡사 우리나라 부산포와 같았다. 사방은 산에 둘러싸여 있었고 물이 한줄기 흘렀으며 출입은 작은 차항(汊港 : 물이 갈라져 나오는 곳)을 통하였는데 마치 호리병의 작은 병목 같았다. 해안의 인가가 많지 않았으니 잠시 머물다가는 곳이었다. 이곳에 조선국(造船局)이 있어서 화륜선을 만든다. 거듭 우리를 만류하여 관광하라고 요청하였다. 그러나 귀국하는 마음은 활시위를 떠난 화살 같아서 관광은 즐거운 일이 아니었다. 병을 핑계 삼아 하선하지 않고 전전긍긍 밤을 보냈다. 지명이 요코스카였다.

◎ 이튿날 출발하여 2백여 리 가서 홀연 대풍을 만났다. 이때 사방이 깜깜한 밤이었다. 배 안의 사람들은 모두 당황하여 어쩔 줄 몰라 어디에서 죽을지조차 몰랐다. 나 역시 동서로 넘어지고 고꾸라져서 일신을 마음대로 하지 못하였다. 배는 일정치 않게 뒤집혀서 물결이 선창으로 들어오고 물이 잠자리로 흘러들어 옷소매가 다 젖었다. 눈앞에 있는 찻잔과 술잔, 필기도구가 저절로 튀어올랐다 떨어지며 부딪쳤다. 이때 배 안 사람들은 이미 정신을 잃고 쓰러졌다. 선실을 나누는 판자문과 휘장이 모두 열리고 말려 올라갔다. 온 배 안이 온통 고요하고 멍멍하여 한 사람도 없는 듯하였고, 때로 바람과 파도 소리가 들리면 기물이 부딪쳐 깨치는 소리가 마치 공중에서 번개가 쳐서 나무가 꺾이고 지붕이 뽑히는 소리 같았다. 홀로 오도카니 앉아있으니 도리어 한심하게 느껴졌다. 선장이 와서, 온갖 어려움 속에 운행하고 있으니 정박하는 수밖에 없으나 대양 가운데 의지할 곳이 없어 형편상 부득불 출발했던 곳으로 돌아가야 정박할 수 있다고 하였다. 어쩔 수 없이 허락하였다. 마침내 배를 돌리니, 삐걱거리며 요동치는 것은 여전하였다. 새벽에 겨우 잠시 안정되었는데 출발했던 곳에 다시 정박했다고 하였다.

◎ 고베에 도착하여 병 때문에 하선하지 못하였다. 저자 누각의 주인이 커다란 장첩(粧帖)을 보내와 내 글을 구하여 고시 한 수를 써서 주었다. 석탄을 싣느라 하루를 머물렀다. 정오에 정신을 안정시키기 위해 잠시 하선하였다. 그러나 구토 기운이 배가되어 음식을 먹기가 더 힘들었다. 외무경에게 편지를 써서 병 때문에 오사카 관광 약속을 지키지 못하겠다고 알렸다.

◎ 고베에서 아카마가세키까지 또 안온하였다. 조선국에서 출발할 때 선상에 서양 오랑캐 같은 사람이 서있는 것을 보았다. 그 사람이 내리는 것을 보지 못하였는데 갑자기 닻줄을 거두어 올렸다. 알아보니 바로 서양인이었으므로 호송관에게 말을 전하였다.

"이것이 비록 일본 선박이기는 하나 오늘 임무는 전적으로 우리 일행을 호송하는 것이니 우리가 하선하기 전에는 우리 선박이나 마찬가지이다. 우리 선박에 서양인이 무슨 일인가? 어서 내리게 하여 머물지 못하도록 하라."

호송관이 말하였다.

"진실로 옳다. 그러나 이 역시 외무성에서 수신사를 잘 호송하기 위하여 서양인에게 호송을 맡긴 것이니 이제 와서 물러나게 하는 것 역시 내가 결정할 수 없다. 우리나라 사람의 운항 실력이 여전히 이 사람들에게 못 미치기 때문에 멀리 갈 때마다 서양인 한 명을 쓰니 그의 지시를 받은 후에야 만전을 기할 수 있다. 이번 길에 이 사람이 있는 것 역시 이 때문이다. 그러나 수신사의 의향이 이와 같다면 외무성에 빨리 보고하여 회답을 기다려서 명대로 하겠다."

이곳에 도착해서 비로소 외무성의 회답이 이제야 겨우 도착했다고 말하러 왔다. 마침내 서양인을 하선시켰다.

◎ 잠시 에이후쿠지에서 쉬었다. 떠날 때 벽에 쓴 시를 어떤 사람이 떼어가 버려 남아있지 않아 섭섭하였다. 포시에 또 출발하여 3백여 리를 가서 또 대풍을 만났고 칠흑 같은 밤이 되었다. 배가 여러 차례 전복될 뻔하였으니 전보다 열배나 위험하였다. 부득이하여 또 출발했던 곳으로 돌아가 정박하였다. 배가 조금 안정되자 억지로 변소에 갔다. 변소 옆에는 졸예(卒隷)들이 거처하는 곳이었다. 앞서 졸예들이 모두 정신을 잃었다가 이때 겨우 정신을 차렸다. 한 졸예가 말하였다.

"이제 내가 살았나 보네!"

다른 졸예가 말하였다.

"이제 부산에 도착하겠지."

다른 졸예가 말하였다.

"어찌 나팔을 불지 않을까?"

나팔은 태평소를 말한다. 우리나라 풍속에 공적인 행차가 들고날 적에는 반드시 태평소 부는 것으로 절차를 삼는다. 만약 부산에 정박했다면 당연히 태평소를 불어야 하기 때문에 졸예의 말이 이와 같았던 것이다. 내가 들으니 애처롭기도 하고 우습기도 하였다. 돌아와 비장들에게 말하니 배꼽을 잡고 웃었다.

◎ 날이 밝자 출발하였다. 바람이 심하여 대양을 곧바로 건널 수 없었기 때문에 우회하여 쓰시마에 갔다. 옛 도주【도주는 지금 폐해졌고 나가사키(長崎)에 소속되어 함께 다스려지고 있다.】 소 시게마사【막 폐하여져 에도에 연금되어 있다.】의 아버지 소 요시요리【역시 옛 도주이다.】가 섬에 살고 있어서, 사람을 보내 명함을 드리고 인사하였다. 하선해서 곧바로 이테이안【편액에 "홍전실(鴻煎室)"이라고 쓰여 있었다. 옛날에 장로가 있어서 도주와 함께 우리를 위해 도토(東都 : 에도)에 심부름을 다녔다.】로 향하였다. 길

가에 구경하는 사람들이 어깨를 부딪치고 발이 겹칠 정도였다. 인물이 깨끗하고 의복이 고왔으며 변경 야인의 티가 조금도 나지 않았으니 역시 하나의 대도회지이다. 이곳은 저들과 우리가 통상하는 요지였다. 땅이 척박하여 생산물이 없어 우리에게 의복과 음식을 기대던 자들이다. 지금 폐지된 지 오래되어 매우 황량하였으나 여전히 이와 같았으니 번성하던 당시를 상상할 만하다. 섬은 삼면이 산으로 막혀있고 한 면이 바다로 통하니 마치 사람이 소매를 펼치고 앉았는데 좌우 어깨뼈에 바다를 끼고 있어 물이 괴어 있는 것과 같다. 이테이안은 오른쪽 산에 있어서 곧바로 물에 닿아있고 맞은편 언덕은 곧 왼쪽의 산이 된다. 암석이 깎은 듯하고 산꼭대기가 혹 말의 형상인 듯하니, '쓰시마(對馬)'라는 지명은 이 때문일까? 저쪽에 앉아서 이쪽을 마주보지 못했으니 이쪽이 말의 형상이 되는지 알 수 없었다. 이테이안은 폐한 지 오래되어 승려가 한 사람도 없었다. 이곳에도 외무성 관리가 있어서 하룻밤을 접대하였다. 이튿날 해가 진 후 출발하여 다시 다음날 아침 일찍 부산진에 돌아가 정박하였다.

◎ 절영도에 못 미쳐 동이 트기 시작했다. 이 당상[이용숙]이 급히 앞으로 달려와 말하였다.

"조선 산이 보입니다."

갔다가 또 와서 말하였다.

"조선 배가 보입니다."

만 리 큰 바다에서 삶과 죽음을 오가다가 다행히 고국에 돌아오니 생각했던 것보다 더 기뻤다. 인정이란 본래 이러한 것인가? 나 역시 억지로 일어나 밥을 더 먹었다.

유관(留官) 19칙

◎ 엔료칸은 에도성 북쪽에 있다. 해자를 마주하여 길거리가 있고, 거리에서 수십 보 들어가면 작은 골목이 뚫려 동쪽으로 구부러져 있다. 관소의 문은 남쪽으로 열리고 나무 울타리와 문이 예스러우면서 소박하다. 문을 들어서면 겨우 말을 돌릴 수 있을 정도이다. 지붕은 높이 솟았고 땅에는 벽돌이 깔려 있었으며 벽돌에는 계단이 있고 계단마다 난간이 있고 난간은 복도를 따라 있다. 남쪽을 따라 들어가 몇 개의 다리를 지나면 당이 나오기도 하고 방이 나오기도 하니, 관반(館伴) 원역들의 거처이다. 복도에는 대자리를 깔아두었는데 우리나라의 이른바 행보석(行步席 : 돗자리의 일종)이라는 것과 유사하였다. 비로소 당 하나가 나타났는데 꽃무늬 카펫을 깔아놓았다. 가운데 커다란 원탁을 놓고 꽃무늬를 수놓은 식탁보를 덮어놓았으며 사방에는 의자를 놓았다. 서쪽 한 켠에는 한 층 높이 하여 정교한 나무로 구분을 하고 그 위에 가는 대자리를 깔고 벽에 큰 그림 족자를 걸어놓았으며 족자 앞에는 커다란 구리병을 두고 병에는 고송 한 그루를 꽂아놓았는데 울창하고 푸르게 서려 있었고 각색 화초가 주위를 둘러싸고 있었다. 북쪽에는 시계가 걸려 있었다. 문을 통해 나가니 뒤편은 북쪽 처마 아래 복도였다. 서쪽으로 몇 발자국 가니 또 방이 하나 있었다. 방에는 방금 본 당과 같이 꾸며놓았다. 아까 그곳은 저들이 모여서 만나는 장소였고 이곳은 침소였으니 모두 수신사의 거처였다.

◎ 남쪽을 향하여 작은 정원이 있었고 정원과 나뉘어 언덕이 있었다. 꽃과 약초가 섞여서 줄지어 있었으며 담을 둘러 숲과 대나무가 울창하였다. 자세히 보니 심은 화분이 미처 마르지 않았으니 모두 새로 심어 우리에

게 제공한 것이었다.

◎ 창밖 작은 난간 서쪽에 탁자가 설치되어 있었고 위에는 유리 종 대여섯 개가 늘어놓아져 있었다. 유리항아리에 맑은 물이 가득 차 있었고 대나무를 엮어 걸치고 나무통을 받쳐서 물이 방울방울 떨어져도 땅을 적시지 않았다. 옆에는 청색의 커다란 도자기에 물을 담아 자줏빛 물고기 수십 마리를 기르고 있었다. 가운데 있는 석가산(石假山)은 수초를 꾸며놓았다. 또 두 개의 도자기 항아리가 있었다. 양쪽 끝은 뾰족하고 가운데는 곧아서 마치 우리나라의 수선화분(水仙花盆) 같았으니 역시 물고기를 기르는 것이었다.

◎ 앉은 자리 뒤에는 시렁 두 개를 나누어 하나는 그림족자와 화병을, 하나는 서책을 두었다. 북쪽 벽에는 시계를 걸고 시계 주변에 나무창살을 만들어놓았다. 나가면 또 복도가 있으니 그 너머는 수행원의 거처이다. 서쪽으로 가면 격자창살이 있고 선반이 있었다. 네모난 방에 또 격자창살이 있으니 정실(淨室)이었다. 벽에 나무통을 세워두었는데 위로 갈수록 좁아지고 아래로 갈수록 좁아져서 땅까지 통하여, 마주서서 오줌을 누면 오줌이 잠시도 머물지 않았다. 또 하나의 격자창살이 있으니 변소였다. 모두 가는 대자리를 깔았고 맨발로만 들어갈 수 있었다. 또한 굽이굽이 등을 달아놓아 밤에 불을 켜면 등불을 들고 다닐 필요가 없었다.

◎ 또 욕실이 있었다. 크고 작은 항아리를 두 개 두었는데, 하나는 물이 담겨있고 하나는 비어있었다. 목욕할 때 물을 빈 항아리에 옮기고 작은 철통에 불타는 탄을 담아 항아리에 걸어 물에 드리우면 물이 저절로 끓었다. 끓기를 기다렸다가 그 가운데 앉아 씻고, 다 씻고 나서 땅의 숨겨진 도랑에 엎으면 돌아보아도 물이 보이지 않는다.

◎ 마차는 한 쌍의 말을 가마에 매었고 바퀴는 네 개가 있는데 앞은 낮고

뒤는 높았다. 위에는 지붕을 설치하였는데, 지붕은 높이 솟아있고 사방에는 유리창을 설치하였으며, 좌우로 열려서 마음대로 들어간다. 오르고 내릴 때 마차에 붙어있는 철 계단을 이용하는데, 마치 말에 등자가 있는 것과 같다. 마차 안의 앞뒤에 있는 평상은 기름칠하여 광택이 난다. 두 명씩 마주 앉으면 네 사람이 충분히 앉을 수 있다. 수십 명이 앉을 수 있는 것도 있다고 한다. 마차 밖의 앞뒤로 역시 마부가 앉을 자리가 있다. 앞에 앉은 마부는 고삐를 잡고 조종하여 말의 속도와 방향을 마음대로 할 수 있다.

◎ 엔료칸 앞에는 인력거가 무수히 많다. 인력거의 바퀴는 두 개이고 바퀴 사이에 좌석을 설치하여 한 사람이 앉는다. 혹 두 사람이 앉으면 어깨가 닿는다. 가리개가 뒤는 높고 양옆은 낮으며 앞에는 없다. 가리개 뒤에는 주름진 물건이 있어서 비가 오거나 햇빛이 쏟아질 때 펴서 씌우면 지붕이 있는 수레가 된다. 바퀴는 두 개의 나무 횃대로 버티는데 앞을 향해 있고, 가로대가 있어서 그 안에 한 사람이 들어가 가슴에 걸고 달린다. 나는 듯이 달리기 때문에 행인들이 모두 이것을 탄다.

◎ 관반관(館伴官)은 외무소승(外務小丞)이 맡아 왕래하였다. 영접관 1원이 처음부터 끝까지 지켰고, 전어관(傳語官 : 통역) 3원이 번갈아 출입하였으며, 가전어관(假傳語官 : 임시 통역) 수십 인이 오랫동안 머물렀다. 나머지 접대를 담당한 도예(徒隷)들은 많아서 기록할 수가 없다.

◎ 접대를 담당한 도예들은 각기 맡은 바가 있었다. 청소를 담당하고 원예를 담당하고 양어(養魚)를 담당하는 등 모두 절도가 있었다. 정원의 꽃을 담당한 자 같은 경우는 물을 뿌려 먼지를 제거하였고 비로 쓸어서 때를 제거하였으며, 살펴서 칼로 누렇게 된 꽃잎을 떼어내었다. 화병을 담당한 자는 날마다 반드시 꽃과 물을 갈았다. 어항을 담당한 자는

날마다 반드시 다른 그릇으로 물고기를 옮기고 물을 버리고 씻었다. 그런 다음 석가산과 수초를 배치하고 물고기를 두고 새로 물을 길어 넣었다. 그러면 물고기가 팔팔하게 지느러미를 펴고 헤엄친다.

◎ 엔료칸에 모두 20일 머물렀다. 처음 도착해서 음식이 사흘 동안 제공되었으니 주방을 미처 설치하지 않았기 때문이고 돌아갈 때 이틀 동안 음식이 제공되었으니 주방을 철수하려 했기 때문이다. 하루에 세 번 제공되었는데 모두 밥이었다. 제공된 밥은 오직 정사만 조금 더하였고 나머지는 차등 없이 같았다. 대체로 정결할 뿐이지 사치스럽거나 과장되지는 않았다.

◎ 처음 엔료칸에 들어가는 날 전어관이 표면에 관소의 주소가 쓰여 있는 나무패 4, 50개를 끈으로 꿰어서 가져와 보여주고 수행 하인에게 지급하라고 하였다. 마음대로 출입하면서 이 표를 지니고 다니면 길을 잃거나 막힐 폐단이 없을 것이라고 하였다. 나는 받아서 탁상에 두었다가 관소를 나가는 날 모두 돌려주었다. 나무패 가득 먼지가 쌓여서 표면의 글자를 판독할 수 없을 정도였다.

◎ 관반관은 한 차례 생선과 고기, 날 채소를 보내왔고, 외무경은 한 차례 숙공(熟供 : 익은 음식을 대접함)을 하였다. 미야모토 오카즈, 소 시게마사 모두 음식을 보내왔는데, 우리를 대접하고 남은 음식이었다. 엔료칸에서 두 차례 연회가 있었고 연회가 끝나면 모두 남은 음식을 보내왔으니, 모두 사례책자에 기록되어 있다.【주고받은 예물목록 역시 사례책자에 기록되어 있다.】

◎ 엔료칸 내에서 세 차례 놀이가 공연되었다. 한 번은 미야모토 오카즈가 보낸 것이고, 한 번은 후루사와 가게히로(古澤經範)가 보낸 것이고, 한 번은 오쿠 기세이(奧義制)가 데리고 온 것으로, 모두 안정산의 일기에

기록되어 있다.

◎ 어느 날 관반관이 만나러 와서 내게 사진을 찍으라고 요청하였다. 두 번 세 번 거절하였으나 내 말을 듣지 않았다. 흘낏 보니, 멀리 네모난 거울을 하나 설치하고 거울을 나무 대 위에 올려놓았는데, 흡사 우리나라에서 횃대를 뜰에 둔 것 같았다. 나무기둥 네 개를 높이 설치하고 위에 거울을 두었는데, 거울은 네모난 상자로 상자 면에 밝은 거울을 붙여놓은 것이었다. 위는 천으로 덮었고 뒤에는 구멍이 있는 듯하였는데 물건으로 가려져 있었다. 잠시 후 가리개를 치우고 손으로 상자 안을 더듬으니 또 하나의 거울이 있어 가지고 갔다. 잠시 후 거울을 가지고 와 보여주니 어느새 내가 그 안에 있었다. 거울 면은 물기가 줄줄 흘러 물방울이 떨어질 듯하였고 상자 면에 있는 거울은 그대로 있었다.

◎ 길에서 이따금씩 잠시 쉴 적에 서화를 요청하는 일본인들이 많았으나 감히 나를 귀찮게 하지는 못하였다. 관소에 이르니 저들 가운데 사대부들이 왕왕 청탁을 하여 대략 응수해주었다. 그러나 흥이 나면 지었으므로 너무 해가 되지는 않았다. 엔료칸 연회 후 참석한 사람들이 각기 연구 하나씩 써서 보내왔으니 모두 새로운 구상 안에 우의가 많았다. 저들 역시 감식안이 있으니, 만일 나를 사모하여 따르려 하는 자라면 선왕의 법언(法言)과 법복(法服)을 어찌 내 사사로운 소유로만 하겠는가?

◎ 관소에 머무는 많은 날 동안 일을 처리하러 오는 관인만이 있을 뿐 우리와 교분을 맺으려는 유생이 한 명도 오지 않았다. 관인이더라도 공무 때문에 오는 것이 아닌 자 역시 한 사람도 없었다. 아마도 저들이 금하여 그런 것인가! 들으니, 관소에 문을 지키는 장졸이 있어서 혹시라도 난입하는 자가 있으면 일절 금하여 들어오지 못하게 하였다고 한다.

◎ 어딘가 갈 때마다 오는 길과 가는 길이 반드시 달랐고 우회하는 경우도

많았으니, 모두 전어관들의 소행인 것을 나는 알면서도 모르는 체하였다. 외무성에서 돌아오던 어느 날 해가 중천에 떠있을 때 출발하였으나 해가 서쪽으로 기우는데도 여전히 노상에 있게 되었다. 거리 하나를 나서면 또 거리가 나오고, 골목 하나를 나서면 또 골목이 나오고, 거리마다 새로운 모습이었고 골목마다 처음 보는 것이었다. 저들이 우리에게 매번 유람을 하라고 요청하였으나 내가 줄곧 허락하지 않았다. 저들이 분명 내 탓을 하여 이제는 길을 모르는 나를 속여 안 가는 곳 없이 마음대로 끌고 다니는 것 같다는 생각이 들었다. 매우 한스러워서 이대로 놓아두면 반드시 훗날 폐단이 되리라 염려하지 않을 수 없었다. 마침내 도예(徒隸)를 엄하게 질책하고 마차를 재촉해 돌아오니 겨우 거리 하나가 떨어져 있을 뿐이었다. 그런데도 굽이굽이 돌아서 끝없이 우회할 속셈이었던 것이다.

◎ 겨우 마차에서 내려 소통사(小通事) 한 명을 잡아들였다. 저들이 무례하게 우롱하는데도 멍하니 살피지 못한 죄를 따지고 한 차례 호된 매질을 하였다. 화를 다른 사람에게 낸 것이라 하겠으나 저들 역시 놀라서 다시는 감히 이런 짓을 하지 못하였다.

◎ 처음 에도에 왔을 때, 신바시에 도착해 화륜차에서 내리니 에도에서 십 리 떨어진 곳이었다. 기마병 9쌍이 앞에서 인도하였다. 황제의 친위대로 수신사를 맞이하고 호위하기 위해 특별히 명을 내려 보낸 것이라 하였다. 말은 모두 목이 꼿꼿하고 귀가 쫑긋하여 천 리를 달릴 기세가 있었다. 기병들은 모두 건장하였다. 매번 진퇴 때마다 손에 칼을 들고 위로 향하는 것으로 절도를 삼았다. 돌아올 때 역시 와서 앞에서 인도하였다. 어디에 갈 때마다 반드시 보병 몇 명이 창을 들고 전도의 양옆에서 가면서 도로를 통제하였다. 그래서 구경하는 남녀가 구름처럼 모

여들었으나 떠드는 자 없이 정숙하였다.

◎ 당초 부산에 온 영접관은 관소에 도착한 날 즉시 하직하고 떠났고, 관소를 지킨 자는 요코하마에서 영접한 사람이었다. 떠날 때 또 호송관이 있어서, 부산까지 전송하였다. 관반과 영접관은 모두 요코하마까지 전송하였다. 차마 이별하기 어려워 모두 요코스카까지 와서 함께 하룻밤 묵고 헤어졌다.

행례(行禮) 의복(衣服) 부(附) 11칙

◎ 예(禮)라는 것은 정(情)에서 나오는 것이기 때문에 "정에 따라 예를 만든다[緣情制禮]"라고 하였다. 또 예라는 것은 체(體)이니, 사체(事體)를 터득하면 된다. 맹자께서 말씀하신 예라는 것은 사람 마음의 인의(仁義)에 따라서 품질(品秩)을 행하여 각기 극치를 터득하게 하는 것을 이르는 것이다. 이제 내가 일본에 사신을 가니, 남들이 모두 예절을 의심하였다. 나는 본디 예를 알지 못하는 사람이다. 그러나 정에 반하지 않고 체에 어긋나지 않게 하며 나의 인의를 돈독히 하고 저들의 품질을 살핀다면, 비록 예가 아니라 하여도 나는 반드시 예라고 할 것이다. 저들이 비록 만이(蠻夷)의 지역이자 융적(戎狄)의 종족일지라도 저들 나라는 본디 우리와 대등한 나라였으니, 우리가 어찌 구구한 의관 때문에 함부로 스스로를 높이겠는가? 함부로 스스로를 높이는 것 역시 예가 아니니, 저들이 마음속으로 어찌 혹시라도 달갑게 낮추려 하겠는가? 나는 우선 춘추 열국이 교빙하던 군신이 만나던 예를 본받아 행하였다.

◎ 아카사카궁에서 왜황(倭皇)을 만났을 때 의절을 우리 주상을 배견(拜見)하는 예와 똑같이 하여, 먼저 숙배례(肅拜禮)를 행하고 나중에 입시례(入

侍禮)를 행하였으며, 나아가고 물러날 때 공경하여 감히 신하의 예를 넘어서지 않았다. 왜황의 거처에 도착하여 종종걸음 쳐서 앞에 가서 서니 왜황이 의자 앞에서 두 손을 맞잡고 서있었다. 왜황은 보통 키에, 얼굴은 희나 약간 누르스름하였으며, 눈은 반짝반짝 정채가 있었고 신기(神氣)는 단정하였다. 미처 다 살피지 못하였는데 전어관이 물러난다고 아뢰었다. 물러날 때 몸을 돌리지 않고 뒷걸음으로 나왔다. 나중에 돌아와 사람들과 말을 하는데 비웃는 자가 있기도 하였다. 나는 말하였다.

"그대 선조가 조복을 입고 홀을 들고 뜰에서 절을 했던 상대가 저들의 이른바 관백(關白)이라는 자가 아니었던가? 관백은 신하이고 왜황은 군주인데 나의 배례가 그대 선조의 배례에 비해 어떻다는 것인가? 왜황이 의자를 피하여 공손히 서서 본 것은 그 예가 어디에서 나왔는지 모르겠으나, 관백이 깊숙하게 전상(殿上)에 앉아있어 감히 우러러보지 못하였던 것과 비교하면 내가 더 예우를 받은 것이 아닌가?"

◎ 저들의 공경을 만날 때면 나는 우선 머리를 허리띠까지 숙이고 소매를 들고 두 번 읍을 하여 조금이라도 오만한 모습을 보이지 않았으나 저들은 모자를 벗고 머리를 숙일 뿐이었다. 이것이 그들의 예이니, 아랫사람이나 윗사람이나 상관없이 똑같이 행한다. 그러므로 길을 가다가 사람을 만나면 한 손으로 모자를 잡고 곧 벗으니 벗는 것이 이미 예이다. 혹시라도 예를 더 차리려면 머리를 숙인다. 손님과 주인이 자리를 나누어 앉는다면 먼저 모자를 벗고 고개를 숙이며 모자는 우선 손에 쥐고 있다. 앉으면 탁자에 두었다가 일어날 때 다시 손에 모자를 들고 머리를 숙인 후 쓴다.

◎ 역시 절할 때는 무릎을 바닥에 대고 앉아 두 손을 머리에 대고 셀 수 없이 바닥에 조아리는데, 공경할수록 오래한다. 윗사람이 말을 하면

반드시 몸을 구부리며 대답하고 두세 번 머리를 바닥에 대며 감히 우러러보지 않는다. 그러나 말이 끝나면 다시 의자에 마주 앉는다. 겨드랑이 아래 옷 솔기 부분의 구멍에서 담배도구를 꺼내 마음대로 불을 붙여 피우고, 연기가 곧바로 윗사람에게 닿아도 꺼리지 않는다.

◎ 의관(衣冠)은 모두 서양식이라고 한다. 그들의 공복(公服)은 바지가 몸에 딱 붙어서 헐렁한 곳이 없다. 서있으면 뒤에 엉덩이가, 앞에는 음낭이 튀어나온 곳을 만지지 않아도 알 수 있다. 저고리 역시 팔꿈치에서 어깨까지는 바지가 다리에 붙어있는 것처럼 되어있고 몸통은 승복처럼 넉넉하다. 검은 모직물을 많이 사용하며 흰색이 있기도 한데 흰색 역시 검은 가로줄 무늬가 들어간다. 바느질 역시 가로로 세로로 굽어지게 기울어지게도 하여 조각조각 붙이고, 헐렁하게 벌어진 틈이 있어서 틈이 있는 곳에 물건을 둘 수 있다. 그러므로 담배도구, 취등(吹燈 : 성냥), 필기도구, 칼, 시계, 나침반 등을 주머니 속 찾는 것처럼 손에 닿는 대로 꺼낸다. 신은 검은 칠피(漆皮)를 쓴다. 앞은 돼지주둥이처럼 생겼고 뒤는 나막신처럼 굽이 있다. 버선처럼 신어서 복사뼈보다 더 높이 감싸고, 가죽신처럼 벗어서 땅에 놓아둔다. 그러나 발에 너무 꼭 맞기 때문에 신거나 벗을 때 모두 힘이 들어, 마치 한족 여인의 전족(纏足)처럼 고생스럽기 짝이 없다.

◎ 모자는 정수리 부분이 둥글어서 머리에 뒤집어쓴다. 사방에 챙이 있는데 겨우 햇빛을 가릴 정도이다. 검은 색도 있고 흰색도 있는데 모두 모직물이다. 간혹 등사(籐絲)나 용수(龍鬚)를 써서 정교하게 만든 것도 있고 검은 비단으로 만들기도 한다. 벗으면 반드시 손으로 눌러서 접어 무릎 밑이나 탁상 위에 두었다가 쓸 때 손으로 들고 탕 소리가 나게 세우는데 접힌 흔적이 없어진다.

◎ 이른바 품복(品服 : 관복)이라는 것은 저고리는 금실로 수를 놓는데 수를 얼마나 놓느냐에 따라 품계의 고하를 드러낸다. 모자는 아직 펴지지 않은 연잎 모양으로, 초피(貂皮)를 사용하고 털끝은 매우 길다. 그러나 모자는 손님을 만날 때나 윗사람을 만날 때 쓰지 않는 것이 공경하는 예이다. 품복을 입을 때는 모두 공경하는 예를 행하는 행사이기 때문에 손에 들고 있을 뿐 머리에 쓰는 것은 보지 못하였다.

◎ 옛 의복제도는 위는 저고리, 아래는 바지를 입는다. 바지는 우리나라 여자 바지처럼 바지 위에 바지를 입으며 길이는 복사뼈까지 내려온다. 저고리는 우리나라 장삼처럼 생겼으나 앞은 옷깃을 덮지 않고 옷깃 양쪽 가장자리에 끈이 있어서 띠처럼 매는 대신 띠는 없다. 저고리 아래에는 단삼(單衫)이 있는 듯하고 목 주변에 매는 것이 있으니 너비에 따라 귀천을 드러내고 색이 흑백이냐에 따라 길흉을 분변한다고 한다. 그러나 저고리와 바지에 모두 흑색을 쓰니, 흑색을 쓰면 비록 상을 당한 자라도 구분할 수 없다.

◎ 평상시에는 천황 이하가 모두 옛날 의상을 입는다. 그러나 모두 단발을 하였으므로 어떤 관을 썼는지 보지 못하였다. 다만 민가에 아직 단발을 하지 않은 경우 머리카락으로 1촌 정도 길이의 상투를 틀고 주변에 늘어진 것은 반대로 굽혀서 묶고 나머지는 자르고 뒤꼭지를 향하게 하는데, 칠을 한 듯 반짝거린다. 이것이 옛 제도라고 한다.

◎ 버선은 발이 들어가는데 장갑처럼 따로 엄지발가락이 들어가도록 되어 있다. 짚신이나 나막신을 끌고 다닌다. 나막신은 도마처럼 생겨서 앞뒤에만 굽이 있고 주변에는 없으며 반드시 위에 풀이나 실로 끈을 두었으나 발을 감싸는 둘레는 없다. 앞에 엄지발가락과 나머지 발가락 사이에 기둥을 세워 지탱한다. 그래서 버선에 따로 엄지발가락 들어가도록

만들어서 발이 걸리게 한 것이다. 짚신 역시 이와 같다. 모든 신에 뒤꿈치가 없으니, 풍속에 전투를 숭상하여 전진만 있을 뿐 후퇴하지 않는 의리를 취하기 때문이라고 한다.

◎ 부인 역시 위에 저고리를 입고 아래 바지를 입는다. 바치는 치마처럼 생겼으나 주름이 없고 뒤를 둘러서 앞을 가린다. 걸을 때 발을 가깝게 하고 감히 큰 발짝으로 걷지 않는다. 저고리는 장부와 같으나 옷깃을 가린다. 허리에는 반 자 정도 너비의 큰 띠를 맨다. 저고리는 흑색이 많고, 홍색, 황색, 녹색도 간혹 있다. 띠는 홍색이 많고 청색과 황색도 있다. 옷은 모두 능라비단이고 띠는 반드시 수를 놓은 대단(大緞)이다. 머리는 구름같이 올리고 뒤에 꽂는 비녀와 머리꽂이, 아로새긴 뒤꽂이로 정교하게 단장하여, 고운 빛깔에 눈이 부시다. 금은과 채화가 곱고 깨끗하게 어우러져 한 폭의 옷 그림이니, 사녀도(仕女圖)에 있는 사람 같다.

일동기유(日東記游) 권2

완상(玩賞) 22칙

◎ 이번 길에 사명을 받들어 외국에 나간 것은 두 나라의 우호를 닦기 위해서이기 때문에 행동거지를 신중하게 하지 않으면 안 되고 위의에 긍지를 지니지 않으면 안 되었다. 그러므로 완상(玩賞 : 구경하는 일)의 일을 내 마음대로 할 수 없었고 또한 저들을 따를 수도 없어서, 저들이 여러 차례 요청하여 무심히 있을 수 없는 경우에 한해서만 억지로 응하였다. 그리고 제도와 기계 같은 것만을 구경하였기 때문에 누관(樓觀)과 시사(市肆)의 경관이나 산천과 풍경의 감상 같은 것은 발이 닿아도 눈이 닿지 않아 하나도 기억에 남아있지 않다.

◎ 부산포에서 승선하여 대양에 나오니 위아래가 모두 푸른색이었고 사방을 바라보아도 끝없이 넓고 아득하였다. 옛사람이 이른바 "일엽편주에 맡겨 만경창파를 넘는다."[1]고 한 것은 강에 배를 띄운 것에 불과하니 만약 이런 지경과 맞닥뜨리면 어떻게 표현하였을까? 장풍을 타고 만리 물결을 깨뜨리며 가는 것과 비교하면 이것 역시 사소한 구경일 것이

---

1 "일엽편주에… 넘는다" : 소식(蘇軾)의 「전적벽부(前赤壁賦)」에 "일엽편주가 가는 대로 맡겨서 만 이랑 아득한 물결을 넘는다[縱一葦之所如 淩萬頃之茫然]"라는 구절이 나온다.

다. 이제 하늘과 땅이 붙은 곳도 끝난 곳도 없는데 거센 파도 위에 나 홀로 앉아있으니 양쪽 겨드랑이가 가뿐해져서 곧바로 바람을 타고 날아오를 듯하였다. 종각(宗慤)[2] 소년을 데리고 한바탕 함께 통쾌함을 누리지 못하는 것이 한스러웠다.

◎ 에이후쿠지는 아카마가세키 물가에 있다. 불전과 요사채가 사찰 모습을 하고 있으나 저자와 가깝고 좁고 낮아서 고요하고 한적한 맛이 거의 없다. 다만 작은 정원에 꽃과 약초를 심고 굽이진 연못에 물고기를 키우니 민가의 작은 별장 같다. 불전의 불단 너머 신주들이 빼곡하게 서 있는데 무려 수만 수천으로 헤아린다. 절 앞뒤 담장 안에는 모두 민가의 분묘이다. 묘는 네모난 땅에 벽돌을 쌓았고 어떤 것은 회로 봉하여 평평하게 만들어 놓았다. 그 위에는 표석이나 표목을 세우고 표면에 선남 혹은 선녀 아무개 씨라고 써놓았는데, 역시 빼곡하게 셀 수 없을 정도로 서있다. 사람이 죽으려 하면 억지로 일으켜 앉히고 숨이 끊어지기를 기다렸다가 옷과 이불로 염을 하여 나무통에 넣어 땅에 묻으니 넓이를 많이 차지하지 않는 것이 진실로 까닭이 있다. 봤던 사찰이 많지 않으나 규모와 설비가 대체로 이와 같았다. 그러나 부처와 귀신을 숭상하던 나라의 풍속이 지금은 일체 반대가 되어서 이른바 신당이라는 것 역시 많이 보지 못하였고 이른바 사찰이라는 것이 존재하더라도 승려 무리가 다 흩어져서 거의 남지 않았다고 한다.【승복은 민간과 다르지 않았으나, 삭발을 하여 반들반들한 머리가 단발과는 조금 다르다.】

---

2 종각(宗慤) : 남조 송 때 좌위장군(左衛將將軍). 소년 시절에 "장풍을 타고 만 리 파도를 깨뜨리고 싶다[願乘長風破萬里浪]"고 하면서 포부를 밝혔다는 고사가 있다. ≪宋書 卷76 宗慤列傳≫

◎ 아카마가세키에서 고베까지 대양으로 가지 않고 두 산 사이를 거슬러 돌아갔다. 작은 바다 같았는데 저들은 강이라고 부른다. 물은 평평하여 거울 면 같았고 산은 낮아서 머리를 틀어 올린 것 같았다. 이따금씩 섬들이 연파(煙波) 속에 출몰하였는데, 기이한 바위와 오래된 나무가 서로 지탱하면서 사방으로 퍼져있기도 하였고 그윽한 골짜기에 깎아지는 벼랑이 구루(句漏)[3]처럼 깊숙하게 비어 있기도 하였으며, 촌락이 아담하고 닭과 개소리가 들려오기도 하였고 물이 갈라져 들어간 항구가 완만하고 돛대가 숲처럼 서있기도 하였다. 며칠간 매일 운항하며 달려가다 보니 곳곳에 아름다운 경치 역시 볼 만하였으니, 마치 갈고(羯鼓)[4]를 한 번 울려 온갖 꽃이 일제히 피는 것을 보다가 다시 무릎에 청금(淸琴)을 안고 상을 마주해 작은 나무 한 그루를 보는 것처럼 다채로웠다.

◎ 고베는 시장과 창고가 거대하고 웅장하여 우리나라 사람들의 눈을 놀라게 하였으나 일단 에도에 도착하니 거리마다 거대하지 않은 것이 없고 가장 작고 낮은 것도 고베보다 나았다.

◎ 고베에 도착하여 여러 나라 사람을 많이 보았다. 유럽인, 러시아인, 미국인은 모두 눈이 깊숙하고 코가 높고 머리털이 노랬으며 의복 역시 대략 비슷하여 누가 유럽인인지 누가 러시아인인지 끝내 구별하기 어려웠다. 성년이 되지 않은 여자는 산발을 하고 다녔는데, 한 무더기 누런 털이 덥수룩하여 풍성한 개꼬리 같았다. 여자는 서너 겹 치마를 입

---

3 구루(句漏) : 도가(道家)에서 말하는 제22번째의 동천(洞天)으로서 진(晉)나라 갈홍(葛洪)이 금단을 만들며 수도한 곳이다.

4 갈고(羯鼓) : 갈(羯)이라는 부족이 치던 북으로, 두 손에 채를 들고 친다. 당 현종(唐玄宗)이 이원(梨園)에서 새로 지은 음악을 화악루(花萼樓)에서 연주하는 것을 듣다가 마음에 들지 않자 기분을 바꾸기 위해 갈고를 가져오게 하여 쳤더니 봉오리가 져 있던 꽃이 갑자기 활짝 피었다고 한다. ≪羯鼓錄≫

었는데 올라갈수록 짧아지고 층층이 겹쳐져서 이상하였고 흰색 혹은 황색이었다. 얼굴에는 비단 그물을 썼으니 먼지와 모래를 그물로 막기 위한 것인데 볼수록 괴이하였다. 역시 모두 코가 높았다. 남녀를 막론하고 눈은 모두 음침하여 미처 눈을 감지 못하고 죽은 사람처럼 정채가 없었다. 사람의 재주와 지혜가 눈 속에 있는 법인데 지금 여기 유럽 사람들은 재주와 지혜가 대자연을 초월하면서도 이처럼 눈에 정채가 없으니 알 수 없는 일이다. 북경 사람 역시 그 사이에 많이 섞여 있었는데, 수염은 창처럼 길고 변발이 곧바로 발꿈치까지 닿을 정도로 늘어져 있으니 역시 해괴하였다.

◎ 요코하마에서 신바시까지 화륜차를 탔다. 잠시 역루에서 쉬었다. 일행의 짐은 배에 실어 곧바로 에도 근처 항구까지 보내고, 몸에 당장 필요한 옷과 기물을 차에 실었는데, 차가 이미 역루 앞에서 기다리고 있다고 하였다. 역루 밖에서 또 각도(閣道 : 복도)를 따라 수십 칸을 지났다. 각도가 다 끝났는데도 차가 보이지 않고 4, 5십 칸쯤 되는 긴 행랑이 길가에 있었다. 내가 차가 어디에 있냐고 물으니 이것이 바로 화륜차라고 하였다. 방금 긴 행랑이라고 생각했던 것을 보니 행랑이 아니라 바로 화륜차였던 것이다. 화륜차의 제도는 다음과 같다. 앞에는 네 칸짜리 하나의 차량에 화륜이 있어서 앞에 화륜을 메고 뒤에 사람을 싣는다. 나머지는 매 차량이 세 칸 반인데, 세 칸은 지붕이 있고 반 칸은 난간으로 되어 있다. 쇠고리로 연결하여 하나의 차량이 다른 하나의 차량에 연결되어서 네댓 개의 차량에서 열 개의 차량에까지 이르니 3, 4십 칸, 4, 5십 칸 정도가 된다. 난간을 통해 오르내리고 지붕이 있는 곳에 앉는다. 밖은 무늬목으로 장식하고 안은 가죽과 털담요 등속으로 꾸몄다. 양쪽으로 의자처럼 높이 솟게 하고 가운데는 낮고 평평하여

걸터앉으면 마주보게 된다. 한 지붕에 6명에서 8명이 앉을 수 있다. 양옆은 모두 유리격자로, 장식이 영롱하여 눈이 부셨다. 차량마다 모두 바퀴가 있고 앞 차량의 화륜이 한 번 돌면 차량들의 바퀴가 따라서 회전하는데, 번개와 천둥이 치는 듯하고 비바람이 몰아치는 듯하여 1시각에 3, 4백 리를 갈 수 있다고 한다. 그러나 차체는 평온하여 조금도 요동치지 않는다. 다만 좌우로 보이는 산천과 초목, 주택과 인물이 앞에서 번쩍하더니 뒤로 사라져 버려 구경할 수 없었다. 담배 한 대 피우고 차 한 잔 마실 시간이 지났을 무렵 이미 신바시에 도착하였으니, 9십5리였다.

◎ 화륜차는 반드시 철로로 다닌다. 길에는 심한 높낮이가 없다. 낮은 곳은 높이고 높은 곳은 평평하게 했기 때문이다. 양옆 바퀴를 올리는 곳에는 조각 철을 깔았는데, 조각 철의 바깥부분은 높고 안 부분은 낮아서 바퀴가 굴러가도 궤도를 벗어나지 않는다. 길이 곧은 것은 아니어서 때때로 도는 곳이 있으나 굽이쳐 돌아가기 때문에 역시 막힘이 없었다.

◎ 철로는 두 개가 필요하니 이쪽에는 가는 차가 있고 저쪽에는 오는 차가 있어 오고 가며 서로 방해하지 않는다. 가는 차와 오는 차 역시 반드시 일정한 방향이 있어서 오는 차는 왼쪽으로 달리고 가는 차는 오른쪽으로 달린다. 때때로 만나게 되면 동시에 차를 세워 인사한다. 이쪽 차가 4, 5십 칸이고 반대편 차도 4, 5십 칸이다. 이쪽 차 칸칸마다 앞뒤로 막혀있어 상관할 수가 없으나, 반대편 차의 칸칸은 앉아서 볼 수 있다. 한 칸은 남자, 한 칸은 여자, 한 칸은 본국인, 한 칸은 외국인이라서 칸칸마다 다르다. 얼굴을 서로 엿보다가 기관사의 인사가 끝나면 다시 불을 붙이고 바람처럼 떠나 잠깐 사이에 사라지니, 말없이 머리 긁으며 맥없이 놀랄 뿐이다.

◎ 아카사카에서 왜황을 만날 때, 위의를 살펴보니 아주 장황스럽지는 않았고 오갈 때는 반드시 마차를 이용하였으니 아마도 다른 데 처소가 있는 듯하였다. 기마호위대는 백여 명이 넘지 않았는데, 붉은 모직물로 된 서양식 의복을 입고 가선을 둘러 금장식을 하였으며 신체는 정제되어 있었고 몸차림은 간편하였다. 행렬을 할 때나 엄숙하게 서있을 때나 숙연하여 떠들지 않았으니 기강이 있는 군사라고 할 만했다.

◎ 왜황을 만나고 물러나오니, 외무경 이하 제관 및 식부두(式部頭)[5]【예부경(禮部卿)이다.】와 대보(大輔), 궁내경(宮內卿)이 읍하고 어떤 방으로 가서 탁자 주위의 의자에 앉았다. 탁자에 차를 내오고 각종 사탕 등속을 차려놓았다. 계란과 설탕을 섞어 만든 빙즙(氷汁)을 유리그릇에 담아서 내왔는데 맛이 달고 입에 상쾌하였으나 차가워서 많이 먹을 수 없었다. 예를 마치고 파하였다. 권대승(權大丞) 모리야마 시게루가 갔다가 갑자기 다시 와서 말하였다.

"황상께서 명하시기를 수신사께서는 돌아가는 길에 어화원(御花苑)에 들어가 유람하고 가시랍니다."

이날은 우리나라 국기재일(國忌齋日)이어서 우선 대답만 하였다. 이른바 어화원이란 황성(皇城) 안 황궁의 내원이다. 땅에 화초가 가득하고 수목이 높이 솟아있으며 때때로 시냇물이 고인 곳에 긴 다리를 걸쳐놓았고, 평평하고 그윽하여 사랑할 만하였다. 굽이굽이 돌아 가장 깊은 곳에 이르니 모리야마 시게루가 있었다. 나는 재일이라서 함부로

5 식부두(式部頭) : 시키부노카미. 일본 궁내성(宮內省) 시키부쇼쿠(式部職)의 장관으로, 아악(雅樂)을 담당하였다. 궁중예의를 관장하였으므로 김기수가 '예부경(禮部卿)'이라 설명한 듯하다.

유람할 수 없다고 하며 여러 차례 사의를 표하고 돌아왔다.

◎ 엔료칸의 연회가 끝나고 돌아오는 길에 박물원에 들어갔다. 박물원은 몇 백 몇 천 칸이 되는지 알 수 없었다. 후비(后妃)의 의대(衣襨)와 조묘(朝廟)의 의장(儀仗)도 모두 꺼내 늘어놓았으니 우리에게 보이려는 것이었다. 은이(殷彝 : 은나라 제기), 주대(周敦 : 주나라 때 서직 담던 제기), 진전(秦甎 : 진나라 벽돌), 한와(漢瓦 : 한나라 기와), 준뢰(樽 : 제사용 술통과 술그릇), 정조(鼎 : 제사용 솥과 적틀), 금석(金 : 편경과 편종), 생용(笙鏞 : 동쪽과 서쪽에 각각 설치하는 악기)에서 뭍에 사는 온갖 날짐승과 길짐승, 물에 사는 조패류와 어류에 이르기까지 다 있었다. 죽어서 온 것은 반드시 가죽과 뼈를 두고 건조하였고 발등에 설명을 붙여 놓았다. 머리가 두 개인 뱀이나 발이 세 개인 새 같은 것을 유리병에 넣어두기도 하고 비단 조롱에 두기도 하였다. 온갖 화초와 나무, 진주와 보옥, 산호와 마노, 비단 무늬의 돌, 채화된 도자기에 이르기까지 하늘에서 나온 것과 땅에서 나온 것, 날짐승과 물짐승, 동물과 식물 가운데 없는 것이 없었다. 사체의 해골까지도 부분마다 버티어서 세워 놓았다. 살아 있는 것으로는, 범이 우리에 있었고, 코끼리가 방에 있었으며, 공작이 사뿐히 날아다니고 비취 새가 빙빙 날았으며, 여우가 어슬렁거리며 사람을 살폈고 물소가 슬슬 돌면서 먹을 것을 찾았으며, 곰은 발바닥을 핥았고 사슴이 뿔을 놀렸으며, 한 쌍의 학이 흰 저고리와 검은 치마를 입은 듯한 모습으로 고개를 늘어뜨리고 뜰을 걸어 다니니, 우리나라에서 항상 보던 것이었다. 어떤 곳에 빛바래고 낡은 기독(旗纛), 새끼줄로 엮은 항아리, 말갈기로 짠 망건, 짐승가죽으로 만든 신, 붉게 염색하여 주름이 겹겹이 잡힌 치마, 청색 비단 저고리가 어지럽게 쌓여 늘어져 있었는데, 모두 우리나라 물건으로, 보고 나니 한심스러웠다.

◎ 육군성 안 큰 마당에서 조련을 하였다. 사방에 목책을 설치하고 육군경 이하 제관이 우리를 맞아 의자를 설치하고 앉았다. 먼저 보병이 시범을 보였다. 보병은 5명씩 10명씩 줄을 맞추어 서있었고, 1대(隊)마다 손에 표기(標旗)를 쥔 대장(隊長)이 있었다. 또 기장(騎將)이 한 명 있어서 왕래하며 지휘하는데, 뿔피리로 신호를 하였다. 뿔피리 소리가 한 번 들리면 깃발이 호응하였고 깃발이 움직이자마자 보병들이 일제히 움직여서, 앞으로 나아가면 일제히 나아가고 물러나면 일제히 물러났다. 앉고 일어서고 나아가고 물러나고, 칼을 뽑고 칼을 넣고, 총을 들고 총을 세우고 하는 데 먼저 하는 사람이나 뒤처진 사람이 한 사람도 없었다. 왼쪽으로 나가서 오른쪽으로 들어오고 오른쪽으로 나가서 왼쪽으로 들어오며 앞에 있는 자가 뒤로 가고 뒤에 있는 자가 앞으로 가며, 뛰어서 지나가기도 하고 빙 둘러싸기도 하니, 마치 상산(常山)의 뱀[6]이 허리와 배에 공격을 당하면 머리와 꼬리가 모두 구하러 오는 것 같았다.

◎ 다음은 기마병이 시범을 보였다. 말은 모두 허리가 짧고 목이 길었으며, 정강이는 여위고 이마는 넓었으며, 두 귀를 쫑긋 세우고 있어서 만리 길을 달릴 기세가 있었다. 군인들은 모두 건장하고 민첩하였으며, 허리에 칼을 차고 손에는 창을 들었다. 몸을 날려 말에 올라 발을 등자에 한 번 끼우니 말이 나는 듯이 달렸다. 푸른 풀이 돋아나 있는 땅 위에 네 개의 말발굽만이 등잔을 뒤집는 것처럼 번쩍거릴 뿐이었다. 그런데 일제히 전진하고 일제히 물러나는 것이 한 번도 명령에 어긋나

---

6 상산(常山)의 뱀 : 전설상에 회계산(會稽山) 상산(常山)에 살고 있다는 뱀이다. 머리가 공격받으면 꼬리가 오고, 꼬리가 공격받으면 머리가 오고, 허리가 공격당하면 머리와 꼬리가 함께 구하러 오는데, 이름이 솔연(率然)이라고 한다. 손자(孫子)가 군대를 잘 쓰는 것을 상산의 뱀에 비유한 바 있다.

지 않는 것은 보병과 마찬가지였다.

◎ 다음으로 전차가 시범을 보였다. 전차는 바퀴가 두 개이고 네 필의 말을 맨다. 위에 장수 한 명이 앉고 앞뒤로 병사가 수레를 몬다. 뒤에 작은 수레가 있어서 쇠사슬로 연결하였는데, 연결할 수도 있고 떼어 낼 수도 있다. 앞에는 대포를 설치하고 뒤에는 화약통이 있는데 모두 구리로 만들었다. 한 번에 내달리면서 일시에 포를 쏘았다. 포는 가리키는 곳을 따라갔는데, 소리가 들에 진동하였다. 또 말에 포를 싣고 따르다가 쏘려할 때 땅에 포를 내려놓고 일제히 쏘았는데, 조금도 어긋남이 없었다. 명령에 따라 전진하고 물러나는 것이 기마병과 마찬가지였다. 단, 진법은 긴 뱀이 땅을 말아 올리는 형상이었다.

◎ 해군성에서 대포 쏘는 것을 관람하였다. 해안 바로 곁에 집이 한 채 있었는데, 양 끝은 가늘고 중간 부분은 널찍하여 배 모양 같았다. 들어가니 가운데 수십 개 문이 선창처럼 열려 있고 창 앞에는 반드시 포가 놓여 있었다. 기륜(機輪)이 있는 포는 창을 향에 있었다. 창은 좌우로 곧게 경사져 있고 각기 두 개의 철로가 놓여있어 포의 바퀴가 올라갈 수 있었다. 포가 왼쪽으로 가면 왼쪽으로 굴리고 오른쪽으로 가면 오른쪽으로 굴리니 역시 각기 철도가 있었다. 여기에 한 사람이 작은 깃발을 손에 쥐고 창문에 있었는데 적의 염탐을 담당한 사람이었다. 한 사람이 뿔피리를 불어 신호를 하니 7, 8명이 화약을 재서 불을 전달하여 곧바로 포를 쏘려고 하였다. 적을 살피는 자가 홀연 또 깃발을 들고 오른쪽을 가리켰다. 뿔피리 부는 자가 호응하여 피리를 불자 포를 쏘는 사람들이 즉시 포의 바퀴를 밀어서 오른쪽으로 향하여 굴리니 포구(砲口)가 창을 향하였다. 겨우 포를 쏘려 하는데 적을 염탐하는 자가 또 왼쪽을 가리키고 뿔피리 소리가 또 나니 즉시 또 밀어서 굴리자, 포신

이 왼쪽을 향하였으나 포구는 여전히 창을 가리키고 있었다. 아까 좌우의 다리 부분에 바퀴에 맞추어 철을 깐 것은 바로 이 때문이었다. 좌우로 적을 살펴서 가는 곳에 따라 대포를 쏜다. 지금 여기에서는 적을 만난 것처럼 대포를 쏘는 것을 연습하는 것이었다. 7, 8명이 일시에 힘을 합쳐, 미는 자는 밀고 정돈하는 자는 정돈하며 탄환 담당한 자는 탄환을 나르고 화약 담당한 자는 화약을 재고 불을 담당한 자는 불을 붙여서 손과 발이 바쁘지만 숨 한 번 쉬는 사이에 모든 대포를 나란히 발사한다. 소리가 산과 바다를 흔들고 두 귀가 멍멍하였다. 포를 쏠 때 전어관 2명이 우리가 앉은 좌탁의 양쪽 옆으로 달려와 단단히 잡아 고정시켰으니, 우리가 놀랄 것을 염려하였기 때문이다. 내가 웃으며 말하였다.

"내가 비록 피곤하나 부동심(不動心)할 나이[7]를 지났으니 대포 소리 같은 것에 어찌 내 마음이 동요되겠소?"

◎ 집의 오른쪽에는 높이 3, 4장(丈) 정도의 기둥이 서 있었다. 꼭대기에 어떤 물건을 설치해 놓았는데, 커다란 호두를 종이로 싸놓은 모양이었다. 잠시 후 발사하니 갑자기 폭죽 터지는 소리가 나고 불덩어리 하나가 곧바로 하늘로 치솟아 빙빙 돌다가 수천 점의 불티가 되어 어지럽게 쏟아졌다. 이것이 바로 군중에서 기밀을 서로 보고하는 암호라고 하였다.

◎ 해변 옆에 도랑을 뚫어 바닷물을 끌어들이니, 너비가 거대한 함선 십여 척을 들일 만하였고 길이가 천여 궁(弓 : 10장)쯤 되었다. 이곳이 바로

---

7 부동심(不動心)할 나이 : 40세를 가리킨다. 맹자가 제자의 물음에 "아니다. 나는 40세에 부동심하였다.[否 我四十不動心]"고 대답하였다. ≪孟子·公孫丑上≫

해상 전투를 연습하는 땅이었다. 가운데 화륜선 한 척이 있으니, 저들의 이른바 증기선(蒸氣船)이라는 것이었다. 돛이 세 개이고 돛에는 줄사다리가 있었으며 수천수만 개가 겹쳐 설치되어 있어 엷은 깁처럼 눈앞에 어른거렸다. 배를 바라보니 하나의 초소에 두 사람이 있어서 재빨리 돛에 올라가 돛을 폈다. 몸에는 줄사다리를 두르고 있으니 새가 잎에 앉은 듯하고 파리가 천장에 붙은 듯 아슬아슬하였다. 한 사람은 펼치고 한 사람은 묶었다가 돌아와 다시 말고 주름을 잡고 하였는데, 기색은 평온하여 평지에 있는 듯하였다. 어느새 다시 내려와 손을 맞잡고 섰다. 이에 일제히 대포를 옮기고 일제히 화륜을 굴리고 일제히 사다리를 내리고 하였는데, 익숙하고 편리한 모습을 갖추어 보여준 것이다.

◎ 또 수뢰포(水礧砲) 쏘는 것을 구경하였다. 포는 이미 물 아래 매설되어 있었고 선이 해안가에 설치되어 있었다. 잘 살펴보았으나 이어진 선을 찾을 수 없었는데 선 끝에 불이 붙었다. 재빨리 누각에 올라 몸을 숨기고 살펴보았다. 잠시 후 천지가 무너지는 듯 큰 소리가 울리고 한 덩이 불덩어리가 곧바로 하늘로 치솟았다. 물결이 뒤집히면서 한바탕 비가 쏟아지고 곧바로 유리창까지 물줄기가 쏟아졌다. 잠시 후 처마에 방울방울 물이 떨어져 문을 열고 바라보니 하늘은 구름 한 점 없었으나 수면은 여전히 끓어오르고 있었다.

◎ 공부성(工部省)은 병기(兵器)와 농기(農器)를 제조한다. 각양각색 기계를 잠깐 사이에 스치듯 보아서 전부 기억하기 어렵다. 이른바 전선(電線)이라는 것을 자세히 살펴보았으나 역시 형용하지 못하겠다. 다른 사람에게 다음과 같이 들은 적이 있다.

"전선은 만 리 떨어진 곳까지 소식을 전하는 것이다. 저쪽과 이쪽이 단지 반(盤) 하나로 통한다. 반(盤) 가운데 침(針)이 있고 사방에 글자가 있어서, 침이 돌아서 글자를 가리키고 가리키는 대로 기록하여 한 폭의 편지를 만든다. 마치 원(元), 형(亨), 이(利), 정(貞)을 가리키면 이로써 원, 형, 이, 정을 아는 것과 같다. 이곳에 이런 침이 돌 때 저쪽에도 같은 시간에 침이 돈다."

내가 말했다.

"이런 법을 믿을 수 없다. 침 자체가 아무리 빨라도 한 번에 한 글자를 돌리니 수백 수십 개의 많은 글자가 되면 시간이 역시 많이 필요하다."

내가 공부성에서 보니 전신의 선은 그 끝이 집 안에 들어가 있어 마치 우리나라 설렁줄[8]이 집 안에 들어가 있는 것과 같다. 아래로 평상까지 늘어지고 평상 아래 기계가 설치되어 있으며, 기계 옆에는 상자 같은 그릇이 있고 상자 안에 전기가 있다. 손으로 기계를 두들기면 기계가 상자 안에서 발생하여 번쩍번쩍 선으로 곧바로 올라간다. 옆에 또 그릇 하나가 있는데 마치 우리나라 공장이가 쓰는 먹줄통 같다. 통 안에 작은 깃대가 있어서 깃대가 돈다. 그리고 옆에 또 원형으로 쌓인 편지가 있어서 한쪽 끝이 곧바로 깃대로 올라가 둘러싸는데 종이 위에 글자가 있다. 옆에 또 종이가 펼쳐져 있는데 종이에 글자가 있으니, 이것이 저쪽에 알리는 편지이다. 깃대 둘러싼 조각 종이의 글자는 기계 옆에 펼쳐진 종이의 글자와 같다. 한 글자 한 글자 새겨진 글자가 다름이 없었다. 누가 옮겨 쓰는지 홀연 저쪽에 나타난다. 살펴보면 조각 종이가 아직 깃대에 오르기 전에는 글자가 없다가 깃대에 오르자마자 따라서 글자가 생긴 것이다. 여기 막대와 여기 종이는 역시 전선과는 상

---

8 설렁줄 : 처마 끝에 사람 부를 때 쓰려고 달아놓은 방울인 설렁을 잡아당길 때 쓰는 줄이다.

관이 없으니 이 모든 일이 삽시간에 일어나기 때문이다. 이 일이 일어나는 시간에 저쪽이 천 리 만 리 얼마나 떨어있는지 상관없이, 저쪽의 집으로 전선이 들어가 홀연 전기를 일으키고 통 안의 깃대가 회전하고 깃대가 회전하면 둘러싼 조각 종이가 풀려 내려오고, 내려오면 글자가 있으니, 바로 이쪽의 깃대를 둘러싼 종이의 글자이다. 이쪽의 일은 본래 볼 수가 없으나 이곳의 일로 저쪽을 미루어보면 이와 같다는 것이 상상할 수 있다. 이것이 같은 시각에 만 리 먼 곳에 편지를 전할 수 있는 이유이다. 전선을 이어주는 기둥이 도로 곳곳에 있으며 3, 4장 되는 곧은 나무 위에는 사기잔을 설치하고【즉 신문에서 본 것이다.】 선을 사기잔에 설치하였다. 기둥 하나에 있는 선은 하나가 아니고 이쪽과 저쪽의 처소는 한 곳이 아니라 많기도 하고 적기도 하며 거리 역시 일정치 않기도 하다. 이것은 또 어쩔 수 없이 그러한 것이니, 산야에 따라 높이기도 하고 낮추기도 하여 생각대로 만들었다. 큰 바다를 만나게 되면 곧장 바다 아래로 잠겨서 지나간다고 한다. 이것은 모두 내가 보고 들은 것이다. 들은 것 역시 상세하고 실제 본 것도 분명하니 감히 거짓이라고 부정하지 못하겠다.

◎ 문부성(文部省)은 곧 태학이다. 담장이 몇 길이나 되고 건물이 깊숙하고 엄숙하다. 계단을 따라 올라 들어가는데 문을 들어가면 또 문이 나오니, 전부 삼중문을 지나 정전에 이른다. 앞의 문 편액에 “행단(杏壇)”이라고 쓰여 있다. 정전 안에 들어가 예를 행하였다. 우러러 소상(塑像)을 바라보니 좌우에 네 성위(聖位)가 나열되어 있었는데, 모두 소상이었고, 배향하는 제현은 모두 영정(影幀)이었다. 석전(釋奠) 때에야 비로소 늘어놓고 제사를 지낸다고 한다. 앞에는 서탁을 늘어놓았는데 겹겹이 쌓여있었다. 정전 안에 고금서적이 가득 차 있었으니 한우충동(汗牛

充棟)이라고 이를 만하다. 좌우의 벽에는 주자(周子 : 주돈이(周敦頤)), 이정자(二程子 : 정이(程頤)·정호(程顥)), 장자(張子 : 장재(張載)), 소자(邵子 : 소옹(邵雍)), 주자(朱子 : 주희(朱熹))의 영정이 있었는데, 관지(款識 : 서화에 써넣은 제명(題名))가 모두 동명(東溟) 김세렴(金世濂)[9] 필적으로, 통신사가 왔을 때 쓴 것 같았다. 시대가 비록 멀었으나 매우 기뻤다. 일행 중 예방비장(禮房裨將) 김문식(金汶植) 군이 바로 김세렴의 방계 후손이이라서 가리켜 보였다. 역시 일단의 기이한 일이다.

◎ 원로원(元老院)은 문과 담장이 높고 정돈되어 있었는데 일본에서 한결같이 이른바 '어문(御門)'이라고 하는 것으로, 다른 관아에 비할 바가 아님을 알 만하였다. 이품 친왕(二品親王)[10]이 나와서 맞이하여 의사당(議事堂)으로 인도하였다. 의사당은 높고 직사각형이었고 평평하였다. 긴 탁자를 설치하였고 양쪽에는 의자 백 수십 개를 놓았다. 큰일을 의논할 때 황제가 친림하고 의관들이 줄지어 앉는 곳이라 한다. 황제가 앉는 곳은 세 층의 높은 의자인데 웅장하고 화려하였다. 앞의 양쪽에는 각기 두 개의 수놓은 의자가 설치되어 있으니, 친왕 가운데 의장을 맡

---

9 김세렴(金世濂) : 1593~1646. 본관은 선산(善山). 자는 도원(道源). 호는 동명(東溟). 1572년 22세에 생원과 진사시에 합격하였고, 1616년 증광 문과에서 장원 급제하였다. 예조좌랑·홍문관수찬(弘文館修撰) 등을 지냈다. 폐모론을 주장하는 자들을 탄핵하다가 유배되었으나, 1623년 인조반정(仁祖反正)으로 다시 기용되어, 헌납(獻納)·교리(校理)·지평(持平) 등을 역임하였다. 1635년 도쿠가와 이에미쓰(德川家光)가 조선과의 우호를 위해 쓰시마도주 소 요시나리(宗義成)를 시켜 통신사를 요청하였고, 쓰시마도주 또한 그의 부관(副官) 야나가와 시게오키(柳川調興)와 서로 송사하는 일이 있어 통신사를 청하자, 1636년 10월 통신부사(通信副使)가 되어 정사 임광(任絖)·종사관 황호(黃杲) 등과 함께 일본에 건너갔다. 당시 사행 중의 기록을 『해사록(海槎錄)』과 『사상록(槎上錄)』으로 남겼다.

10 이품 친왕(二品親王) : 친왕은 일본 황족 남자에게 주어졌던 칭호로, 율령에 따라 1품부터 4품까지 품위(品位)가 주어졌다.

은 사람이 앉는 곳이라 한다. 의사당 안의 가장자리 탁자와 의자 뒤에는 또 무수한 작은 의자가 줄지어 있었다. 일을 논의할 때 한가한 조사(朝士 : 조정의 관리) 및 평민들도 모두 들어와 앉아서 듣는다고 한다. 거북점이 따르고, 시초점이 따르고, 백관과 백성이 따른다는 의미였다.[11] 또 다른 곳으로 인도하였다. 곳곳마다 모두 일을 의논하는 장소를 설치하였으니, 많은 사람이 의논하는 곳, 긴밀하게 의논하는 곳, 두세 사람이 회의하는 곳이 있었다. 또 어떤 곳은 누구를 막론하고 국가에 이로운 일을 말하고 싶으면 곧바로 들어와서 편안히 얘기하여 위에 전달하거나 혹은 은밀히 전달하는 곳이었다. 규정과 법도가 범람하니 예법으로 국한하여 논할 수는 없으나 광활하고 원대하여 쇠퇴하는 기상이 아니었으니 모두 그들의 지금 황제가 정한 것이라고 한다.

결식(結識) 34칙

◎ 산조 사네토미(三條實美).[12] 나이는 아직 30세가 되지 않았으나 지위는 일품(一品)에 이르러 현임 태정대신(太政大臣)이다. 풍채가 아리따워서 고운 여인 같았다. 글과 담론을 잘하였다. 엔료칸 연회에서 잇달아 그

---

11 거북점이 … 의미였다 : 대동(大同)을 의미한다. 『서경』「홍범(洪範)」에 "네가 따르고 거북점이 따르고 시초점이 따르고 경과 사가 따르고 서민이 따르면 이것을 대동이라 하니, 몸이 건강하고 자손이 길(吉)함을 만날 것이다.[汝則從 龜從 筮從 卿士從 庶民從 是之謂大同 身其康彊 子孫其逢吉]"라는 구절이 나온다.

12 산조 사네토미(三條實美) : 1837~1891. 호는 이당(梨堂). 메이지유신(明治維新)의 공신. 1871년에는 태정대신이 되고, 1885년에 태정관(太政官)제가 폐지되고 내각관(內閣官)제가 실시되자 내대신(內大臣)에 전임(轉任)되었다. 1889년 구로다 내각(黑田內閣)이 무너진 후에는 임시 총리대신(臨時總理大臣)을 겸임하기도 하였다.

를 만났는데, 맞이하고 배웅할 때나 일어나고 앉을 때 스스로 주인 노릇을 하였고 두세 번 인사를 하였다. 떠날 때 손수 시 한 수를 쓰고 작은 사진을 함께 가지고 찾아와서 은근한 석별의 정을 보였다.

◎ 데라시마 무네노리(寺島宗則).[13] 나이는 40세쯤 되었으며 현임 외무경이다. 사신의 일을 처음부터 끝까지 이 사람과 함께 처리하지 않은 것이 없다. 간솔(簡率)하고 낙이(樂易)하며, 주로 간편하게 하는 데 힘썼다. 그와 말한 것은 많지 않아도 두루 이루어졌다. 몸채는 헌칠하고 키가 크고 너그러워 어른의 풍모가 있었다. 앉아 있을 때 손으로 턱을 쓰다듬었고, 의자에 꼿꼿이 앉아 나라의 계책을 염려하지 않을 수 없고 이웃나라와의 우호를 돈독히 하지 않을 수 없다고 살뜰하게 말하기를 그치지 않았다.

◎ 이토 히로부미. 현임 공부경(工部卿) 법제장관(法制長官)이다. 나이는 40세쯤 되었다. 키가 작고 민첩하며 사납다. 두 눈이 초롱초롱하고 담론을 잘하였으며 간간이 해학을 섞어 말하였다. 스스로 세계를 거의 다 돌아다녔다고 말하였다.

◎ 야마가타 아리토모(山縣有朋).[14] 현임 육군경(陸軍卿)이다. 키가 크고 목

---

13 데라시마 무네노리(寺島宗則) : 1832~1893. 사쓰마(薩摩) 이즈미군(出水郡) 출신. 난학자이자 외교관이었던 나가노 스케테루(長野祐照)의 차남이다. 마쓰키 고안(松木弘安)이라고도 하였다. 1861년 제1회 막부 유럽사절단에 참가했으며, 1865년 사쓰마번의 영국 사절단으로 파견되었다. 메이지유신 이후 외무대보(外務大輔) 등을 거쳐 1873년 외무경이 되어 전신 및 조폐사업, 미국과의 불평등조약 개정에 힘썼고, 1879년 사직하였다.

14 야마가타 아리토모(山縣有朋) : 1838~1922. 조슈번(長州藩) 주간(中間) 야마가타 아리토시(山縣有稔)의 장남. 막말기(幕末期) 서양병학 등을 가르친 요시다 쇼인(吉田松蔭)의 쇼카손주쿠(松下村塾) 출신이었으며, 존왕양이운동(尊王攘夷運動)에 관여하였다. 메이지유신 이후 유럽 각국의 군사제도를 시찰하여 징병제 도입에 기여하였다. 이후 육군대보(陸軍大輔)를 거쳐 1873년 초대 육군경(陸軍卿)이 되었다. 1877 서남전쟁(西南戰爭) 당

이 길며 수척한 골격이 우뚝하였다. 그와 말을 나누니 노성(老成)하고 전중(典重)하여 데라시마 무네노리와 같은 일류의 인물이라 여길 만하였다.

◎ 사메시마 나오노부(鮫島尙信).[15] 현임 외무대보(外務大輔)이다. 나이는 30세쯤 되었다. 중간 정도의 키에 아름다운 외모가 단정하였다. 한 번 만나자마자 옛 친구같이 매우 반가워하였다. 함께 노닐 때마다 몸소 앞장을 섰으며, 유럽 각국의 언어를 잘하였는데 사람을 만날 때마다 웃으며 악수를 하여 친절한 마음을 표시하였으니, 아마도 그곳의 풍속인 듯하였다.

◎ 구로다 기요다카(黑田淸隆). 현임 육군중장(陸軍中將) 개척장관(開拓長官)이다. 나이는 40세에 가깝다. 얼굴이 크고 눈썹이 성기며 문수(文秀 : 문아(文雅)하고 수려(秀麗)함)의 기운이 적었고, 턱의 수염을 전부 깎아 버려서 더욱 거칠고 사나워보였다. 과묵하고 행동이 신중하였으며 환대하는 기색이 매우 적었고, 오만하고 스스로 대단하게 생각하는 듯한

시 참모본부장(參謀本部長)을 지냈으며, 1883년에는 내무경(內務卿)을 거쳐 제1차 이토 히로부미(伊藤博文) 내각에서 내무대신(內務大臣)에 취임하였다. 1889년 제1차 내각을 발족하였으며, 제2차 이토 히로부미 내각에서는 사법대신(司法大臣)·육군대신(陸軍大臣)·추밀원의장(樞密院議長)을 역임하였다. 1898년에는 제2차 내각을 발족하였다. 1904년 러일전쟁 때는 참모총장(參謀總長)으로 작전을 지휘하였다.

15 사메시마 나오노부(鮫島尙信) : 1845~1880. 사쓰마번 가고시마(鹿兒島) 출신. 15세 때 난학(蘭學)을 배운 후 번의 명령에 따라 나가사키에 가서 난의학(蘭醫學)을 배우면서 영어도 공부하였다. 1864년 번에서 세운 양학교의 훈도로 부임하였다. 1865년 사쓰마 번의 유학생으로서 영국에 유학하여 런던대학에서 1년간 법학을 공부하였고, 1867년 다시 미국으로 유학하였다. 1868년 귀국하여 외국관권판사(外國官權判事), 도쿄부판사(東京府判事), 도쿄부권대참사(東京府大參事), 외무대승(外務大丞)을 거쳤다. 런던에 외교관으로 부임하였다. 1874년 귀국하여 외무대보(外務大輔)에 임명되었다. 이후 프랑스, 벨기에 등에서 외교관으로 활약하였다. 프랑스 주재 공사로 있을 때 지병이 악화되어 세상을 떠났다.

기색이 있었다.

◎ 모리 아리노리(森有禮).[16] 전임 외무대보이다. 방금 북경에 사행을 다녀왔다. 나이는 30세쯤 되었다. 얼굴은 네모나고 수염이 많다. 구애받는 바 없이 함부로 말하였다. 전권대사(全權大使)의 직임을 띠고 세계를 두루 다닐 예정이었으므로, 우리나라 저자와 궁실 및 사신 접대 예절을 장황하게 물었다.

◎ 이노우에 가오루. 현임 의관(議官)이다. 나이는 40세쯤 되었다. 얼굴에 칼자국이 있었다. 스스로 말하기를, 유럽과 통교할 때 화친을 주장하다가 척화론자에게 배척당하였는데 조회를 마치고 돌아오다가 밤에 도적을 만나 거의 죽을 뻔하였으며 어깨뼈 사이에도 무수한 칼자국이 있다고 하였다. 손바닥을 치면서 군국(軍國)의 이해(利害)에 관해 말하였는데 논리가 정연하였다. 지혜가 많고 기무(機務)를 잘 아는 사람이었다. 역시 전권사신(全權使臣)의 직임을 띠고 있다고 하였다.

◎ 미야모토 오카즈. 현임 외무대승(外務大丞)이다. 나이는 40여 세이다. 단결(端潔)하고 수아(秀雅)하여 문자기(文字氣)가 있었다. 일을 정밀하고 마땅하게 하였으며 일 처리가 주도면밀하였다. 듣자니 이제 막 천황의 눈에 들어 임용되었기 때문에 각국의 사무를 반드시 이 사람이 결단한다고 한다.

---

16 모리 아리노리(森有禮) : 1847~1889. 사쓰마번 가고시마 출신. 1860년 번학(藩學)에서 한학을 배웠고 1864년 번의 양학교에 입학하여 영어를 배웠다. 1865년 영국으로 밀항하여 유학하였으며 그 후 러시아를 여행하고, 미국으로 건너가 사메시마 나오노부 등과 토마스 레이크 해리스 교단에 들어가기도 하였다. 메이지유신 이후 귀국하여 후쿠자와 유키치(福澤諭吉) 등과 일본 최초 계몽학술단체인 메이로쿠샤(明六社)를 결성하였다. 1885년 제1차 이토 히로부미 내각에서 초대 문부대신이 되어 일본의 교육정책을 수립하였다. 이후 구로다 내각에서도 활약하였다. 1889년 국수주의자에게 살해당했다.

◎ 모리야마 시게루. 현임 외무권대승(外務權大丞)이다. 나이는 30세에 가깝다. 두 눈이 부리부리하여 정채가 있었으나 눈을 굴려 옆으로 볼 때는 조금 매서운 기운이 있었다. 말을 잘하여 한 번 입을 열면 수천수만 가지 이야기를 지루하게 설명하는데 항상 스스로를 자랑하는 뜻을 띠고 있었다.

◎ 소 시게마사. 예전 성은 다이라(平)이다. 전임 외무대승이자 쓰시마 도주이다. 나이는 20여 세이다. 얼굴이 길고 입술이 네모나다. 전중(典重)하고 온아(溫雅)하나 때로 부잣집 방탕한 자제 같은 느낌이 있다. 에도 성 밖 후카가와 땅에 살고 있는데, 겉으로는 조정에 벼슬하고 있는 듯하나 사실은 연금 중이라고 한다.

◎ 후루사와 가게히로. 현임 외무권소승(外務權小丞)이다. 나이는 30세 가깝다. 키가 크고 몸집이 크다. 진솔하며 담소를 잘한다. 나와 짝하여 관소 안에 있을 때마다 정성을 다하였고 헤어질 때 차마 떠나지 못하고 요코스카까지 따라왔다가 돌아갔다.

◎ 미즈노 세이이치(水野誠一). 현임 외무성 관리이다. 나이는 20여 세이다. 얼굴은 희고 눈이 예쁜데 자세히 보면 항상 수줍은 빛을 띠고 있다. 부산포에서 나를 맞이하여 함께 배를 타고 요코하마까지 갔다.

◎ 오쿠 기세이. 현임 외무성 관리이다. 우리를 요코하마에서 맞이하여 시종 관소에 머물렀다. 키가 작고 정강(精剛)하다. 문묵(文墨)이 넉넉지 않은 듯하나 입으로 외고 손으로 쓰는 것을 잠시도 그만두지 않았다. 스스로 송나라 유자의 문정(門程)을 배반하지 않았다 말하며, 자기 나라의 근대 제도를 걱정하여 끊임없이 말하였다. 후루자와와 함께 뒤따라와 요코스카에서 작별하였다.

◎ 노무라 야스시(野村靖).[17] 전임 외무대승이자 현임 요코하마 현령이다.

사람됨이 온중(溫重)하고 일을 잘 처리하는 재능이 있기 때문에 지난 봄 사건이 있을 때 강화도에 와서 미야모토 오카즈와 함께 우리를 위해 힘을 매우 많이 썼다고 한다. 우리가 온다는 소식을 듣고 엔료칸 연회에 참석하러 왔다고 한다. 우리가 돌아갈 때 요코하마에 이르자 또 역잔(驛棧)으로 방문하러 와서 정성을 다하였다.

◎ 이시바타 다사시(石幡貞).[18] 현임 외무성 관리이다. 처음부터 끝까지 우리를 지켰으며 떠날 때 시를 주었다.

◎ 오마 게이지(尾間啓治). 나이는 30여 세이다. 현임 외무성 관리이다. 얼굴에 검은 사마귀가 많다. 처음에는 영접관의 수행원으로서 맞이하러 부산에 왔고 나중에는 호송관으로서 에도에서부터 수행하여 부산포에 도착해 이별을 고하였다.

◎ 아라카와 도쿠시게(荒川德滋). 예전 이름은 긴스케(金助)이다. 전어관으로 현임 외무성 서기생이다. 나이는 40세에 가깝다. 키가 크고 체구가 컸다. 우리나라 말을 잘하는데 센 억양이 우리나라 영남 사람과 비슷하였다. 일 만들기 좋아하고 이간질하는 것을 즐기며 술 마신 후 거리낌

---

17 노무라 야스시(野村靖) : 1842~1909. 자는 시쿄(子共). 통칭은 와사쿠(和作)·세이노스케(靖之助). 호는 요쿠안(欲庵)·고무안슈(香夢庵主). 나가토(長門) 하기번(萩藩) 번사(藩士)였으며 이리에 구이치(入江九一)의 남동생이다. 1871년 궁내권대승(宮內權大丞)으로 메이지정부에 출사하여, 이와쿠라 사절단(岩倉使節團)에 참여하였다. 1876년 이후 가나가와권령(神內川權令), 가나가와현령(神內川縣令)에 취임하였고, 1894년 내무대신(內務大臣), 1896년 체신대신(遞信大臣)을 역임하였다.

18 이시바타 다사시(石幡貞) : 1839~1916. 후쿠시마현(福島縣) 출신의 한학자, 1876년 부산항에 도착하여 동래부사 홍우창(洪祐昌)을 만나 시를 주고받았고, 조계를 설치하기 위해 왜관 경계를 측량하기도 하였다. 그는 왜관(倭館)에서 조계지(租界地)로 바뀌는 부산의 모습을 칠언절구(七言絶句) 100수로 묘사했는데, 그의 첫 번째 시문집인 『조선귀호여록(朝鮮歸好餘錄)』 권1에 「부산백영(釜山百詠)」이 실려 있다. 그 외 저서로는 『동악문초(東岳文抄)』, 『한성조난시기(漢城遭難詩紀)』 등이 있다.

없이 말을 함부로 한다고 한다. 정색하고 만나면 역시 화평하고 원각(原慤)한 사람이다. 우리를 부산에서 맞이하였고 돌아갈 때 또 쓰시마까지 수행한 후 잔류하였다.

◎ 우라세 히로시(浦瀨裕). 역시 전어관이고 외무성 서기생의 직함을 띠고 있다. 지위는 아라카와보다 위이다. 예전 이름은 모스케(最助)이다. 두 사람은 초량(草梁)에 오래 거처하였고 또한 함께 강화도에도 갔다. 긴스케는 음험하고 모스케는 진솔하다고 한다. 만나보니 과연 그러하였다. 나이는 50여 세이다. 정수리에 상투를 틀고 이마까지 드러내니 궁한 수재 같았다. 그러나 몸을 굽혀 신중하게 행동하니 함께 말을 하고 일을 맡길 만하였다. 우리를 요코하마에서 맞이하여 돌아갈 때 부산포까지 수행하고 고별하였는데 한없이 그리워하는 마음이 있었다.

◎ 나카노 교타로(中野許多郞). 지위가 아라카와 다음이다. 역시 서기생이다. 나이는 40에 가깝고 몸은 왜소하였으며 조심스럽고 조용하였다. 우리를 부산에서 맞이하였고 부산에서 전송하였는데 처음부터 끝까지 작은 실수가 없었다.

◎ 이와타 나오유키(岩田直行), 이시다 모리미치(石田守道). 모두 서기생이고 지위는 나카노의 다음이다. 모두 접반관으로서 처음부터 끝까지 관소에 머물렀다.

◎ 시마다 노부우미(島田修海). 호행 군의이다. 현임 해군중군의(海軍中軍醫)이다. 중간 정도의 키에 살갗이 희다. 눈동자가 튀어나왔고 글씨를 잘 쓴다. 우리를 부산에서 맞이하여 에도에 도착한 후 떠났다. 관소에 머물 때 이따금씩 방문하러 왔다.

◎ 사네요시 야스즈미(實吉安純). 호행 군의이다. 현임 종7위 해군중군의이다. 사람됨이 자상하고 온화하다. 돌아갈 때 배 안에서 수행하였고,

약물로 정성을 많이 보였다. 부산에 도착해 애석해 하며 고별하고 돌아갔다.

◎ 도리타니 다모쓰(鳥谷保). 선장이다. 왕복 만여 리를 세찬 파도 가운데 출몰하면서도 잘 건너온 것은 모두 이 사람의 능력이다. 큰 키에 살갗이 희다.

◎ 오키 다카토(大木喬任).[19] 현임 사법경(司法卿)이다.

◎ 보조 도시타다(防城峻政).[20] 현임 식부두(式部頭)이다.

◎ 오쿠마 시게노부(大隈重信).[21] 현임 대장경(大藏卿)이다.

◎ 마데노코지 히로후사(萬里小路博房).[22] 정3위. 현임 궁내대보(宮內大輔)이다.

◎ 가와무라 스미요시(川村純義).[23] 현임 해군중장 겸 해군대보(海軍大輔)

---

19 오키 다카토(大木喬任) : 1832~1899. 사가(佐賀) 출신이며, 사가번(佐賀藩) 번사 오키 도모타카(大木知喬)의 아들이다. 사가번 개혁에 힘썼으며, 메이지유신 이후 산요(參與), 도쿄부지사(東京府知事) 등을 거쳐 1871년 문부경(文部卿)이 되어서 일본 최초의 근대적 학교제도 학제(學制)를 제정하였다.

20 보조 도시타다(防城峻政) : 보조 도시타다(坊城俊政, 1826~1881)의 오기로 보인다. 교토 출신이다. 1857년 시종(侍從)이 되었고, 이후 공가의 직임에 있었다. 1871년 시키부노카미(式部頭)에 취임하였고, 이후 궁중의 제사와 전례를 담당하였다.

21 오쿠마 시게노부(大隈重信) : 1838~1922. 사가 출신. 참의(參議) 겸 대장경(大藏卿), 외무대신, 농상무대신, 내각총리대신, 내무대신, 귀족원의원 등을 역임하였다. 와세다대학의 창립자이자 초대 총장을 지내기도 하였다.

22 마데노코지 히로후사(萬里小路博房) : 1824~1884. 에도시대 후기~메이지시대 전기의 공경(公卿)·정치인. 마데노코지 나오후사(萬里小路正房)의 장남이다. 1861년 국사어용괘(國事御用掛), 1862년 국사참정(國事參政), 1867년 참의(參議)가 되었다. 메이지유신 이후는 궁내경(宮內卿)을 역임하였다.

23 가와무라 스미요시(川村純義) : 1836~1904. 메이지시대의 군인. 사쓰마번(薩摩藩) 번사 가와무라 요주로(川村與十郎)의 장남으로 사이고 다카모리(西鄕隆盛)와 고종사촌 지간이다. 사이고와 함께 보신전쟁(戊辰戰爭)에 참전하여 공을 세웠다. 1869년 도쿄로 올라가서 오쿠보 도시미치(大久保利通)에 의해 메이지정부에 기용되었으며, 병부대승(兵部大

이다.

◎ 시시도 다마키(宍戶璣).[24] 현임 교부대보(敎部大輔)이다.

◎ 하야시 도모유키(林友幸).[25] 현임 내무소보(內務少輔)이다.

사법경 이하는 모두 엔료칸의 연회에서 만났고 또한 내 관소에 명함을 보내 안부를 물었다. 오랜 후 상상해보니, 비록 모습은 생각해내기 어렵지만 마주 앉아 조용히 술잔을 정답게 나눈 것은 천애의 기연이 아닐 수 없다. 시시도는 이별할 때 시 한 연에 정중한 뜻을 부쳐서 감동시키기에 충분하였다.

◎ 구키 류이치(九鬼隆一).[26] 현임 문부대승(文部大丞)이자 일등법제관(一等

丞)이 되었다. 1872년 해군성이 설립되었을 때 해군소보(海軍少輔)가 되었으며, 1878년에는 해군경(海軍卿)이 되었다.

24 시시도 다마키(宍戶璣) : 1829~1901. 나가토주 번사 출신. 본래 이름은 야마네 한조(山縣半藏)이다. 번교에서 근무하면서 번의 시강으로 근무하였다. 존왕양이론을 주장하였다. 메이지유신 후 문부대보, 원로원 의원 등을 역임하였다.

25 하야시 도모유키(林友幸) : 1823~1907. 호는 슈호(秋畝). 나가토국(長門國) 출신. 존황양이운동(尊皇攘夷運動)에 힘썼고, 보신전쟁(戊辰戰爭)에 참여하였다. 메이지유신 이후 회계관권판사(會計官權判事), 모리오카현 대참사(盛岡縣大參事), 구노헤현 권지사(九戶縣權知事)를 역임하였다. 1870년 민부대승(民部大丞) 겸 대장대승(大藏大丞)이 되었으며, 1874년 내부대승(內務大丞)을 거쳐 1875년에는 내무소보(內務小輔)에 취임하였다. 이후 1880년 원로원의관(元老院議官)이 되었으며, 귀족원의원을 거쳐 1990년에는 추밀고문관(樞密顧問官)에 취임하였다.

26 구키 류이치(九鬼隆一) : 1850~1931. 산다번(三田藩) 가신 호시자키 사다모토(星崎貞幹)의 차남으로 태어나 아야베번(綾部藩) 가로(家老) 구키 류슈(九鬼隆周)의 양자가 되었다. 메이지유신 이후 산다번을 방문한 후쿠자와 유키치(福澤諭吉)와 만나 난학자 가와모토 고민(川本幸民)의 에이란주쿠(英蘭塾)에서 배운 후 게이오기주쿠(慶應義塾)에 입학하였다. 이후 문부성(文部省)에 입성하여 외국인교사 초빙계획에 협력하는 등 교육에 힘을 쓰며 문부성에서 업적을 남겼다. 1876년 문부대승·일등 법제관이 됨으로써 메이지정부의 관료인 주임관(奏任官)이 되었다. 1878년 파리국제박람회를 시찰한 후 제국박물관 설립에 힘썼으며, 1897년에는 제국박물관 초대 관장이 되었다. 이후 고미술품을 모아 일본 최초의 사설박물관인 산다박물관(三田博物館)을 개설하였다.

法制官)이다. 태학을 관람하던 날 만났다. 단발이 조금 오래 되어 머리털이 양 어깨까지 늘어져서, 마치 오랜 병에서 일어나 미처 빗질하지 못한 것과 같은 모습이었다. 우리나라 학제에 대해 오랫동안 물어보았다.

◎ 오시마 분큐(大島文九). 가이세이 학교(開成學校) 유생이다. 시 한 수를 주었는데, 시도 훌륭하고 필적도 훌륭하였다. 관소에 내방하겠다고 약속하였으나 오지는 않았다. 그의 스승 야스이 솟켄(安井息軒)[27]이 사람을 보내 글자를 써달라고 애걸하였으므로, 내가 솟켄의 편액을 쓰고 그 아래 작은 발문을 써서 돌려보냈다.

◎ 가노 히사요시(加納久宜).[28] 현임 중시학(中視學)이다.

◎ 기타바타케 하루후사(北畠治房).[29] 현임 대심원판사(大審院判事)이다.

◎ 요시이 마사즈미(吉井正澄).[30] 현임 공부대승(工部大丞)이다.

---

27 야스이 솟켄(安井息軒) : 1799~1876. 이름은 고(衡). 자는 주헤이(仲平). 호는 솟켄(息軒). 미야자키(宮崎) 출신. 휴가오비(日向飫肥) 지역 유학자의 후손으로 시노자키 쇼치쿠(篠崎小竹)·마쓰자키 고도(松崎慊堂)에게 배웠다. 탁월한 고증학자로서 에도시대 유학(儒學)을 집대성하고 근대 한학(漢學)의 기초를 구축하였다고 평가받는다. 저서에는 『해방사의(海防私議)』, 『관자찬고(管子纂詁)』, 『좌전집석(左傳輯釋)』 등이 있다.

28 가노 히사요시(加納久宜) : 1848~1919. 1867년 가노 히사쓰네(加納久恒)의 양자가 되어 가즈사(上總) 이치노미야번(一宮藩) 가노가(加納家) 제4대가 되었다. 메이지유신 이후에 문부성(文部省)에 출사하여, 니가타사범학교(新瀉師範學校)의 학장이 되었다. 1881년 이후, 판사, 대심원검사(大審院檢事), 가고시마현지사(鹿兒島縣知事), 귀족원의원(貴族院議員)을 지냈고 1910년에는 제국농회(帝國農會) 초대 회장을 역임하여 농사개량(農事改良)에 힘썼다.

29 기타바타케 하루후사(北畠治房) : 1833~1921. 에도시대 말기의 근황가(勤皇家)이자 메이지시대의 사법관이다. 호류지(法隆寺) 근처의 상인 집안에서 태어나, 국학을 배우고 과격한 존왕양이(尊王攘夷) 사상에 경도되었다. 메이지유신 이후에는 사법관이 되어서 각지의 재판소에 부임하였다. 남작에 서임되었고 후에 호류지 근교에서 여생을 마쳤다.

30 요시이 마사즈미(吉井正澄) : ?~?. 메이지시대의 관리. 고치현(高知縣) 출신이다. 1870년 민부성(民部省)의 일부가 독립되어 설치된 공부성(工部省)에서 근무하였다. 공부성은 일본의 식산흥업(殖産興業)을 지탱하였고, 철도·조선(造船)·광산(鑛山)·전신(電

◎ 하야시 기요야스(林淸康).[31] 현임 육군대좌(海軍大佐)이다.

◎ 히라가 구니하치(平賀國八). 현임 해군대좌(海軍大佐)이다.

◎ 다케 히데유키(武秀行).[32] 현임 해군비서관(海軍祕書官)이다.

◎ 스에마쓰 겐초(末松謙澄)[33] 현임 공부권소승(工部權小成興丞)과 이노우에 가오루(井上馨) 서기는 봄에 강화도에 왔던 자들이다.

信) 등을 정비하였다.

31 하야시 기요야스(林淸康) : : 아보 기요야스(安保淸康, 1843~1909). 메이지시대의 군인. 아키노국(安藝國) 출신. 나가사키(長崎)에서 영어를 배워 영국의 군함에 타는 경험을 했다. 이후 사쓰마번(薩摩藩)의 군함 함장(艦長)을 맡았으며 사쓰마번 해군 양성에 힘썼다. 메이지유신 이후 병부권소승(兵部權少丞)이 되었으며 해군 창립의 관여하였다.

32 다케 히데유키(武秀行) : 도타케 히데유키(遠武秀行, 1842~1904). 메이지시대의 군인·사업가. 사쓰마(薩摩) 가고시마번(鹿兒島藩) 번사(藩士)였다. 메이지유신 이후 1869년에 설치된 병무성(兵務省)에 출사하였다. 1877년 요코스카조선소(橫須賀造船所)의 소장이 되었고, 1882년 도쿄풍범선회사(東京風凡船會社)·홋카이도운수회사(北海道運輸會社)·엣추풍범선회사(越中風凡船會社)가 결집하여 성립된 공동운수회사(共同運輸會社)의 부사장(副社長)이 되었다. 1891년 퇴임한 후 일본주철(日本鑄鐵)·주철제조소(鑄鐵製造所)의 창설에 관여하였다.

33 스에마쓰 겐초(末松謙澄) : 1855~1920. 호는 세이효(靑萍). 고쿠라(小倉) 출신. 무라카미 부쓰잔(村上仏山)의 스이사이엔(水哉園)에서 한학을 배우고 1871년 상경하여 고토마코토(近藤眞琴)에게 배웠다. 또한 다카하시 고레키요(高橋是淸)와 만나 친교를 쌓았다. 곧 『동경일일신문(東京日日新聞)』의 기자가 되어 사장 후쿠치 겐이치로(福地源一郎)에게 인정받아 사설 집필자로 등용되었다. 1875년 후쿠치의 소개로 이토 히로부미(伊藤博文)를 소개받고 정계에 입문하였다. 1878년 영국공사관부(英國公使館付)가 되어 영국 케임브리지대학에 재학하면서 일본의 고전 『겐지모노가타리(源氏物語)』를 번역하여 출판하였다. 1886년 귀국하여 내무성참사관(內務省參事官)을 거쳐 현치국장(縣治局長)이 되었다. 모지칫코주식회사(門司築港株式會)의 창립에 기쿠군장(企救郡長) 쓰다 이레이(津田維寧)의 요청으로 재계의 시부사와 에이이치(澁澤榮一)를 설득하여 중앙재계로부터 거액의 자급을 유통시켰다. 1889년 이토 히로부미의 차녀와 결혼하고 제1회 총선거에서 후쿠오카현(福岡縣)에서 출마하여 세 번 당선되었다. 법제국장관(法制局長官), 귀족원의원(貴族院議員), 체신대신(遞信大臣), 내무대신(內務大臣)을 역임하였다. 러일전쟁 중에는 영국에 주재하여 전시외교(戰時外交)에 힘썼다. 귀국 후 추밀고문관(樞密顧問官), 제국학사원회원(帝國學士院會員)으로 활동하였다. 1917년에는 김윤식(金允植)의 『운양집(雲養集)』의 중간(重刊) 제사(題辭)를 써주었다.

◎ 나카무라 마사나오(中村正直).[34] 현임 도쿄여자사범학교 섭리(攝理)이다.
◎ 후지사와 쓰구요시(藤澤次謙).[35] 현임 권대서기관(權大書記官)이다.
◎ 후지타니 시게오키(富士谷成興). 현임 공부대록(工部大錄)이다.
◎ 호리 히데유키(堀秀之). 현임 교부성 서기관(教部省書記官)이다.

문부대승 이하는 모두 내게 명함을 보내고 인사를 한 자들이다. 때로 만나기도 하였으나 계속 바빠서, 마치 꿈속에서 만났다가 깨어나서 헤아리면 말소리와 웃는 모양은 분명한 것과 비슷하다.

◎ 시오다 사부로(鹽田三郎).[36] 전임 외무대승(外務大丞)이다.
◎ 다나베 다이치(田邊太一).[37] 역시 전임 외무대승이다.

---

34 나카무라 마사나오(中村正直) : 1832~1891. 메이지시대의 사상가, 교육자. 에도 출신으로 아명은 군타로(訓太郎). 호는 게이우(敬宇)이다. 1886년에 영국에서 유학하며 막부의 영국파견 유학생을 관리하는 역할을 담당하였다. 메이지유신 이후에는 계몽사상 보급에 힘썼다. 1873년에는 윤치호(尹致昊) 등이 유학한 도진샤(同人社)를 개설하였고, 여성교육에도 힘썼다. 같은 해 조직된 메이로쿠샤(明六社)에 후쿠자와 유키치(福澤諭吉) 등과 함께 참가하였다.

35 후지사와 쓰구요시(藤澤次謙) : 1835~1881. 메이지시대의 관리. 이름은 구니요시(國謙). 통칭은 호에쓰(甫悅)·지카라(主稅). 막부의 의관(醫官) 가쓰라가와 호켄(桂川甫賢)의 아들이다. 1862년 후지사와 구다유(藤澤九太夫)의 양자가 되어 1866년 에도시대 후반기에 설치된 군칸부교(軍艦奉行)가 되었다. 1868년에는 육군 부총재(副總裁)가 되어 막부 육군(幕府陸軍)을 지휘하였다. 메이지유신 이후 정부에 출사하였으며 1875년 원로원권대서기관(元老院權大書記官)이 되었다. 1877년 일본의 내전인 서남전쟁(西南戰爭)에 참전하였다.

36 시오다 사부로(鹽田三郎) : 1843~1889. 메이지시대의 관료. 에도(江戶) 출신. 에도말기의 의사 시오다 준안(鹽田順庵)의 아들이며, 하코다테(函館)에서 한학과 서양학문을 배웠다. 막부의 쓰벤고요(通弁御用: 통역사)로서 영국과 프랑스에 파견된 사절단을 수행하였으며, 메이지유신 이후 외무성(外務省)에서 근무하여 외무소보(外務少輔)가 되어 각국과의 조약개정교섭 등 외교문제 교섭에 힘썼다. 1885년 특명전권공사(特命全權公使)로 청나라에 파견되었다.

37 다나베 다이치(田邊太一) : 1831~1915. 메이지시대의 외교관. 아명은 데이스케(定輔). 호는 렌슈(蓮舟). 막부의 신하 다나베 세키안(田邊石庵)의 둘째 아들이다. 에도시대 후반

두 사람은 모두 외국의 학문을 잘하고 세계를 두루 돌아다녔다고 한다.

◎ 구리모토 조운(栗本鋤雲).[38] 예전 막부의 아키노카미(安藝守)이다.

◎ 아사다 소하쿠(淺田宗伯).[39] 한방의(漢方醫)이다. 담소를 잘하고, 음주를 잘하고, 시를 잘 쓴다.

시오다 이하는 모두 미야모토 오카즈의 집에서 반나절 함께 보냈는데, 모두 호걸지사 같았다.

◎ 마스다 미쓰구(增田貢).[40] 호는 가쿠요(岳陽)이다. 가메타니 고(龜谷行).[41]

고후키텐칸(甲府徽典館)에서 가르쳤고, 외국부교(外國奉行)로서 유럽을 방문했으며 메이지유신 이후 1871년 이와쿠라 사찰단(岩倉使察團)을 수행하였다. 1874년 일본이 타이완에 출병하였을 때 오쿠보 도시미치(大久保利通)를 보좌하였고, 1879년 청나라에서 근무한 다음에, 원로원의원(元老院議員), 귀족원의원(貴族院議員)을 역임하였다. 1876년에 외무대승(外務大丞)을 역임하였다. 저서에 1898년에 간행된 『막말외교담(幕末外交談)』이 있다.

38 구리모토 조운(栗本鋤雲) : 1822~1897. 막부 말기의 막신(幕臣)이자 메이지 초기의 신문기자. 본성은 기타무라(喜多村), 이름은 곤(鯤), 통칭은 세베에(瀨兵衛), 별호는 호안(匏庵)으로 1858년부터 1863년까지 에조치(蝦夷地)의 하코다테(箱館)에 부임하였다가, 1863년 막부의 명으로 에도에 돌아오게 된다. 1866년 아키노카미(安藝守) 직을 맡게 된다. 주일프랑스공사 레옹 롯슈(Leon Roches)의 통역으로 근무하며 막부에 의해 가이코쿠부교(外國奉行)직을 맡게 된다. 그러나 메이지 신정부에 가담하지 않고 1873년 『호치신문(報知新聞)』의 주필이 되어 이후 저널리스트의 삶을 살게 된다.

39 아사다 소하쿠(淺田宗伯) : 1815~1894. 에도 후기의 한방의(漢方醫)이자 메이지 초기의 관료. 도쿠가와(德川) 장군가의 전의(典醫)였다가 1875년 궁내성(宮內省)의 시의(侍醫)가 되었다. 의사로서 주일프랑스공사 레옹 롯슈(Leon Roches)와 요시히토 친왕(嘉仁親王)의 생명을 위험으로부터 구해낸 일이 알려져 있다. 메이지 정부의 관료로서 제1차 수신정사 김기수(金綺秀) 및 제2차 수신정사 김홍집과 나눈 창수시가 남아있다.

40 마스다 미쓰구(增田貢) : 마쓰다 가쿠요(增田岳陽, 1825~1899). 스루가(駿河) 다나카번(田中藩) 번사의 아들로 태어났다. 에도의 쇼헤이코(昌平黌)에서 공부하여, 번교에서 학생을 가르쳤다. 메이지유신 이후 번의 대참사(大參事)가 되었고, 도쿄고등사범학교 교수가 되었다. 회화에도 능하였다.

41 가메타니 고(龜谷行) : 가메타니 세이켄(龜谷省軒, 1838~1913). 쓰시마 후추의 번사.

호는 세이켄(省軒)이다. 두 사람 모두 시를 잘 쓴다.

◎ 마쓰다 류테이(松田柳亭),[42] 나카지마 산인(中島杉陰),[43] 간노 세이린(管野晴林). 세 사람은 모두 그림을 잘 그린다.

마쓰다 이하는 모두 소 시게마사의 집에서 만났다. 마스다와 가메타니는 여러 차례 시를 부쳐왔는데, 생각이 매우 진중하였으니, 모두 시대를 못 만난 강개한 선비 같았다.

◎ 히로쓰 히로노부(廣津弘信).[44] 종 6위. 수염이 아름답다. 예전에 초량에 자주 와서 머물렀다고 한다.

◎ 이케하라 다이신(池原大深), 세키 셋코(關雪江).[45] 두 사람 모두 글씨를 잘 쓰고 시를 잘 쓴다.

◎ 후쿠시마 류호(福島柳圃),[46] 요시자와 세쓰안(吉澤雪庵).[47] 두 사람 모두

메이지유신 때 이와쿠라 도모미(岩倉具視)에게 고용되었다. 1873년 관직을 그만두고 저작에 전념하였다. 저서로 『육영문범(育英文範)』, 『성헌시고(省軒詩稿)』 등이 있다.

42 마쓰다 류테이(松田柳亭) : 1860~1900. 메이지시대의 화가. 이름은 도시사다(利貞). 에도 출신. 스즈키 가코(鈴木鵞湖)에게 그림을 배웠다.

43 나카지마 산인(中島杉陰) : ?~?. 메이지시대의 화가. 이름은 히데유키(榮之). 자는 스하쓰(樞發). 에도 출신. 스즈키 가코(鈴木鵞湖)에게 그림을 배웠다.

44 히로쓰 히로노부(廣津弘信) : 1819~1883. 현재의 후쿠오카현(福岡縣) 출신. 의사 마다 쇼초(馬田昌調)의 아들. 슌조(俊藏)라고도 하였다. 나가사키(長崎)에서 서양의학을 배우는 등 서양문명을 접하였으며, 메이지유신 이후 외교관으로서 조일외교에 관여하였다. 1872년 모리야마 시게루(森山茂)와 함께 조선에서 초량왜관(草梁倭館) 접수를 주도하였다.

45 세키 셋코(關雪江) : 1827~1877. 메이지시대의 서가(書家). 이름은 시케이(思敬). 자는 데쓰아키(鐵卿). 통칭은 데쓰조(鐵藏)·주조(忠藏). 별호는 고도(弘道)·셋코로(雪香樓). 세키 시료(關思亮)의 아들이며, 히타치(常陸) 쓰치우라번(土浦藩)의 번사(藩士)였다. 세키가(關家)는 번(藩)에 서가(書家)로 봉사한 가계(家系)이다. 1867년 에도에서 사숙(私塾)인 셋코로(雪香樓)를 개설하였다. 편서로 『육서십체고(六書十體考)』, 『설향루시초(雪香樓詩抄)』 등이 있다.

46 후쿠시마 류호(福島柳圃) : 1820~1889. 에도시대 후기~메이지시대의 화가. 이름은 네이(寧). 자는 슌노(春農)·시나오(子直). 통칭은 주지로(重次郎). 별호는 모쿠신소도(默

그림을 잘 그린다.

히로쓰 이하는 모두 모리야마 시게루의 집에서 만났다. 또 호코쿠(芳谷) 여사[48]가 있었는데, 그림을 잘 그린다.

◎ 미야모토 긴사쿠(宮本金作). 오카즈의 아들이다. 나이는 12세이다. 단정하고 비상하였다. 내 관소를 내방하였을 때 동작에 예의가 있었으며 응대가 물 흐르듯 하였으니, 진실로 그 집안의 아이라 이를 만하다.

◎ 소 요시요리. 시게마사의 아버지로 역시 예전 쓰시마 도주였다. 귀로에 쓰시마에 정박하였을 때 만났다. 집 안에서 연회를 베풀고 우리를 맞이하여 환대하였다. 몸집이 풍성하고 큰 어른이었다. 나이는 60여 세이나 조금도 노쇠하지 않았다. 아들이 십수 명 있는데 하나하나 준수하다고 하였다. 10세 되는 아들 도노스케(東之介)가 있고 또 10세 되는 손자 나오마루(直丸)가 있는데 시게마사의 아들이다. 모두 어여쁘고 사랑스러웠다. 손자가 천성이 더 화길(和吉)하여 상서롭고 위엄 있는 봉황 같았으니, 소 씨의 복이 끝나지 않은 듯하였다.

◎ 미나모토노 조스케(源張甫).[49] 나가토주 야마구치 현의 관리이다. 호는

神草堂). 무사시(武藏) 나카군(那珂郡) 출신. 화가(畵家) 시바타 제신(柴田是眞)에게 배웠다.

47 요시자와 세쓰안(吉澤雪庵) : ?~1889. 메이지시대의 화가. 이름은 분교(文行). 별호는 쇼조카로(小造化廬). 화가 도자카 분요(遠坂文雍)에게 배웠으며 산수도(山水圖)·화조도(花鳥圖)에 능했다.

48 호코쿠(芳谷) 여사 : 다카바야시 호코쿠(高林芳谷, 1840~1894). 에도시대 말~메이지시대의 화가. 이름은 와다치(轍). 화가 시이나 분유(椎名文囿)에게 배운 후에 도도 다카키요(藤堂高潔)에게 그림을 배웠고 화조도(花鳥圖)에 능했다.

49 미나모토노 조스케(源張甫) : 다카시마 조스케(高島張輔, ?~?)를 가리킨다. 메이지시대의 관리이며 화가. 호는 규호(九峰). 야마구치현(山口縣) 나가토주(長門州) 출신. 번의(藩醫) 다카시마 료타이(高島良臺)의 아들이다. 내무성(內務省), 추밀원(樞密院), 궁내성(宮內省)에서 근무하였다. 편저(編著)로는 『화의 굴예(花の窟詣)』 등이 있다.

규호(九峰)이다. 지금 성은 다카시마(高島)이다.

◎ 간다 다카히라. 효고 현령이다.

두 사람을 직접 만난 적은 없으나 한 사람은 시를, 한 사람은 글을 보내와 간곡한 뜻을 전하였다.

연음(燕飮) 부(附) 주식(酒食) 20칙

◎ 연회는 모두 8회가 있었으니, 법연(法宴 : 공적인 연회)이 2회, 사연(私宴 : 사적인 연회)이 6회였다. 하선연과 상선연이 법연이었고 모두 엔료칸에서 행했다. 외무대승 미야모토 오카즈의 집에서 1회, 옛 쓰시마 도주소 시게마사의 집에서 1회, 외무권대승 모리야마 시게루의 집에서 1회, 의관 이노우에 가오루의 집에서 1회, 공부경 이토 히로부미 집에서 1회, 쓰시마의 소 요시요리 집에서 1회가 모두 사연이었다. 그 밖에 어화원에서의 오찬, 육군성에서 조련을 관람하던 날 외무성에서의 오찬, 육군성에서 병기 제조를 견학하던 날 육군성의 고이시테이에서의 오찬이 있었고, 문부성【즉 태학이다.】 및 역루(驛樓)와 진정(津亭)에서 잠시 쉴 때 다과를 내놓았으나 모두 기록하지는 않았다.

◎ 엔료칸은 건물이 웅장하고 아름다우며 뜰이 크고 화려하였으니 그들의 행궁 별관과 비슷하여 잠시 심상하게 머무는 거처는 아니었다. 내가 12일 사시(巳時 : 9시~11시)에 연회에 가니, 미야모토와 모리야마 두 대승이 먼저 있다가 영접하며 말하였다.

"오늘 연회는 오시(午時 : 11시~13시)에 열리기로 약속되어 있으나 사시에 맞이하러 온 것은 이곳에도 훌륭한 경치가 넉넉하여 여관에 머무는 공의 울적한 기분을 풀어주려고 한 것입니다."

드디어 나를 이끌고 후정(後庭)으로 걸어갔다. 굽이굽이 돌아 후원(後園)에 도착하니 우거진 수풀과 쭉쭉 뻗은 대나무, 시원한 관소와 따뜻한 방이 곳곳마다 사랑스러웠다. 이때 여사들이 삼삼오오 짝을 지어 지나갔다. 틀어 올린 머리와 흰 목덜미가 아담하고 어여뻤으니, 규방의 여인들로 생각되었다. 그러나 피하지 않고 멀찌감치 서서 쳐다보기도 하고 천천히 가면서 지나치기도 하여 매우 이상하게 느껴졌다. 모리야마 시게루가 말하였다.

"우리나라 법에 황궁과 이곳 관내를 한 달에 세 차례 조정의 신하와 그 가족들에게 마음대로 완상하도록 합니다. 오늘이 마침 그날입니다."

어떤 곳에 이르니 깊은 연못 하나가 있고 잔잔한 물결이 퍼져 수백 이랑은 될 듯하였다. 그 위에 구불구불 돌아가게 다리를 놓고 사이사이 섬을 만들어 그 위에 누정을 두었다. 다리 위에 다시 난간을 덮어 각도(閣道) 모양처럼 하였고 자줏빛 등나무가 늘어져 녹음이 떨어지니 우거져 그윽한 맛이 있었다. 천천히 걸어 지나가는데 홀연 돛이 봉우리 너머에 출몰하였다. 바로 시나가와(品川) 땅이라 하였다. 비를 만나 더 가지 않고 돌아왔다. 태정대신 산조 사네토미 이하 13원이 이미 모두 와서 모여 있었는데, 큰 탁자를 설치하고 탁자를 둘러서 앉아있었다. 각각 사람 앞에는 이름을 쓴 종이가 있었고, 종이에는 제공되는 음식의 물목과 도장이 찍혀있었다. 종이와 섞여서 각종 생화의 가지를 꺾어 꽂은 두 개의 병과 조화를 꽂은 두 개의 대(臺)가 설치되어 있었고 생화와 조화 사이에 각종 과자와 떡이 섞여 있으니, 풍성하게 차린 가운데 유달리 담아(淡雅)한 맛이 있었다. 각 사람 앞에는 두 개의 자기 접시가 놓여있었다. 하나는 흰 베 안에 떡을 담았으니, 베는 떨어지는 국물을 받히는 것이고 떡은 곁들여 먹는 것이었다. 하나는 깨끗하게 비어있었다. 빈 접시 오른쪽에 대 중 소 세 개의 숟가락이 있었는데, 이가 있어서 음식을 들 수도 있고 찍을 수도 있었다. 오른쪽에는 두 개의 칼이 있고 뒤에 두 개의 숟가락이 있는데 칼과 숟가락 모두 하나는 크고 하나는 작았다. 이어서 식사를 내왔다. 단단한 음식과 연한 음식, 국물과 고기 모두 분량이 적었다. 단단한 음식과 고기는 이가 있는 숟가락으로 눌러서 칼로 썰었다. 부드러운 음식과 국은 숟가락으로 떠먹었다. 숟가락이나 칼이나 한번 음식을 댄 것은 접시 위에 놓아두었다. 그러면 시중드는 사람이 그 접시를 물리고 깨끗이 씻어서 돌려놓고 칼은 다시 칼의 위치에, 숟가락은 다시 숟가락 위치에 둔다. 다시 음식을 내와서 앞에서와 같이 먹었다. 물리고 돌려오기를 전부 앞서와 마찬가지로 하였다. 또 술잔을 앞에 놓았는데 그림이 그려진 자기잔도 있고 구름이 그려진 옻칠 잔도 있고 유리잔도 있었다. 어떤 것은 높아서 발이 달렸고 어떤 것은 둥글어서 귀가 달렸다. 음식이 한 상 나오면 술을 한 번 돌렸다. 비록 적게 마셔 술잔에 술이 남아도 잔에 가득 채웠고 식사가 끝날 때까지 계속 그렇게 하였다. 술잔을 내올 때마다 음악을 연주하였다. 음악소리는 빠르고 가늘었으며 제작이 정교하였으니 서양음악이라 하였다. 오시를 지나 연회가 끝났다. 일어나고 앉고 움직일 때와 차 마시고 담배 피울 때의 예절에 태정대신이 반드시 주인의 역할을 하여서, 앉으면 함께 앉고 다니면 함께 다녀서 시종일관 조금도 해이하지 않았다.

◎ 상선연이 열려 또 엔료칸으로 갔다. 태정대신 이하 모두 모여서 하선연 때와 똑같이 하였다. 술이 여러 순배 돌고 음식이 풍성한 것 역시 지난 연회와 마찬가지였다. 연회가 끝날 때 이미 하오가 되었다. 정원에서

고악(古樂)을 연주하였는데, 모두 천황의 어악(御樂)이라 하였다. 가면을 쓰고 앞에서 춤을 추는 자도 있었다. 어떤 이는 북제(北齊)의 난릉왕(蘭陵王)[50]이라 일컬으며 당악(唐樂)이라 하였고, 어떤 이는 '양룡교희(兩龍交戱)'라 일컬으며 고려악(高麗樂)[51]이라 하였다. 다른 곳으로 옮겨서 앉으니, 대구락(大毬樂)을 펼쳤다. 한쪽에 가리개를 설치하였고 중심에는 작고 둥근 구멍이 있었다. 8명의 기병이 두 부대로 나뉘었는데, 4명은 붉은 옷을 입고 4명은 흰 옷을 입었으며, 각기 말을 타고 손에 장대 하나씩 쥐고 있었고 장대에는 바구니가 달려 물건을 담을 수 있었다. 온 땅에 붉고 흰 공이 가득하였는데 털실로 만든 것 같았다. 몸을 낮춰 장대로 공을 주워서 곧장 가리개를 향했고 빙빙 돌다가 달려 들어가 장대를 흔들어 공을 던져서 구멍에 넣었는데, 공을 구멍에 많이 넣은 자가 이기면 사람들이 갈채를 보내고 북과 동발이 일제히 울렸다. 그들이 말을 타고 달리는 법은 우리나라와 차이가 있었으나 민첩함과 숙련도는 우열이 없었다. 이 놀이를 하는 것 역시 병사를 훈련시키는 데 목적이 있다. 놀이가 끝나고 모두 헤어졌다. 이때 태정대신이 먼저 돌아간다고 고하여 자리에 없었다.

---

50 난릉왕(蘭陵王) : 료오(陵王)를 가리킨다. 일본 아악(雅樂)·무악(舞樂)의 곡명. 당악좌무(唐樂左舞)의 하나로 원래 북제(北齊) 난릉왕(蘭陵王) 고장공(高長恭)의 파진악(破陣樂)이다. 무인 한 사람이 추는 주무(走舞, 하시리마이)이다. 두 뿔과 흰 귀밑털로 된 괴이하게 생긴 동면(銅面)을 쓰고, 붉은 비단 실을 흩어 드리운 붉은 갑옷을 입은 한 사람이 곡조에 맞추어 춤을 추는데, 길이가 7, 8인치[寸]나 되는 비수를 들고 힘차게 날뛰며 전진하기도 하고 물러서기도 하면서 공격하여 찌르는 시늉을 한다.

51 고려악(高麗樂) : 한반도에서 일본으로 전래된 무악(舞樂). 고마가쿠(高麗樂). 일본 아악(雅樂, 가가쿠) 가운데 하나이다. 원래는 고대 일본에 전래된 대륙계의 여러 악무(樂舞) 중 고구려에서 전래된 것을 고려악이라고 일컬었다. 주로 일본 천황궁에서 사용하였으나 그 음률은 많이 변하였다.

◎ 미야모토 대승의 집은 수도에서 20리 떨어져 있어, 마차로 가면 금세 닿는다. 도착하니 저자거리가 끝나고 마을이 드문드문 펼쳐져 산야의 정취가 있었다. 골목 입구는 매우 길고 수목을 끼고 있었는데 모두 인가의 울타리 같았다. 문으로 들어가니 또 양쪽 가장자리에 수풀과 대나무가 울창하였고 밭의 보리가 막 익어가고 있었다. 끝없이 펼쳐져 있으나 울타리가 더 이상 없으니 모두 그가 관할하는 곳인 듯했다. 집 가까이 있는 밭에 차를 수백 이랑 심었고 집은 너무 넓지 않았으며 경전과 약탕관이 있었고 깨끗하여 속세를 벗어난 생각이 들었다. 반갑게 맞이하여 방에 들어가더니 손님과 나누어 앉았다. 앉은자리에는 벗 몇 사람이 있었다. "대반(對飯)하라."고 하면서 손님과 함께 하게 하고 자신은 말석에 앉으니 아마도 그들의 풍속인 듯하였다. 술잔이 오가는 사이사이에 아악을 연주하였다. 악곡명에 '금(琴)'이라고 하기도 하고 '슬(瑟)'이라고 하기도 하고 혹은 '공후(箜篌)', '비파(琵琶)'라고 하기도 하였다. 우리나라 음악과 비교하면 같은 것도 있고 같지 않은 것도 있었다. 또한 무리의 여사들이 있었다. 아토미 가케이(跡見花蹊)[52]가 우두머리로, 나이가 30세쯤 되었다. 나머지는 7, 8세를 넘는 아이가 없었고 모두 왕가와 공가의 규수들이었다. 머리털은 칠흑 같고 또렷한 눈동자와 하얀 이를 지니고 있었으며 혹은 붉은 저고리에 초록 바지, 혹은 초록

52 아토미 가케이(跡見花蹊) : 1840~1926. 현재의 오사카 출신. 데라코야(寺子屋)를 경영하는 집안에서 태어나, 어린 시절부터 글씨와 그림을 배웠다. 17세에 교토로 유학을 가서 그림과 서예를 배웠고, 20세 때 오사카로 돌아와 시주쿠(私塾)를 열었다. 1870년 도쿄로 이주하여 시주쿠를 열었고 1875년에는 아토미여학교를 설립하였다. 옛 문화와 풍속을 중시하여, 한학, 서예, 다도, 체조 등을 여학교에 도입하였다. 1872년과 1893년에는 천황 앞에서 글씨를 쓰는 영예를 얻어 교육자뿐만 아니라 화가로서도 이름을 얻게 되었다. 서예가로서 '아토미류(跡見流)'라는 서풍을 구축하였다.

저고리에 노란 바지를 입었고 옷과 띠에는 수가 놓여 있었으며 진주와 비취 장식이 눈부셨다. 모두 서화를 할 줄 알았다. 절을 하고 무릎을 꿇는 예절이 어여쁘면서도 단정하였으니, 대가의 법도를 인정할 만하였다. 술이 반쯤 돌자 홀연 어떤 노옹이 앞에서 머리를 조아렸다. 물으니 미야모토의 부친이었다. 나는 실례를 사과하였다. 이윽고 또 어떤 노파가 앞에 와서 무릎을 꿇으니 이미 절을 한 듯하였다. 물으니 바로 미야모토의 모친이었다. 뒤에 한 여인이 있었으니 미야모토의 아내라 하였다. 나는 또 황망하여 여러 번 머리를 숙이고 무수히 불민하여 실례한 죄를 사과하였다. 모두 즉시 돌아서서 들어갔으나 미야모토의 모친은 때때로 손에 술과 음식을 받들고 나와 시비들에게 명하여 내 앞에 놓도록 하였다. 모두 정성을 보이고 공경하는 예를 다하는 것 같았다. 음식이 매우 풍부했던 것은 아니나 깨끗하고 신선하여 입에 맞았고 정제되게 차려놓아 구차하지도 지나치지도 않았으니 그의 사람됨을 생각하게 하였다. 집에 "장화원(長華園)"이라는 편액을 걸어놓았는데, 자칭 장화원인(長華園人)이라 하였다.

◎ 소 시게마사의 집은 후카가와에 있었는데, 역시 수도에서 십 리 남짓 거리였다. 그의 별장은 큰 나무들과 열 마지기의 못이 있는데 못에 후카가와의 물을 끌어들이고 무지개 다리를 놓았고 이따금씩 수문이 있었다. 연꽃이 물에 솟아있고 작은 정자가 그림자를 떨구어 아득하게 강호의 정취가 있었다. 손을 잡고 정자에 오르니, 연못이 지세를 따라 있으나 튀어나온 곳도 없고 움푹 꺼진 곳도 없어서 완연히 하나의 호수였다. 모래섬들과 섬들이 나타났다 숨었다 하였다. 정자는 건너편 언덕에 있었는데, 당과 방이 있었다. 당에는 도군황제(道君皇帝 : 송나라 휘종(徽宗))가 그린 솔개 병풍이 걸려 있고 희령(熙寧 : 송나라 신종(神宗)

의 연호) 낙인이 찍혀 있었으며 머리에는 '어필(御筆)'이라는 글자가 찍혀 있었다. 소 시게마사 경이 내게 어느 때 그림이냐고 물어서 손가락으로 인장을 가리키며 해석해 주었더니 멍하니 놀라서는 그제야 보물로 여겼다. 술과 음식이 풍성하였고 간간이 글을 쓰고 그림을 그렸다. 가메타니 고와 마스다 미쓰구가 모두 그의 손님이었다. 역시 시폭(詩幅)에 화운시를 써달라고 부탁하였다. 문묵이 넉넉하고 부쳐진 뜻이 정중하니 역시 천애의 기연이라 할 만하였다.

◎ 모리야마 시게루와 이노우에 가오루의 집은 모두 성안에 있었다. 잔각(棧閣)이 높을 뿐 달리 볼만한 것이 없었으나 술과 음식이 풍성하였다. 모리야마에게 조금 억지로 하려는 뜻이 있었으니 이것이 그의 단점이었다. 서예, 명화, 상아 두루마리, 비단 책갑을 많이 보여주었는데 모두 뼈대 있는 부귀한 집안의 물건 같았다. 또 책상 가득 책이 있었다. 우리나라에서 새로 판각한 『대전회통(大典會通)』, 『육전조례(六典條例)』 등의 책도 그 가운데 있었다. 그리고 문충공 신숙주(申叔舟)의 통신일기 1권[53]이 있었는데, 첨삭한 흔적이 완연하여 당시 초고본 같았다. 이것은 우리에게 없는 것인데 저들이 지니고 있으니 역시 개탄할 만하다.

◎ 공부경 이토 히로부미 집도 성안에 있었다. 대접하는 예절이 법연과 마찬가지였으니 역시 생각이 없다. 방 안에 황제와 황후의 진영을 받들고 있어 예법으로 따지면 매우 불경한 것이다. 뜰 앞에 네모난 못과 가산(假山)에 화초와 약초를 배치한 것 역시 볼만하였다.

◎ 소 요시요리의 집은 쓰시마에 있다. 후추(府中)[54]에서 1사후(射侯) 지난

---

53 신숙주(申叔舟)의 통신일기 1권 : 신숙주가 일본을 다녀와서 지은 일본지리지 『해동제국기(海東諸國記)』를 가리키는 것으로 보인다.

땅이다. 문려(門閭)가 웅장하여 부귀한 지방관의 후예임을 떠올리게 했다. 집은 넓고 뜰과 계단은 정비되어 있어, 잠깐 앉았다 일어났는데도 가슴이 툭 트이는 것을 느낄 수 있었다. 요시요리는 단발을 하지 않고 상투를 틀었다. 스스로 옛 풍속에 미련이 없다고 하였으나 처음 만나 인사를 마치자 토배(土盃)로 술을 권하고 말린 고기로 안주를 하였는데 반드시 손으로 받들어 내왔으니 역시 옛 풍속이라 하였다. 계속해서 술을 가져오라 명하였는데, 술이 맛있고 안주가 훌륭하였다. 잠깐 사이에 준비하였으나 지극히 풍성하였다. 술이 반쯤 돌자 나를 맞아 후원을 감상하게 하였다. 잔각(棧閣)이 겹겹으로 있고 그윽한 골짜기와 기이한 바위가 있었으며 굽이굽이 앉을 만하고 면면이 새로웠다. 다시 중당에 술을 차려 간곡한 뜻을 다하였다. 내게 우리나라 음악을 듣고 싶다고 청하였으므로 대취타(大吹打)를 한 번 연주하도록 명하고 이어서 여민락(與民樂)을 연주하게 하였다. 즐거움을 다 나누고 돌아갔다.

◎ 떡과 엿 등속은 비단 오래되어 잊었을 뿐만 아니라 앞에 놓고 먹으며 묘사한다 해도 표현할 수가 없다. 제조법이 이상하고 대개 처음 보는 것들이라서 보고도 이름을 모르고 먹어도 맛을 모르는 것이 많다. 홍백단병(紅白團餠) 같은 것은 산약(山藥)으로 사면(絲麪)을 만들어 싸는데 비록 솜씨 좋은 손으로 끼워 넣더라도 다 부서져 버리니 애당초 싼 사람이 요술을 부린 것이지 제대로 된 법이 아닐 것이다.【설고(雪餻)와 사

---

54 후추(府中) : 현재의 나가사키현(長崎縣) 쓰시마시(對馬市) 이즈하라(嚴原)에 속하는 행정구역 안의 나카쓰시마(中對馬)에 위치하고 있다. 옛날에는 쓰시마국(對馬國)의 부(府)가 위치한 포구로 고쿠후(國府)라고 불렀으며, 에도시대에 들어와 1국(國) 1성(城)의 조카마치(城下町)로서 후추(府中)라고 불리다가, 메이지유신 직후인 1868년에 이즈하라(嚴原)로 개칭되었다.

면(絲麪) 같은 것은 우리나라에서도 보았던 것이니 모두 기록하지 않는다.】

◎ 이른바 빙즙(氷汁)이라는 것이 있는데, 얼음을 갈아 가루를 만들고 계란의 노른자와 설탕을 섞어서 만든 것이라 한다. 얼음은 전부 즙일 뿐이고 얼음이 아니다. 한 숟가락 입에 넣으면 치근(齒根)까지 시리니 어떻게 만든 것일까? 또 빙제(氷製)라고 하는 것이 있는데 오색이 찬연하고 형태는 가산(假山)과 같으며 맛이 달아 먹을 수 있으나 한 번 입에 넣으면 폐부까지 서늘하여지니 역시 하나의 괴이한 일이다.

◎ 밥은 딱딱하고 한 톨 한 톨 윤이 난다. 밥을 부드럽게 짓지는 않으나 쌀 맛이 원래부터 좋다.

◎ 어육(魚肉)은 큰 덩어리를 찌거나 굽기도 하고, 혹은 갈아서 국물을 만들고 그대로 익혀 조각조각 잘라서 그릇에 담기도 하니 갑자기 보면 어육인지 모른다.

◎ 생선회는 특별히 가늘게 하지 않는다. 손가락만 한 것도 있으나 맛은 비리지 않다.

◎ 채소는 모두 가늘게 채를 썬다. 생강채 같은 것은 터럭처럼 가늘게 썰어도 하나하나 헝클어지지 않게 하니 정묘한 수법을 인정할 만하다.

◎ 잡채는 각종 어육을 넣고 편두(扁豆)를 섞는데 콩대 달린 채로 익히나 맛이 있고 담백하여 안주로 좋다.

◎ 대하(大蝦)는 껍질과 수염, 다리를 제거하고 기름에 넣어 지진다. 살이 다 튀겨지면 장에 찍어 먹는다. 다른 물고기 역시 비슷하게 만들어 먹는다.

◎ 장아찌는 순무나 오이로 만드는데, 모두 조각조각 잘라서 그릇에 담는다. 짠맛 가운데 담백한 맛이 있고 국물에는 넣지 않는다.

◎ 우리나라에 들어온 설탕 등속은 모두 조악한 물건이다. 이 나라에 오니

날마다 기이한 것을 보게 된다. 어떤 것은 나부끼는 누대 같고 어떤 것은 가늘고 연한 화초 같고 어떤 것은 우아한 종정(鍾鼎) 같고 어떤 것은 눈부신 산천 같아서 형형색색이어서 설명할 수가 없다.

◎ 술에는 회향주(茴香酒), 지황주(地黃酒), 감향포도주(甘香葡萄酒)가 있어 색이 검고 맛이 시다. 회회주(回回酒), 유구주(琉球酒)는 우리나라 소주처럼 독하다. 이른바 일본주(日本酒)라는 것만이 향기가 강렬하고 색이 맑아 우리나라 고품질의 법주와 비슷하여 잠시 취해도 금방 깬다.

◎ 과일은 많이 보지 못하였다. 밀감 등속은 우리나라 사람이 모두 아는 것이라 기록할 필요가 없다. 배는 국산에 비해 물이 많고 담백하여 상쾌함은 넉넉하나 단 맛과 향기가 부족하다. 비파는 우리나라에서 보지 못한 것이다. 겨울에 꽃이 피고 여름에 열매를 맺는데 물러서 멀리 가지고 갈 수가 없다. 색깔은 노랗고 맛은 달고 향기로워 입에 넣으면 상쾌하다. 한 가지에 여러 꼭지가 달려서 당체(棠棣) 등속 같다.

문답(問答) 9칙

◎ 처음 외무성에 나아갔을 때 외무경 데라시마 무네노리, 대보 사메시마 나오노부, 대승 미야모토 오카즈, 권대승 모리야마 시게루, 권소승 후루사와 가게히로가 정청에 앉아 있다가 맞이하였다. 가운데 원탁이 설치되어 있고 사방에 의자가 놓여 있었다. 내가 먼저 명첩을 주자, 외무경 이하 머리를 숙였다. 나는 엄숙하게 읍을 한 다음 의자에 앉았다. 전어관 모스케가 외무경 옆에 앉고, 두 당상역관과 두 판사가 내 옆에 앉았다. 외무경이 말하였다.

"무사히 바다를 건넜으니 참으로 축하드립니다."

내가 말하였다.

"다행이 질병이 없었습니다. 귀하는 평안하신지요?"

대보 이하 차례로 문안하였다. 나 역시 감사하였다. 훈도가 먼저 예조판서와 예조참판의 서계(書啓)를 드리니 외무경과 대승이 뜯어서 보았다. 외무경이 말하였다.

"큰 바다에서는 사람이 뱃멀미를 앓기 쉽습니다. 정사께서 무고하시다 들으니 기쁩니다. 혹시 풍파가 위험하지 않았는지요?"

내가 말하였다.

"다행히 풍파의 위험은 없었습니다."

"날씨는 귀국과 비교하여 어떠합니까?"

내가 말하였다.

"크게 다르지 않습니다."

외무경이 말하였다.

"구로다 대신은 만나셨습니까?"

내가 말하였다.

"지난 봄 사건에 저는 관여하지 않았습니다. 이름만 들었을 뿐 얼굴을 보지 못하였습니다."

훈도가 일본국 사예단(私禮單)을 내 앞에서 바쳤다. 내가 말하였다.

"제가 올 때 지난 봄 귀국의 사행에 회사(回謝)하여 옛 우호를 닦으라는 명을 받았을 뿐입니다. 애초에 국서가 없으니 실로 귀국 황상을 배견할 예가 없습니다. 그러나 이미 이곳에 도착하니 제 마음에 부족한 듯하여 변변치 않으나 제 마음을 표시합니다. 감히 바라옵건대 공들께서 잘 진헌해줄 수 있겠습니까?"

그리고 일어나 손으로 사예단 단첩(單帖)을 받들어 외무경 앞에 드렸다. 외무경 역시 몸을 일으켜 봉함을 열고 보더니 앞에 두었다. 이때 대보 이하가 모두 몸을 일으켜 둘러앉아 말하였다.

"당연히 힘써 아뢰어 진헌하도록 하겠습니다."

내가 드디어 몸을 일으켜 사직을 고하였다. 나와서 외청에 도착하니 대승, 권대승이 따라와서 탁자를 둘러앉았다. 이때는 나와 두 대승, 두 당상역관, 전어관 이외의 다른 사람들은 다 참석하지 않았다. 대승이 말하였다.

"다음에 관소에 문안하러 가겠습니다만 먼저 여기에서 잠시 얘기를 하는 것도 괜찮겠지요?"

내가 말하였다.

"대승 공께서 지난 봄 사행에서 돌아갈 때 만 리 먼 바다를 무사히 건너가셨으니 진실로 축하드립니다."

대승은 곧 미야모토 오카즈이다. 지난 봄 강화도에 왔던 사람이다. 권대승 모리야마 시게루 역시 봄에 왔던 자로 역시 정성을 다하였고, 나 역시 대승에게 답한 것처럼 말을 전하였다. 대승이 말하였다.

"멀리 큰 바다를 건넜으니 진실로 수고하셨습니다. 며칠 휴양하시고 조용히 만날 수 있겠습니까?"

내가 말하였다.

"이번 사행은 전적으로 지난 봄 사행에 대한 답례 때문입니다. 수신사 사행의 의미가 진실로 여기에 있는 것이지 사실 달리 해야 할 공적인 일이 있는 것은 아니니 빨리 돌아가지 않을 수 없습니다. 잠시 몇 시간 쉬고서 조용히 말씀을 듣겠습니다."

대승이 말하였다.

"아닙니다. 이번 사행이 어찌 쉽게 성사되었겠습니까? 적어도 조용히 몇 개월 쉬면서 마음대로 유람하시는 것이 소망입니다. 만일 그렇지 않다면 크게 섭섭할 것입니다."

내가 말하였다.

"우리 주상께서 우리를 만 리 먼 바다에 보내시고, 날마다 난간에 나가 기다리시면서, 사신 일에 욕됨은 없는지 길 떠난 사람에게 병은 없는지, 제가 돌아오기 전까지 근심하실 것입니다. 빨리 돌아가려고 하는 것은 이 때문입니다. 그리고 조용히 얘기할 것 같으면 열흘 안에도 다 조용히 얘기할 수 있고, 조용히 얘기 못할 것 같으면 한 달 일 년이 되어도 다 말하지 못할 것이니, 조용히 얘기하고 못하고 하는 것은 진실로 오래 머물지 빨리 돌아갈 지에 달린 것은 아닙니다. 유람의 일은 마땅히 한가한 틈을 따라 시도하여 뜻에 부응하도록 하겠습니다."

권대승이 말하였다.

"어제 이미 전신을 보내 귀하 일행이 무사히 여기에 도착하였다고 나가사키에 알려서 동래부에 보고하도록 하였습니다. 오늘쯤 동래부에 전달되었을 것입니다."

훈도가 후의에 감사하였다. 권대승이 또 말하였다.

"만약 서둘러 알릴 일이 있다면 귀국의 언문으로 편지를 써서 오십시오. 즉시 알리도록 하겠습니다."

내가 말하였다.

"후의에 또 감사하고 감사드립니다. 그러나 실로 이렇게 급히 보고드릴 일은 없습니다."

드디어 돌아가겠다고 인사하며 엄숙히 읍하고 일어나 물러났다. 대승과 권대승이 외청 끝까지 따라왔다. 다시 엄숙히 읍을 하고 헤어졌다.

◎ 관소에 돌아와서 얼마 후 두 대승이 내방하여 공청(公廳)에서 접견하였

다. 나와 두 사람이 마주 앉고, 모스케와 훈도가 그 사이에 앉았다. 대승이 말하였다.

“이번 수신사의 사행은 비록 우리 황상을 배견하는 예가 없을지라도 우리 황상께서 특별히 접견하고자 하시니 매우 성대한 일입니다.”

내가 말하였다.

“제가 올 때 애초에 국서가 없었으니 실로 귀 황상을 배견할 예가 없습니다. 우리 주상의 명을 받들지 못하였기 때문에 제가 제멋대로 배견하는 것은 불가할 듯합니다.”

대승이 말하였다.

“그렇지 않습니다. 우리 황상께서 수신사가 오신다고 들은 후로 날짜를 세면서 기다렸습니다. 그러므로 조금 전에 수신사가 도착하였다는 뜻을 주달하니 황상께서 곧 접견하겠다고 말씀하셨습니다.”

내가 말하였다.

“귀 황상께서 제가 먼 곳에서 온 것을 생각하시고 특별히 이렇게 없었던 예수를 두시니 저 역시 어찌 한결같이 고사하겠습니까? 삼가 말씀에 따라 배견하는 예를 행하겠습니다.”

대승이 말하였다.

“4년 전 황궁에 불이 나서 근래 황거를 아카사카로 옮겼습니다. 여기에서 십 리쯤 떨어져 있습니다. 배견의 예는 기일을 예정하여 주달하지 않을 수 없으니 내일모레가 어떠합니까?”

훈도가 말하였다.

“내일모레는 5월 10일이니, 우리나라의 국기일(國忌日)입니다. 내일모레 예를 행하는 것은 불가할 듯합니다.”

모스케가 말하였다.

"그렇다면 내일은 어떠합니까?"

훈도가 말하였다.

"우리나라 국법에 좌재일(坐齋日 : 재계하는 제사 전 날)을 더욱 중요하게 여깁니다. 내일 예를 행하는 것은 더욱 불가합니다."

모스케가 말하였다.

"귀국의 국법을 저 역시 알고 있습니다. 오후에 재계를 파하니 내일모레 예를 행하는 데 무슨 불가할 것이 있겠습니까?"

대승이 말하였다.

"우리 황상께서 북쪽으로 순시를 떠나시려고 하시다가 며칠 있으면 수신사가 온다는 말을 들으시고 접견한 후 거둥하고자 하셨습니다. 처음에는 지난 달 25일 승선한 날짜로 사행이 입경(入京)하는 날짜를 계산하여, 입경 후 즉시 접견하고 접견 후 곧 거둥할 생각으로 날짜를 선택해 반포하였습니다. 기일이 늦춰졌다는 말을 듣고서 또 특별히 반포한 명을 거두고 다시 우리나라 책력으로 6월 3일로 다시 정하였으니 바로 내일모레인 이틀 후입니다. 지금 또 옮기는 것은 불가하니 어떻게 합니까?"

내가 말하였다.

"귀 황상의 특명이 이와 같으니 감격스럽기 그지없습니다. 내일 모레는 우리나라 국기(國忌)를 파재(罷齋)하는 날이니 이른들 늦은들 무엇을 가리겠습니까? 삼가 말씀에 따라 예를 행하겠습니다."

대승이 말하였다.

"예를 행할 때 복색과 의절이 있어야 하니 귀국의 법은 어떠합니까?"

내가 말하였다.

"우리나라의 법은 큰 제배(除拜 : 벼슬에 임명됨)가 있으면 흑단령(黑團

領)을 입고 궐내 합문 밖에서 숙배(肅拜)를 합니다. 만약 입시하라는 명이 있으면 홍단령(紅團領)을 입고 편전에서 입시합니다. 편전이 남쪽을 향하고 있으니, 편전에 이르러 대청 끝에 올라서 동쪽을 향해 곡배례(曲拜禮)를 행합니다. 편전의 협문으로 들어가 어탑 앞에 엎드리기도 하고 어탑의 조금 먼 곳에 엎드리기도 합니다. 물어보시는 말씀이 있으면 반드시 일어났다가 엎드려서 대답합니다. 물러나게 하시면 물러나니 물러날 때 앞서 곡배례를 행하던 곳에 이르러 또 곡배례를 행하고 나옵니다. 만약 명을 받들거나 다른 곳에 나갔다가 들어온다면 다만 홍단령을 입고 합문 밖에서 절을 합니다. 만약 입시한다면 앞서 입시하던 전례대로 합니다. 귀국의 예절은 어떠합니까?"

대승이 말하였다.

"당연히 이치를 잘 따져서 의논하고 주달하여 작정한 후 알려드리겠습니다."

내가 말하였다.

"숙배할 곳의 거리와 입시의 예 여부는 알려주시는 대로 하겠습니다만 예를 행하는 예절의 경우 우리 주상을 배견하는 예로 귀 황상을 배견해야 할 것입니다. 이 뜻을 이해해주시기 바랍니다."

대승이 말하였다.

"네."

권대승이 말하였다.

"우리나라 국법은 각국 사행이 왔을 때 반드시 8성(省)의 경(卿)을 차례로 만납니다. 경이 만약 만나지 않으면 명첩을 바치고 돌아가는 것이 예입니다. 내일모레 예를 행한 후 즉시 이 예를 행하는 것이 좋겠습니다."

내가 말하였다.

"이는 행하지 않던 예입니다."

"이는 각국에서 통용되는 규율이니 무슨 불가할 것이 있겠습니까? 그리고 이전 통신사 사행 때에도 역시 각로(閣老)를 만났으니 옛날에도 이런 관례가 있었습니다."

내가 말하였다.

"통신사의 전례는 나 역시 알고 있습니다. 다만 국서를 관백에게 드리고 관소에 며칠 머물렀다가 국서를 받고 돌아갈 뿐이었습니다. 만약 혹시라도 각로를 만났다면 이는 벗이 찾아온 것에 불과하니, 지금 어찌 할 수 있는 관례이겠습니까? 그리고 우리나라는 신라와 고려 이래로 사대교린(事大交隣)에 이미 전례가 있으니 본래의 일을 처리할 뿐 감히 사적으로 사귀는 것은 하지 않는 것이 전례입니다. 근래에 이르기까지 해마다 사신이 북경에 도착하면 예부(禮部) 한 곳에서 일을 처리하고 예가 끝나면 돌아오니 차례로 각 부와 각 성을 만난 적이 없는 것은 전례에 분명합니다. 이번 사행에 우리 주상의 명을 받들어 곧바로 귀국 외무성에 나아가 지난 봄 사행에 감사하고 옛 우호를 닦으면 그만입니다. 다른 성을 차례로 돌면서 만나라는 명을 들은 적이 없으니 마음대로 다른 예를 행하는 것은 제가 감히 할 수 없습니다."

권대승이 말하였다.

"각국의 사신이 한결 같은 예로 각 성을 차례로 방문하는 것은 이미 규례입니다. 이번 수신사의 행차에 각 성의 경이 규례에 따라 기다리고 있으니 외무성 역시 말로 이해시킬 수 없습니다. 각 성의 경이 만약 모두 만난다면 행하시겠습니까?"

내가 말하였다.

"이것은 그렇지 않습니다. 우리나라 국법은 삼가 지키는 것이 규율을 이루었다는 것을 귀국에서도 아는 바입니다. 억지로 할 수 없는 것을 억지로 하지 않기 바랍니다. 그리고 이번에 온 것은 전적으로 귀 성[외무성]의 주선과 보호에 기댄 것이니 각 성이 비록 할 말이 있다고 하더라도 귀 성에서 잘 얘기를 하여 시비의 단서가 없게 해주시는 것이 제가 깊이 바라는 바입니다. 두 공의 깊은 이해를 바랍니다."

권대승이 말하였다.

"우선 의논하여 방편을 강구하겠습니다."

대승이 말하였다.

"공께서 우리나라 국경에 들어왔을 때 보고 들은 것 가운데 괴상하고 가소로운 일들이 많았을 겁니다."

내가 말하였다.

"평생 집에서 밥 먹고 있다가 어느 날 만 리 바다를 건넜으니, 물이 솟구칠까 두렵고 배가 뒤집힐까 두려워 제 몸도 살피지 못하는데 더욱이 괴상하고 가소로운 견문에 신경을 쓰겠습니까? 다만 때로 갑판에 오르면 몸은 비록 요동쳐도 긴 바람과 부서지는 파도가 제 흉금을 트이게 하였으니 이것이 즐거웠습니다. 육지에 내려 훌륭한 궁실과 번성한 시장을 보고 귀국의 풍요로움을 인정할 만하였으니 이것이 또 축하할 만하였습니다. 아울러 괴상하거나 가소로운 일은 보지 못했습니다."

대승이 웃으며 말하였다.

"의복의 제도와 선박과 수레의 쓰임새가 괴상하거나 가소로운 것이 없지 않았을 듯합니다. 이것이 과연 즐겁고 축하할 만한 일일까요?"

내가 말하였다.

"예전 통신사행이 쓴 기록을 보고 귀국 제도를 대강 알고 있었는데,

위의 저고리와 아래 치마는 관대(寬帶)하고 진솔(眞率)하며 판자 벽과 띠 울타리는 소아(疏雅)하고 정밀(精密)하니 한 번 보고 귀국 의복과 궁실의 옛 제도를 알 수 있었습니다. 이를 보고 마음에 들었다면 다른 것은 미처 보지 못하였을 것입니다."

대승이 말하였다.

"이것을 말하는 것이 아닙니다. 근래 제도의 의복과 궁실은 모두 서양식입니다. 일본인의 마음은 본래 경박하여 새로운 모양의 다른 사람 기물을 보면 반드시 좋아하여 가지고 싶어 합니다. 그러므로 좋아하는 대로 놔두고 우선 익히게 하였을 뿐입니다. 그리고 전쟁에 나가고 배를 타는 것은 이 옷이 아니면 할 수 없기 때문에 우선 그 제도를 따른 것입니다. 이것도 부득이해서 그런 것입니다."

내가 말하였다.

"편리한 기구에 대해서는 삼가 말씀을 듣겠습니다. 그러나 공께서 의복과 궁실을 우선 백성들이 좋아하는 대로 따라 허락하였다고 말씀하시면 제가 우러러 비웃을 수 있겠습니까? 공들의 복장이 이미 서양식이니 공들 역시 좋아하는 것이 있어 하는 것이겠지요."

이어서 크게 웃었다. 대승 역시 웃고는 말하였다.

"이것은 부득이해서입니다. 조나라 무령왕(武寧王)[55]이 있지 않습니까? 귀국의 의복제도 역시 어찌 시대에 따라 변함이 없었겠습니까?"

내가 말하였다.

"우리나라 의복은 변함이 없었습니다. 우리나라 시조인 강헌왕(康獻

55 무령왕(武寧王) : B.C.352~B.C.299. 전국시대 조나라의 왕으로, 북방의 기마술(騎馬術)을 도입하기 위해 말타기에 편안한 호복(胡服)을 도입하였다. ≪史記·趙世家≫

王 : 태조)이 명나라 고황제(高皇帝)와 나란히 즉위하여, 의복제도를 한결같이 명나라 제도를 좇아 지금까지 5백 년이 되었습니다. 상하와 귀천이 같은 규범을 따르며 한 번도 변한 적이 없습니다."

대승이 말하였다.

"우리나라는 사방에서 침략을 받고 있으니 귀국에 비할 바가 아닙니다. 그래서 고심하여 이런 일을 하는 까닭은 안팎의 산하를 잃지 않기 위해서일 뿐입니다. 우리나라 역시 이런 일 하는 것을 즐거워하겠습니까?"

이어서 오랫동안 혀를 찼다. 내가 말하였다.

"해될 것이 없습니다. 앞의 말은 농담이었습니다. 귀국이 고심하여 이런 제도를 행하는 것을 제가 짐작한 지 이미 오래입니다. 너무 남처럼 대하실 필요는 없습니다. 앞의 말은 한바탕 장난입니다."

권대승이 말하였다.

"때때로 유람을 하시면서 기계가 편리하거든 본받고 제도가 편리하거든 익히는 것을 공께서 도모하셨으면 합니다. 지금 두 나라는 서로 애호해야 합니다. 공께서 보시고 만일 본받고자 하여 익히신다면 우리들은 당연히 힘을 다해 먼저 터득한 것을 알려드리겠습니다."

내가 말하였다.

"매우 감사합니다. 옛말에 '이로운 기계는 남에게 보여서는 안 된다.'라고 하였습니다. 지금 귀국은 보여줄 뿐만 아니라 본받게 해주고 싶어 하니 우리나라에 특별한 애호가 있음을 알겠고 역시 대국의 바람은 넉넉하고 크다는 것을 알겠습니다."

이때 해가 저물어 드디어 서로 엄숙히 읍을 하고 헤어졌다.

◎ 어화원 가장 깊은 곳에 작은 정자가 있었다. 시냇물이 졸졸 흐르고 위

에는 떨어지는 폭포가 있어서 경치가 매우 훌륭하였다. 도착하니 모리야마 시계루가 있었다. 술과 안주가 매우 깔끔하였다. 모리야마가 말하였다.

"여관에서 적적하여 괴로울 텐데 어찌 나가서 유람하며 잠시나마 울적한 마음을 풀지 않으십니까?"

내가 말하였다.

"제 성격이 본래 고요한 것에 익숙하여 제 마음이 괴로운지 실제로 모르겠습니다."

"누가 공의 귀와 눈을 즐겁게 하려고 해서 그런 것입니까? 지금 두 나라는 한 집안이 되었습니다. 우리나라는 사면이 모두 바다라서 외부에서 침략하면 대적할 수 없습니다. 지금의 거사가 있기에 이른 것은 역시 남에게 제어를 당할 수 없기 때문입니다. 그러므로 부국강병의 기술에 힘을 다하여 군대를 많이 두고 기계를 편리하게 만드는 것을 우선하였습니다. 이제 병사는 정예하고 군량은 충분하니 기계를 일신하면 거의 손을 빌려 모욕을 막을 수 있을 것입니다. 생각건대 귀국의 산천은 우리나보다 훨씬 험하다고 할 수 있습니다만 오히려 가까운 바다에서 외적이 침략할 걱정이 많으니 방비가 전혀 없어서는 안 될 것입니다. 우리들이 누누이 유람하라고 말하는 까닭은 훌륭한 군제를 두루 살펴서 변화시키라는 것이 하나요, 이로운 기계를 잘 살펴서 바꾸라는 것이 둘이요, 채용할 만한 풍속을 역력히 살펴서 채용하라는 것이 셋입니다. 귀국에 돌아가 분명히 논의를 세워서 부국강병을 도모하고 입술과 이처럼 서로를 의지하여 외적의 우환을 막는 것이 구구한 바람입니다."

내가 말하였다.

“감사합니다. 귀국의 성의를 모르는 것이 아닙니다. 이번 사행 역시 몇 명 재예 있는 사람을 데려와서 제도는 입으로 꿰뚫고 기계는 손으로 흉내 내고 풍속은 눈과 귀로 기억하게 하려하지 않은 것은 아닙니다. 양국의 허다한 의심과 장애 끝에 다행히 지난봄의 거사가 있었으니 오늘 급히 서둘러 감사하러 와서는 안 되는 것이었습니다. 그러나 6개월 후 반드시 귀국의 사신이 올 것이기 때문에 우리 조정에서 먼저 이번 수신사행을 보내려고 하여 급하게 행장을 꾸렸으니 실로 이것에 마음을 쓸 겨를이 없었습니다. 그리고 우리나라의 규율은 신의를 먼저하고 일의 성과는 뒤로 합니다. 그래서 먼저 양국 우호를 닦는 데 급급하였던 것입니다. 저 역시 산 속에서 몸만 큰 사람이라 견문이 넓지 않고 재주와 지식이 부족합니다. 비록 손으로 기물을 잡고 하루 종일 어루만져도 실제로 무엇이 편리하고 무엇이 불편한지 모릅니다. 일행의 수행원 역시 몸가짐을 삼가느라 구차하게 죄 짓지 않는 것을 준칙으로 여기기 때문에 아마 저와 비슷할 것입니다. 비록 날마다 유람하고 날마다 감상한다 할지라도 몸만 수고로울 뿐 이익이 되는 바가 없을 것입니다. 지금 우선 오늘의 임무를 마치고서 돌아간 후 잘 상의하여 귀국의 사신이 왔을 때 더욱 확실히 의논하면 저절로 하게 될 날이 올 것입니다. 하필이면 구차하게 눈앞의 충고를 따라서 서둘러 책임만 채우겠습니까? 자기에게 소득이 없고 성의를 저버리게 될 것입니다.”

모리야마가 말하였다.

“공의 말씀 역시 옳습니다.”

이어서 자기 나라의 병사가 정예하고 군량이 풍족하여 외침을 두려워할 걱정이 더는 없다고 한참 말하였다. 나는 말하였다.

“귀국이 이미 이처럼 부강하니 외환이 닥쳐도 우리에게 손을 빌리지 않을 것입니다. 그런데도 오히려 이처럼 정성스러우니 우리 조정이 성대한 뜻을 알고도 어찌 감동하지 않겠습니까? 다만 제가 재주가 없어서 실로 유람과 감상하는 사이에 갑자기 터득하는 것이 있을 수가 없습니다. 바라옵건대 조금도 저어하지 마시고 일마다 가르쳐주시면 제가 마땅히 심장과 폐부에 새겨 우리 조정에 돌아가 보고하겠습니다."

모리야마가 말하였다.

"매번 귀국과 상의를 할 때마다 자질구레한 일로 지연되어 한 번에 곧장 결정되는 일이 없었습니다. 우리나라는 그렇지 않습니다. 만일 나라에 이익이 된다면 상하가 한마음이 되어 결단코 행하여 처리 못 하고 미루는 일이 없습니다. 6개월 후 자세한 절목을 정하는 것 역시 너무 어려운 일은 없습니다만 만약 혹시라도 전처럼 늦어진다면 사람을 답답하게 만들 것이니 중간에 있는 사람이 어찌 어렵지 않겠습니까?"

내가 웃으며 말하였다.

"우리나라 규모가 원래 이와 같아서, 귀국에 전권대신(全權大臣)이 있는 것과 다릅니다. 대신이 결단하여 행할 수 없는데 더욱이 보잘것없는 관리이겠습니까? 그래서 작은 관리는 큰 관리에게 알리고 아랫사람은 윗사람에게 아뢰어서 부득불 허다하게 지체됩니다. 조심하여 근신하고 방자하게 하지 않는 것이 우리나라 평소 규율에 부합하는 것입니다. 공들이 훗날 사행을 오셨을 때 일마다 좇을 것이라 보장하기 어려우니 미리 양해하시는 편이 좋을 것입니다. 천하의 어떤 일을 말하든 어찌 다 내 뜻대로 되겠습니까? 귀국에서 말씀이 있어도 제가 반드시 다 좇지는 못할 것이고 우리나라에서 말이 있어도 귀국 역시 다 시행하지는 못할 것이니, 대부분 다 그런 것이지요."

오랫동안 앉아 있었더니 매우 피곤하였다. 드디어 몸을 일으켜 엄숙히 읍을 하고 돌아왔다.

◎ 엔료칸의 연회가 끝나고 돌아오는 길에, 미야모토 오카즈와 함께 마차를 타고 박물원을 향하였다. 미야모토 대승이 말을 전하였다.

"저희 집이 관소에서 비록 멀지만 일간 한번 초청하여 점심을 대접하고 싶습니다만 어떠하신지요?"

내가 말하였다.

"초청하시는데 감히 서둘러 가지 않겠습니까? 지난 봄 강화도일 때 이미 성함을 들었습니다. 제가 올 때 신헌(申櫶)[56] 대관께서 매사에 귀공과 상의해야 한다고 부탁하셨습니다. 그래서 이곳에 온 후로 곧장 찾아가 말씀을 듣고 싶었으나 형편상 면면이 다 인사를 드릴 수가 없었습니다. 갑자기 만날 길을 트는 것은 매우 난처하고 또 혹시라도 여러 사람들과 만나서 유독 공에게만 다정하게 대하는 것 역시 불가하였습니다. 그러므로 전전긍긍 날을 보내니 마음이 근질근질하였습니다. 지금 다행히 동승하여 마음을 다 터놓을 수 있게 되었으니 귀공께서 포용하여

---

56 신헌(申櫶) : 1810~1884. 본관은 평산(平山). 초명은 관호(觀浩). 자는 국빈(國賓). 호는 위당(威堂)·금당(琴堂)·우석(于石). 정약용(丁若鏞)과 김정희(金正喜) 문하에 있었고, 개화파 인물들인 강위(姜瑋)·박규수(朴珪壽) 등과 폭넓게 교유하여 무관이면서도 독특한 학문적 소양을 쌓아 유장(儒將)이라 불리기도 하였다. 1827년 조부 신홍주의 후광을 업고 별군직(別軍職)에 차출되고, 이듬해 무과에 급제, 훈련원주부(訓練院主簿)에 임명되면서 본격적으로 관직 활동을 시작하였다. 이후 순조부터 고종에 걸쳐 중요 무반직을 두루 역임하였다. 1874년 진무사(鎭撫使)에 임명되었을 때, 강화도의 전략적 중요성을 인식, 연해의 요해지인 광성(廣城)·덕진(德津)·초지(草芝) 3진(鎭)에 포대를 구축하여 외적의 침입에 대비하였다. 운요호(雲揚號) 사건 이듬해인 1876년에는 판중추부사로 병중이었음에도 불구하고 전권대관(全權大官)에 임명되어 윤자승(尹滋承)과 함께 일본의 전권변리대신(全權辨理大臣) 구로다 기요타카(黑田淸隆)·특명전권 부변리대신(副辨理大臣) 이노우에 가오루(井上馨) 등과 강화부(江華府)에서 협상을 벌여 강화도조약을 체결, 조선의 개항에 중요한 임무를 수행하였다. 이때의 협상 전말을 『심행일기(沁行日記)』라는 기록으로 남겼다. 시호는 장숙(壯肅)이다.

주실지 모르겠습니다. 이제부터 두 나라는 하나의 집안입니다. 귀 조정에서 저에게 마음대로 유람하도록 하니 매우 성대한 일입니다. 그러나 우리나라 평소 규율에 다른 나라에 가서 유람하러 나가게 한 적이 없습니다. 지금 만약 충고를 거스르기 어려워 마음대로 방종한다면 우리 조정의 평소 규율을 삼가 지키는 것이 아닙니다. 그리고 비록 병농의 기계로 말할지라도 제가 이미 재예가 부족하고 수행원 역시 제대로 할 사람이 없으니 한갓 눈과 귀만 즐겁게 할 뿐 무슨 이익이 있겠습니까? 그래서 이번 사행에 우호를 닦는 것만을 중시하고 견학하며 배우는 것 일체는 훗날을 기다렸으면 합니다. 제 생각을 이해해 주십시오."

미야모토가 말하였다.

"만약 회답서에 우리 황상의 명 때문에 귀하가 자주적으로 할 수 없었으므로 대강 완상을 하였다고 한다면 귀하는 평소 규율을 훼손하였다는 비판을 받지 않을 것이니 어떠합니까?"

내가 웃고는 말하였다.

"이는 더욱 안 될 말입니다. 어찌 타인에게 부탁하여 자기를 해치는 자가 있겠습니까? 이런 말씀은 더욱 듣고 싶지 않습니다."

또 말하였다.

"제가 올 때 우리 주상의 명을 받들었으니, 우리 주상께서 제가 멀리 사행을 떠나는 것을 염려하시고 여기에 와서 보름 넘게 머물지 말라고 간절히 경계하셨습니다. 보름의 기한이 점점 가까워지고 있습니다. 바라옵건대 잘 주선하여 빨리 보내주셔서 정해진 이 기한을 넘지 않도록 해주시는 것이 구구한 제 바람입니다."

미야모토가 말하였다.

"두 건의 일은 모두 이해하였습니다."

말을 마치기 전에 이미 박물원에 도착하였다. 드디어 함께 손을 잡고 자유롭게 구경하다가 돌아왔다.

◎ 이노우에 가오루는 봄에 강화도에 왔던 부관(副官)이다. 관소에 내방하여 내게 말하였다.

"러시아가 군대를 일으킬 조짐이 있다는 것은 제가 강화도에서 이미 말한 것입니다. 우리나라 사람들이 그들의 땅에 갈 때마다 날마다 병기를 만들고 흑룡도(黑龍島)에 식량을 많이 쌓아두는 것을 보니, 앞으로 무엇을 할 생각이겠습니까? 귀국은 일에 앞서 준비를 해야만 하니 기계를 손보고 병졸을 훈련하여 방어책을 삼는 것이 좋겠습니다. 저들이 혹시라도 왔을 때 삼가고 대포를 쏘지 마십시오. 그들이 무슨 의도로 왔는지 모르면서 먼저 대포를 쏘는 것은 귀국의 실책이 될 것입니다."

내가 말하였다.

"섬에 있는 병졸이 아무것도 모르고 함부로 행동했던 것에 불과하니, 혹시라도 어찌 계속 이렇게 하겠습니까? 그러나 이렇게까지 충고하시니 감사합니다. 다만 저들을 막는 방도는 분명 기계를 이롭게 하고 의복을 간편하게 하는 것입니다. 의복을 바꾼 무령왕과 기계를 솜씨 좋게 만든 공수(工倕 : 요임금 때의 뛰어난 장인)를 배우지 않으면 안 됩니다만 우리나라 평소 규율은 선왕의 말이 아니면 하지 않고 선왕의 의복이 아니면 입지 않아서 한결같이 좇아 전수한 지 5백 년이 되었습니다. 지금 비록 죽더라도 기이하고 지나친 기술을 남보다 잘하려고 다투고 싶지 않습니다. 공께서도 알아주십시오."

이노우에가 말하였다.

"그렇지 않습니다. 우리나라 평소 규율도 처음에는 이와 같았습니다. 나가토, 사쓰마(薩摩)의 전쟁[57]에서 패망의 상황을 견디지 못하고 부득이하게 이렇게 한 것이니 어찌 즐거워서 한 것이겠습니까? 형편이 부득이해서입니다. 이런 점을 귀국에 부지런히 알리는 것은 귀국이 먼저 일을 도모하여 훗날 후회하지 않기를 원하기 때문입니다. 바라옵건대 선생께서는 귀국하여 반드시 귀 조정에 거듭거듭 말씀을 전하여서 이러한 지극한 마음과 구구한 소망을 저버리지 않으셨으면 합니다."

내가 말하였다.

"감사합니다. 마땅히 돌아가서 우리 조정에 일일이 보고하겠습니다."

드디어 약밥과 다과를 대접하였다. 오랫동안 얘기하다가 내게 방문해달라고 부탁하고 떠났다.

◎ 의관 이노우에 가오루의 자택 모임에 가니 미야모토 오카즈가 함께 있었다. 당에는 여악(女樂)을 베풀었다. 술이 반쯤 돌았을 때 이노우에가 말하였다.

"어제 거듭 알린 일을 공께서 마음에 두지 않으십니까? 러시아가 귀국에 마음을 두고 있는 것은 제가 이미 누누이 얘기하였습니다. 저는 풍을 앓는 정신 이상한 사람이 아닙니다. 만일 본 것이 없다면 하필 번거로움을 아랑곳 않고 이렇게까지 하겠습니까? 공께서는 돌아가셔서 제 말을 경시하지 마시고 귀 조정에 힘써 알리고 일찌감치 스스로 준비를 하시는 편이 좋을 것입니다."

이어서 지구전도 한 축을 꺼내고 말하였다.

"이것을 드릴 테니 가지고 돌아가십시오. 때때로 한 번 살펴보고 각

---

57 나가토, 사쓰마(薩摩)의 전쟁 : 보신전쟁(戊辰戰爭)을 가리킨다. 1868년에서 1869년 사이 도쿠가와막부의 세력과 반막부 세력 사이에 일어난 일본 내전이다. 반막부 세력의 주축은 나가토주의 조슈번(長州藩)과 사쓰마번(薩摩藩)이었다. 여기에서 승리한 반막부 세력은 신정부를 세우고 장기적인 근대화정책을 수립하였다.

각의 거리가 얼마나 되는지 재보십시오. 이로 미루어본다면 러시아에서 귀국까지 거리가 얼마인지도 알 수 있을 것입니다. 제가 지금 유럽 여러 나라에 사행을 떠나니 6, 7년 후에나 돌아올 수 있을 것입니다. 만일 본 것이 없다면 어찌 이리 괴롭게 누누이 말하겠습니까? 공께서는 이 괴로운 마음을 이해하실 수 있을 것입니다."

내가 말하였다.

"감사합니다. 공의 괴로운 마음을 제가 어찌 모르겠습니까? 삼가 마땅히 공의 말씀을 조정에 돌아가 일일이 아뢰겠습니다."

이노우에가 웃으며 여악을 가리키고 말하였다.

"올봄에 강화성에 있을 때 모든 부녀자들이 다 도망가 숨었습니다. 제가 잡아다 먹겠습니까? 묶어다가 때리겠습니까? 꾸짖으며 욕보이겠습니까? 지금 저는 전혀 인색하게 굴지 않고 여악을 내어 보여드립니다."

내가 크게 웃으며 말하였다.

"이는 우리나라 평소 규율입니다만 공께서 모르는 바가 있습니다. 공이 해마다 오시더라도 반드시 해마다 숨어서 피할 것입니다."

마침내 서로 함께 크게 웃었다. 이노우에가 또 말하였다.

"제가 또 6, 7년 후 돌아올 때 북경에서 육로를 따라 귀국 의주를 경유하여 곧바로 귀국 경성으로 가서 귀국하려는데 어떠하신지요?"

내가 말하였다.

"그때 일은 그때 의논합시다. 지금 미리 강구할 수가 없습니다."

미야모토가 말하였다.

"오늘 오시에 우리 정부에서 저를 귀국에 파견한다는 명을 내렸습니다."

내가 말하였다.

"6개월 후 사행을 파견한다는 약속입니까?"

미야모토가 말하였다.

"명을 들었을 뿐입니다. 내용은 아직 정확히 모릅니다."

이때 비가 쏟아지고 밤이 이미 깊었다. 드디어 각자 헤어져 돌아왔다.

◎ 후루사와 가게히로가 출발 일시를 상의하러 왔는데, 이날이 5월 22일이었다. 후루사와가 말하였다.

"귀국 책력으로 27일은 우리나라 책력으로 18일입니다. 이날로 정하는 것이 어떻습니까?"

내가 말하였다.

"제가 올 때 임금의 명을 받들었으니, 이곳에서 15일 넘게 머물지 말라는 것이었습니다. 지금 이미 15일이 되었습니다. 며칠 전 미야모토 공이 '기선이 오사카에 있는데 지금 전신을 보내 돌아오라고 재촉하였으니, 4, 5일 후에 돌아올 수 있을 것입니다. 석탄을 실어야 하니 또 하루 지난 후에야 출발할 수 있을 것입니다.'라고 하였습니다. 그 날짜를 계산해보면 바로 오늘입니다. 배가 어제 이미 돌아왔다고 하는데 지금부터 또 4일 후에야 출발할 수 있다고 하니, 어찌 그리 심하게 날짜를 늦추는 것입니까?"

후루사와가 말하였다.

"그렇지 않습니다. 이는 미야모토가 잘 살피지 않고 한 말입니다. 지금 이 배는 어제 들어왔는데, 빈 배가 아니라 얼마간 짐이 있어서 오늘까지 하역하였습니다. 내일부터 선창과 선실을 정비하고 자갈을 실을 것입니다. 자갈이 많지 않으면 배가 가벼워 쉽게 뒤집힙니다. 자갈을 많이 싣지 않을 수 없으니, 이렇게 또 며칠을 써야만 합니다. 그런 후에 석탄과 귀하 일행의 짐을 차례로 실으면 4, 5일도 오히려 촉박하다 할 것입니다. 어찌 그리 이해해주지 않으십니까?"

그의 말이 심하게 속이는 것 같지는 않아서 마침내 허락하였다. 후루사와가 또 말하였다.

"내일 문부성에서 초청하지 않았습니까?"

내가 말하였다.

"초청하였습니다."

"어떻게 하시렵니까?"

내가 말하였다.

"최근 귀 조정의 명이 있어 많은 곳에서 오라고 하니 달려가지 않은 곳이 없습니다. 내가 들으니 문부성은 곧 귀국의 태학이라 하였습니다. 태학의 청을 또 어찌 따르지 않겠습니까? 우선 허락하였습니다."

"좋습니다. 모레 원로원에서 초청하지 않았습니까?"

내가 말하였다.

"초청하였습니다."

"허락하였습니까?"

"일단 허락하지는 않았습니다. 원로원은 어떤 사무를 담당한 관아입니까? 저는 근래 몸이 좋지 않아 명령이 있다고 즉시 따르지는 못하겠습니다."

후루사와가 말하였다.

"원로원을 가지 않을 수는 없습니다. 원로원 의장이 바로 우리 황상의 지친인 2품 친왕입니다. 친왕께서 공을 보고 싶어 청하였으니 공이 어찌 가지 않을 수 있습니까? 다시 생각해 주십시오."

나도 모르게 발끈해서 안색이 변하였다.

"친왕은 무슨 친왕입니까? 수신사가 비록 대단한 사람은 아니라도 다른 나라에서 명을 받들고 온 사신입니다. 보고 싶다고 어려워하지 않고 부르니, 체통과 예절을 살피면 어찌 이런 일이 있겠습니까? 내가 비록 피곤하더라도 이런 일 같은 것은 단연코 받들지 못하겠습니다."

후루사와가 말하였다.

"아닙니다. 제 말에 두서가 없었습니다. 친왕의 높은 몸으로 합하를 보려고 즉시 불렀다고 한 것이 아닙니다. 원로원은 우리 조정의 대소사를 회의하는 곳이고, 의장이 바로 친왕입니다. 지금 양국이 옛 우호를 다시 닦으니 우리나라의 규모와 시설을 귀국에 알려드리지 않을 수 없습니다. 그래서 그의 집에서가 아니라 원로원에서 초청한 것입니다. 선생께서는 어찌 그리 지나치게 염려하십니까?"

그의 말을 들으니 그럴 듯하였다. 처음의 말 한마디 실수한 것을 깊이 따지기에는 부족하였다. 곧 웃고는 말하였다.

"공께서 친왕이 나를 보고 싶어 부른다고 말하였기 때문에 내가 발끈하여 앞서와 같은 지나친 말을 하였습니다. 이 역시 귀국 조정의 후의이니 내가 어찌 가지 않을 수 있겠습니까? 공 역시 이를 알리시는 것이 좋겠습니다."

후루사와가 기뻐하며 떠났다.

◎ 문부성의 문학료(文學寮)에서 대승 구키 류이치가 나를 맞이해 거듭 술을 권한 다음 내게 물었다.

"귀국의 국학은 오로지 주자를 숭상합니까, 아니면 달리 숭상하는 바가 있습니까?"

내가 말하였다.

"우리 국학은 5백 년 이래 주자만을 숭상하였습니다. 주자를 배반하는 자는 곧바로 사문난적(斯文亂賊)으로 주살하였습니다. 과거시험에 서도 부처나 노자의 말을 쓰면 귀양을 보내 용서하지 않습니다. 국법이 매우 엄격하기 때문에 상하와 귀천이 오직 주자를 숭상합니다. 임금은 임금답고 신하는 신하답고, 아비는 아비답고 아들은 아들답고, 형은 형답고 아우는 아우답고, 지아비는 지아비답고 지어미는 지어미답게 하여 공자와 맹자의 도리를 한결같이 준수하니 잘못될 다른 길이 없고 현혹할 다른 학술이 없습니다."

구키가 머리를 끄덕거리다가 차를 다 마신 후 일어났다.

◎ 엔료칸의 연회가 끝난 후 많은 관료들과 다 헤어졌으나 미야모토 오카즈, 모리야마 시게루, 후루사와 가게히로만은 남았다. 미야모토가 말하였다.

"제가 우선 6개월 후 가겠다는 약속을 따라 귀국에 갈 것입니다. 모든 접대하는 절목은 간단히 하고 생략하도록 힘쓰면 될 것입니다."

내가 말하였다.

"공이 오는 날짜가 언제쯤입니까?"

"공이 출발한 후 40일 후에 하륙할 계획입니다. 귀하 일행이 승선한 한 달 후 귀국 경성에 도착할 수 있을 것이고 공이 경성에 들어가고 10일쯤 될 때 우리가 바다를 건너 정박한다면 아주 좋을 것 같습니다."

또 말하였다.

"이것은 사적인 말이라 지금 공과 얘기할 필요는 없습니다만 조약 맺은 것을 행할 수 있으면 행하고 행하지 못하면 행하지 못한다고 한마디로 결정하는 것이 좋을 것입니다. 올봄처럼 귀국의 공들이 일마다 '내가 감히 알지 못하겠다'고 말한다면 답답하여 죽을 것입니다. 내가 감히 알지 못하면 누가 압니까? 이번에 예조판서가 저를 접대할 시에는 그때 직접 만나서 얼굴을 보고 가부를 의논하여 결단해서 행해야 할 것입니다. 혹시 예조판서에게 병이 있거나 다른 연고가 있어서 저를 접대하지 못할 시에는 권력이 있어서 일을 이해하고 일을 결단할 수 있는 다른 사람이 대신 만나 의논하여 결정해서 시일을 지체시키지 않도록 하면 매우 다행이겠습니다. 일이 하루 만에 결정된다면 하루 만에 돌아가고 이틀 만에 결정된다면 이틀 만에 돌아갈 것이니, 어찌 양쪽 다 편한 방법이 아니겠습니까? 예조판서가 만나지 않고 다른 사람을 대신 보낼 시에도 반드시 정부에서 차견(差遣)한 공안(公案)을 보내오면 우리가 믿고서 함께 얼굴을 보고 상의할 수 있을 것입니다."

내가 말하였다.

"진실로 적절합니다. 그러나 이런 일들은 제 스스로 이해하고 있으니 지나치게 부탁할 필요는 없습니다. 접대하는 절목은 분명히 낯선 것이 많을 것이니 귀국이 우리를 친절하게 접대한 것에는 절대 미치지 못할 것입니다. 이 역시 국가의 풍속이 그러합니다. 노성하고 숙련된 사람은 낯선 손님을 만나기 부끄러워하여 날마다 하는 일이 걸핏하면 어긋나니 우리나라의 큰 문제점입니다. 가령 공이 사행을 온다 하여 반드시 곱절로 환대하지는 않을 것이니 공이 보기에 소홀하다 하여도 괜찮고 홀대한다 하여도 괜찮습니다만 이것은 공께서 미리 양해해야 할 것입니다. 모든 공사에 시간을 끄는 것도 우리나라의 관례입니다. 예로부터 전권이 있는 신하가 없으니 비록 아주 작은 일이라도 반드시 일을 맡은 관리가 아래로부터 위에 아뢰어서 돌고 돌아 상관까지 알게 합니다. 그렇게 한 후에야 비로소 정부에 알립니다. 정부의 대신들 역시 하나하나 함께 의논한 연후에 비로소 임금께 알립니다. 임금께서도 즉시 결정하지 않으시고 반드시 아래로 돌려보내서 여러 신하들이 조목조목 판단하고 의논하게 한 연후에야 비로소 성지를 내려 가부를 결정합니다. 이것이 시간을 지체하는 까닭입니다. 이 일 역시 공께서 미리 참작하셔서 지나치게 재촉하지 않도록 하는 것이 좋을 것입니다."

미야모토가 또 말하였다.

"또 하나 사적인 얘기가 있으니 공께서는 마음에 분명히 기억해 두시기 바랍니다. 봄에 갔을 때 강화부의 모든 부녀자들이 모두 피해서 숨었습니다. 흩어져 달아나 편안히 있는 사람이 한 명도 없었으니 이는 무슨 까닭입니까? 우리 일행 가운데 어지럽히고 패악을 부리는 무리나 무지하여 함부로 행동하는 죄가 있다면 내가 스스로 다스려도 남을 텐데 하필 이런 광경이 생기는 것일까요? 내가 귀국의 부녀자를 보고 싶어서 이런 말을 하는 것이 아닙니다. 백성이 하루 헤어지고 흩어지면 하루의 피해가 있고 이틀 헤어지고 흩어지면 이틀의 피해가 있는 법입니다. 저 어린 백성들이 애처로우니 저들이 무슨 죄입니까? 이것이 만약 정부에서 명을 내려 그런 것이라면 명을 낼 필요가 없고, 백성들이 스스로 그러는 것이라면 하지 말라고 명을 내려서 다시는 헤어지고 흩어지는 지경에 이르지 않도록 하는 것이 좋을 것입니다."

내가 웃으며 말하였다.

"이 역시 우리나라와 귀국이 다른 점입니다. 우리나라는 남녀의 구별이 원래 매우 엄합니다. 비록 친척이라 할지라도 5, 6촌이 넘으면 서로 직접 왕래하며 만나지 않습니다. 비록 친자매, 친형제라도 10세 이후에는 같은 자리에 앉지 않고 말할 때는 반드시 문을 반쯤 열어둡니다. 여항의 천한 부류에 이르러도 한 번 초례를 치른 후에는 남편이 죽어도 개가하지 않는 자가 왕왕 있으니, 자연스럽게 풍속이 된 지 이제 6백 년이 되었습니다. 외국인을 더욱 부끄럽고 낯설게 여겨 숨고 피하여 보지 않는 까닭이 하나 더 있습니다. 근래 해상을 왕래하는 외국인이 많습니다. 어느 나라 사람인지는 모르겠으나 때로 뭍에 내려서 여자를 만나면 강간을 하고 여자 한 명을 여러 사람이 윤간하기도 하여 즉사하는 경우까지 있었습니다. 그러므로 외국 배가 오는 것을 보면 우루루 도망가 숨어서 금할 수가 없으니 외국 배가 한 번 지나가면 일대가 텅 비어 버립니다. 봄에 귀국 사신이 왔을 때 처음에 역시 종전의 외국인으로 알고 이렇게 도망가 숨었을 뿐입니다. 만약 귀국 사람임을 분명하게 안다면 어찌 이런 일이 있겠습니까? 다음번 공께서 오시면 비록 감히 문을 나가 마음대로 구경하지는 않을지라도 반드시 헤어져 흩어지는 행동은 없을 것이니 이것을 너무 우려하실 필요는 없습니다."

날이 이미 저물어, 마침내 작별을 고하고 돌아왔다.

◎ 떠날 때 외무성에 가서 작별을 알리니, 외무경 이하가 정성스럽게 영접하였고 손수 천황의 별예단을 전달하였다. 이를 마치자 외무경이 자초지종을 말하였다.

"귀 수신사 일행이 정성스럽고 정중하여 깊이 감탄하는 바입니다. 우리 조정의 깊은 뜻이 있는 바를 공께서는 이해하시겠습니까?"

내가 말하였다.

"귀 조정의 성대한 뜻을 거의 다 살필 수 있었습니다."

외무경이 말하였다.

"하나의 강국이 자립하는 것이 두 약국이 의지하는 것만 못합니다. 지금 우리나라는 귀국과 한 배를 탔으니 순망치한의 나라라고 할 수 있습니다. 만약 고통과 가려움을 서로 관여하고, 있는 것과 없는 것을 서로 빌리고, 근심걱정과 기쁨슬픔을 함께 하자고 맹세한다면 일을 이룰 수 있을 것입니다. 귀하 일행이 조정에 돌아간 후 귀 조정에 자주

고하여, 모든 일에 조금도 불만이 없게 하고 만만세 영원한 우호의 땅으로 생각하게 된다면 어찌 훌륭하지 않겠습니까?"

내가 말하였다.

"이처럼 성대하게 생각하여 주시니 매우 감사합니다. 삼가 충고하신 대로 우리 조정에 고하겠습니다. 그러나 우리나라는 근수졸약(謹守拙約)하여 외국과 통교를 하지 않았습니다. 그래서 모든 일이 박실(朴實)하여 귀국을 위해 힘을 낼 수 있는 기묘한 기예가 없습니다. 귀국에 일 푼도 도움을 주지 못하면서 한갓 귀국이 우리를 돕기를 바랄 뿐이니 어찌 매우 부끄럽지 않겠습니까?"

외무경이 웃으며 말하였다.

"어찌 그럴 리가 있겠습니까? 이것은 모두 공의 겸사입니다."

마침내 몇 마디 이별을 말을 하고 일어났다. 외청에 이르니 대승, 권대승이 따라와 이별을 고하였다. 대승이 말하였다.

"제가 또 사신으로 귀국에 갈 것입니다. 모든 일의 주선과 방편을 온전히 공께 맡깁니다."

내가 말하였다.

"공께서 오시는 것을 우리나라 사람들이 매우 바라고 있습니다. 제가 마침 사람이 부족하여 사명을 받들고 오늘 여기에 오게 되었습니다만 옛사람의 이른바 '나 같은 사람은 수레에 싣고 말로 될 수 있어 이루 다 셀 수가 없다'는 자입니다. 지위가 낮고 말이 가벼워 우리 조정에서 훌륭한 일을 하기에 부족하니 주선하는 데에 무슨 보탬이 되겠습니까? 다만 공의 아량과 고치(高致 : 고상한 운치)로 모든 일을 주선하면 반드시 처음부터 끝까지 잘 해낼 것이니, 이것이 구구한 제 바람입니다."

이어서 그와 이별하고 돌아왔다.

일동기유(日東記游) 권3

궁실(宮室) 16칙

◎ 궁실의 제도는 관공서와 민가, 상류층과 하류층이 대동소이(大同小異)하다. 기와가 많고 초가집이 적다. 옛날 풍속에 비늘처럼 판자를 덮었다고 하나 전혀 볼 수 없었다.

◎ 관공서와 민가를 막론하고 문 양식은 우리나라의 이른바 고주대문(高柱大門 : 솟을대문)과 다르다. 다만 대를 평평하게 놓고 기둥을 세웠는데 가로로 길고 세로는 짧다. 혹은 책목으로 울타리를 만드는데 울타리 양쪽 가장자리를 비워 각기 큰 기둥을 세우고 가운데 판자 사립을 설치한다. 처마가 있는 문도 있어서 문짝을 그대로 기대게 하고 기둥 위에는 가로대가 없다.

◎ 담장은 흙으로 쌓았고 벽돌로 쌓은 것은 거의 없으며 겨우 있어도 기와를 덮었다. 기와 위에는 간혹 쇠를 박아서 영성(欞星 : 격자)을 만들어 놓았는데, 위 끝은 뾰족하고 뾰족한 가운데 나무를 걸쳐서 기울어지지 않게 하였다. 이것은 도둑을 방지하는 묘법이었다. 그렇지 않으면 모든 목책에 흑색을 칠해놓아서 흘깃 보면 마치 쇠로 만든 것 같다. 정방형의 튼튼한 우리를 반듯하게 깎아놓아 흙벽돌로 쌓은 것과 마찬가지였으나 영성 사이가 숭숭 뚫려 안을 숨김없이 볼 수 있다.

◎ 관공서와 민가를 막론하고 평평한 대지 위에 평평하게 지어서, 높이 솟거나 층층이 올리는 계단이 없었다. 섬돌과 주춧돌 모두 원래 모양대로 따라서 둥근 것, 네모나 것, 뒤틀린 것, 기울어진 것들을 면을 다듬고 뿌리를 단단하게 할 뿐이지 일정하게 깎지는 않았다. 그래서 주춧돌과 기둥이 안정되게 서서 직경을 받치고 있어, 조금도 깎이거나 기울어질 걱정이 없었다.

◎ 비록 거대한 관공서일지라도 높은 기둥과 큰 대들보 없이 아래에서 위로 층층이 쌓아 올린다. 벽도 없고 기와도 없을 때는 너울거리며 버티고 있어 마치 어린아이의 장난감 같으나 벽을 만들고 기와를 덮으면 우뚝하고 엄연한 하나의 높고 큰 건물이 되었다.

◎ 그 나라에 들어가서는 온돌을 보지 못하였다. 당(堂)이니 방이니 하는 것은 어떻게 배치하느냐에 따른 것이고 시원하기도 하고 따뜻하기도 한 것은 바닥에 따라 달라졌다. 때로 집 안 한 귀퉁이에 두 아름 되는 크고 둥근 구리 기둥을 세워 승진(承塵 : 먼지받이)을 들이고 아래에 화로 같은 것을 두고 열고 닫는 문을 설치한다. 추운 겨울에 그 가운데 석탄을 태우면 기둥의 몸체가 달구어져서 온 방안이 훈훈해진다고 한다.

◎ 문과 창문 등속은 모두 미닫이를 사용하고 열고 닫기 위해 지도리를 쓰는 법이 없다. 방에는 벽이 적고 칸막이가 많은데 칸막이는 유리를 많이 사용하였고 능지(菱紙)를 사용하기도 하였으며 산수와 물고기, 새가 그려진 종이를 사용하기도 하였다. 칸막이 위에는 밖을 향해 또 종이를 바른 칸막이를 설치하였으나 밀어서 열 수는 없다. 칸막이와 칸막이 위에는 나무 격자를 설치하였는데 역시 밀어서 열 수 없는 것이었다. 산수와 잔도(棧道), 절벽을 섬세하게 새겼는데 비추어 보면 찬란하여 눈이 부셨다. 밖을 향한 칸막이 밖에 또 나무 칸막이를 설치하여

밤에는 가리개로 쓰고 낮에는 철거하였다. 요(凹) 자 모양의 여러 칸막이들은 하나의 칸막이를 밀어 넣고 또 하나의 칸막이를 밀어 넣고 해서 1, 20개까지 이른다. 밀어 넣는 곳에는 나무 장을 하나 설치하였는데 칸막이 크기에 맞게 만들어서, 칸막이를 하나씩 둘씩 다 밀어 넣었을 때 하나의 문으로 닫으면, 하나의 창고처럼 흔적이나 틈이 없었었다. 승진은 대개 판목과 긴 횃대를 사용하며 판목을 거는데 정자(井字)를 쓰지 않았고, 난간에는 간혹 나뭇결을 따라 조각하였는데, 자연스러운 그림이었다. 정자마다 모난 나무로 기둥을 삼았고 껍질이 하나로 이어진 나무를 사용하였다. 기둥의 몸체는 곧은 것을 사용하였으나 껍질이 삐뚤어지고 가지 달린 흔적이 있으며 옹이가 졌다. 그대로 시간이 오래되면 껍질이 떨어져 나가면서 저절로 무늬가 생기지만 다듬은 흔적이 없었으니 역시 사랑할 만하였다.

◎ 동량(棟樑)과 난간 등속은 모두 평평하고 곧으며 원래 그대로의 것을 사용하여, 조각이나 그림을 하지 않았으니, 이른바 산절조절(山節藻梲)[1]의 제도는 전혀 볼 수 없었다.

◎ 모든 민가와 관공서의 건물은 협문의 몇 칸에 장랑(長廊)을 만들어 사람을 거처하게 하기도 하고 수레와 말을 두기도 하였다. 사람이 거처하는 곳은 2층 누각으로 만든 곳이 많았다. 위층과 아래층에 모두 사람이 거처하였으니 사람이 많고 칸이 적어도 넉넉하게 수용할 수 있었다. 작으면 말을 돌릴 수 있을 만했고 크면 1후(候) 정도 되었다. 높이 솟은

---

1 산절조절(山節藻梲) : 두공(枓栱)에 산 모양을 새기고 기둥에 수초(水草) 무늬를 새겨 넣어 화려하게 꾸미는 일을 가리킨다. 『논어』「공야장(公冶長)」에 "장문중이 거북의 등껍질을 보관하면서 두공(斗栱)에 산 모양을 새기고 기둥에 수초(水草) 무늬를 그려 넣었으니 어찌 그를 지혜롭다고 하겠는가.[臧文仲居蔡 山節藻梲 何如其知也]"라고 하였다.

지붕이 있는 것이 외청의 꼭대기이고, 이곳에서부터 외당(外堂)과 내헌(內軒), 소루(小樓)와 별원(別院), 욱관(燠館)과 양사(凉榭), 욕실과 변소가 하나의 집으로 이어져 굽이굽이 돌아간다. 겹겹이 각도가 있었고 면면이 가린 칸막이가 있어서, 칸막이를 한 번 열면 안팎이 통한다. 오직 부고(府庫)만이 집 뒤 빈 땅에 따로 한 장소를 차지하고 있고 집의 크기에 따라 많기도 하고 적기도 하였다.

◎ 기와는 암키와를 많이 사용한다. 한쪽 머리는 둥글고 한쪽 머리는 평평한데 굽은 머리를 평평한 머리에 씌워 비늘처럼 위를 덮는다. 위에는 수키와를 사용하여 눌러놓는다. 관공서에서만은 수키와와 암키와를 사용한다.

◎ 이엉을 얹은 집이 시골마을에 간혹 있었다. 관공서와 민가 가운데 작은 정자가 있으면 역시 이엉을 얹었다. 이엉은 띠풀을 많이 사용하였고 새끼줄을 쓰지 않았다. 지붕은 두께가 한 자였고 처마 끝에서 잘라내니 나무를 먹줄로 대고 자른 듯 반듯하다. 십 년에 한 번 바꾸는데, 썩어서 색이 검었으나 크게 흐트러지지는 않았다. 용마루에는 긴 대나무나 긴 나뭇조각을 쌓아서 눌러놓았고, 댓조각을 둘러놓아 퇴색하거나 벗겨지지 않도록 하였으며, 돌조각으로 눌러놓기도 하였다.

◎ 기와집은 기와가 이어진 곳을 회로 붙여놓았는데, 기와는 검고 회는 희어서 흑백이 교차되어 있었다. 담장은 벽돌을 썼는데 역시 회로 붙여놓았는데 회가 새끼줄처럼 두터워서 기와와 벽돌 밖으로 튀어나와 있었다.

◎ 이층집은 관공서나 민가나 많이 있었다. 위는 누각이고 아래는 집으로, 옛날 양식을 따른 것이다. 그러나 관공서와 시장에는 삼층, 사층짜리 건물이 있기도 하였다. 삼층 위에 또 한 층이 있었는데, 토대처럼 흰

벽을 둘러놓기도 하였고 깃발처럼 모서리가 뾰족하기도 하였으며, 나침반을 얹어 놓기도 하였고 십자가를 세워놓기도 하였으니 유럽인이 만든 것이라고 한다.

◎ 누각 위의 사다리는 곧바로 위로 올라가지 않고 한 층은 왼쪽을 향하고 한 층은 오른쪽을 향하여 층층이 돌아가서 마치 소라껍질 가운데를 가는 듯하였다. 그래서 삼층, 사층의 사다리를 내려가거나 올라갈 때 현기증이 날 염려가 없었다. 더욱이 곧바로 올라가는 사다리를 쓴다 해도 나무 하나의 길이로는 그 정도 크기를 얻기 어려울 것이다.

◎ 처마 끝에는 홈통을 걸쳐 놓았고 처마 귀퉁이에는 나무를 세워놓았다. 나무는 가운데가 비어있기도 하였고 대나무를 세워놓기도 하였다. 낙숫물이 홈통으로 떨어져 세워놓은 나무로 흘러들어가 나무 아래 도랑으로 들어갔다. 그래서 비가 억수같이 쏟아져도 처마에 남은 빗물이 보이지 않았고 비가 그치면 뜰이 비어 한 방울의 물도 없었다.

성곽(城廓) 부 교량도로(橋梁道路) 13칙

◎ 성곽이 보이는 곳은 오직 에도(江戶)뿐이다. 에도성은 주위가 70리라고 한다.

◎ 성에는 문루(門樓)가 없고 높이 솟아있을 뿐이다. 돌로 쌓아서 아래는 넓고 위는 좁다. 성 아래 해자를 팠는데, 해자 너비는 두 척의 배로 이을 만하다. 성 위에는 나무를 심었는데, 나무가 두 아름 정도 되었다. 나무 그림자가 해자에 비쳐서 위와 아래가 푸르렀다. 한번 바라보니 울창하게 호복(濠濮)[2]의 느낌이 났다.

◎ 성 위에 나무가 있는 것을 본 적이 있다. 나무가 자라면 성이 갈라지기

때문에 성에 나무를 심는 것은 금기이다. 지금 여기는 그렇지 않고 도리어 이 때문에 견고하게 되는 듯하니 모를 일이다.

◎ 성은 모두 네 겹이고 해자 역시 네 겹이다. 외성은 문이 없다. 애당초 설치하지 않았을 리는 분명 없을 것이나 중간에 파괴된 채 어째서 중건하지 않는 것인지는 알 수 없다. 문을 설치해야 할 곳이 평탄하게 길이 뚫려 있다. 성의 좌우 끝은 우뚝하게 마주하고 있다. 역시 옹성(甕城)이 있는데 파괴되지 않았으니 신축한 듯하였다.

◎ 내성에도 옹성이 있다. 옹성에 문이 있으니 어문(御門)이라고 한다. 어문의 제도는 가로로 길고 세로로 짧으며 아래는 넓고 위는 좁아 우뚝하게 높을 뿐이다. 문을 들어가면 또 문이 있으니 이는 성을 경계 짓는 문으로, 가로와 세로가 모두 옹성의 문보다 크다. 그러나 홑처마에 층이 있고【비단 성문뿐 아니라 모든 층이 있는 집은 비록 삼층, 사층이라도 처마는 홑처마일 뿐이다.】 위에는 누각이고 아래는 문이다. 내성의 안에 또 내성이 있어, 황궁 궁성에 이르기까지 네 겹이고, 곧바로 문에 다리가 있으며, 다리는 모두 목조이다. 해자 위의 다리는 올리거나 내리기에 편리하게 설치되어 있는 듯하였다. 좌우의 난간은 한결같이 석축이었다.

◎ 비단 해자 위의 다리뿐 아니라 모든 다리가 목조였으며, 석조 다리는 그다지 많이 보이지 않았으니, 나무는 많고 돌은 적어서 그런 것이 아닌가 한다. 나무는 썩기 쉬운데도 다리마다 모두 새 것이었으니 그들의 풍속이 일을 부지런히 하고 예비를 한다는 것을 알 만하였다.

---

2 호복(濠濮) : 호량(濠梁)과 복수(濮水). 장자(莊子)가 호량(濠梁) 위에서 물고기의 즐거움을 얘기하였고, 복수(濮水)에서 낚시질을 하면서 초왕(楚王)이 부름을 거절하였다. ≪莊子 秋水≫

◎ 황궁 안에는 현교(懸橋 : 벼랑에 걸린 다리)가 하나 있었는데, 아래가 만길 벼랑이라 교량을 쓸 수 없어서 그런 듯하였다. 아니라면 역시 기술을 보이는 하나의 수단일 것이다. 다리 넓이는 3, 4칸 되었고 길이는 4, 50장 되었으며, 둘러싼 난간 좌우에 각기 쇠로 된 밧줄을 걸어놓았다. 상공을 걸으면 공연히 소리가 나고 몸이 허공의 사다리를 밟는 듯 흔들렸다. 다리 양쪽 끝에는 각기 높이가 수십 장 되는 기둥이 세워져 있었고, 다리 아래 좌우에 또 쇠로 된 밧줄이 양쪽 끝을 지나서 다리 끝의 돌구멍으로 나왔다. 위에는 기둥을 올렸고 기둥 위에는 구멍 길이 있고 그 구멍은 굽어서 아래로 향하여 또 기둥 밖 돌구멍으로 들어가니 둘러싼 돌과 나무가 마치 돼지우리의 목책 같았다. 이것이 현교의 제도이다.

◎ 다리는 독목교(獨木橋 : 외나무다리) 외에는 아래 들보가 모두 무지개 모양으로 되어있었고 해자 위에 가설한 다리는 무지개 들보가 높아서 바람에 따라 아래로 배들이 마음대로 오가니 역시 하나의 볼거리였다.

◎ 도로와 거리는 곧고 네모났으며 홀처럼 뾰족한 곳도 없고 새 목처럼 굽은 것도 없이 한번 바라보면 툭 트여서 마치 먹줄로 맞춘 듯이 꺾이거나 돌아가는 것이 줄에 맞고 모서리가 어긋나지 않았다.

◎ 도로는 정결하여 맨발로 다녀도 더러워지지 않을 정도이고 큰 비가 와도 너무 미끄럽지는 않았다. 앞서 물가의 작은 돌을 가져다가 땅 위에 깔고 모래흙을 덮어서 평평하게 했기 때문에 비가 한 번 지나가도 금세 말라 깨끗해진다.

◎ 큰 길 가운데 왕왕 정 자(井字) 모양의 나무판이 땅의 가장자리에 덮여 있어서 마차가 다니거나 말이 달릴 때 평지를 밟는 듯하였으니, 숨겨진 도랑으로 더러운 것을 버리는 곳인 듯하였다.

◎ 거리 끝이나 골목 끝에는 반드시 키 높이의 대나무 빗자루를 쥐고 서있는 사람이 있었으니, 아마도 쓰레기가 생기는 대로 치우는 일을 하는 듯하였다.

◎ 거리 위에는 5칸, 10칸마다 왕왕 가로등이 하나 서있었다. 위에는 유리등을 설치하였는데 기운 자국이나 틈이 없이 자연히 생겨난 듯하였다. 안에는 등잔과 심지가 있고 심지가 저절로 서있었으나 기름은 없었다. 어둠이 깔려 등불을 결 때에 사람이 한번 작동시키면【기계 작동 장치가 어디에 있는지는 알 수 없다.】 등불이 저절로 켜진다. 동틀 때가 되어서 사람이 또 작동시키면 등불이 저절로 꺼진다고 한다. 그래서 깊은 밤에 길을 다니는 사람이 등불을 들고 다니지 않았다. 이노우에의 집에서 미야모토 오카즈에게 이야기하였더니 미야모토가 나에게 이 방법을 써보라고 권하였는데, 이것은 땅의 기름을 끌어내는 방법이었다. 꺼내 쓰는 데 금하지 않고 써도 고갈되지 않으니, 역시 인력을 더는 기묘한 방법이다. 나는 우리나라가 기름은 넉넉하고 사람은 재주가 없어서 이런 알지 못하는 기술을 써서 사람을 놀라게 하고 싶지 않다고 거절하였다.

인물(人物) 12칙

◎ 인물은 일견 사랑스러웠다. 날마다 천 명 만 명의 사람을 보는데 그 사람들이 모두 준수한 것은 아니지만 지극히 흉악하거나 지극히 못생긴 사람은 전혀 볼 수 없었다.

◎ 그들 가운데 훌륭한 사람을, 미호(美好)하다고 하여도 좋고 단묘(端妙)하다 하여도 좋고 정한(精悍)하다 하여도 좋고 고괴(古怪)하다 하여도 괜찮으나, 준위(俊偉)하거나 영특(英特)하다고 할 수는 없었다. 중등 이

상의 몸집은 거의 없었고 간혹 있어도 추솔(麤率)하고 지리(支離)하여 헌앙(軒昂)하고 수발(秀拔)한 사람이 적었다. 그래서 귀인 가운데 몸집이 큰 사람이 없고 준위하고 영특한 인물은 볼 수가 없다.

◎ 사람을 만날 때마다 말하기 전부터 먼저 웃고 한번 말하면 정이 드니, 오늘 만난 사람이 어제부터 좋아하던 사람 같았다. 게다가 신중하게 승낙하고 행동거지가 믿음직스러워서 한결같이 약속을 지키면서도 오히려 융통성이 없는 듯하다. 그들 가운데 단엄(端嚴)하고 말이 드문 사람을 만나게 되면 종일토록 동상처럼 앉아있더라도 얼굴에는 계속 웃음을 띠고 있을 것이다.

◎ 부인은 귀천(貴賤)에 귀천의 구별이 있고 아속(雅俗)에 아속의 구별이 있으며 예쁜 사람이 있고 추한 사람이 있으며 풍성한 사람이 있고 가녀린 사람이 있으나 똑같이 유순하여 여자의 상이 있다. 나가토주의 여자가 그러하였고, 고베항의 여자가 그러하였고, 요코하마 여자가 그러하였고 에도의 여자가 그러하였고 쓰시마의 여자까지 역시 그러하였으니, 어제 본 사람이든 오늘 본 사람이든 그렇지 않은 여자가 없었다. 여자는 저절로 여자의 상이 있기 마련이었다.

◎ 남녀와 귀천을 막론하고 날마다 만난 사람이 몇 만 명이 되는지 알 수 없으나 처음부터 끝까지 장애가 있는 사람이나 헐벗어 구걸하는 사람을 한 명도 보지 못하였다. 일행 가운데 한학당상 이용숙 군은 연도(燕都 : 북경)에 십수 차례 다녀와서 두루 보고 겪은 것이 많았고 안목이 뛰어났으나 역시 다음과 같이 말하였다.

"제가 머리를 올린 후로 사행을 따라다니면서 천하의 사람을 매우 많이 만났습니다. 최(崔)씨와 노(盧)씨,[3] 왕(王)씨와 사(謝)씨[4]의 씨족을 제가 만난 적이 있고, 반악(潘岳)과 위개(衛玠), 송옥(宋玉)과 두목(杜牧)

같은 풍채를 제가 역시 본 적이 있고, 한유(韓愈)와 유종원(柳宗元), 구양수(歐陽修)와 소식(蘇軾)과 같은 문장을 제가 역시 본 적이 있고, 방현령(房玄齡)과 두여회(杜如晦), 요숭(姚崇)과 송경(宋璟)과 같은 업적을 본 적이 있습니다. 훌륭한 종묘와 조정, 번성한 누대와 저자, 숲처럼 배가 모여든 노구교(盧溝橋),[5] 향 연기가 구름을 이루던 동악묘(東岳廟),[6] 정영위(丁令威)의 화표주(華表柱),[7] 몽염(蒙恬)의 성,[8] 천 리 뻗은 요동(遼東) 벌판에 이르기까지 길 떠난 제 눈에 다 넣으려 하였습니다. 계문(薊門)의 연수(煙樹)[9]가 황홀하여 쳐다보면 희미하고 익숙하게 보면 눈이 부시니 이렇듯 다양한 모습까지 제가 다 보았던 것입니다. 그러나 열 명 가운데 한 명, 천 명 가운데 백 명은 절름발이, 애꾸눈, 난장이가 지나갔고 기운 옷에 새끼줄로 띠를 한 사람이 지나갔습니다. 오늘 만난

---

3 최(崔)씨와 노(盧)씨 : 위진(晉)시대부터 당(唐)나라 때까지 오랜 기간 조정에서 높은 벼슬을 했던 산동(山東)의 최씨와 노씨 집안을 가리킨다.

4 왕(王)씨와 사(謝)씨 : 진(晉)나라 이후 남조(南朝)에 이르기까지 대대로 높은 벼슬을 지낸 왕씨와 사씨 집안을 가리킨다.

5 노구교(盧溝橋) : 현 중국 북경시에서 서남쪽으로 15km 떨어진 곳에 있는 영정하(永定河) 위에 설치되어 있는 다리. 전국시대부터 교통의 요지로 다리는 금나라 때 처음 완성되었다고 한다. 전체 길이가 266.7m에 달한다.

6 동악묘(東岳廟) : 현 중국 북경시 조양구(朝陽區)에 있는 도교 사원. 원나라 때인 1391년에 창건되었으며, 화북지구에서는 도교의 정일교(正一教) 사원으로서 최대 규모로 일컬어진다.

7 정영위(丁令威)의 화표주(華表柱) : 요동 사람인 정영위(丁令威)가 도술을 닦아서 신선이 되었는데 천 년 만에 학으로 변해 요동 성문의 화표주(華表柱) 위에 내려앉았다고 한다. ≪搜神後記 卷1≫

8 몽염(蒙恬)의 성 : 진나라 장수 몽염이 진시황의 명을 받아 30만 군대를 이끌고 흉노를 정발하고 만리장성을 쌓았다고 한다. ≪史記 卷88≫

9 계문(薊門)의 연수(煙樹) : 계문은 현 중국 북경 덕승문(德勝門) 밖을 가리키는 것으로, 계문의 연수는 연경팔경(燕京八景) 가운데 하나로 꼽힌다. 이곳에 청나라 건륭제(乾隆帝)의 '薊門煙樹'라는 어제비(御製碑)가 있다.

사람이 수만인데도 한 명의 장애자나 거지가 없었으니, 이런 상황은 오늘 제가 처음 봅니다."

◎ 부녀가 남편을 맞이하면 이에 검은 물을 들이는데 이를 물들인 끝에 입술까지 검게 된다. 입을 반쯤 다물고 있을 때는 검은 콩을 물고 있는 듯하나, 말하고 웃을 때 보면 가마솥 바닥 같다. 이것은 옻칠이 아니라 입에 쓴 쇳물을 머금어서 남편에게 두 마음을 갖지 않겠다고 맹세하였기 때문이다. 그래서 과부, 처녀와 창기 무리는 모두 이를 검게 물들이지 않는다고 한다.

◎ 창루(娼樓)와 기관(妓館)이 곳곳에 있다. 신바시 땅에 있는 구란(句欄 : 기방)이 3백여 소가 된다. 이를 미루어보면 다른 곳은 알 만하다. 그들의 풍속이 옛날에는 남창을 좋아하였는데 지금은 없어졌으니, 사람의 정자를 소모하고 사람의 종족을 끊기 때문이다. 그러나 소년의 욕정은 충분하고 멀리 떠나온 나그네는 꿈이 번잡하여 배설하지 않을 수 없다. 이것이 창기가 많은 까닭이다.

◎ 창기 가운데 궁 안에 들어가 공봉(供奉)하는 자를 여랑(女郎)이라 한다. 비록 그들이 남편을 둘 수 있을지라도 조정의 사대부는 감히 동산(東山)에 동행하거나 용문(龍門)에서 감상하거나 하지 못하니, 혐의를 피하는 듯하다. 그 다음은 기녀(妓女)라 한다. 공경대부와 유한자제가 잔치나 놀이가 있으면 마음대로 함께 친압한다. 관의(官醫)가 반드시 한 달에 세 번 점검하여, 먼저 맥을 진찰하고 마지막에는 음구(陰溝 : 여성의 생식기)를 살펴서 악질의 유무를 본다. 사대부의 침소에 들기 때문에 삼가 살피고 경계하지 않을 수 없기 때문이다.

◎ 악질이 있는 창기를 한 번 경험하면 즉시 기적에서 빼내 다시는 창기의 반열에 들지 못하게 하니 이를 지옥관첩(地獄款帖)이라고 한다. 매음하

는 길은 끊이지 않아서 곱게 꾸미고 저자에 의지하여 길 가는 사람을 기다렸다가 만일 혹시라도 만나게 되면 팔을 끼고 놓지 않는다. 한 번 그 안에 들어가면 몸을 빼낼 도리가 없으니 병이 없어도 병에 걸리고 죽지 않아도 죽은 것과 같다. 이것이 지옥이라는 명칭이 붙은 이유이다. 황혼녘 좁은 골목에서 분칠한 머리를 보고 놀라는 것은 혹시라도 지옥에 들어갔을까 두려워하기 때문이다.

◎ 그들의 언어는 마치 승려가 천수경(千手經)을 외우는 것 같아 이해할 수가 없다. 중국인이 말을 하면 언어가 곧 문자이다. 한 글자로 두세 가지 음이 있지만 이해하지 못하는 우리나라 사람도 한 번 이해하면 배우기가 매우 쉽다. 우리나라 말은 음과 훈이 반씩 섞여 있고 자음이 몇 가지가 없기 때문에 처음에 비록 이해하기 어렵더라도 나중에 역시 배우기 쉽다. 일본어 역시 음과 훈이 반씩 섞여 있으나 음이 중국처럼 두세 가지가 되고 훈은 우리의 곱절로 자질구레하다. 그래서 이해하기가 더 어렵고 배우기가 더 어렵다. 매번 그들과 말을 할 때 우리는 한두 단락의 말을 하고 그들은 대여섯 단락의 말을 한다. 통역을 통하여 들으면 우리의 한두 단락이 저들의 대여섯 단락이요, 저들의 대여섯 단락은 우리의 한두 단락이다.

◎ 말을 할 때, 말을 시작하는 지점과 말을 바꾸는 지점이 모두 매우 난삽하여서, 주(周) 씨의 기기(期期),[10] 등가(鄧家)의 애애(艾艾)[11]처럼 무수히

10 주(周) 씨의 기기(期期) : 말을 더듬는 것을 뜻한다. 서한(西漢) 때 고조(高祖)가 태자를 폐하려 할 때 주창(周昌)이 "신이 말을 잘 못하지만 '기기(期期)'라 하면서 불가함을 알고 있습니다.[臣口不能言然臣期期知其不可]"라고 하였다. '기기'는 말을 시작할 때 더듬는 말을 형용한 것이다.

11 등가(鄧家)의 애애(艾艾) : 말을 더듬는 것을 뜻한다. 위(魏)의 등애(鄧艾)가 자기를 말할 때 '애애(艾艾)'를 연발하였던 데서 유래한다.

숨을 끌어들이고 무수히 공기를 삼킨다. 때로 급한 기운이 얼굴에 드러나 목구멍과 혀가 다 마른 늦은 철 숲속의 늙은 꾀꼬리 같다. 죽 가서 이어지는 지점에 이르면 매끄럽고 유려하여 물처럼 막힘없이 쏟아지고 베틀의 북처럼 멈춤이 없다. 단, 여자의 말은 혀끝이 굳어서 매끄럽지 않았다.

◎ 규모는 정긴(精緊)함을 좋아하고, 동작은 표홀(飄忽)함이 많았다. 성격이 조급하고 정서가 부드러워서 중후(重厚)하고 서완(舒緩)한 사람을 보면 혀를 차고 안달하여 스스로 참지를 못한다.

속상(俗尙) 24칙

◎ 풍속에 신도를 숭상하고 불교를 숭상하고 또 유교를 숭상하였으나 이것은 옛날 얘기이다. 구마노(熊野)[12]와 닛코(日光)[13]가 그 시작이다. 크고 작고 길하고 흉한 모든 일과 군대의 일을 신에 빌지 않는 것이 없다고 한다. 내가 본 미야모토 오카즈의 집에는 신당(神堂) 한 구역이 있었는데, 스스로 풍년을 비는 것이라 하였다. 서양과 통교한 이래 신도를 숭상하지 않게 되었으니, 지금 과시하는 것은 옛 풍속을 변치 않았다고 보이려는 것 같았다.

◎ 육군성 고이시테이 왼쪽 산 위에 백이묘(伯夷廟)가 있다. 신좌(神座 : 신

---

12 구마노(熊野) : 구마노 삼산(熊野三山)을 가리킨다. 구마노곤겐(熊野權現)을 주신으로 하는 신사들이다. 곤겐은 일본의 팔백만 신이 각종 부처로 변하여 일본에 나타난 것을 뜻하는 말로, 불교와 신도가 습합된 형태의 하나이다.

13 닛코(日光) : 에도막부의 초대 쇼군인 도쿠가와 이에야스(德川家康)를 신격화한 도쇼다이겐곤(東照大權現)의 사당 도쇼궁(東照宮)이 조성된 곳이다.

주)가 숙목(肅穆)하고 신의(神椅)와 신여(神輿)과 반듯하게 정리되어 있었다. 당초 설치할 때 지극히 숭상하였던 것 같다. 그러나 지금은 칠이 매우 심하게 벗겨졌고 벽에 거미줄이 쳐져 있으며 이끼의 흔적에 계단이 묻혀있을 뿐이다. 이 역시 청풍고절(淸風高節)을 숭상하여 제사를 지낸 것이 아니라 하나의 신사(神祠)에 불과한 것이니 옛날에 숭상했다가 지금은 버려진 것이었다.

◎ 불법은 고보시(弘法師)[14]로부터 시작되었고, 조동종(曹洞宗), 임제종(臨濟宗)이라 하는 것이 앞뒤로 천명되었다. 고보 역시 문사(文史)를 배웠고 전서와 예서를 잘하였으며 불교를 하면서 유학을 한 자였다. 순수좌(舜首座)[15]가 성리학(性理學)을 창도하여 유가에 공이 매우 큰 것과 같으니 세 종교를 혼동하여 물아(物我)를 구분하지 않는 것은 옛날 풍속에 이미 그러했던 것이다.

◎ 서양과 통교한 이래로 신당은 무성한 풀에 묻혔고 승려는 구렁에 엎어지니, 부강한 기술에 정신이 팔려 실로 여기에 마음 쓸 겨를이 없어진 것이다. 이런 것들은 모두 헛된 문장이라 실제 일에 도움이 되지 않는다고 한다. 그들의 풍속은 옛날에는 신도를 먼저 숭상하다가 나중에 불교를 숭상하였고, 불교를 먼저 숭상하다가 나중에 유교를 숭상하게

---

14 고보시(弘法師) : 구카이(空海, 774~835)를 가리킨다. 고보(弘法)는 시호이다. 804년 출가하여 견당사(遣唐使)의 일원으로 당나라로 건너갔다가 2년 후 귀국하여 진언종(眞言宗)의 개조(開祖)가 되었다.

15 순수좌(舜首座) : 후지와라 세이카(藤原惺窩, 1561~1619)를 가리킨다. 처음에는 교토 쇼코쿠지(相國寺)의 승려였으나 나중에 환속하였고, 불서(佛書)를 읽었지만 유가(儒家)에 뜻을 두었다. 일찍이 조선과 중국을 사모하여 명(明)나라에 들어가려다가 풍파를 만나 돌아왔고, 조선으로 건너가려다가 전쟁 때문에 그만두었다. 정유재란 때 포로가 된 강항(姜沆)에게 주자학과 퇴계(退溪) 이황(李滉)의 학문을 전수받고 근세 일본 유학의 창시자가 되었다.

되었는데, 신도와 불교가 이와 같다면 유교는 더 무슨 할 말이 있으랴? 그래서 아이를 가르칠 때 8세에서 15세까지 자기 나라의 문자를 읽게 하고 한자를 함께 읽게 하나 한자에 통하고 나면 다시는 경전을 읽히지 않고, 농서(農書), 병서(兵書), 천문(天文)과 지리(地理)와 의약(醫藥)과 종수(種樹)에 관한 책을 즐겨 항상 읽힌다. 부인과 여자, 상인과 아이가 계척(界尺 : 괘선이 그려진 문구)을 한번 내리면 별자리를 헤아리고, 호령을 갑자기 내리면 지도를 일일이 짚어낸다. 그러나 공자와 맹자가 누군지 물으면 눈이 둥그레지고 말문이 막혀 무슨 말을 해야 할지 모른다.

◎ 소위 학교라는 것은 명칭이 하나가 아니다. 가이세이학교(開成學校)가 있고 여자학교(女子學校)가 있고 영어학교(英語學校)가 있고 각국 언어 학교가 있다. 사범(師範)이 정중하고 교수가 근실하나 공리(功利)의 학문에 불과할 뿐이다. 부지런히 밤낮으로 공부하니 솜씨는 미칠 수 없고 근실함은 더욱 미칠 수 없다. 정밀한 계산과 세밀한 측정은 진나라 상앙(商鞅)[16]이 소문만 듣고도 달아나게 할 정도요, 송나라 형공(荊公)[17]이 스스로를 다잡아 경의를 표하게 만들 정도이다.

◎ 유한공자(有閑公子)와 귀족 가문의 규수도 한만(汗漫)한 필찰(筆札)만 익히나 역시 큰 거리에 건물을 짓고 스승을 두어서 대서특필하여 학교라고 칭한다. 수업이 느슨하지 않고 연습이 거칠지 않아서 5, 6세 되는 작은 여자 아이도 서까래만 한 큰 글자를 쓸 수 있었다. 처음 들었을 때 놀라서 신이하게 여겼으나 자세히 보니 그들의 풍속이 그런 것이었다.

---

16 상앙(商鞅) : 공손앙(公孫鞅)을 가리킨다. 진나라 유학자로, 법가사상에 기초한 변법(變法)을 시행하였다.

17 송나라 형공(荊公) : 왕안석(王安石)을 가리킨다. 송나라 재상으로, 부국강병을 이루는 데 목적을 둔 신법(新法)을 시행하였다.

◎ 남녀의 구별이 그다지 엄격하지 않으니, 옛 풍속이다. 이른바 경도(競渡 : 배 경주)를 하여 남녀가 야합해서 결혼이 이루어지거나 부인을 맡겨 간음시켜서 잉태하면 감사한다는 일을 지금은 하지 않는 듯하였다. 방덕공(龐德公)의 집안에서 빈주(賓主)를 구분하지 않았다더니 사람들이 모두 그렇다. 그러므로 공경 집안의 부인이 얼굴을 드러내고 도로를 다닌다. 그러나 정한(靜閑)하고 정목(靚穆)하여 엿보거나 훑어보지 않았으니 대가의 행동거지가 천민들이나 기녀들과는 현격하게 차이가 있었다.

◎ 왕공과 재상이 조정에 가거나 관아에 갈 때는, 높은 사람은 마차를 이용하고 낮은 사람은 인력거를 이용하였으나 한 사람이 시종을 할 뿐이고 따로 따르는 무리는 없었다. 때로 집 가까이 갈 때 도보로 가는 것을 부끄럽게 여기지 않았다. 비록 사람이 빽빽하게 많을지라도 손님과 주인이 인사할 때 외에는 다른 시끄러운 소리가 없었다. 집에 있을 때 손뼉을 짝짝 쳐서 소리를 한 번 내면 시중드는 자가 왔고, 공적으로 모인 자리에서는 앞에 놓인 탁자에 작은 사발처럼 생긴 종을 놓아두고 손가락으로 그 위를 두들기면 울리는 소리에 응하여 재빨리 달려오지 않는 경우가 없었으니 역시 옛 풍속이다.

◎ 집에는 괘종시계를 두고 사람은 시계를 차고 있었다. 공사(公私)의 연회 및 사적인 방문 때 반드시 기한에 앞서 시간을 알려서, 혹시라도 서로 어긋나지 않도록 하였다.

◎ 모든 연회나 초대에는 반드시 명함을 주고받았고 역시 반드시 자세히 물어서, 참석하는 사람의 숫자를 정확히 조사해 명단에 올려 술과 음식 준비를 적당하게 조절하여 지나치거나 모자람이 없도록 하였다.

◎ 모든 동작에는 반드시 조약을 명시하여 금하거나 꺼릴 수 있는 것을

자세하게 모두 기록하여 하나도 누락됨이 없게 하였다. 매우 정밀하고 세밀하였으므로 모래 하나 돌 하나의 운반과 쌀 한 톨 돈 일 푼의 비용이 하나하나 자세하게 계산되어 번잡하게 게시되었다. 정밀함이 지극하여 천착하기까지 하였고 세밀함이 지극하여 자질구레하기까지 하였으나 상하가 하나같이 규율대로 하여서 조금도 착오가 없었으니 역시 취할 만한 것이 많다.

◎ 그들의 옛 풍속에 자신을 과시하는 데 힘을 쓰고 남의 아래에 있는 것을 부끄럽게 여겼다. 기물과 기호품의 경우 한 번 제공했던 것은 반드시 새로 바꾸면서도 오히려 남들이 그릇 하나 다시 쓰는 것을 혐의할까 걱정하여 반드시 손님 앞에서 깨버려서 다시 쓰지 않는다는 것을 보였다. 지금은 그렇게 하지 않으나, 과시하고 속이는 풍조는 지금이 옛날보다 곱절이다. 인색한 습성은 제거해 버리지 못하여 작은 분량에도 옥신각신하고 밥 한 그릇 국 한 사발 달라는 것조차 거절하는 기색을 보인다. 이것은 음식과 사용을 절약하는 것이니, 역시 부국강병의 시책에서 유래한 것이다.

◎ 와서 머물고 있는 서양인이 나라 안에 퍼져 있는데 가족을 데리고 집을 짓고 봉록을 받으며 벼슬을 하는 것이 본국인과 다름이 없었다. 또한 결혼을 하기도 하고 서로 고용을 하기도 하여 엄연한 친속과 같았다. 그러나 어떤 처사들의 의견은 오히려 강직하여 그들과 합하지 못한다.

◎ 이른바 신문지라는 것을 날마다 조판하고 인쇄하는데 없는 곳이 없었다. 공사(公私)의 견문과 거리의 얘기가 입에 침이 마르기 전에 사방으로 전파된다. 이것을 하는 자는 사업으로 간주하고 당하는 자는 영광과 치욕으로 여긴다. 깨알 같은 글자가 정교하기 짝이 없다. 움직이는 것을 좋아하고 조용한 것을 싫어하여 일이 없으면 근심하고 일이 있으면

날뛴다. 그래서 사소한 일을 보아도 눈썹이 올라가고 몸이 춤을 추나 열 손가락으로 긁어대도 가려운 곳이 어디인 줄 알지 못하는 것과 마찬가지이니 타고난 천성이 그러하다.

◎ 결벽한 사람이 많아서 습관이 성격이 되었다. 남과 마주하여 먹을 때는 침이나 손이 음식을 더럽힐까 걱정하여 비록 자기 혼자 먹는 음식일지라도 반드시 오른 손에 젓가락을 들고 왼손으로 받들고서 입에 넣는다. 젓가락이 한 번 더러워지면 음식이 전부 더러워지기 때문이다. 천한 노복에게도 더러워진 것을 주어 더럽히지 않는다.

◎ 매번 음식 먹을 때를 보면, 칠기와 자기는 깨끗이 씻어 다시 사용한다. 목기(木器)는 한 번 쓰고 버리니 깨끗이 씻기 어려운 재질이라 더러워진 것을 다시 내놓을 수 없기 때문이다.

◎ 모든 일에 꺼리는 것이 부인과 여자보다 심하다. 한만하게 하는 일 역시 반드시 날짜를 가려서 흉한 것을 피하고 길한 것을 좇아 조금도 놓치지 않는다.

◎ 성품이 비밀스러운 것을 매우 좋아한다. 비록 일상적인 일이라도 당사자 외에는 새어나가지 않게 하고 남과 얘기할 때 관련이 없는 사람을 물리쳐서 듣는 데 참여하지 못하게 한다.

◎ 모든 일을 반드시 정결하게 하여 정치(精緻)하기 짝이 없으니, 그들의 풍속에서 좋아하는 바이다. 그래서 밭두둑은 너비의 차이가 조금도 없이 먹줄에 맞춰 깎은 듯하고 굴곡이 조금도 없어 하나같이 네모반듯하다. 채마밭의 울타리 버들에 이르기까지도 반드시 길이를 고르게 하고 크기를 같게 하였으니 누대의 난간이 이보다 더하지 못할 정도다. 이것을 보면 그들의 규모를 알 만하다.

◎ 그 사람들이 항상 말하기를 청나라를 들어가지 못하겠으니 도로에 오

물이 많기 때문이라고 한다. 우리 사신이 본 바로는 온 성안에 도랑을 숨겨놓아서 더러운 도랑물이 없고 소와 말이 지나가면 반드시 삼태기와 삽을 지고 따라가기 때문에 도로가 깨끗하기 짝이 없었다고 모두 말하였다. 지금 이 사람들의 말을 들으니 북경 사람보다 더 청결한 것을 알 만하다.

◎ 모든 사람들이 변소에서 소변을 보고 요강을 두지 않는다. 이것은 북경 사람들의 법도와 대강 같으나, 북경 사람들은 암암리에 요강을 쓰고 남에게 보이지 않는다고 들었으니, 이 사람들에게는 아마 요강 같은 것이 없는 듯하다.

◎ 옛날에 듣기로는 쇠고기를 먹지 않으니 농사에 힘을 쓰기 위한 것이자 신도와 불교를 숭상해서 그런 것이라고 하였다. 서양인과 통교한 이래로 쇠고기 먹는 것을 어려워하지 않으니, 쇠고기가 아니면 근력을 키울 방도가 없기 때문이라고 한다.

◎ 서로 공경히 예를 표하는 것에는 '御'를 그냥 쓴다. '어가(御駕)', '어체(御體)', '어행(御行)' 등의 말을 심상하게 쓴다.

◎ 비록 아버지와 할아버지 같은 웃어른이나 왕공같이 신분이 높은 사람일지라도 아랫사람이 반드시 그 이름을 부르니, 이름을 부르는 것이 높이는 것이기 때문이다.

정법(政法) 22칙

◎ 일본이 건국된 지 이미 오래 되었다. 그들의 황계(皇系)와 관백이 섭정하던 때의 정령과 제도는 이전 사람들이 기술한 것이 있으니 지금 덧붙일 필요는 없고 사행 도중 본 것만을 기록하여 뒷날 참고하도록 하겠다.

◎ 혹자는 일본이 주나라 태백(泰伯)과 중옹(仲雍)[18]의 후예라고 한다. 역사에서는 태백과 중옹이 천하를 계력에게 양보하고 약초 캔다는 것을 명목으로 하여 형만(荊蠻)으로 도망하였고 단발과 문신을 하고 다시는 돌아오지 않았으며 춘추 때 구오(句吳)가 그 후예라고 한다. 일본 땅은 강절(江浙 : 강소(江蘇)와 절강(浙江))과 홍수(泓水) 한 줄기로 막혀 있으니, 강절은 오월(吳越)의 옛 땅이다. 저쪽에 있는 자손은 구오가 되었고 이쪽에 있는 자손은 일본이 되었나 보다. 이마와 몸에 문신을 새긴다. 단발은 서양인과 통교한 후의 일이지만 입마다 스스로 건국할 때의 옛 제도라고 말한다. 단발과 문신은 태백과 중용 당시 처음 변한 형태이다. 태백과 중용 당시의 일을 부자께서 지덕(至德)이라 칭찬하셨으니, 그 마음을 살펴보면 하늘을 우러러 부끄러움이 없고 땅을 굽어 부끄러움이 없이 이역 땅을 낙토로 보고 몸을 훼손하는 것을 본디 달갑게 여겼던 것이다. 그러나 자손의 마음에서 소급해 생각하면 역시 일대 인륜의 큰 변화이다. 친척과 헤어지고 고향 땅을 떠나서 관면(冠冕)을 사양하고 의상(衣裳)을 저버린 채 당당한 중국 성인의 후예로서 오랑캐 땅의 오랑캐 종족이 되었으니 뼈에 사무치는 슬픔과 한스러움을 다시 어찌해야 할 것인가? 그래서 조상이 처음 바꾼 형태를 고치지 않는 것으로 지극한 고통을 표현하는 것이다. 여기 일본인의 단발과 문신을 스스로 옛 제도라 하는 것은 역시 의심스러운 한 가지 일이기는 하나 옛말에 화인(和人 : 일본인)은 태백과 중옹의 후손이라고 한 것이 있기는 하다.

---

18 태백(泰伯)과 중옹(仲雍) : 주나라 고공단보(古公亶父)의 맏아들과 둘째 아들이다. 아버지가 막내아들 계력(季歷)의 아들인 창(昌)에게 즉위를 물려줄 뜻이 있는 것을 알아채고 형만(荊蠻) 지역으로 옮겨갔다. 이곳에 오나라를 세우고 태백이 첫 번째 왕이 되었으며, 자식 없이 사망하자 아우 중옹이 뒤를 이었다.

◎ 관백이 섭정할 때 이른바 왜황(倭皇)은 실권이 없는 자리여서, 배불리 먹고 색을 즐기며 궁실에 편안히 거처할 뿐이요, 외부의 일을 관여하지 않도록 하였다. 그러므로 스스로도 자포자기하였고 궁궐에서 치는 종소리가 밖에 들려도[19] 성덕(盛德)의 일이 아니었다. 지금 왜황에 이르러 하루아침에 분발하여서 관백을 혁파하고 비로소 직접 정무를 돌보기 시작하였다. 잘 변한 것인지 잘못 변한 것인지 알 수는 없으나 역시 사람이 이 세상에 나서 살아가는 데 부끄럽지는 않은 것이다.

◎ 옛 제도에 5기(畿) 7도(道) 66주(州)가 있고 주(州)마다 태수가 있었으며 혹은 도주(島主)라 칭하기도 하였는데, 모두 주나라 봉건(封建 : 제후)과 당나라 번진(藩鎭 : 절도사)처럼 세습하였다. 지금 왜황은 일체 혁파하여서 오래된 신하든 가까운 신하든 오로지 공적에 따라 승진시키기도 하고 퇴출시키기도 한다고 한다.

◎ 옛 제도에 미나모토(源)씨, 다이라(平)씨, 후지(藤)씨, 다치바나(橘)씨의 네 성이 있어서, 마치 한나라의 김씨와 장씨, 진나라의 왕씨와 사씨 같았다. 지금 왜황이 모두 없애 버리고 고쳐서 다른 성을 내렸으니, 산조(三條), 데라시마(寺島), 미야모토(宮本) 등의 성과 같은 것이다. 혹은 지역 이름으로 혹은 종사하는 일로 형편에 따라 성을 내렸다. 그러므로 산조의 종족이 반드시 모두 산조라는 성을 갖는 것은 아니다. 4대 성 외에 다른 성들은 옛날 성을 그대로 따른 듯하다.

◎ 쓰시마 도주의 본성은 소(宗)였으나 중간에 다이라(平)를 썼으니 히데

---

19 궁궐에서 … 들려도 : 부지런히 학문을 닦음을 가리킨다. 『사기』 「골계열전(滑稽列傳)」에 "궁궐에서 종을 치면 소리가 밖에까지 들린다. 깊은 못에서 학을 울면 하늘까지 소리가 들린다.[鼓鍾于宮 聲聞于外 鶴鳴九皐 聲聞于天]"라는 구절이 나온다.

요시(秀吉)가 내려준 것이었다. 지금 소로 고쳤으니, 성을 바꾼 중에는 제일 잘 바꾼 것이나 오히려 불만스러운 기색이 있으니 법을 바꾸는 것은 진실로 어려운 것이다.

◎ 관제(官制) 역시 모두 변경하였고 그들의 정안(政案)이 각자 있다.

◎ 복제(服制)는 모두 서양식을 따르니 이른바 공복(公服)이다. 사복(私服)의 경우는 여전히 옛 제도가 있어서, 저고리 소매 한쪽에 각기 글자 하나 혹은 물건 모양을 수놓고, 안에는 관부의 호칭을 밖에는 고을의 표식을 하여서 한번 보면 어떤 군 어떤 관직의 사람인지 알 수 있다. 마차, 깃발, 일산과 덮개, 손에 드는 등불에 이르기까지 모두 그렇게 하지 않은 것이 없다.

◎ 직무가 있는 모든 사람은 날마다 반드시 관아에 갔다가 퇴근하였으며, 출퇴근이 모두 정해진 시각이 있다. 5일과 10일에 반드시 한 번 휴가가 있고 감히 태만히 하지 못한다.

◎ 제조국(製造局)은 없는 곳이 없었다. 크게는 배와 수레, 작게는 병기와 농기를 사람마다 조작하였고 거리마다 가득하였다. 오직 궁실의 토목 공사는 급선무가 아닌 듯하였다. 이른바 황궁에 불이 나서 지금까지 4, 5년 동안 왜황이 행궁에 거처한다고 하지만 여전히 재건하는 데 급급하지 않다고 한다.

◎ 구육원(救育院)을 설치하여서, 부모를 잃은 유아와 집이 없는 가난한 사람을 거두어 기르고, 각기 성취한 것이 있고 직업이 있게 한 연후에 돌려보내 각기 가정을 이룰 수 있게 한다고 한다.

◎ 놀고먹는 백성을 일체 벌로 다스리고 청소 하나라도 하는 이상 모두 봉급을 주기 때문에 걸식하며 다니는 사람이 한 명도 없다고 한다.

◎ 입법은 사목기회(徙木棄灰)[20]의 믿음으로써 하면서 한 번의 실수도 하지

않는다. 그러므로 윗사람은 아랫사람을 부리고 아랫사람은 윗사람을 섬기면서 조금도 저어함이 없고 조금도 두 마음을 갖지 않는다. 죄가 있으면 당연히 죽고 죽어도 원한이 없으며 스스로 죽을죄를 알아서 감히 살아날 요행을 바라지 않는다. 그래서 죄를 두려워해 범하지 않고 각기 그 직분을 따른다.

◎ 군신상하가 오로지 이익을 좇는다. 예를 들어 배를 만들어 물에 놓아두고 수레를 만들어 길에 밀쳐두어 사람이 가져가도 아낌이 없다. 든 비용을 하는 행위와 따져보면 얼핏 보기에 아무 이익이 없어 매우 우활한 듯하다. 그러나 배를 가져가고 차를 가져가는 데는 각기 해당되는 사람이 있어서 가격이 얼마든 이익은 그대로 있고 이익이 얼마든 세금은 그대로 있다. 그래서 비용이 수만 전이어도 이익은 만 배이니 이것이 풍속이 되어 사람들이 괴이하게 여기지 않는다.

◎ 관에서 만든 배와 수레 역시 관용이라는 명칭이 없다. 오늘 만들어 내일 사용하며 또한 반드시 배와 수레를 가져가는 사람에게 빌려주었다. 임대료 역시 매우 비쌌으나 천 전 만 전을 아까워하지 않으니, 이는 백성에게 이익을 좇으라고 권하는 뜻이다. 백성에게 이익이 되면 저절로 국가에 이익이 되고 더욱이 연말 세금은 이익이 또 만 배가 됨에랴.

◎ 옛 제도에 검을 차지 않은 사람이 없었으니, 관에 속한 사람이 공적인 일을 하는 경우 반드시 좌우에 검을 찼다. 서양인과 통교한 후로는 공적인 행차에는 검 하나만을 차고 사적으로 움직일 때는 검을 차지 않는

---

20 사목기회(徙木棄灰) : 법령을 믿게 하는 것을 가리킨다. 진(秦) 효공(孝公)이 상앙(商鞅)의 개혁안을 받아들여 도성의 남문에 나무를 세워놓고 북문으로 옮기는 사소한 일에 50금을 주겠다고 반포하여, 어떤 사람이 이를 옮기자 곧 50금을 주어서 법령을 믿게 하였다. 또 상앙이 도로에 재를 버리는 사람을 경형(黥刑)에 처해 진나라 백성에게 위엄을 세웠다.

다고 한다.

◎ 이른바 만국공법(萬國公法)이라는 것은 육국이 연횡하였던 법처럼 여러 나라가 동맹을 체결하여 한 나라가 어려움이 있으면 만국이 구하고 한 나라가 잘못이 있으면 만국이 공격한다. 한 나라만을 좋아하거나 미워하는 법도 없고 한 나라만을 공격하거나 긴밀하게 지내는 법도 없다. 이 서양인의 법을 규율마다 받들어서 감히 잘못을 저지르지 않는다.

◎ 전신의 수리와 도로 포장은 일대 사무(事務)라서 부지런히 날마다 경영하여 그칠 줄을 모른다.

◎ 조폐국이 곳곳에 있다. 금전, 은전이 당백전(當百錢), 당천전(當千錢)에 해당하고 지폐 한 장이 만전의 가치를 지니기도 한다. 역시 매일 만들어서 그칠 줄을 모른다.

◎ 전권대사(全權大使), 전권공사(全權公使)라는 명칭이 있다. 한번 군주의 명을 받으면 국가에 이익이 되는 일을 전단하여도 괜찮다. 수하의 사람을 살릴지 죽일지 승진시킬지 퇴출시킬지, 편의대로 일을 처리할지 안 할지 늦출지 서두를지 모두 마음대로 할 수 있다. 그래서 전권(專權)이라고 한다. 옛날 노나라의 삼가(三家)[21]나 진나라의 삼군(三軍)[22]처럼 제멋대로 권력을 휘두르는 것은 아니다.

◎ 비록 무사할 때라도 하관은 상관을 섬겨서 한 계급 사이라도 존비가

---

21 노나라의 삼가(三家) : 춘추시대 노(魯)나라 때 환공(桓公)의 후손이었던 세 가문 맹손씨(孟孫氏), 숙손씨(叔孫氏), 계손씨(季孫氏)를 가리킨다. 권세가 강성하여 왕권이 미약해졌으나, 나중에 계손씨의 가신(家臣) 양호(陽虎)에게 권력을 빼앗겼다.

22 진나라의 삼군(三軍) : 춘추시대 진(晉)나라의 군사 제도로, 문공(文公)이 중, 상, 하 삼군을 건립하였다. 이들의 통솔을 육경(六卿)이 담당하였는데, 여섯 집안이 이를 맡아 국정을 농단하게 되었고, 나중에는 조씨(趙氏), 한씨(韓氏), 위씨(魏氏)의 세 집안에 의해 진나라가 분열되었다.

엄격하였다. 양쪽이 의자를 벌여놓았을 때는 동등한 예를 행하는 듯하나 한번 공급(供給)이 있으면 몸을 굽혀 달려가는 것이 장관을 받드는 하인과 다름이 없다. 외무성을 살펴보니 경, 대보, 대승, 소승이 처음에는 등급의 차이가 심하지 않은 듯하였다. 그러나 문서를 전달하거나 명단을 전할 때 대보가 명단과 문서를 받들어서 봉함을 열고 삼가 두 손으로 경에게 바치면 경은 편안히 앉아서 받았고, 받는 것을 끝내야만 대보가 의자로 돌아가 앉았다. 대승이 또 조금 전 대보가 했던 대로 하면 대보 역시 편안히 앉아 경과 같이 행동하였고, 대승과 소승이 차례대로 행하는 것도 마찬가지였다. 그들의 법령이 매우 엄격하다는 것을 알 만하였다. 만약 그 일에 해당되는 자가 아니면 비록 소승 이하의 전어관 가운데 가장 직급이 낮은 자일지라도 대보 이상이 몸을 일으켜 예를 행할 때조차 보지 못한 듯 앉아서 움직이지 않았다.

◎ 관소에 머물 때 관반 제원에게 증여한 것이 있었는데, 먹 하나 종이 한 장처럼 작은 물건이라도 반드시 외무성에 보고한 후에야 비로소 가져갔다. 부산에 돌아와서 또 증여한 것이 있었으나 올 때 미처 지휘를 받지 못하였으므로 감히 마음대로 수령할 수 없다고 사양하였고 초량의 관소에 남겨두었다가 나중에 고지(告知)를 거친 다음에야 받아갔다고 한다. 이것도 법을 두려워하여 스스로 지키는 것임을 알 만하다.

규조(規條) 6칙

우리가 처음 동래부에 도착하였을 때 저들의 기선이 와서 정박해 있었다. 관수(館守)[23] 야마노조 스케나가(山之城佑長)가 편지를 부쳤는데 먼저 규조(規條) 3책을 보내왔다. 하나는 우리나라 사절을 맞이하는 절목이고 하나는 함선 내에서의 규칙이고, 하나는 성 안에서의 금조(禁條)였으며, 아울러 고류칸(黃龍艦)[24]과 엔료칸의 도면이 각기 한 장 있었다. 남의 나라에 들어갈 때 먼저 그 나라에서 금하는 것을 묻는 법이다. 우리가 마땅히 먼저 물어야 할 것을 저들이 먼저 보여주었으니 역시 주인의 도를 잃지 않은 것이다. 에도에 도착하여 외무성에 또 약조(約條)가 있어서, "대설(代舌)"이라 일컬으며 보내왔다. 우리가 편하고 자유롭게 행동하도록 한 것이니, 대할 때 정성을 다하려 힘썼고 머물 때 두루 편리하도록 힘쓴 것이다. 금지하고 있는 것을 스스로 보여준 것은 또 명확함을 다하려 힘쓴 것이다. 그리고 문자가 간략하면서 적당하여, 중언부언하여도 지나치게 늘어지는 단점은 없었다. 이에 나란히 기록한다.

관왜서(館倭書)

우리는 4월 10일, 귀국 동래부사 홍 공이 병자일 3월 15일에 쓴 단간(單簡) 및 현석운 훈도의 조진서(條陳書)를 받았습니다. 지금 귀국이 우리나라에 수신사를 파견하기 위해 우리 화륜선을 빌려 쓰고자 하였으므로, 본관에 있는 오마(尾間) 서기생으로 하여금 귀서를 가지고 도쿄에 가서 우리 조정에 전하도록 하니, 조정에서는 귀국에서 이번 거사를

---

23 관수(館守) : 관수왜(館守倭). 왜관(倭館)을 총괄하고 쓰시마번의 지시를 받아 조일간의 외교를 관장하는 왜관의 책임자를 가리킨다.

24 고류칸(黃龍艦) : 고류마루(黃龍丸)를 가리킨다. 1875년 이와사키 야타로(岩崎彌太郎)가 주주(株主)였던 해운회사(海運會社) 미쓰비시상회(三菱商會)가 관리한 811톤의 기선(汽船)이다.

빠르게 진행하는 것을 매우 기뻐하여, 즉시 화륜선 한 척에 접반 외무 관원 몇 명을 태워 출발시켰고 이 항구에 이미 도착하여 있습니다. 귀 신사(信使 : 수신사)께서 출발하는 일시는 편하신 대로 맡기겠습니다. 선상 및 도쿄 각지의 여관 등 필요한 일체 사항은 별간(別簡)에 자세히 기록해 두었으니, 염려하지 마시기 바랍니다. 삼가 아룁니다.

재부산일본공관장 대리. 메이지 9년 병자 5월 14일.

외무 사등서기생 야마노조 스케나가(山之城佑長).

제1조. 화륜선 고류호(黃龍號)를 귀 신사의 항해 전체 여정에 제공하겠습니다. 석탄과 같은 제 비용은 모두 우리 정부에서 준비할 것이니 귀 신사께서 삯전을 낼 필요는 없습니다.

제2조. 본 성(省)에서 외무소록(外務少錄) 미즈노 세이이치(水野誠一), 칠등서기생(七等書記生) 오마 게이지(尾間啓治)를 파견하여 귀 신사 일행의 항해 사무를 담당하게 할 것입니다.

제3조. 외무 육등서기생(等書記生) 아라카와 도쿠시게(荒川德滋), 같은 육등서기생 나카노 교타로(中野許多郞) 및 생도 11명이 통역 및 영접 사무를 담당할 것입니다.

제4조. 여관은 도쿄 제4 다이쿠(大區) 니시키마치(錦街) 제2가 1번지에 설치하였습니다. 지금 미리 여관 도면 1매를 첨부합니다.

제5조. 선내 음식물 일체는 우리가 공급하니, 선내 부엌 한 곳에서 한꺼번에 조리하기 때문입니다. 그 비용은 주객을 나누기 어려우니 염려하지 마십시오.

제6조. 군의원 1명이 선내에 있을 것입니다.

제7조. 배가 바칸(馬關 : 현 시모노세키), 효고(兵庫) 두 항구에 도착하

면 몇 시간 정박하여 여객의 피곤을 풀 것입니다. 이때 상륙해서 거닐거나 여관에 투숙하거나 할 것인데, 목욕, 머리 빗기, 휴양은 모두 준비가 되어 있습니다.

제8조. 배가 요코하마(橫濱)를 통해 상륙하면 기차를 타고 달려서 도쿄로 갑니다. 해당 항구에 도착하면 따로 외무관원이 있어 귀 신사께서 도쿄에 들어가는 행차를 돌볼 것입니다.

함내규칙(艦內規則)

1. 함내의 각 방은 상, 중, 하 등급이 정해져 있으니, 반드시 함장의 지시를 따라 각기 선실로 들어가야 한다.
1. 함내에서는 화기를 엄격히 경계하고 있으니 조심하고 주의해야 한다. 흡연 역시 시간과 장소가 정해져 있으니, 정해진 장소가 아니면 정해진 시간이라도 흡연할 수 없고 정해진 시간이 아니라면 정해진 장소라도 흡연할 수 없다. 선실 안에서 은밀하게 부싯돌로 불을 켜고 담배를 피우는 것은 엄금한다.
1. 선실마다 반드시 등불이 있고 정해진 시간이 되면 소등한다. 그러므로 촛불을 들고 출입하는 것 역시 엄금한다.
1. 함내에 측간이 설치되어 있으니 측간이 아니면 함부로 소변을 보아서는 안 된다.
1. 세면장이 있으니 물 사용은 일체 그곳에서 하고 다른 곳에서 사용하는 것을 금한다.
1. 수부(水夫)와 화부(火夫)의 함선 운행은 지극히 어렵고 고생스러우니, 옆에 가까이 가서 구경하여서 혹시라도 줄을 펼치고 키를 돌리는 일

을 방해해서는 안 된다. 혹시라도 보일러의 천철(踐鐵)을 잘못 건드려 기계장(器械場)으로 들어가게 되면 해가 몸에까지 미칠 것이다.

1. 갑판 위에서 큰 소리로 떠드는 것을 금지한다. 함내에서 저녁이 되면 수직하는 병사도 그렇게 하여, 소음으로 함선을 운전하는 호령을 방해하지 말라.
1. 갑판 위에는 한가하게 산보하는 곳이 정해져 있으니 정해진 곳 밖은 마음대로 다니는 것을 금지한다.
1. 식사는 정해진 장소와 시간이 있으니 반드시 함께 식사하며 각자 마음대로 아무 곳에서나 식사할 수 없다. 만약 질병 때문에 선실을 나갈 수 없는 사람이 있으면 사정을 알리고 방에서 식사하는 것은 상관없다.
1. 함내에는 승객이 진입하는 것을 불허하는 곳이 있으니 억지로 함부로 지나다니는 것을 절대 경계한다.
1. 휴대한 짐과 물품은 감독원에게 맡겨 보관한다. 만약 폭발하기 쉬운 화약이나 깨지기 쉬운 약한 물건이 있으면 그 성질을 상세히 설명하여 특별히 포장하여 부친다. 단, 조석으로 필요한 물품이거나 일상에서 잠시라도 없어서는 안 되는 짐과 상자는 선실 내 두어도 무방하다.
1. 모여서 식사할 때 음주를 금한다. 술을 매우 좋아하는 자의 경우 선실 내에서 취침할 때 약간 마시는 것은 무방하다. 만약 술주정을 하여 시끄럽게 하고 규정을 어기는 자는 규칙을 어긴 것으로서 논한다.

배에 탄 승객들의 금례에 관해, 사군자는 한번 보면 알고 감히 범하지 않을 것이나, 노복의 경우에는 게시하여 절대 경계하지 않을 수 없다. 이에 번역하여 알리느라 감히 제군을 번거롭게 하니, 간절히 경계를 고지하여 온 배의 환난을 미리 예방한다.

메이지 9년 4월.

괘위죄목(詿違罪目) 28조

1. 좁은 길을 거마를 타고 달리는 자.
1. 밤중에 등불 없이 수레를 끌거나 또 말을 타는 자.
1. 짐작하지 않고 거마를 달려서 행인을 막는 자.
1. 인력거를 끄는 자가 억지로 승차를 권하거나 지나치게 말을 하는 자.
1. 왕래하는 곳에 거마 및 인력거, 짐수레를 두어 행인을 방해하거나 거리 입구에 우마를 가로 놓아 행인을 방해하는 자.
1. 짐승의 사체 혹은 오물을 왕래하면서 버리는 자.
1. 목욕업을 하는 자가 문을 열어 놓거나 혹은 누상(樓上)에 발을 드리우지 않는 자.
1. 가옥 앞에 청소를 태만하게 하거나 더러운 물을 치우지 않는 자.
1. 부인이 이유 없이 단발한 자.
1. 짐수레 및 인력거가 모여들 때 행인을 방해하는 자.
1. 대소변을 치우면서 분뇨 통에 뚜껑을 덮지 않고 운반하는 자.
1. 여관을 생업으로 하는 자가 숙박인의 이름을 기록하지 않거나 아뢰지 않는 자.
1. 거리의 호찰(號札) 및 인가의 번호, 문패, 간판을 훼손하는 자.
1. 시끄럽게 논쟁하거나 남의 자유를 방해하고 경악스러운 소란에 응하는 자.
1. 장난삼아 거리의 가로등을 끄는 자.

1. 소홀하게 사람에게 오물을 던지거나 돌팔매질을 하는 자.
1. 길이 없는 농작물을 심은 논밭을 통행하거나 우마를 끌고 들어가는 자.
1. 왕래하는 도로로 변소가 아닌 곳에 소변을 보는 자.
1. 문 앞에서 왕래하는 곳을 향해 어린아이의 대소변을 보게 하는 자.
1. 짐수레 및 인력거를 나란히 끌어다가 통행을 방해하는 자.
1. 우마를 잘못 놓아 인가에 들어가게 한 자.
1. 투견으로 하여 장난삼아 사람을 물게 하는 자.
1. 거대한 종이 연을 날려서 방해하는 자.
1. 취하여 또는 장남 삼아 거마의 왕래를 방해하는 자.
1. 창문을 열거나 담을 넘어서 얼굴만 내놓고 행인을 감시하거나 조롱하는 자.
1. 삼 척 이상의 긴 줄을 이용하여 말을 끄는 자.
1. 유원지 및 노방의 화목을 꺾거나 식물에 해를 끼치는 자.
1. 도로 및 인가에서 강제로 돈을 구걸하거나 강매하는 자.

대설(代舌)

1. 부내(府內)의 인가가 지극히 조밀하기 때문에 실화(失火)를 가장 두려워합니다. 그러므로 감졸(監卒)이 밤낮으로 여관의 안팎을 순찰합니다만 귀객께도 청하니 각자 조심하시기 바랍니다.
1. 여관에 만약 불이 나면 불길이 향하는 방향을 따라 접우관(接遇官)이 유도하여 피할 것입니다. 아사쿠사(淺草) 혼간지(本願寺)와 시바(芝)의 곤치인(金地院)이 피하여 묵을 곳입니다.

1. 귀객께서 일시적으로 감기에 걸리거나 심사가 좋지 않는 등의 일이 있으면 반드시 속히 상황을 알려서 의료를 요청하십시오. 미리 의관을 대비해 두었습니다.
1. 날씨가 점점 더워지고 있어서, 방 안이 불결하면 혹시라도 귀객의 건강에 장애가 될까 걱정스럽습니다. 그러므로 방지기에게 때때로 방에 들어가 청소하도록 할 것이니 당돌함에 놀라지 마십시오.
1. 귀객이 외출할 때 비록 통역이 인도하더라도 필요 없다면 꼭 따라가야 하는 것은 아니니 마음대로 외출하셔도 무방합니다. 거마 역시 마찬가지로 타고 싶으면 타십시오. 잠깐 동안에 마련될 것입니다. 그리고 밤중에 시가를 돌아다니는 것 역시 하나의 좋은 유람이니, 인도하는 자가 피곤할까 염려하여 외출하지 않는 것은 접우관의 본뜻이 아닙니다.
1. 귀객이 외출했다가 혹시라도 길을 잃을까 걱정됩니다. 그러므로 미리 여관의 주소가 기록된 나무패를 드립니다. 만약 길을 잃어 곤란하면 이 패를 경찰관에게 보이십시오. 해당 경관이 친절하게 알려주어 지나치지 않도록 할 것입니다.

단, 부내에 경찰관을 두어 순시하지 않는 곳이 없습니다. 해당 경관은 감흑색(紺黑色) 옷을 입고 있고 3자쯤 되는 곤봉을 들고 있습니다.

1. 시가에는 변소가 설치되지 않은 곳이 없어서 길 가는 사람에게 편의를 제공하고 있습니다. 그리고 인민의 가옥에도 각기 설치가 되어 있습니다. 그러므로 만일 변소 아니면 대소변을 보지 못합니다.

단, 시가의 변소는 흰 칠을 하였고 세로는 7, 8자이고, 가로는 3자 내지 6, 7자입니다.

메이지 9년 5월 일.

학술(學術) 7칙

◎ 이른바 학술은 한학(漢學)과 송학(宋學)이 대치하고 주자학(朱子學)과 육상산(陸象山)의 학문이 병행되었다. 미나모토노 마사유키(源正之)[25]의 『삼자전심록(三子傳心錄)』과 야마자키 씨(山崎氏)[26]의 『송유언행서(宋儒言行書)』 같은 것들은 모두 정주학(程朱學)을 독실하게 믿는 것이다. 이토(伊藤)[27]의 『동자문(童子問)』, 소하쿠(雙栢)[28]의 사서(四書)에 대한 징

25 미나모토노 마사유키(源正之) : 호시나 마사유키(保科正之, 1611~1673). 도쿠가와 이에미쓰(德川家光)의 배다른 동생. 1617년 시나노국(信濃國) 다카토(高遠) 번주 호시나 마사미쓰(保科正光)의 양자가 되었다. 1631년 의부 마사미쓰가 남긴 영지 3만 석을 상속했고, 다음해 히고노카미(肥後守)라고 일컬어졌다. 1651년 도쿠가와 이에미쓰가 사망한 뒤 어린 이에쓰나(家綱)를 보좌하여 막부정치를 주도하였고, 학문을 좋아하여 유학자인 야마자키 안사이(山崎闇齋)를 중용하였으며, 유학 관계의 서적을 편찬하였다.

26 야마자키 씨(山崎氏) : 야마자키 안사이(山崎闇齋, 1619~1682). 교토 출신. 어릴 때 히에이산(比叡山)에 들어가 승려가 되었다. 19세 때 도사국(土佐國)으로 옮겨 남학파(南學派)의 다니 지추(谷時中)에게 주자학을 배웠다. 주자학에 경도되어 25세 때 환속하여 유학자가 되었다. 1655년 이토 진사이(伊藤仁齋)의 고기토(古義堂)에 마주하여 안사이주쿠(闇齋塾)를 열었다. 1665년 호시나 마사유키의 빈사(賓師)로 초빙되었다. 한편 신도(神道)에 대한 연구를 본격적으로 시작하여, 신도와 유학을 융합시킨 스이카신도(垂加神道)를 개창했다. 제자가 6000명에 이르는 기몬학파(崎門學派)의 창시자이자, 왕정복고를 이끈 존왕주의(尊王主意)의 원류를 형성시켰다.

27 이토(伊藤) : 이토 진사이(伊藤仁齋, 1627~1705). 청년시절 독학으로 주자서(朱子書)를 읽었으며, 『경재잠(敬齋箴)』에 경도(傾倒)되어 호를 게이사이(敬齋)라고 하였다. 1658년 『인설(仁說)』을 쓰고, 인(仁)의 본질은 애(愛)라고 하였으며, 호를 진사이(仁齋)라고 고쳤다. 1662년 교토 호리카와(堀川)의 자택으로 돌아와서 쓰루야 시치에몬(鶴屋七右衛門)을 습명(襲名)하고, 고기토(古義堂) 주쿠(塾)를 열어 고의학파(古義學派)의 창시자가 되었다. 자유롭고 실천적인 학풍으로, 폭넓은 계층에 걸쳐 문하 제자가 3,000명에 달하였다. 『논어』·『맹자』 두 책을 후인의 주석에 기대지 않고 직접 숙독 정사(精思)해서 문장구조를 통해 공맹사상(孔孟思想)을 파악하였다. 저서로 『어맹자의(語孟字義)』·『동자문(童子問)』·『대학정본(大學定本)』·『중용발휘(中庸發揮)』·『논어고의(論語古義)』·『맹자고의(孟子古義)』·『고학선생문집(古學先生文集)』·『고학선생시집(古學先生詩集)』 등이 있는데, 대부분 사후에 그의 아들 이토 도가이(伊藤東涯)가 간행한 것이다.

(徵)[29]은 정주를 배척하는 데 여념이 없는 것이다. 사람들이 양쪽으로 갈려있으나 대립하지는 않는다.

◎ 옛날에는 문자가 없었는데 우리 삼국시대에 백제인 왕인(王仁)이 서적을 가지고 들어갔다고 한다. 지금까지 우리나라 사람을 향해 무한한 감사의 뜻을 전한다.

◎ 일본의 언문은 이로하(伊呂波)라 한다. 배가 중국과 통하여 서적을 얻어서 수입할 수 있는 것은 수입하고 그렇지 않으면 이로하로 번역하여 가지고 돌아왔다.

◎ 중세에 문풍이 크게 진작되었다. 수입한 중국 서적이 매우 많아서 강희제(康熙帝)가 간행한 『사고전서(四庫全書)』 역시 전부 수입해 들여온 것이 4질이라고 한다.

◎ 서양인과 통교한 이래 오로지 부국강병의 기술을 숭상하여, 경전의 문자는 무용지물이 된 채 서고에 처박히게 되었다. 경전과 문자를 익히는

---

28 소하쿠(雙栢) : 오규 소라이(荻生徂徠, 1666~1728). 고즈케(上野) 다테바야시번(館林藩) 번주 도쿠가와 쓰나요시(德川綱吉)의 시의(侍醫)인 오규 호안(荻生方庵)의 차남으로 의술(醫術)을 가업으로 하였다. 어릴 때 학문에 뛰어나 하야시 가호(林鵞峰)·하야시 호코(林鳳岡)에게 배웠다. 1679년 부친이 에도에서 추방되어 칩거에 들어가 25세까지 가즈사(上總)에서 살았다. 이곳에서 주요 한적(漢籍)·일본서적·불경을 13년 남짓 독학하여 학문의 기초를 닦았다. 1696년 32세 때 무사시(武藏) 가와고에번(川越藩) 야나기사와 요시야스(柳澤吉保) 번주에게 발탁되어 그를 섬겼다. 주자학을 "억측에 의거한 허망한 설(說)에 불과하다."고 주장하고 주자학에 입각한 고전 해석을 비판하였으며, 고대 중국의 고전 독해 방법론으로 고문사학(古文辭學, 蘐園學)을 확립하였다. 1722년 이후 오규 소라이는 제8대 쇼군(將軍) 도쿠가와 요시무네(德川吉宗)의 신임을 얻어 그에게 정치적 자문을 하였으며, 정치개혁론인 『정담(政談)』을 제출하는 등 현실정치에도 관여하였다. 저서로 『역문전제(譯文筌蹄)』·『논어징(論語徵)』·『변도(辨道)』·『변명(辨名)』·『의자율서(擬自律書)』·『태평책(太平策)』·『정담(政談)』·『학칙(學則)』 등이 있다.

29 사서(四書)에 대한 징(徵) : 오규 소라이의 저서 『논어징(論語徵)』을 가리키는 것으로 보인다.

업을 금하는 영이 내린 지 지금 8, 9년이 되었다. 야스이 고(安井衡)[30]의 학문, 시게노 야스쓰구(重野安繹)[31]와 가와타 쓰요시(川田毅)[32]의 문장은 모두 옛날에 강습하였던 것이다. 십수 년 지나 남아있는 노인이 모두 죽으면 이른바 학문의 전형이라는 것은 다시 볼 수 없게 될 것이라 한다.

◎ 야스이 고는 호가 솟켄(息軒)이다. 학문은 주로 한나라 유학을 하였고 정주학을 배척하니 이토 진사이와 오규 소라이의 아류이다. 그의 저서 『좌전집석(左傳輯釋)』과 『논어집설(論語集說)』 두 책에 중국인 응보시(應寶時), 심병성(沈秉成)이 쓴 서문이 있는데, 지극히 칭찬하고 치켜세워서 서하(西河) 모기령(毛奇齡)에게 비하였다. 서하라는 자는 낙민(洛閩 : 정주학)의 극적(劇敵)이다. 그러나 박식함 역시 한 시대의 대가이다.

◎ 출판하는 일은 쉬지 않고 날마다 한다. 또한 교묘하고 신속하여 비록

---

30 야스이 고(安井衡) : 야스이 솟켄(安井息軒, 1799~1876)을 가리킨다.

31 시게노 야스쓰구(重野安繹) : 1827~1910. 호는 세이사이(成齋). 사쓰마국(薩摩國) 가고시마(鹿兒島) 출신. 1871년에 문부성(文部省)에 출사하여 1875년 태정관(太政官) 정수사국(正修史局)에 들어간 후 1879년 동경학사회원(東京學士會院)의 회원이 되었으며, 중국어 교육에 힘썼다. 이후 1880년 창립된 아시아주의 단체 흥아회(興亞會)에 참가하였으며, 1881년 『대일본편년사(大日本編年史)』 편찬에 관여하였다. 1881년 5월 5일 조사시찰단(朝士視察團) 수행원이 대장성(大藏省)을 방문하여 『조약유찬(條約類纂)』을 빌렸는데, 일문(日文)과 영문을 섞어 썼기 때문에 한문으로 번역해줄 사람을 찾고 있었다. 1881년 5월 16일 조사시찰단 수행원이 그를 찾아가 필담하였을 때, 시게노 야스쓰구에게 『조약유찬』의 번역자를 소개해줄 건을 부탁하였다. 1886년 수사국(修史局)의 편집장이 되었으며, 1889년 사학회(史學會)를 창립하였다.

32 가와타 쓰요시(川田毅) : 가와타 오코(川田甕江, 1830~1896). 오카야마 출신. 일찍 에도에 가서 고가 사케이(古賀茶溪) 등을 사사하였다. 야마다 호코쿠(山田方谷)의 추천으로 마쓰야마번(松山藩)에 고용되었다. 번주 부자를 보좌해 번론(藩論)을 정권을 천황에게 돌리는 존황(尊皇) 쪽으로 변화시켰다. 메이지 이후에는 궁내성(宮內省)에 출사하였고, 1885년부터 도쿄대학의 교수를 겸직하였다. 쇼료노카미(諸陵頭), 귀족원의원(貴族院議員), 『고사유원(古事類苑)』 편수 총재, 동궁시강(東宮侍講), 궁중고문관(宮中顧問官) 등을 역임하였다.

대들보까지 쌓일 정도의 많은 책이라도 하루면 인쇄가 되었다. 그래서 중국 서적이 들어오는 대로 출간이 되니 책을 구하려고 북경까지 갈 필요가 없으며 인쇄가 정밀하고 종이가 질겨서 도리어 북경보다 낫다.

기예(技藝) 7칙

◎ 서법(書法)은 옛날에 고보시(弘法師)라는 사람이 있어서, 온 나라가 모두 종주로 여겼다. 중간에 소식(蘇軾)과 미불(米芾)을 추종하니, 필획이 시원스러우나 골기(骨氣)가 부족하였으며, 반굴위료(盤屈圍繚)하여 장전(張顚)[33]이 술 마신 후의 광경이 있었으나 상아(祥雅)한 맛은 거의 없었다. 근래 일종의 공문서는 오로지 구솔경(歐率更 : 구양순(歐陽詢))을 주로 하여 수근경골(瘦筋勁骨)하니 그대로 예천파(醴川派 : 구양순파)이나, 글을 짓고 술을 마시는 장에서는 예전처럼 농활(濃活)하다.

◎ 오기와라 슈간(荻原秋岩)이 지금 명필로 이름을 떨치고 있다고 하나 만나지 못하였다.

◎ 산조 사네토미는 해서가 졸렬하나 행서와 초서는 유려(流麗)하여 용이 날고 뱀이 달리는 듯하니 역시 한 시대의 호걸이라 할 만하다.

◎ 화가는 오로지 세밀(細密)함과 정치(精緻)함을 주로 하여, 채색한 화조화(花鳥畵)는 요조농염(窈窕濃艶)하나 역시 수발(秀拔)함이 부족하고, 고목과 푸른 등나무, 마른 대나무와 주름진 바위는 대체로 잘 못 그린

33 장전(張顚) : 당나라 때 장욱(張旭)을 가리킨다. 술에 취할 때마다 소리를 지르며 달리다가 붓을 휘두르기도 하고 머리카락에 먹물을 적셔 쓰기기도 하였기 때문에 장전이라고 불렀다고 한다. ≪新唐書 卷202 張旭列傳≫

다. 그러나 당송의 화보들과 비교하면 때로 공졸을 구분하기 어렵다. 근래 아토미 씨와 다키 가테이(瀧和亭)[34]의 수법이 정공(精工)하여 묘한 경지에 들어갔다고 할 만하다.

◎ 뜻을 드러내는 수묵화도 때로 있었다. 큰 붓을 쥐고 먹물에 푹 담갔다가 얇은 비단, 흰 칠 하지 않은 종이를 향해 먹물을 날리며 이리저리 그려서 하지 않는 것이 없었다. 솜씨가 투박하지 않고 정신이 매어있지 않아서 쾌적하게 유동(流動)하니 왕왕 취할 만한 점이 있었다.

◎ 계화(界畫 : 자를 이용한 정밀한 그림) 분야는 그들이 잘하는 것이다. 근래 또 서양의 기법을 익혀서 정교한 데다 더 정교하게 되어서, 진실로 똑같지 않은 물건이 없고 정밀하지 않은 법이 없다. 아래로는 하인과 어리기로는 아동들까지 역시 종이를 비추어서 자를 대고 가는 붓을 쥐고 부지런히 그린다.

◎ 인장은 정연(精姸)함을 취하나, 때로 고졸(古拙)함도 있어서 한나라 인장에 손색이 없다. 성품이 정교하여 배우고자 하면 배우지 못하는 것이 없기 때문인 듯하다.

물산(物産) 26칙

◎ 무쓰(陸奥)에서는 황금이 산출되고 이와미(石見)에서는 백은이 난다.

---

34 다키 가테이(瀧和亭) : 1830~1901. 에도 출신. 오카 운포(大岡雲峰)에게 그림을 배웠고, 나가사키에 가서 뎃요(鐵翁) 등에게 명청화(明淸畵)를 배웠다. 메이지유신 이후 내국권업박람회(內國勸業博覽會)에서 수상하였고, 비엔나 만국박람회, 시카고 만국박람회 등에 출품하여 수상하였다. 화조화에 뛰어나 궁내성과 외무성 등에서 회화어용(繪畫御用)으로 근무하였으며 제실기예원(帝室技藝員)이 되었다.

하리마(播磨)의 구리는 피처럼 붉고 부젠(豐前)의 철은 눈처럼 반짝인다. 사쓰마(薩摩)의 검은 날이 비할 데 없이 날카롭고, 지쿠젠(筑前)의 쌀은 알알이 윤이 나서 셀 수 있을 정도이다. 히젠(肥前)의 베는 윤기가 나면서 성기고, 미노(美濃)의 종이는 깨끗하면서도 질기다. 아카마가세키의 벼루는 단계(丹溪 : 중국의 벼루 명산지)의 연갱(硯坑)에 비길 만하고 서경(西京 : 교토)의 먹은 이정규(李庭珪 : 당나라 때 먹 장인)가 만든 먹처럼 품질이 좋다. 헤이안(平安)의 붓은 정교하고 스기하라(杉原)의 술은 향기롭다. 사가미(相模)의 나무는 녹나무처럼 훌륭하고 가이(甲斐)의 말은 기기(騏驥)처럼 달린다. 모두 예전에 기술한 것이 있고 직접 살펴본 것이 아닌 것도 있어서 일일이 지적할 필요가 없으므로 우선 빠진 채로 둔다.

◎ 철은 모두 수백 번 단련하니, 만들어낸 모든 기계가 칼날이 잘 드는 것은 따질 필요도 없고 닦아내면 눈처럼 희어서 눈이 부시고 광채가 사람을 쏘는 듯하다.

◎ 벼의 이앙법(移秧法)은 일본에서 시작되었으니 일본의 쌀이 천하에서 제일 좋은 것은 당연하다. 근래 농기가 발달하고 농부가 부지런해서 땅의 이익을 전부 취한다. 그리고 마쓰마에(松前)와 에조(蝦夷 : 홋카이도 아이누 지역)의 천 리 땅을 모두 빼앗아 관개시설을 하니, 그 이익이 전보다 만 배가 된다고 한다.

◎ 포백(布帛) 등속은 다 기록할 수 없다. 붉은 바탕의 비단과 품질 좋은 직물을 이번 길에 처음 보았다. 박물원과 쓰시마 옛 도주의 집에서 보았던 편금보(片錦譜)【각종 비단의 조각을 잘라 책으로 만든 것을 편금보라고 한다.】의 경우, 무늬가 있는 것이든 없는 것이든 없는 물건이 없었으니 강남(江南)과 서촉(西蜀)의 직조국(織造局)에 분명 밀리지 않을 것이다.

◎ 종이는 중국 종이처럼 깨끗하고 한지처럼 단단하니, 이것이 그들 종이의 장점이다. 근래 또 일종의 서양 종이가 일본에 유행하는데, 윤기가 나서 눈이 부시고 손바닥처럼 두껍고 종이 같으면서 종이가 아니니 귀하게 여길 정도는 아니다. 내가 본 바로는 일본산 최상품에 미치지 못한다.

◎ 아카마가세키의 벼루는 지나치게 매끄러워서 좋은 물건은 아닌 듯하다.

◎ 필묵(筆墨)은 중국의 제도를 따르나 옛날 것은 아니다. 근래 또 서양인의 붓을 많이 사용하여 종이에 그어서 글자를 쓰는데 먹물에 적시지 않고도 하루 종일 쓴다. 어떤 방법으로 제조하였는지 모르겠다.

◎ 말은 모두 날래고 튼튼하여 쓸 만하다. 소는 매우 커서 우리나라 소보다 곱절은 짐을 실을 수 있을 것 같다. 그러나 고기는 달거나 연하지 않아서, 식용은 오히려 우리나라 고기에 미치지 못한다.

◎ 나무는 크고 곧은 것이 많아서 쓸 만하나 돌은 크고 두꺼운 것이 적다. 생각건대, 산이 모두 흙이라 산에 채취할 만한 층암절벽이 없어서 그런 듯하다.

◎ 구리 가운데 흰빛이 나는 것을 백동(白銅)이라고 한다. 우리나라에는 없어서 북경에서 많이 가져다 쓴다. 지금 일본산을 보니 광택이 북경에서 가져온 것보다 모두 낫다.

◎ 칠기는 천하제일이라고 꼽을 만하다.

◎ 자기는 채화(彩畫)가 옛날에는 북경만 못하였으나, 근래 서양 방법을 참고하여 정교하게 색을 낸다. 박물원에 화병 하나가 있었는데, 높이가 천장에 닿을 정도였고 몸체에 두루 채화를 하여서 색감이 눈부시고 염색에 흔적이 없었다. 이것 역시 서양의 방법을 모방해 만든 것인데, 서양인들이 보고서 자기들 것보다 낫다고 한다 하니, 사쓰마주에서 진

상한 것이라고 한다.

◎ 고색(古色)과 비색(祕色)은 모든 요(窯 : 가마)에서 각기 제 색깔을 낸다.

◎ 거울은 옛날에 오갑경(烏匣鏡)이라는 것이 있었는데 지금은 볼 수 없다. 좌경(坐鏡), 현경(懸鏡) 모두 서양 방법을 따랐고 동경(銅鏡)만 여전히 옛 제도이다. 안경 역시 옛날에는 옻칠한 나무로 테두리를 만들고 중간을 둥글게 구부려서 두 원이 닿도록 하였으며 위는 모가 나고 아래는 둥글며 호로병 모양의 칠갑에 보관하였으나 지금은 없어졌다. 단지 작은 렌즈가 겨우 눈을 가릴 만하고 테가 없으며 은이나 구리로 테를 한 것도 있다. 안경다리를 덧붙이고 다리 양 끝을 아래로 굽혀서 귀 뒤에 걸쳐서 씌우면 벗겨지지 않는다. 테와 안경다리가 모두 실처럼 가늘다. 이것 역시 서양식인 듯하다.

◎ 면포(綿布)는 셋쓰(攝津)의 산품이나 근래에는 없는 곳이 없다고 한다. 직조(織造)는 한결같이 서양의 방법을 따르니 이른바 서양포(西洋布)라는 것과 같다.

◎ 차는 색깔이 푸른 것이 옛날에 생산하던 것인데 많이 보지 못하였다. 차 농업과 차로 이문을 남기는 것은 북경과 마찬가지이다. 서양인이 차를 귀중하게 여겨서 차의 이문이 전보다 곱절이 된다.

◎ 도미어(道味魚)는 속칭 다이(鯛)라고 하는 것으로 없는 곳이 없고 없을 때가 없다.

◎ 강고도어(羌古道魚) 역시 일본에서 나는 것인데 맛이 담백하여 먹을 만하다.

◎ 북해(北海)에 생선이 나는데 이름이 명태(明太)이다. 북어(北魚)라고도 하는데 북쪽의 물고기라는 뜻이다. 살아있을 적에는 물에서 활발하게 헤엄을 치는 것이 혜자(惠子)가 구경할 거리조차[35] 되지 못하고, 죽어도

밥상의 반찬 맛이 귀족들이 먹기에 부족하다. 특히 많이 생산되기 때문에 가격이 쌀 뿐이다. 그러므로 우리나라 사람이 궁벽한 산골이나 깊은 골짜기까지 남녀노소 할 것 없이 북어를 모르는 자가 없다. 지금 박물원에 전시한 어류를 보니 유독 북어가 보이지 않았다. 그들 역시 없는 것은 북어라고 하였다.

◎ 종려목은 길이가 여러 길 되는 것도 있고 둘레가 한 아름 되는 것도 있었으며 없는 곳이 없었다. 때로는 산 위에 울창하게 숲을 이루고 있었다. 그러므로 언덕을 올라가는 잔도(棧道)나 절벽 위에 설치하는 다리는 종려목을 사용하지 않는 것이 없었으니, 가격이 싼 것을 볼 수 있다.

◎ 소철나무는 나무가 죽어도 철을 박으면 살아나기 때문에 소철(蘇鐵)이라고 한다. 종전에 우리나라 사람이 보고서 신기하게 여겼다. 그래서 통신사가 기이한 것을 기록한 책에 많이 보인다. 그러나 일본인들은 귀하게 여기지 않는 것 같다.

◎ 화훼 등속은 우리에게 없으나 일본에는 있는 것이 많고 우리에게 있으나 일본에는 없는 것은 없다. 숲이 성긴 곳에 꽃이 층층이 피어서 사랑스러웠다. 그러나 모두 이름을 알 수 없었다. 철쭉, 영산홍(映山紅), 서감(西龕) 등의 꽃은 우리나라 사람이 화분 하나를 얻어도 천금의 값을 칠만한 것인데, 바위두둑이나 개울가에 있는 것들이 모두 이 꽃이었다.

◎ 옛날에 일본에 꾀꼬리가 없었다고 하였다. 이번에 와서 보니 빈 숲의 꾀꼬리 소리가 유려하여 들을 만하였다.

---

35 혜자(惠子)가 구경할 거리조차 : 장자와 혜자가 다리 위에서 물고기의 즐거움을 논한 것을 빗댄 것이다. ≪莊子·秋水≫

◎ 대나무는 크고 작은 것이 없는 곳이 없었다.

◎ 인삼은 근래 재배하기도 하나 대체로 그 땅에는 맞지 않는다고 한다.

◎ 초는 흰색이고 매끄러워 우리나라 백랍촉(白蠟燭)과 비슷하였으나 더 깨끗하다. 이것은 수액을 채취하여 만든다고 하였으나 나무 이름은 모르겠다.

◎ 기름은 고래 기름을 가져다가 만드나, 역시 나무에서 즙을 짜내 만드는 것이 많다. 근래 또 일체 석탄유(石炭油)를 쓰고 있으나 채취하는 방법은 미처 듣지 못하였다.

일동기유(日東記游) 권4

문사(文事) 9칙

저들과 주고받은 문자는 서계에서 심상한 문이(文移 : 공문)에 이르기까지 모두 기록하였다. 창수한 시편의 경우 내가 쓴 것은 여행 도중에 막 쓰다 보니 저절로 많이 없어졌고 저들이 준 것은 한번 행장을 풀고 나자 사람들이 모두 탐독하여 동서로 흩어져 남은 것이 없으므로 내 몸에 지니고 있던 몇 통만을 기록해 넣었다. 그러나 고기 한 조각으로 솥 전체의 맛을 알 수 있고 비단 조각 하나로 한 필을 알 수 있는 법이니 많지 않은 것이 무슨 걱정이랴. 아래에 미야모토 오카즈의 편지 한 통, 「식헌편후제(息軒扁後題)」 1칙, 「관육군정조국기(觀陸軍精造局記)」 1편을 역시 기록해 넣었으니, 혹시라도 훗날 참고할 것이 없지는 않을 것이다.

서계(書契)

◎ 대조선국 예조판서 김상현(金尙鉉)[1]이 일본국 외무경 합하에게 서계를

---

1 김상현(金尙鉉) : 1811~1890. 본관은 광산(光山). 자는 위사(渭師). 호는 경대(經臺)·노헌(魯軒). 1859년 군수로서 증광문과에 갑과로 급제하였고, 대사간·이조참의·승지·대사성·이조참판·예문제학·홍문제학·도총관·공조판서·예조판서·경기도관찰사·평

드립니다. 지금 맑고 온화한 초여름에 삼가 생각하니, 귀국은 화락하고 우리나라는 평안하여, 똑같이 태평한 시대를 구가하고 있습니다. 우리나라와 귀국은 간곡한 우의를 맺은 지 3백여 년이란 오랜 세월을 보냈으니 입술과 이처럼 의지하고 심장과 쓸개처럼 서로를 이해하는 것이 본래 당연한 것입니다. 갑자기 일이 터져서 피차간에 의심이 생기고 사이가 틀어지게 되었으나 먼 땅에서 전해 듣는 말에 어찌 사실과 어긋남이 없다고 보장하겠습니까? 근래 귀국 대신이 바다를 건너 방문하였고, 우리나라에서도 대신을 파견하여 경기 연해의 진무하는 고을[강화도]에서 영접하였습니다. 며칠에 걸쳐 얘기를 나누고 이치 판단을 상세히 하여 여러 해 쌓여왔던 의심이 하루아침에 풀렸으니, 얼마나 상쾌하고 얼마나 다행인지요? 우리 성상께서 옛 우호가 계속 닦이길 깊이 생각하시어 특별히 예조참의 김기수를 파견하여 이로써 답례의 뜻을 대신하려 하십니다. 제가 다만 왕명을 받들어 삼가 서장에 대의를 진술하여 아뢰니, 살펴 받아들인다면 기쁘기 그지없겠습니다. 몸을 보중하셔서 멀리 있는 사람의 마음에 부응하시길 삼가 바랍니다. 이만 줄입니다.

병자년 4월 ○일.

예조판서 김상현. 광서(光緖) 2년 4월 2일.

안도관찰사·대사헌 등의 중요직을 역임하였다. 문장에 능하였다. 시호는 문헌(文獻)이고, 문집으로 『경대집(經臺集)』이 있다.

별폭(別幅)[2]

호피(虎皮) 2장.

표피(豹皮) 2장.

설한단(雪漢緞) 2필.

백면주(白綿紬) 10필.

백저포(白苧布) 10필.

백목면(白木綿) 10필.

각색필(各色筆) 50자루.

진묵(眞墨) 30개.

수행원을 통해 부쳐서 간략히 보잘것없는 예의를 차리나 웃으며 받아주시기 바랍니다.

◎ 대조선국 예조참판 이인명(李寅命)[3]이 일본국 외무대승 합하께 서계를 드립니다. 더워지기 시작하는 이 여름에도 합하께서 홍복을 누리시기를 기원합니다. 큰 바다가 막혀있는지라 전해지는 말이 쉽게 와전되었고 서로 의심하여 사이가 틀어진 채 여러 해를 지냈습니다. 이웃나라와의 옛 우의를 생각할 때마다 개탄하지 않을 수 없었습니다. 귀국 대신

---

2 별폭(別幅) : 교린문서(交隣文書)의 일종으로서 예물의 종류와 수량을 적은 물품 목록으로, 국서(國書)나 서계(書契)에 딸려 있다.

3 이인명(李寅命) : 1819~?. 본관은 전주(全州). 자는 기영(祈永). 1858년 생원으로 정시문과(庭試文科)에 병과로 급제했다. 1863년 진주사(陳奏使)의 서장관(書狀官)으로 청나라에 다녀왔다. 이후 이조참판·대사성·홍문관부제학·사헌부대사헌·한성부판윤·형조판서·공조판서 등을 역임하였다. 시호는 효헌(孝獻)이다.

이 와서 우리나라 대신과 철저히 분석하고 분명하게 판단하여 더 이상 장애를 남기지 않게 되었으니 얼마나 다행인지요? 난초 밭에 비바람이 치고 나도 향기는 여전히 남아있는 것과 마찬가지가 아니겠는지요? 이번에 조정의 명을 받들어 예조참의 김기수를 특별히 파견하여 감사하는 뜻을 부치니, 지금부터 오랜 우의를 돈독히 하고 영원한 우호를 나누도록 바로잡는다면 기쁨이 어찌 그치겠습니까? 삼가 이만 줄입니다. 우러러 밝게 살펴주기를 바랍니다.

병자년 4월 ○일.

예조참판 이인명.

별폭

표피 2장.

청서피(青黍皮) 10장.

설한단 2필.

백면주 10필.

생저포(生苧布) 10필.

백목면(白木綿) 10필.

각색필 50자루.

진묵 30개.

수행원을 통해 부쳐서 간략히 보잘것없는 예의를 차리나 웃으며 받아주시기 바랍니다.

◎ 수신사가 일본국에 준 사예단 물목.【이것은 참고가 될 것이므로 특별히 여기에 부기한다.】

설한단 5필.
호피 5령(令).
표피 5령.
청서피 30장.
백너포 20필.
백면주 20필.
백목면 24필.
채화석(彩花席) 30장.
경광지(鏡光紙) 20권.
황밀(黃蜜) 30근.

회서계(回書契)

◎ 이에 회답합니다. 귀국 병자년 6월 공문을 받았습니다. 귀국이 지금 예조참의 김 씨를 수신사로 삼아 우리나라에 파견하여 옛 우호를 이어서 닦고 겸해서 앞서 우리 특명전권변리대신(特命全權辨理大臣)이 귀국에 갔던 것에 회답하는 등의 사항을 모두 잘 알았습니다. 양국의 우호는 이미 오래되었으나, 하루아침에 멀어져 정의(情誼)가 점점 소원해졌습니다. 지금 귀국이 수신사를 파견하여 우리나라에 왔습니다. 수신사 역시 정중하게 사명을 진술하였고 알선이 주도면밀하여, 마음을 터놓고 기쁨을 교환하였으니, 양국의 기쁨과 행운이 막대합니다. 우리 황

제 폐하가 가상히 여겨 특지를 내려 접견하였으니, 예우가 특별히 깊었습니다. 수신사가 복명하는 날 합하께서 이 일을 듣는다면 반드시 기뻐하시리라 저는 믿어 의심치 않습니다. 이에 귀국의 태평을 축하하고 아울러 합하의 복을 기원합니다. 삼가 아룁니다.

대일본국. 메이지 9년 6월 17일. 외무경 데라시마 무네노리. 인.

대조선국 예조판서 김상현 합하.

1. 마키에고추(蒔繪行廚 : 칠기 도시락) 1개.

1. 도기화병(陶器花甁) 1쌍.

1. 색사(色紗) 5권.

1. 색견(色絹) 15필.

1. 해금초(海金綃) 5필.

1. 연관(烟管) 3쌍.

1. 연초대(烟草袋) 3개.

1. 사진첩(寫眞帖) 2책.

변변치 않은 토산물을 웃으며 받아주십시오.

◎ 이에 회답합니다. 귀국 병자년 4월 공문을 받았습니다. 귀국과 우리나라는 작은 배로 건널 수 있을 정도로 가깝고 외교가 옛날부터 있었습니다. 세월이 오래 되자 사신이 단절되어 60여 년이 지나니, 두 나라의 정의(情誼)가 점점 괴리되었습니다. 올해 우리 변리대신이 앞서 귀국에 가서 거듭 옛 외교를 닦고 새로운 맹약을 세웠습니다. 귀국 역시 서둘러 수신사를 파견하여 감사의 뜻을 전하였습니다. 우리 정부가 어떻게

접대했는지 지금 감히 군말을 붙이지 않겠습니다. 평소 경모하던 마음이 이번에 촉발되어 우리의 분수에서 다 하였다는 것을 귀국 수신사도 알고 있는 바입니다. 두 나라의 교제가 이로부터 더욱 친밀해질 것이 기대되니 양국 백성의 행복이 이보다 더 클 수 없을 것입니다. 수신사 출발에 닥쳐 귀하께 답장을 드립니다. 삼가 아룁니다.

메이지 9년 6월 17일 외무대승 미야모토 오카즈. 인.

외무권대승 모리야마 시게루. 인.

대조선국 예조참의 이인명 합하.

1. 마키에고추 1개.
1. 도기 화병 1쌍.
1. 색사 3권.
1. 색견 7필.
1. 해기견(海氣絹) 3필.
1. 연관 3쌍.
1. 연초대 3개.

변변치 않은 토산물을 웃으며 받아주시기를 바랍니다.

◎ 부 일본국회례단목록(附日本國回禮單目錄)

1. 칼 1구.
1. 칠기 6개.
1. 사쓰마산(産) 도기 화병 한 쌍.
1. 부채 5악(握).
1. 적지면(赤地錦) 1권.

1. 홍백려(紅白絽) 2필.

1. 가이(甲斐)산 색견 12필.

1. 에치고(越後)산 백면포(白綿布) 12단(端).

1. 에치고산 생축포(生縮布) 12단.

1. 나라(奈良)산 백폭마포(白曝麻布) 15필.

왕복문이(往復文移)

◎ 以書簡致啓上候然ハ貴下今般修信使トシテ御來着ノ趣我皇帝陛下ヘ及奏聞候處滿足ニ被思召候依テ特別ノ叡思ヲ以テ貴下ヲ御引見可被成旨被仰出候條來ル我六月一日午前十一時赤坂皇居ヘ御參內可被成候此段得御意候。敬具。明治九年五月三十一日外務卿寺島宗則印。朝鮮修信使金綺秀貴下。

한문 번역[譯漢文] : 이에 알립니다. 귀하께서 수신사로서 우리 도쿄에 오시어, 즉시 우리 황제 폐하께 귀하께서 오신 일을 공손히 아뢰었습니다. 폐하께서 매우 가상히 여겨서 특별히 귀하의 알현을 허락하였습니다. 우리나라의 6월 11일 오전 11시, 반드시 아카사카 행궁에 오십시오. 이 때문에 고지합니다. 삼가 아룁니다.

메이지 9년 5월 31일. 외무경 데라시마 무네노리 인.

◎ 이에 회답을 드립니다. 삼가 광림해 주신 데다 편지를 보내고 공문 1도를 전달하여 주셨습니다. 삼가 이에 따라 가도록 하겠습니다. 특별히 알려주시니 더욱 감격스럽습니다. 이만 줄입니다.

외무경 합하. 병자년 5월 9일 수신사 김기수. 인.

◎以書簡致啓上候陳ハ昨年十月貴國平安道義州人李元春ト申者洋中ニ漂流スルコト數日至難至危ノ際ニ方リ不圖英國船オスカワイル號ニ救助セラレ以テ再ヒ天日ヲ拜スルヲ得タリ我北海道函館在留同國領事官ヨリ轉メ本年一月我東京英國領事館ニ送達ス蓋シ前後六ケ月間救護至ル所啻ニ衣食ノ恩ノミニ非サル也貴弊兩國尋交成熟ニ至リ候ニ付同年四月同公使ヨリ右漂民元春儀拙者ノ手ヲ經テ貴國ヘ轉還致シ呈候樣照會ヲ得卽別紙通及往復候抑航海者ノ漂到及ヒ危難ノ境ニ臨ム有ルヲ見ハ之カ愛護ヲ加ヘ之カ救恤ヲ施スハ天下ノ通法萬國ノ通義ニテ固ヨリ其國ト通好ノ有無ヲ不問然則英船ノ救護英官ノ顧恤モ亦其愛性ノ通義ニ出ルト雖モ數月ノ久キ恩義並ヒ至ルハ豈感激セサルヲ得ンヤ此漂民ヲ貴下ニ付セントス貴下宜シク此意ヲ諒シ以テ還領セラルヘシ而シ英國政府厚誼ノ致所貴國ニ在テ同國ヘ相當ノ謝辭可有之儀ニ候ヘハ歸國ノ上ハ貴政府ニ於テモ必ス安ク本業ニ就カシメ候儀ト信シ疑ハサル所ナリ此段併テ得御意候敬具。明治九年丙子六月三日。外務卿寺島宗則印。朝鮮修信使金綺秀貴下。

한문 번역 : 이에 알립니다. 귀국 평안도 의주인 이원춘이라는 자가 작년 10월 해양에 표류하여 며칠 곤액을 당하던 중, 우연히 지나가던 영국 배 오스카와일호를 만나 구조되었습니다. 우리 홋카이도(北海道) 하코다테항(函館港)의 영국영사관을 통해 올해 1월 도쿄 영국공사관으로 전송되었습니다. 근래 귀국과 우리의 조약이 이루어졌습니다. 이에 올해 4월 영국공사가 우리에게 “해당 백성을 외무성을 통해 고국으로 돌려보내주시오.”라고 알려왔습니다. 그 편지는 별도의 서간에 실려 있습니다. 전후 6개월간 애호를 받아 목숨을 보전하였으니 의식을 제공받은 것보다 더한 은혜를 입었습니다. 길을 잃어 해안에 표류하거나

태풍을 만나 위험에 빠진 자를 보고, 항해하는 자라면 어느 누가 보호하고 구휼하지 않겠습니까? 천하에 통하는 법이자 만국에 통하는 도의라서 그 나라와의 통호(通好) 유무는 묻지 않는다고 들었습니다. 영국 배가 구조하고 영국 관리가 불쌍히 여겨준 것은 인간 세상에서 항상 힘쓰는 것입니다. 단, 수개월의 오랜 시간동안 감히 소홀히 대하지 않았으니 그 은의에 어찌 감동하지 않겠습니까? 지금 해당 표류민을 귀하에게 송부하오니 귀하께서 이 뜻을 헤아려 데리고 돌아가시기 바랍니다. 그리고 영국 정부의 후의를 귀하 역시 알 것이니 영국 관헌에 감사한다는 말을 하시리라 생각됩니다. 듣건대, 귀국이 표류민을 처리하는 데 법이 있다고 하니, 해당 백성이 곤액을 당한 것은 실로 의심할 바 없으므로 고향으로 돌려보내면 귀국이 그를 본업에 편히 나아가게 할 것이라고 저는 믿어 의심치 않습니다. 아울러 이렇게 진술합니다. 삼가 아룁니다.

메이지 9년 6월 3일. 외무경 데라시마 무네노리 인.

조선 수신사 김기수 귀하께.

◎ 회답 드립니다. 귀국에서 보내온 표류민인 평안도 의주인 이원춘을 이에 수령하였습니다. 그가 떠돌아다닐 때 수개월 보호해준 은혜는 한 사람이 받은 것이 아니라 바로 우리나라 온 국민이 함께 받은 것입니다. 매우 감격스럽습니다. 영국인들이 특별히 구휼하여주어 죽은 자를 살리고 헐벗고 굶주린 자를 입히고 먹여주었습니다. 어린아이가 우물로 들어가는 것을 보고 측은지심이 생기는 것이 사람마다 당연한 것이라 하더라도 받은 사람이 어찌 감격하지 않을 수 있겠습니까? 가르침대로 감사의 말을 보내는 것은 당연한 것입니다만, 측은지심은 인의

단서입니다. 영국인이 당초 구휼한 것은 특히 어진 사람의 일이었을 뿐이니, 어찌 혹시라도 구구하게 이제 와서 감사하다는 말을 바랐겠습니까? 다만 마땅히 이 감사하는 마음을 깊이 새겨서 길이길이 보답하면 될 것입니다. 훗날 영국인에게 어려움이 있어 우리나라 사람이 구휼해주게 될지 어찌 알겠습니까? 다만 이 감사의 말을 한번 전해 주셔서 우리나라의 무한한 감사의 마음을 영국인들에게 알게 해주시면 될 것 같습니다. 나머지, 이원춘을 고향에 데리고 가서 생업에 편히 나아갈 수 있게 하는 것은 우리가 알아서 할 것이니, 어찌 지나치게 걱정을 끼치겠습니까? 여러모로 감격스럽기 그지없습니다. 다 헤아려 주시기 바랍니다. 삼가 아룁니다.

병자년 5월 12일. 조선 수신사 김기수 인. 외무경 합하께.

◎ 以書簡致啓上候然ハ貴國禮曹判書へ宛タル別簡一封貴下ヨリ御遞達有之度候右ハ外務大丞宮本小一ヲシテ貴國京城へ前往セシムルノ一事ニ有之候依テ貴下御心得ノ爲簡中ノ漢譯文壹通ヲ添付致シ候敬具。明治九年六月十三日外務卿寺島宗則印。朝鮮國修信使金綺秀貴下。

한문 번역 : 이에 조회합니다. 귀국 예조판서에게 보내는 별간(別簡)을 부쳐 감히 귀하를 번거롭게 해드립니다. 별간의 내용은 다름이 아니라 외무대승 미야모토 오카즈가 귀국 경성에 먼저 가는 일입니다. 따로 봉투 안에 한문 번역을 기록하여 보내어 귀하가 알도록 아룁니다. 삼가 아룁니다.

메이지 9년 6월 13일. 외무경 데라시마 무네노리. 인.

조선국 수신사 김기수 귀하.

◎ 이에 조회합니다. 우리 조정이 외무대승 미야모토 오카즈를 이사관(理事官)으로 임명하여 귀국 경성에 먼저 가게 하는 것은 변리(辨理)할 바가 있어서이니, 즉 수호조규 제11관에 미리 게재한 것에 의거하여 통상장정(通商章程)을 다시 의논하여 세우고 두 나라 인민을 결속하기 위해서입니다. 그리고 조규 안에 마땅히 세목을 첨부하여 실제 적용에 편리하도록 하여야 합니다. 귀 조정에서도 결정할 수 있는 권한을 지닌 관원이 직접 만나 의논하게 하시면 매우 다행이겠습니다. 삼가 아룁니다.

메이지 9년 6월 13일. 대일본국 외무경 데라시마 무네노리. 인.

대조선국 예조판서 김상현 합하께.

◎ 이에 회답 드립니다. 우리나라 예조판서에게 보내는 별간 2통을 삼가 수령하였으니, 인편에 지니고 가서 즉시 전달하겠다는 뜻을 우러러 알립니다. 삼가 줄이겠습니다.

병자년 5월 22일. 수신사 김기수. 일본국 외무경 합하께.

◎ 이에 조회드립니다. 날씨가 맑으니 합하께 만복이 깃드시기를 축수드립니다. 돌아갈 기일을 잠시 전 귀 성의 권소승과 상의하여 이번 27일로 정하였으니, 귀국 날짜로는 6월 18일입니다. 모든 관련 사무에 대한 지휘와 조처가 전적으로 합하께 달려 있으니, 이에 감히 우러러 알립니다. 삼가 결재해주시기를 바랍니다.

병자년 5월 22일. 수신사 김기수 인. 외무경 합하께.

◎ 以書簡致啓上候陳ハ貴下乘船黃龍丸儀往路神戶港ニ於テ凡二晝夜滯泊煤炭其外諸品積入候付テハ其間同港ヨリ汽車ニ付シ阪府ニ到リ同

所造幣寮御經覽有之度所希望候抑兩國交際ノ道ハ只ニ使聘ノ往來ノミニ無之有無相通シ長短相補ヒ以テ兩國ノ便利ヲ計ルヲ目的ト致シ候ヘハ之ヲ要スルニ貨幣ノ媒妁ニ頼ラサルヘカラス貨幣ハ各國トモ皆其種ヲ異ニシ品位亦同シカラス乍去比較照計シテ世間弘隆ノ便相生シ且其邦國ノ獨立タルハ貨幣ノ品位如何ヲ見テ指定スヘキ理ニ有之候間今幸ニ我邦ニ來臨アルニ依リ先ツ我貨幣鑄造ニ注意スル所ヲ親シク經覽相成候ハハ自ラ信認セラルルノ端トモ相成可申是我邦ニ於テモ大ニ貴國ニ望ム所ナリ則貴下今般ノ職掌ニ於テモ最御注意可有之樣ト存候就テハ阪府地方官及造幣寮員ヘモ預シメ通知致シ置候間此段御承引有之度存候尤該所經覽手續等總テ本省出張官員ヨリ御打合可申候。敬具。明治九年六月十七日外務卿寺島宗則印。朝鮮修信使金綺秀貴下。

한문 번역 : 이에 아룁니다. 귀하께서 돌아가는 길에 탈 배인 고류마루(黃龍丸)가 요코하마를 출발하여 고베항에 도착하면 이틀 밤낮을 정박하여 필요한 석탄 및 여러 도구를 적재할 것입니다. 귀하께서는 그 시간을 그냥 지내지 마시고 잠깐 기차를 타고 오사카부에 가서 우리나라 조폐료(造幣寮)를 관람하시기 바랍니다. 교린(交隣)에서 중요한 것은 사신의 왕래뿐만이 아닙니다. 두 나라 인민이 앞으로 서로 있는 것과 없는 것을 융통하고 잘하는 것과 못하는 것을 보충하여 자기 나라에 이익이 되게 하려면 화폐가 매개가 되지 않으면 안 됩니다. 그러나 화폐라는 것은 각국마다 형태가 다르고 가치 역시 균등하지 않으니 비교하고 계산하여야 맹약을 체결한 나라에 널리 융통시킬 수 있습니다. 그러므로 각 나라의 독립 여부는 화폐의 양호함이 어떤지를 보고 짐작할 수 있습니다. 지금 귀하께서 다행히 오셨으니, 우리나라가 뜻을 기울여

주조하는 화폐를 살펴보시고 혹시라도 신뢰하고 인정하는 점이 있었으면 하는 것이 우리나라가 귀국에 매우 바라는 것입니다. 귀하께서 직임을 맡으시게 되면 어찌 응용할 뜻이 없으시겠습니까? 이번 일행이 가는 길에, 오사카부 지방에 미리 알려 장애가 없도록 하였으니, 왕림하시기를 감히 바라옵니다. 가는 길의 편의는 본성[외무성] 호송관원이 협력하여 처리할 것입니다. 삼가 아룁니다.

메이지 9년 6월 17일. 외무경 데라시마 무네노리 인.

조선 수신사 김기수 귀하께.

◎ 이에 회답합니다. 아까 직접 만나 가르쳐주시고 지금 또 편지로 깨우쳐주시니 간절하고 정성스러워 우호의 측면을 빈틈없이 환하게 알겠습니다. 일본의 풍토를 살피고 풍속을 관찰하고 기계를 익히고 의논을 들어서, 성곽과 산천의 험준함과 평탄함, 정령과 민간문물의 이익과 병폐에 이르기까지 알려주지 않은 것이 없었습니다. 감탄스럽기 그지없어 마음에 깊이 새겼으니, 귀국의 후의를 어찌 잊을 수 있겠습니까? 고베에 머무는 동안 오사카를 유람하라고 거듭 말씀하셨으니, 삼가 뜻을 받들어야 마땅할 것입니다. 그러나 한스럽게도 우리나라 규범에 제한이 있어 감히 어길 수가 없습니다. 나중에 귀국 사신이 우리나라에 오시면 모든 일이 제대로 갖추어 있지 못하여 오늘 귀국이 우리나라 사람을 대하는 것처럼 빈틈없이 친절하게 할 수 없을 것입니다. 비록 바다 같은 마음으로 양해하셔서 가는 곳마다 편의를 보아주신다 하더라도 어찌 미리 불안한 마음이 없겠습니까? 이에 감히 말씀드립니다. 부디 보중하시고 편안하시길 바랍니다. 삼가 아룁니다.

병자년 5월 26일. 수신사 김기수 인. 외무경 합하께.

◎ 이에 아룁니다. 날마다 비바람이 부는 이때 귀 조정은 융성하고 온갖 법도가 길상하신지요? 저희는 출발한 이튿날 칠흑 같은 밤에 풍랑을 만나 일행이 매우 위험하였습니다. 고베에 정박해서는 제가 병이 나서 침상을 전전하였습니다. 이에 이틀간 체류하면서 오사카 유람을 함께 할 수 없었습니다. 생각하면 성대히 돌보아주신 뜻을 초개처럼 버린 듯하니, 비록 형편 때문에 그렇게 된 것이라도 스스로 부끄럽습니다. 이에 짧은 서신을 통해 바다와 같은 마음으로 용서하시기를 빕니다. 이만 줄이겠습니다.

병자년 윤5월 2일. 조선 수신사 김기수 인. 일본국 외무경 합하께.

창수시(唱酬詩)

비단 돛이 무사히 적간관에 왔으니	錦帆無恙赤關津
소무 부절[4] 장건 뗏목[5] 과연 누구 인연인가?	蘇節張槎孰果因
이런 일을 언제든 꿈이나 꾸었냐만	此事何曾來夢想
분명히 지금은 에이후쿠지에 있구나	居然永福寺中人

【에후쿠지(永福寺) 벽에 쓰다.】

비단 돛이 곧바로 부산진을 떠나니	錦帆直發釜山津
부상으로 사행 온 건 옛 인연이 있어서네	奉使扶桑結舊因

4 소무 부절 : 한무제(漢武帝) 때 소무(蘇武)가 흉노에 사신을 갔다가 구금이 되었으나 끝까지 굴하지 않고 있다가 19년 만에 돌아왔다. ≪漢書 卷54 李廣蘇建傳≫

5 장건 뗏목 : 한무제 때 장건(張騫)이 대하(大夏)에 사신으로 갔다가 황하의 근원을 찾아 뗏목을 거슬러 올라가서 직녀를 만나고 왔다고 한다. ≪天中記 卷2≫

안개 파도 천 리 넓다 말하지 말아주오 休道烟波千里闊
하늘 끝에 있어도 이웃사람 될 수 있소 天涯亦作比隣人

【감히 융초(隆礎)에게 차운하여 드리다.】

일본 미나모토노 조스케(源張甫)

미간은 아름답고 입가는 윤이 나니 眉際盈盈口角津
오가는 문자가 모두다 기연일세 揭來文字儘奇因
뜬 인생에 만남 이별 슬픔만 더할 뿐 浮生逢別秖增悵
훗날 밤 꿈속에서 그리운 이 만나겠지 他夜相思夢裡人

【또 전운에 차운하여 미나모토노 조스케에게 감사하다.】

부상의 깊은 인연 계림에 비추니 扶桑深緣映鷄林
높은 분이 배 타고 와 기쁘게 만났네 喜見高人航海臨
붉은 붓대 설령 시상이 부족해도 彤管縱令乏詞藻
내 마음 표현할 새 시구가 없을쏜가 可無新句表微忱

【미야모토 오카즈의 자리에서 조선 수신사께 써서 드리다.】

일본 아토미 가케이(跡見花蹊)

꿈속의 부상에 푸른 숲이 우거져 夢裡扶桑青作林
아름다운 산과 물을 몇 번이나 올랐던가 佳山佳水幾登臨
도쿄의 고운 풀이 푸른 하늘 이어지니 東京芳草連天碧
나중이면 멀리서 그리는 맘 어찌하나 他日相思奈遠忱

【구리모토 조운이 아토미 여사의 운으로 시를 보내 화운을 요청하였으므로 화운하다. 구리모토의 시는 결락됨.】

방울방울 빗소리가 시름에 추위 더해　　滴滴雨聲愁共寒
꿈속에서 저절로 떠날 안장 꾸렸네　　夢中猶自理征鞍
하늘 끝에 믿는 이는 같은 마음 친구이니　　天涯賴有同心友
길상한 문자에 단란함이 그득하네　　吉祥文字恣團圝

【아사다 고레쓰네(淺田惟常)는 미야모토의 손님이다. 시를 부쳐 화운시를 요청하여 화운하다. 아사다의 시는 누락됨.】

이별 노래 물시계 소리 함께 차가우니　　驪歌聲共漏聲寒
헤어지는 슬픈 마음 안장 올라 괴로워라　　別恨離愁惱去鞍
이백 두보 같은 문장 편작과 같은 의술　　李杜之文倉鵲術
이번 생은 꿈에서만 단란함을 이루겠지　　此生只可夢團圝

【또 아사다에게 화운하다. 떠날 때 또 이별시가 있었으나 결락됨. 그는 경악(景岳)의 기술[6]에 정밀하였다.】

사해의 모두가 형제가 되니　　四海皆兄弟
만국을 똑같은 나라로 보네　　萬方亦一視
더욱이 문자 같은 나라임에랴　　而況同文邦
누가 다시 피차를 구별하리오　　誰復別彼此
계림과 쓰시마 그 사이에는　　鷄林與馬洲
한 줄기 바다가 있을 뿐이네　　一衣帶水耳
게다가 화륜선이 다니고 있어　　更有輪船便
안개 파도 거리 더욱 가까워졌네　　烟波道孔邇

---

6 경악(景岳)의 기술 : 의술을 가리킨다. 경악은 명나라 의술의 대가인 장개빈(張介賓, 1563~1642)의 자이다.

괴이하게 천 년 동안 맺은 우호가	怪底千歲交
근래에 점점 더 느슨해졌지	近來漸解弛
홀연히 사신이 온다 듣고서	忽聞星軺至
목을 길게 빼고서 기다렸다네	翹然引領俟
음악소리 어찌 그리 쟁쟁하던지	鼓吹何錚錚
깃발은 어찌 그리 번쩍이던지	旌旗何韡韡
예의는 추로[7]를 스승 삼았고	禮儀師鄒魯
문물은 주자를 모범 삼았네	文物則朱氏
우연히 봉황 모임 바라다보고	偶望鸞鳳會
제비도 참새도 무릎을 쳤네	燕雀亦拊髀
넓은 의론 미처 다 듣기도 전에	未聽論之宏
크신 모습 벌써 다 뵙고 말았네	已觀貌之偉
내 나이 청년 때를 생각해보면	想吾青年時
삼동에 글과 역사 탐독하였네	三冬耽書史
뜻은 크나 재주는 서툴렀어도	志大而才疎
함부로 경륜 대업 기대하였네	經綸業漫企
이제는 장한 마음 닳아 없어져	如今壯心磨
쓸쓸하게 마을에 은거하였네	蕭然臥閭里
어찌하면 내 몽매함 깨우치려나	何以發吾蒙
다행히 대방 선비 만나게 됐네	幸接大方士
작은 붓이 내 마음 다 쓰지 못한 채	寸管心未盡
돌아갈 배 일찌감치 채비를 하네	歸舟早已艤

7 추로(鄒魯) : 맹자와 공자. 맹자는 추(鄒) 땅 출신이고 공자는 노(魯) 땅 출신이다.

아득하게 흰 구름은 깊기만 하고	渺渺白雲深
이별 시름 먼 바다에 가득하구나	離愁滿遠水
만일에 성(誠)과 신(信)을 보존한다면	苟存誠與信
사귄 정에 무슨 걱정 할 게 있으랴	何慮交情否
끊임없이 와주기를 오직 바라니	惟願源源來
맹약을 다지는 일 이제부터네	尋盟從此始

【조선국 수신사 김 공께 드리다.】

일본 가메타니 고(龜谷行)

수많은 백성들이 많고 많아도	蒸彼芸蔥蔥
하늘에서 보시기엔 똑같은 사람	上天同一視
흥망성쇠 제각각 때가 있었고	廢興各有時
어짊과 어리석음 때에 맞았네	賢愚適如此
누군들 예측할 겨를 있으랴	有誰閒商略
예측은 부질없이 하는 것일 뿐	商略徒爲耳
새옹 보면 득실은 마찬가지요	觀塞齊得喪
큰 바다엔 원근이 소용없다네	走瀛無遠邇
개론 역시 계책이라 할 수 없으니	槩論亦非計
문을 펴면 무력이 해이해지네	文張武或弛
후세 사람 특히나 말 많을 테니	後人偏多舌
어찌하여 백 세 뒤를 안 기다리나	何不百世俟
진실과 소박함을 깎아버리니	眞樸一以削
문물은 어찌 그리 화려하던지	文物何韡韡
솜씨 좋은 공장이가 배치 잘하여	良工巧排置

하늘에도 땅에도 호칭이 있네	天地亦有氏
짜임새가 너무도 딱 들어맞아	間架太迫促
천체를 살피며 탄식하였지	歎息閱周髀
내 들으니 일동의 나라에서는	我聞日東國
예부터 백성들이 높은 관 썼네	民冠從古偉
시 풀이는 송대부터 시작되었고	釋詩倡宋代
국서가 명사에 드러나 있네	國書著明史
소라이는 한유를 진술하여서	徂徠述漢儒
천년을 기약한 바 있는 듯했네	千載若有企
전하여 베낄 때 이로하 쓰니	傳謄伊呂波
제도문물 만 리에 전해졌다네	車書通萬里
옛 경전이 분서갱유 피할 수 있어	古經漏秦火
부상에는 이름난 선비 많다네	扶桑多名士
그대 빼면 이름난 선비 누구랴	名士非君誰
날 밝을 때 우리 위해 배를 대었네	明發爲我艤
소 공[8]의 댁에서 서로 만나니	相逢宗公宅
한 마디 말에도 교분 맺었네	一言交如水
국세는 아직도 남아 있는데	國勢方未艾
세도가 벌써 기운 것은 아닌지	世道已傾否
이별이라 무엇이 슬플 게 있소	臨別奚足悵
즐거움이 이제부터 시작인 것을	懽恰伊今始

【가메타니 고에 차운하다.】

---

8 소 공 : 옛 쓰시마 도주인 소 시게마사를 가리킨다.

식형[9]의 기쁨을 다행히 얻어	幸承識荊歡
단약 굽는 신선 누관 들어왔다네	煎石入淸觀
화운하여 보옥 같은 시를 주시니	唱和示趙璧
멋진 보답 어찌 그리 관대하신가	惠報一何寬
조정에서 훌륭히 날아올랐고	鵷鷺羽爲美
명성이 시단에서 진동하였네	名聲動詞壇
일동의 유람이 다하기 전에	日東游未盡
구름 돛은 삼한 향해 돌아가누나	雲帆歸三韓
장맛비가 바야흐로 개어 가는데	梅雨方放霽
바다는 파도가 잔잔해졌네	洋心恬風瀾
한성에 어느 날 도착하려나	漢城到何日
안부를 전해달라 부탁하노라	請爲傳平安
떨어진 채 벗 생각 더 간절하리니	江雲思尤切
새벽 하늘 외딴 달이 서늘하겠지	曉天孤月寒

【창산(倉山) 김 공께 드리다.】

일본 마스다 미쓰구

좋구나, 새로운 이 알게 된 기쁨	胥哉新知樂
하루에 평생 기쁨 다하였구나	一日平生歡
타이른 시 깨달음의 진리가 있고	警詩眞如諦

---

9 식형(識荊) : 평소 존경하는 인물과 만나는 것을 의미한다. 이백(李白)의 「여한형주서(與韓荊州書)」에 "평생 만호후에 봉해질 필요 없이 한 형주를 한 번 알기 원한다.[生不用萬戶侯 但願一識韓荊州]"라는 말이 나온다.

기운 글자 평등한 관점 보이네[10]	欹字平等觀
우리들은 구속받기 원치 않으니	吾儕貴脫略
예의는 관대하게 해야만 하리	且宜禮數寬
시의 성채 깃발 들고 북을 울리고	詞壘動旗鼓
대장이 올라간 듯 호령을 하네	指麾若登壇
정제됨은 아가투호 채준과 같고[11]	示整壺歌遵
기이함은 산에 숨은 한신과 같네[12]	出奇萆山韓
당황하여 바다 보며 탄식하노니	矘乎望洋歎
수천 자 시의 물결 일어나누나	千尺起文瀾
붓 아래 용과 뱀이 달려 나가나	筆下龍蛇走
의기는 저절로 편안해지네	意氣自閒安
그립다는 시어를 소중히 하니	珍重相思字
돌아가면 등불 함께 서늘하리라	歸與一燈寒

【마스다 미쓰구에 차운하다.】

이웃나라 교의가 금란 같아서	隣邦交誼若金蘭

---

10 기운 … 보이네 : 황정견(黃庭堅)이 평상심을 유지하였으나 서체는 기울었다는 전고를 활용한 말이다. 소식이 황정견을 평가하여 "평등관으로서 기울어진 글자를 썼고 진실상으로서 유희법을 냈으며 나왔으며 뇌락인으로서 세쇄한 일을 썼으니 삼반(三反)이라 이를 만하다.[以平等觀作欹側字 以眞實相出游戲法 以磊落人書細碎事 可謂三反]"라고 하였다. 《東坡題跋 卷四 跋黃魯直爲王晉卿所書爾雅》

11 아가투호 채준과 같고 : 무장으로서 유아(儒雅)함을 지니고 있음을 비유한 말이다. 후한 때 장군 채준(蔡遵)이 선비를 뽑을 때 유술(儒術)이 있는 사람을 등용하여, 술을 마시고 음악을 연주할 때는 반드시 아가투호(雅歌投壺)를 하였다고 한다. 아가(雅歌)는 아시(雅詩)를 읊는 것을 말하고 투호는 단지에 화살을 던져 넣는 놀이이다. 《後漢書 卷20 祭遵列傳》

12 산에 숨은 한신과 같네 : 전한(前漢) 때 한신(韓信)이 계책을 써서 배수진을 치고 정형구(井陘口) 전투에서 조나라 20만 군대를 물리친 일을 가리킨다. 《後漢書 卷32 淮陰侯列傳》

바다 건너오는 사행 이어졌다네 渡海輶軒盟不寒
부상의 새 제도를 기억하시리 應記扶桑新典制
은나라 옛 의관이 보기 좋구나 耐看殷國舊衣冠
숙향[13]의 풍채 난 걸 인정하오니 認成叔向生風采
정교[14]의 터놓는 맘 알 수 있겠소 坐想鄭僑披肺肝
압록강이 문장의 기세 도우니 鴨綠江流助文勢
붓 끝이 호탕하여 물결이 솟네 筆端浩蕩湧波瀾

【조선 수신사 김 공께 드리다.】

일본 마스다 미쓰구

한 조정은 현인을 등용한다 들었더니 聞說漢廷能擧賢
수행한 서기들이 재주 모두 뛰어나네 追隨書記盡翩翩
훈풍 불고 녹음 질 때 삼순을 머문 손님 薰風綠樹三旬客
가벼운 노 긴 돛으로 천 리를 건너 왔네 輕楫長帆千里船
검 장식의 광채가 부산 달을 흔들고 劍珮光搖釜山月
경서 읽는 소리가 무성 안개 뚫고 나네 絃歌聲湧武城烟
만남과 이별이 봄꿈을 꾼 듯하니 相逢相別如春夢
행장 속 시 몇 편이나 더할 수 있으려나 添得行篋詩幾篇

【조선 수신사 김 공께 드리다.】

일본 가메타니 고

---

13 숙향 : 叔向. 춘추 때 진(晉)나라 양설힐(羊舌肹)의 자이다. 진평공(晉平公)의 사부로, 춘추지대 명현으로 꼽히는 인물이다.

14 정교 : 鄭僑. 춘추 때 정(鄭)나라 대부(大夫) 공손교(公孫僑)를 가리킨다. 외국에 사신 가거나 외국의 빈객을 접대할 때 응대를 잘하기로 유명하였다.

두 시에 화운시가 있었을 것이나 잊어버려서 기록을 못 하였다.

갈매기 맹약 찾아 일본에 오셨으니 偶尋鷗盟到日東
이 생애 무슨 복에 모습을 뵙게 됐나 此生何賴接儀容
가슴을 활짝 열고 그대는 취해 보오 襟懷開去君試醉
이곳이 봉래산 제일봉이라오 這處蓬萊第一峰
【창산 김 대인 선생께 드리며 교정을 바라다】

일본 이케하라 다이신

구불구불 부상은 해 뜨는 동쪽이니 宛轉扶桑日出東
도성 오면 그대 모습 또다시 보겠는가 來都如復見君容
고인의 행동거지 내가 미리 알겠으니 高人行止吾能卜
후지산은 높기로 몇 번째 산이던가 富士山高第幾峰
【이케하라 다이신에 차운하다】

훌륭한 글월이 홀연 날아와 雲章忽飛來
향불에 손을 쬐고 봉함 열었네 薰手披緘視
세 번 읽고 세 번을 감탄했으니 三復而三嘆
기이하다, 묘한 글이 여기 모였네 奇哉妙臻此
신선의 음악이 연주되어서 宛猶仙樂發
쟁쟁 울려 더러운 귀 씻어내는 듯 鏘鏘洗塵耳
조만간 지가가 치솟으리니 早晩騰紙價
원근 없이 널리널리 전파되리라 傳播遍遐邇
계림의 조정에 사람이 있어 鷄林朝有人

기강이 해이하게 되지 않으리	紀綱張不弛
교의가 날마다 새롭게 되길	交誼乞日新
눈 비비며 기다려도 될 것 같구나	刮目可相俟
국세는 더욱더 융성해지고	國勢益隆隆
문물은 지극히 화려해지리	文物極韡韡
모름지기 이웃나라 이 사람들이	須使隣邦人
넓적다리 치면서 탄식케 마오	蕢歎拊其髀
내가 어찌 공연한 말을 하겠나	吾言豈空發
뛰어난 그대에 감동했을 뿐	感君英且偉
내 일찍이 자기 재주 따지지 않고	吾曾不自料
몇 권의 야사를 써보았었지	數卷草野史
등 앞에서 붓 던지며 탄식했으니	燈前抛筆歎
옛사람은 미칠 수가 없었기 때문	古人不可企
눈으로 큰 구경을 미처 못 봤고	目未極大觀
발로는 천 리 밖을 못 나가 봤네	足未出千里
분연히 뗏목 타고 바다로 나가	奮然乘槎去
기이한 해외 선비 찾으려 했네	海外尋奇士
세상일은 서로가 얽혀있기에	世事相牽纏
멀리 떠날 배를 미처 채비 못했네	遠游舟未艤
하루아침 그대를 만나게 되니	一朝與君逢
우연한 만남에 기뻐 뛰었네	雀躍欣萍水
문장은 자기를 보존하는 법	文章存知己
사도는 아직도 남아있다네	斯道尙未否
하늘 끝에 있어도 이웃이 되니	天涯亦比隣

벗의 도움 오늘부터 청할까 하네　　請益今日始

【삼가 화운한 시에 다시 화운하여 창산 김 선생께 드리며 교정을 바라다.】

일본 가메타니 고

서신이 책상 위에 홀연히 와서　　朶雲忽墜案
눈 비비고 두 번 세 번 읽어 보았네　　再四揩眼視
옛 벗이 이내 몸을 버리지 않아　　故人不我棄
깊은 정이 곧바로 전달되었네　　繾綣直到此
고기 맛을 완전히 잊게 만드니　　肉味渾可忘
바른 음악 그대로 귀에 들리네　　簫韶宛入耳
못 본 지 오늘이 며칠 째인가　　不見今幾日
사람은 멀어지고 집은 가깝네　　人遐其室邇
오도카니 근심하고 또 근심하니　　耿耿復耿耿
꿈속 혼이 잠시도 가지 못하네　　夢魂不暫馳
새 시구로 맺힌 마음 말을 해주니　　新詩道心曲
그대도 나처럼 기다린다네　　君如我相俟
처사께서 진실로 당당하시니　　處子眞堂堂
고운 꽃은 어찌 그리 빛이 나는지　　鮮葩一何韡
늦어지는 공업에 혀를 차노니　　咄咄功業晚
살찌는 넓적다리 어찌 견디랴　　那堪肉生髀
숭상하는 바를 그만두지 못하니　　所尙良不已
위대함은 저절로 드러나겠지　　自著表有偉
한가로이 무슨 일을 일삼으려나　　閒來何所事
갠 창가에 청사를 읽고 있겠지　　晴窓閱靑史

옛사람은 우리가 만난 적 없고	古人我不見
뒷사람은 우리를 바라지 않네	後人不我企
그러니 같은 시대 사는 사람이	所以幷世人
천 리를 멀다 않고 서로 만나네	相知輕千里
그대의 말은 내가 믿지 못하니	君言我不信
나를 두고 기이한 선비라 하네	以我爲奇士
후지산은 고사리 캐 먹을 만하고	富山蕨可採
후카가와 탈 배를 댈 만하다네	深川舟可艤
가는 길 나뉘는 걸 어찌하겠나	奈何歧路分
물 위를 떠도는 부평초 같네	有如梗泛水
이별이 짧은 시간 닥쳐올 테니	相別在須臾
문 나서면 만날 길 없게 되려나	出門道已否
서로의 마음을 허락했으니	只許肝膽照
마음으로 맺은 사귐 이제부터네	心交從此始

【또 가메타니 고에게 차운하다.】

여름 나무 수천 그루 녹음이 흐를 듯	夏木千章翠欲流
뛰는 고기 즐거운 곳 새 소리가 화답하네	躍魚樂處鳥聲酬
한성에서 나중에 옛날 추억 떠올리면	漢城他日想陳迹
후카가와 쓰시마 저택을 기억하리	記取深川前對洲

【소 시게마사의 집에서 창산 선생께 드리다.】

일본 미야모토 오카즈

여기에 화운시가 있었으나 역시 잊어버렸다.

사신께서 너무나 바쁘게 떠나시니 星槎底事太悤悤
몇 달간 체류하며 마음을 말하려다 數月淹留欲表衷
이제야 붓으로 겨우 뜻을 폈으니 自是香毫纔敍意
통하기 어려운 말보다 어떠한가 如何寸舌互難通
예로부터 우리나라 위로 될 것 없어서 由來弊國無應慰
먼 손님이 궁하다 말할까 걱정이네 遠涉佳賓恐說窮
수호하던 그 날을 어찌다 떠올리면 回思好間修好日
한가로이 동산에서 소쩍새 들으리 罷閒蜀魄喚園中

【삼가 조선국 수신사 김 공 합하께 드리다.】

일본 오쿠 기사이

내가 너무 바쁘게 돌아간다 하지 마오 我行莫道太悤悤
오랫동안 머물러도 마음을 다 말 못했네 久處猶難訴盡衷
만나서 바라보니 따뜻한 옥 대한듯 相看擬如溫玉對
말 하지 않아도 마음이 통하였네 不言還有點犀通
도쿄의 꽃다운 풀 정이 어찌 그치랴 東京芳草情何已
먼 바다 돌아가는 뱃길이 끝이 없네 滄海歸槎路未窮
해지는 관소 앞에 이별이 서글프니 落日館前分手恨
훗날 밤 꿈속 혼을 어떻게 감당하랴 那堪他夜夢魂中

【오쿠 서기에 차운하다.】

하늘이 창생에게 복을 준 걸 잘 아니 極知天意福蒼生
두 나라 화친하여 옛 맹약을 다졌네 二國和成尋舊盟
명 받들고 계림에서 아침에 배를 띄워 奉命鷄林朝發鷁

일본을 관광하다 저녁 깃발 펼쳤네	觀光蜻域晚張旌
천지 사이 만물에 은혜가 미쳤으니	兩間萬物覃恩化
사해는 한 가족 모두가 형제라네	四海一家皆弟兄
먼 곳에서 벗이 온 걸 즐거워하노니	竊樂有朋來自遠
다함께 문장 닦아 태평성대 꾸미세	同開奎運飾昌平

【공경히 조선 수신사 각하께 드리고 엎드려 교정을 바라다.】

일본 오시마 분큐

개성학교 학생들이 학교에 모였으니	開成學校集諸生
반기는 뜻 혼연히 오랜 맹약 증명한 듯	歡意渾如證宿盟
재자들은 뛰어나서 몽필[15]이 생겨나고	才子擅場生夢筆
행인은 출발 닥쳐 마음 깃발 말게 되네	行人臨發捲心旌
교린의 도 있는 것은 지금도 예와 같고	交隣有道今惟古
서로 좋아 다툼 없는 형제 같은 사이라네	相好無猶弟及兄
경전의 글자는 중천의 일월이니	日月中天經傳字
사해 함께 태평성대 끝내는 보게 되리	終看四海樂昇平

【개성학교 유생에 차운하다.】

도쿄여자사범학교 교장인 가케이 씨	東京女子花蹊氏
인간세상 영욕을 평등하게 보았네	榮辱人間平等視

15 몽필 : 재주가 민첩하고 문장이 화려함을 뜻한다. 진(晉)의 왕순(王珣)이 꿈에 큰 붓을 보았는데, 오래지 않아 황제가 죽어 애책(哀冊)과 시문(諡文)을 모두 왕순이 짓게 되었다고 한다. ≪晉書 卷60 王導傳≫

종이 한 장 붓 한 자루 먹물을 간 벼루와	一紙一毫一硯池
천 년 만 년 삶과 죽음 함께 한다고 하네	千秋萬歲同生死

맑은 시와 묘한 그림, 서법이 완전하니	淸詩妙畵法書全
그대 같은 삼절이 세상에 전하는군	三絶如君世所傳
평생의 지기가 있는지 없는지	可有平生知己未
여사의 흰머리가 가련키만 하구나	阿娘白首正堪憐

타고난 말 수 놓은 듯 마음은 비단인 듯	天然繡口錦心腸
얌전한 집안의 아가씨 몇몇들	竊窕家家幾女娘
나란히 달려와서 아토미를 배우니	函丈齊趨跡見學
대성전은 지척이요 개성학교 옆이라네	聖宮咫尺開成傍

【미야모토 오카즈가 내게 시를 써서 아토미 여사에게 주라고 요청하여 억지로 응하다.】

부주에서 정자 옷깃[16] 여미노라니	涪舟理程襟
지난 일 하나하나 허물이구나	往事數愆尤
평소 먼 길 하찮게 생각했더니	平生輕遠別
여기 와서 먼 유람을 후회하였네	到此悔壯游
잠시 동안 파랑이 잔잔하더니	少焉波浪穩

16 부주에서 정자 옷깃 : 정이천(程伊川)이 부주(涪州)로 귀양 갈 때 중류에서 풍랑을 만나 배가 거의 전복될 번하였으나 홀로 옷깃을 단정히 하고 평상시처럼 앉아있었다. 노인이 물으니 마음에 성경(誠敬)을 지녔기 때문이라고 대답하였다고 한다.

고베 마을 멀리에 바라다 뵈네	望裏神戶洲
언덕들은 정취 매우 아름다웠고	邱壑多佳趣
푸르고 푸른 수풀 그윽하였네	蔥蒨樹木幽
병 때문에 즐거운 관광 못하나	疾病阻歡賞
바라보며 미련은 그치지 않네	瞻焉情未休
주인의 마음에 감사하노니	多謝主人意
지나는 객 기억을 해주시려나	過客能記不

【고베항 회사루에서 주인이 시를 남겨달라고 빌어서 쓰다.】

일본 제인에게 주기 위해 지은 대련(對聯)을 부기함.

한 사람의 지기는 평생의 낙이요	一人知己平生樂
양국의 교린은 불세의 인연이네	兩國交隣不世緣

【미야모토 오카즈】

평소에 숨바꼭질 장난[17]은 하지 않으며	平生不作迷藏戱
죽을 때까지 아첨하는 사람은 되지 않으리	抵死難爲阿好人

행동거지는 그대로 오나라 계찰이요	觀止居然吳季子
훌륭한 말은 진실로 진나라 숙향이네	善辭誰是晉行人

【데라시마 무네노리】

17 숨바꼭질 장난 : 주자(朱子)가 여자약(呂子約)에 답한 편지에 자기 견해가 옳지 않다는 비판에 변명을 하는 것이 아이들의 숨바꼭질하는 것처럼 이리저리 피하는 것과 마찬가지라고 하였다. ≪朱子大全 卷48 答呂子約≫

옛 우호의 수복은 지금부터 시작이니	復修舊好從今始
옆에 있는 남의 말은 삼가 듣지 마오	旁有人言愼莫聽

【모리야마 시게루】

백발의 서생은 믿음 닦는 수신사요	白髮書生修信使
검은 머리 재상은 이웃나라 우호하는 이네	黑頭宰相善隣人

【산조 사네토미】

영호함은 삼천 세계 대적할 이가 없고	英豪無敵三千界
충효는 오백 년을 서로 전하네	忠孝相傳五百年
그대의 경륜은 부족함이 없고	君是經綸無不足
나는 오직 검약을 능사로 삼네	吾惟儉約以爲能
양 땅 초 땅 이 명성을 어찌하면 얻을까	梁楚此聲何以得
공자 안자 즐긴 바를 우선 찾게 하리라	孔顏所樂且令尋
득의한 때라면 두 번 가지 말 것이며	苟得意時休再往
이미 베푼 곳이라면 우선 잊어버리라	已施恩處且相忘
흉중의 급선무는 형극을 제거함이요	胸中急務除荊棘
눈의 오랜 공양은 서화를 다함이라	眼底長供盡畫圖
예악은 원컨대 삼대를 따르고	願將禮樂追三代

문장은 달갑게 육조를 따르리	肯把風花趁六朝

그대는 국사를 가사처럼 해내건만	君能國事如家事
나는 지금사람으로 옛사람에 부끄럽네	我是今人愧古人

예로부터 송나라 인물을 칭찬했고	從古皆稱宋人物
지금까지 한나라 의복을 변치 않네	至今不變漢衣冠

인물은 기북처럼 이름난 선비 많고	人如冀北多名士
땅은 강남 비슷하니 어느 마을이런가	地似江南何處村

우국의 붉은 마음 그대에게 감사하나	感君憂國丹心耳
백면의 서생인 내가 어쩔 수가 있나	奈我書生白面何

갓 피어난 부용꽃은 산 아래 잎이요	初日芙蓉山下葉
결승문자는 진나라 분서 전의 글자로다	結繩文字火前書

【후루사와 가게히로】

종정은 천년 대대 전해온 가업이요	鍾鼎千年傳世業
경륜은 한 시대 이름난 집안이네	經綸一代有名家

【소 요시요리】

난새 선 듯 고니 선 듯 집안 전할 아들이요	鸞停鵠峙宜家子
학 여윈 듯 솔 높은 듯 장수할 사람이네	鶴瘦松高永世人

【소 나오마루】

【이상 18개의 대련은 모두 기탁한 사람이 있으나 지금 몇 사람 외에는 기증한 사람이 누구인지 아울러 기록하지 못하였다.】

열국의 땅 제각각 군신이 있으나	列邦土上各君臣
온 지구 사이는 하나의 형제라네	全地毬間一兄弟

【조선 수신사 김 선생께 화운하여 드리다.】

일본 시시도 다마키

미야모토 오카즈에게 주는 편지 한 편을 부기함

지난 모임에서 술에 취하고 덕에 배불렀으며 또 정중한 대접을 지나치게 받았습니다. 공의 아버님과 어머님께서 직접 맞이하여서 가족처럼 대해주셨으니 제가 어떤 사람이기에 댁에서 이런 대접을 받았던 것일까요? 비바람 치고 닭이 울 때 군자를 만난 것에 감동하였고 아양곡(峨洋曲)[18]의 거문고 연주를 듣고 고인(故人)의 지음(知音)에 탄복하였습니다. 해는 저물고 말은 이미 꼴을 다 먹였고 회향주(灰香酒)는 방울져 떨어지는 것을 어찌겠습니까? 미련이 남아 헤어지기 어려웠습니다. 여관으로 돌아와 외로운 등불을 켜 그림자와 짝하고서 근심하다가 꿈을 꾸다가 하면서 조카엔(長華園)을 많이 떠올렸습니다. 저는 천하의 별난

18 아양곡(峨洋曲) : 옛날에 백아(伯牙)는 거문고를 잘 타고 종자기(鍾子期)는 거문고 소리를 잘 알아들어서 높은 산을 생각하며 연주하면 종자기가 "높다란[峨峨] 것이 마치 태산(泰山) 같구나."라고 하고 흐르는 물을 생각하며 연주하면 "광대한[洋洋] 것이 마치 강하(江河) 같구나."라고 하였다. 아양곡은 백아처럼 거문고를 잘 연주하는 것을 의미한다.

사람일 뿐입니다. 살아서 이미 즐거움이 적었고 노쇠할수록 정에 끌렸습니다. 중년에는 근심이 많아 일소(逸少)의 지나친 말[19]을 비웃었고 남촌에 벗이 살아 천명(泉明)의 깨달음[20]을 사모하였으니, 붕우의 분수는 삶과 죽음으로써 함께하는 것이기 때문입니다. 그러나 가장 어려운 것이 천애(天涯)의 지기이니 갑자기 만났다가 헤어지게 되었습니다. 이별하기는 쉬워도 만나기는 어려워 백 년 안에 다시 만날 기약을 하기 어렵습니다. 이런 날은 애석해하기에 충분하니 어찌 배가된 슬픔에 마음 아파하지 않을 수 있겠습니까? 제 마음을 아뢰고 밤에 평안하기를 빌겠습니다. 원컨대 공의 부모님께도 한결같이 평안하시라 전해드리고, 집안이 편안하고 아드님도 무양하시기를 빌겠습니다. 별지로 갖추니, 양해해 주시기 바랍니다.

「식헌편후제(息軒扁後題)」를 부기함

내가 일찍이 일본의 야스이 솟켄 선생이 장막을 내리고 경서를 연구하여 저작이 키만큼 쌓였다는 말을 들었으나 언제 살았는지 지금까지 살아있는지 알지 못하였고, 비록 살아있더라도 만 리 멀리 떨어져 있었으니 만나기 어려웠다. 사명을 받들고 이곳에 오게 되자 직접 공자사당에 절을 하고서 물러나왔다. 이곳에서 새로 출판된 서목을 읽다가 선생 이름이 있어서 깜짝 놀랐고 비로소 선생이 살아있음을 알게 되었다.

---

19 일소(逸少)의 지나친 말 : 일소(逸少)는 왕희지(王羲之)의 자로, 그가 전사(傳寫)한 「동방삭화상찬(東方朔畫像贊)」이 탁본으로 전한다.

20 천명(泉明)의 깨달음 : 천명은 도연명(陶淵明)을 가리킨다. 도연명의 「귀거래사(歸去來辭)」를 의미한다.

그러나 여전히 어디 사는지 알지 못하여 거의 만날 수 있을 듯하였으나 만나지 못하였다. 출발할 때 『좌전집석(左傳輯釋)』과 『논어집설(論語集說)』 두 책의 서문을 내게 보여주었는데, 바로 중국인 응보시와 심병성이 쓴 것으로, 선생의 학문이 "근본이 정정(井井)하여 바탕을 잃지 않은 사람이다."라고 되어 있었다. 그제서야 비로소 선생의 거처가 가깝다는 것을 알게 되었다. 그러나 내 귀국날짜가 임박하여 배는 이미 기다리고 있고 뱃사람은 뱃노래를 부르고 있었으니, 바다 산은 아득하고 바닷물은 망망하여 선생을 끝내 만날 수 없게 된 것이다. 진근(塵根)[21]이 제거되지 못하고 도기(道機 : 도의 학문)가 여전히 얕아서 그런 것인가? 처음에는 만나기 어려웠으니 만나지 못한 것이 예사로운 것이겠으나, 마지막에는 또 만날 수 있는데도 만나지 못하였다. 이번 생의 이 한스러움은 응보시와 심병성보다 곱절이 더 될 것이다.

병자 중하(仲夏 : 5월) 하한(下澣 : 하순) 조선 행인 김기수가 총총히 솟켄의 편액에 쓰다.

「관육군성정조국기(觀陸軍省精造局記)」를 부기함

내가 일본에 사행을 떠날 때 전송하는 자의 말이 다 달랐다. "사신의 체모가 중요하니 마음대로 유람해서는 안 된다."라고 하는 사람이 있었고, "이번 일은 훗날의 준적이 될 테니 모든 유람은 일체 물리치는

---

21 진근(塵根) : 육진(六塵)과 육근(六根). 육진은 색(色), 성(聲), 향(香), 미(味), 촉(觸), 법(法)으로 육근을 통하여 의식을 일으키는 육경(六境)을 가리킨다. 육근은 안(眼), 이(耳), 비(鼻), 설(舌), 신(身), 의(意)의 여섯 가지 기관의 통칭이다.

것이 좋을 것이다."라고 하는 사람이 있었다. 어떤 사람은 다음과 같이 말하였다.

"두 말이 모두 옳습니다. 우리 사신의 체모를 잊고 오직 유람을 일삼는 것도 불가하고, 구차하게 눈앞의 일만 좇는 것 역시 불가합니다. 반드시 이 두 가지를 절충하여 유람할 만하면 유람하고 유람해서는 안 되면 유람하지 마십시오."

내가 말하였다.

"무슨 말씀이십니까?"

"지금 그대가 가는 것은 이전 사람들이 간 것과 다릅니다. 언동 하나, 유람 하나가 경기(經紀)를 배반해서도 안 되고 권도(權道)를 위반해서도 안 됩니다. 저들은 그대의 사행을 빙자하여 천하에 말할 거리를 만들려고 할 것이니 분명히 주장하는 것이 전일하고 요구하는 것이 간절할 것입니다. 전후를 참작하여 이치를 뛰어넘는 것이 없다면 그대는 우선 그들의 환심을 사십시오. 만약 얼굴을 정색하고 미련 없이 버리면, 지금 형편을 따져볼 때 자막(子莫)[22]이 될 뿐입니다. 내가 만약 그대라면, 저들이 도를 위반하지 않을 경우 우선 좇을 것이요, 비록 도에 위반되지 않을지라도 내가 먼저 하지는 않을 것이니, 이렇게 하는 것이 좋을 것 같습니다."

나는 그 말에 매우 탄복하여 잘 때나 쉴 때나 항상 마음에 떠올렸다.

그들의 수도인 에도에 도착하였을 때 나와 교유한 사대부들이 옛날

---

22 자막(子莫) : 노나라 대부로, 융통성이 없는 인물이다. 맹자가 "자막은 그 중간을 잡았으니 중간을 잡는 것은 도에 가까우나 가운데를 잡고 저울질함이 없으면 한쪽을 고집하는 것과 같다.[子莫執中 執中爲近之 執中無權 猶執一也]"라고 하였다. ≪孟子 盡心上≫

부터 잘 아는 사람처럼 우호적이었다. 해군성(海軍省)을 유람하자고 하여, 대포와 수뢰포 쏘는 것을 구경하였다. 육군성(陸軍省)을 유람하자고 하여 보병전, 기마전, 전차전의 연습을 구경하였다. 또 고이시테이(小石亭)를 유람하자고 하였다. 육군성의 병학료(兵學寮) 정조국(精造局)이 있는 곳이었다. 땅이 넓고 깊으며 꽃과 나무, 샘과 바위의 경치가 뛰어나니, 옛사람의 이른바 "마음에 드는 곳은 먼 곳에서 찾을 필요 없으니 수풀이 울창한 곳에 물이 있으면 된다."[23]라고 한 것이 이곳을 말한 것만 같았다.

고이시테이에서 식사를 한 후 산보를 하여 어떤 곳에 이르렀다. 우뚝 솟은 건물 앞에 벽돌로 쌓은 굴뚝이 있었는데, 하늘에 닿을 듯 높아 올려다보니 어질어질하였다. 건물에 들어가니, 내부 한쪽에 있는 거대한 화륜이 반쯤 땅에 들어가 돌고 있었다. 화륜이 돌면 면포 넓이의 가죽 혁대 하나가 화륜의 몸체를 감싸서 아래위로 따라 움직여서 삐걱거리며 곧바로 승진(承塵) 밖으로 올라갔다. 자세히 살펴보니 커다란 구리 서까래가 혁대 위에 걸쳐 있고 혁대를 따라 서까래 한쪽을 구르면 걸쳐있는 혁대 한쪽이 한 귀퉁이로 내려가 건물 옆의 건물로 나가려 하였다. 머리를 들고 따라서 가보니 과연 또 서까래를 걸친 혁대가 있어서 아래로 바퀴 하나를 감싸고 있고 바퀴 옆에는 장치가 있어서, 바퀴 하나가 장치 하나를 움직이고 장치 하나가 또 바퀴 하나를 움직였다. 바퀴에는 감싸고 있는 혁대가 있고 또 위에 다른 구리 서까래를 걸쳐 놓았다. 이에 서까래는 혁대에 걸쳐있고 혁대는 바퀴를 감싸고 있어, 바퀴가 온 건물에 가득하였고 옆의 건물, 옆에 옆의 건물이 모두

---

23 마음에 … 된다 : 간문제(簡文帝)가 화원에서 신하들에게 한 말이다. ≪世說新語 言語≫

구리 서까래로 가득하여, 위에서 번쩍하면 가죽혁대가 위로 올라갔다 아래로 내려가니 건물마다 모두 그러하였다. 여러 건물 가운데 아래의 바퀴와 위의 서까래, 위아래의 혁대가 돌지 않는 곳이 없으니 바로 아까 보았던 화륜 하나의 힘이었다. 바퀴가 돌면 바퀴 옆의 장치가 모두 돌았고, 돌아가는 장치에는 반드시 기계 하나가 있어서 쇠를 불려 달구고, 망치로 때려 쌓아올리고, 거대한 것을 자르고, 칼질하여 나누고, 못을 박아 깎아내고, 송곳으로 구멍을 내서, 자르고 갈고 문지르고 깎고 평평하게 하였다. 둥근 것을 네모나게 만들고, 긴 것을 짧게 만들고, 굽은 것을 곧게 만들고, 큰 것을 작게 만들고, 주름진 것을 펴고, 어지러운 것을 정리하였다. 사람이 하나의 물건 하나의 기계 아래에 있으면서 만들고 싶은 대로 만들지 못하는 것이 없었다. 내가 감탄하며 말하였다.

"기술이 여기에 이르렀구나! 하나의 화륜으로 천하의 할 수 있는 일이 다 끝나는구나. 기술이 여기에 이르렀구나! 공자께서 말씀하지 않으신 것을[24] 나는 보고 싶지 않았다. 예전에 내 유람을 저지하던 자가 옳았고 내게 유람을 권하던 자가 옳지 않았으나 내가 옳은 자를 좇지 못하였으니, 그렇다면 나의 유람은 옳지 못한 것인가? 기이한 기술과 지나친 기교에 대해 역시 '이는 이용후생(利用厚生)을 하려는 것이니 이용후생은 배워도 된다. 더욱이 구경하는 것임에랴? 그렇다면 나의 유람은 옳은 것이리라!'라고 말할 뿐이다. 나는 오직 '저들이 내게 유람을 권한 것은 본래 도에 위반되지 않았고 나의 유람이 내가 먼저 하겠다고

---

24 공자께서 말씀하지 않으신 것을 : 괴력난신(怪力亂神)을 가리킨다. "공자께서 괴력난신을 말하지 않으셨다.[子不語怪力亂神]"라고 하였다. 《論語 述而》

했던 것은 아니었다.'라고 말할 뿐이다."

귀기(歸期) 4칙

◎ 궁궐에서 하직할 때 상께서 물으시다 일본에 도착해 관소에 얼마나 머무를지에 대해 말씀이 미쳤다. 종전 통신사행이 20일을 머무르기도 하였고 15, 6일이나 12, 3일을 머무르기도 하였으니 많아도 20일을 넘기지 않을 것이고 적어도 11일보다 빠르지는 않을 것이라고 대답을 드렸다. 상께서 말씀하셨다.

"그 중간인 보름으로 잡는 것이 좋겠으니 보름을 넘기면 안 된다."

그러므로 돌아오는 기한을 보름을 넘지 않겠다고 기필하였다. 그러나 먼 바다 만 리 길은 꿈속 혼마저 아득하였고, 저들에게 비록 억지로 큰소리를 치기도 하였으나 사사건건 근심되지 않는 것이 없어, 어느새 보름이 지나버리고 말았다. 일행 모두 근심하고 번민하였으나 길은 육로가 아니고 가는 것도 우리가 결정하는 것이 아니었으므로 새벽까지 잠 못 이루며 마음이 두근거릴 뿐이었다.

◎ 5월 22일 접반관 후루사와 가게히로가 비로소 고류마루가 오사카성에 갔다가 어제 처음 돌아와 정박했다고 알려주러 왔다. 이것이 바로 올 때 탔던 배로 돌아갈 때도 이것을 타야하기 때문이다. 드디어 그와 함께 상의하여 27일을 돌아가는 출발일로 정하였다. 지금부터 또 네 번의 낮과 다섯 번의 밤을 지내야 승선할 수 있으니 정말로 하루가 삼 년처럼 느껴졌다. 자경(子卿 : 한나라 소무)은 잘 견디는 사람이었으니 어떤 방법으로 근심을 풀고 19년을 지낼 수 있었던 것인지? 생각하면 아득하다.

◎ 후루사와가 떠나고 미야모토 오카즈가 사람을 보내 말을 전하였다.

"귀하 일행이 떠날 날짜를 정했다고 들으니, 섭섭합니다. 그러나 이 일은 귀하 일행이 서면으로 외무성에 직접 알려야만 행장을 꾸릴 수가 있습니다."

손님을 전송하는 일은 주인이 먼저 입 밖으로 내서는 안 되는 법이다. 그의 말을 들으니 예에 맞았으므로 드디어 외무경에게 이번 달 27일에 승선하여 돌아가게 되었다고 서면으로 알렸다.

◎ 돌아갈 날짜가 정해졌다. 일행 모두가 시끌벅적하여, 손으로는 덩실덩실 춤을 출 듯하고 발로는 펄쩍펄쩍 뛸 듯하였다. 서로 보고 웃으며 입을 벌린 채 다물 줄을 몰랐다. 말을 걸려고 해도 어느새 정신없이 달아나고 없으니, 행장을 꾸리러 간 것이었다.

환조(還朝) 1칙, 또 별단(別單) 14칙

◎ 6월 1일 조정에 돌아와 흥인문(興仁門) 밖에 잠깐 머물러서 시복(時服)으로 갈아입고 곧장 입궐하였다. 숭양문(崇陽門)을 통해 들어가 숙배(肅拜)하고 먼저 「행중문견별단(行中聞見別單)」을 승문원(承文院)에 바쳤다.【별단은 아래 보인다.】 신시(申時)에 입시하니, 상께서 얼굴에 희색을 띠고 다녀온 사람의 노고와 저들의 진위를 물으시니 옥음이 메아리 같았다. 이때 포상하라는 명을 내리시고 또 때가 한창 더울 때이니 멀리 사행을 다녀온 사람들에게 특별히 꿀물을 내리라고 말씀하셨다. 제호탕(醍醐湯) 1대기(大器), 감과(甘瓜 : 참외) 1기(器), 어포와 육포 합하여 1기를 내렸다. 나는 잘하는 것이 전혀 없는 사람으로서 먼 나라에 사신을 가게 되었으나 다행히 목숨을 부지해 무사히 돌아왔으니 우리 성상

의 큰 은혜가 미치지 않은 바가 없다. 그런데도 특별히 위문하시고 귀한 음식을 내려주시니 황공하고 황송하여 몸 둘 바를 몰랐다. 얼마 후 파하고 물러났다. 촛불을 잡고 집에 돌아오니 이미 인정(人定 : 통행금지를 알리는 종)을 쳤다. 기다리던 손님이 문에 가득하였으나 물을 겨를도 없이 곧장 가묘에 들어가 절을 하였고, 그다음 내당에서 누님을 뵈었다. 늙은 누님과 병든 처가 너무 기뻐 눈물을 흘리려 하였고, 두 딸은 펄쩍펄쩍 뛰며 맞이하여 절을 하는 인사조차 잊어서, 도리어 우스꽝스러웠다.

「행중문견별단(行中聞見別單)」을 부기함

저는 4월 4일 궁궐에서 하직하고 29일 부산포에서 승선하여 5월 7일 에도에 도착하였고 27일 출발하여 윤5월 7일 부산포에 돌아왔습니다. 다녀온 길을 계산하면 해로 9천8백 리, 육로 2백2십 리가 되는바 삼가 일본에서의 견문을 모아서 이에 갖추어 보여드립니다.

1. 왕복한 노정은 이미 원장(原狀)에 갖추어져 있는 바입니다. 부산에서 나가토주까지 대양 가운데 파도가 조금 험하였습니다. 나가토에서 고베항까지 작은 바다로 저들은 이른바 강이라 하였으며 파랑이 잔잔하였습니다. 고베에서 요코하마까지 도토미주(遠江州) 지방이 있었고 역시 끝없는 대양으로 험한 파도가 부산과 나가토 사이보다 심하였으니, 저들 역시 험하게 여기는 곳이었습니다. 돌아오는 길에 사가미주(相模州)에서 홀연 대풍을 만나 배가 거의 뒤집힐 뻔하고 배에 탄 사람들이 어지러워 넘어지지 않은 자가 없었기에 어쩔 수 없이

2백6십 리를 돌아갔습니다. 아카마가세키를 지날 때 또 대풍을 만나, 풍랑이 말려 올라가 곧바로 배 위를 내려쳤습니다. 이때는 칠흑 같은 밤인 데다 바람과 파도 소리, 기물이 부서지는 소리에 비록 일본의 선원일지라도 모두 놀라 얼굴빛이 변하였습니다. 이전과 비교하면 어찌할 줄 더욱 몰랐으니, 또 부득이하게 3백여 리를 돌아가서 닻을 내렸습니다. 밤을 보내고 동틀 때 출발하니 바람이 여전히 좋지 않아서 또 우회하여 쓰시마를 경유해 돌아왔습니다. 이것은 모두 바람을 만나 그런 것입니다. 왕복한 길은 1만 2십 리를 넘지 않고 앞뒤로 우회한 길을 합하면 1만 2천여 리이옵니다.

1. 산은 매우 선명하고 고왔고 물은 잔잔하지 않았다. 바다 가운데 산은 대략 모두 평원(平遠)하고 온자(溫藉)하였고 바닷가 물은 맑거나 시원하지 못하였습니다. 아카마카세키에서 에도까지 본 산은 한결같이 부드러워 험준하게 깎아지는 기상이 없었습니다. 높은 후지산과 험한 하코네(箱根) 고개는 이전 통신사들이 목격했던 것이나 이번에는 육로에서 해로로 길이 달라졌으므로, 바다 위에서만 후지산을 때때로 바라보았는데, 환한 흰 빛이 구름 사이에 출몰하였으니 산 위에 쌓인 눈이 녹지 않았기 때문이었습니다. 6월이 되어야 비로소 녹는다고 하였습니다. 뭍에 내린 후에는 곳곳에 동산과 숲이 보였습니다. 물 하나 바위 하나가 모두 제 자리에 잘 배치되어 그윽하여 사랑할 만하였습니다. 요코하마와 에도 사이에 시나가와(品川)라는 곳이 있습니다. 대해 가운데 7, 8개의 돈대(墩臺)가 있었으니, 서양인과 접전할 때 특별히 설치하여 대포를 쏘았던 곳입니다. 배에 돌을 많이 실어 무거워지면 배가 가라앉고 배를 계속 가라앉히면 돈대가 된다고 하였습니다. 그 공력 역시 매우 굉장하였습니다.

1. 인물은 남자가 둘이면 여자가 셋 정도의 비율이었습니다. 여자는 곱고 잘 꾸민 사람이 많았고 남자는 모두 준수하고 어여뻤습니다. 가는 곳마다 거리와 골목을 가득 메워, 하루에 보는 사람이 수천, 수만 명보다 적지 않았을 것입니다. 그러나 절름발이나 앉은뱅이 같은 장애인이 한 명도 없었고 남루하고 초췌한 사람이 한 명도 없었습니다. 말은 재재거리는 말로 조잘거렸는데 비록 알아들을 수는 없었으나 혀끝은 잘 굴러가고 입가는 꿈틀거려서 어린아이가 어리광을 부리는 것 같았고 사람을 보면 기쁜 빛을 띠고 항상 웃는 얼굴을 하였습니다. 그래서 특별히 미워하거나 싫어할 만한 사람이 없었습니다.
1. 땅이 대해에 닿아 있어 비가 많이 오고 갠 날이 적었습니다. 비 역시 자주 내리고 쉽게 갰으며, 바람은 조금도 장애가 없었습니다. 그러므로 정사(亭榭)와 묘우(廟宇) 가운데 조금만 시원하고 높은 곳에 있어도 의관이 펄럭거리고 선선하여 오래 머물 수가 없었습니다. 그래서 관소에 머물 때가 5월 10일에서 25일 사이였는데도 날씨가 그다지 덥지 않아서 상하와 노소 모두가 밤에 이불을 덮고 잤습니다. 샘물의 성질은 위약(痿弱)하고 땅의 기운은 축축하였습니다. 집을 짓거나 길을 만들 때 거의 모두 물가의 작은 돌을 가져다가 깔아서 땅을 평평하게 한 후에 흙을 덮었습니다. 그러므로 한 번 비가 내려 금방 그쳤어도 도로가 깨끗하고 뜰이 산뜻하였습니다. 큰길가에 왕왕 땅을 파서 정(井) 자 모양의 판자로 덮어놓았으니 아마도 오물을 버리는 도랑을 숨겨놓은 곳 같았습니다. 그 규모가 대략 이와 같습니다.
1. 에도성은 둘레가 6, 7십 리쯤 되었습니다. 해자는 깊고 넓으며 성에는 망루가 없으나 아름드리 큰 나무들이 교차하여 푸르게 덮고 있었습니다. 성 위의 나무가 있는 것을 볼 때마다 자라는 나무 때문에

성이 갈라지고는 했었는데 이곳은 그렇지 않고 도리어 여기에 기대서 성이 견고해지는 듯하였습니다. 외성에는 문이 없는 경우가 많으니 문이 훼손되어도 설치하지 않는 것인지 알 수 없습니다. 매번 치성(雉城 : 성가퀴)이 있고 성 안에 또 중성과 내성이 있으며, 내성 안에는 또 내성이 있으니 이른바 황궁이었습니다. 성은 모두 네 겹이고 모두 외성처럼 해자가 있었습니다. 성에는 문이 있으니, 반드시 바깥은 홑문이고 안은 겹문이었으며 외문에는 문루가 없고 내문에는 문루가 있었습니다. 성은 돌로 쌓아서 아래는 널찍하고 위는 좁았으며, 문은 모두 네모난 판자를 쓰고 쪽문을 두지 않았습니다. 황궁 안에는 현교(懸橋)가 하나 있었는데, 길이는 4, 5십 칸쯤 되고 너비는 3, 4칸쯤 되었습니다. 쇠사슬을 아래에 걸쳐서 곧바로 양쪽 긴 누각에 걸고 또 아래로 늘어뜨려서 땅에 고정 시켜놓았는데, 그 위를 걸어가면 마치 허공의 사다리를 지나는 것 같았습니다. 대체로 다리는 모두 목조로서, 둘러싼 난간이나 걸어놓은 서까래가 나무가 아닌 것이 없었고, 순전히 돌로 만든 다리는 몇 군데 보지 못하였습니다.

1. 궁실의 제도는 공사와 귀천이 대동소이하였습니다. 기와는 암키와를 많이 사용하였고, 한쪽은 머리가 굽어있고 한쪽은 머리가 평평하고 가운데는 사방으로 갈라진 대나무 같아서, 굽은 머리가 오른쪽을 향하고 평평한 머리가 왼쪽을 향하여서 비늘처럼 포개서 덮으면, 자연히 안착이 되어 틈이 조금도 없게 됩니다. 아래에서 위로 비늘처럼 덮은 후에 등성이에는 수키와를 써서 눌러놓고 봉합할 곳은 새끼줄처럼 두껍게 회를 써서 붙입니다. 기와는 푸르고 회는 흰색이나 흰색은 많고 푸른색은 적으니 멀리서 보면 하얗게 보입니다. 집은

모두 층루(層樓)와 복각(複閣 : 중첩된 누각)이어서, 한 집에 들어가면 외헌(外軒)과 중청(中廳), 외당(外堂)과 내실(內室)이 복도로 이어져 있고 얇은 칸막이로 가려져 있으나 칸막이들을 모두 거두면 안팎이 툭 트입니다. 비록 3층 누각이라도 두꺼운 기둥이나 대들보가 없고 기둥 하나를 세우고 들보 하나를 얹어서 층층이 엮어서 쌓습니다. 방마다 앞에는 종이나 유리로 만든 얇은 칸막이가 있습니다. 밖에는 또 판자로 된 칸막이가 있어서 밤에는 가립니다. 뒤에는 두 개의 시렁이 있어서 하나는 침상으로 쓰고 하나는 벽장으로 쓰는데, 아래에 목판을 걸어서 물건을 둡니다. 침상 벽에는 반드시 서화 가리개를 걸고 상 위에 오래된 구리병이나 그림이 그려진 자기병을 두어 각종 화초를 꽂으니, 집집마다 다 그렇게 하였습니다. 대체로 집의 양식은 서양식을 그대로 좇았습니다. 일본의 옛 양식은 대개 나무판을 비늘처럼 덮습니다. 혹은 이엉을 쓰기도 하는데, 두께가 1, 2자 정도 되고 칼로 가지런히 잘라서 조금도 들쑥날쑥하지 않습니다. 비에 씻기고 바람에 닳아도 썩거나 문드러지지 않으니 지붕 덮는 기술과 거처를 만드는 솜씨는 볼 만하였습니다. 그러나 옛 양식은 간혹 시골 마을에 보였고 돌담과 흙벽에도 반드시 조각을 하여 꾸몄습니다. 관공서나 민가의 저택은 이런 것이 많지 않고 목책으로 울타리를 만들었고 혹은 쇠로 철책을 만들기도 하였습니다. 채전과 과수원까지 반드시 나무판이나 대나무 가지로 정방형의 울타리를 만들어서 조금도 비뚤어짐이 없었습니다. 밭 사이의 두둑과 천변의 울타리가 반듯반듯하여 조금도 어그러지지 않았으니, 정교하고 세밀함이 비할 데가 없음을 알 수 있었습니다.

1. 그들이 황제라 칭하는 사람은 나이가 바야흐로 25세이고 중간 정도

의 키에, 얼굴은 희면서 약간 누렇고 눈에는 정채(精彩)가 있고 풍채를 타고 났습니다. 직접 정무를 본 후로 정치에 정력을 쏟아 태만함 없이 열심히 하고 있습니다. 관백을 폐할 만하면 폐하고 제도를 고칠 만하면 고쳤습니다. 다리에 달라붙는 바지나 몸을 반밖에 덮지 않는 저고리처럼 군대에 이로울 만한 것이라면 서양인의 의복일지라도 하루아침에 옛 복식을 버리고 좇는 일을 조금도 어렵게 여기지 않으니, 다른 사람들도 감히 다른 의견을 말하지 못합니다. 옛날 관백은 종 4위로서 식록을 받으며 에도에 거처하고 있으나 감히 원망하는 기색이나 자리를 넘보는 뜻이 없다고 합니다. 이 사람은 이미 제하(諸夏 : 중국)의 군주를 기준으로 하여 책망할 수가 없으니 단발과 문신, 이마의 문신과 검게 물들인 이가 서양인의 복식보다 나을 것이 없기 때문입니다. 이것을 저것으로 바꾼 것뿐이라 깊이 따지기에 부족합니다. 영명(英明)하고 용단(勇斷)하며, 현명한 자와 능력 있는 자를 등용하니 취할 만한 점이 많은 듯하였습니다.

1. 관직의 존비는 처음부터 확연하지 않은 것은 아니지만 예수(禮數)는 결여되어 있어서, 아랫사람이 윗사람에게 대하는 예를 윗사람 역시 아랫사람에게 하였습니다. 서로 모자를 벗고 머리를 숙이고 심지어 이쪽에서 굽히면 저쪽에서 조아리니 보기에 매우 놀라웠습니다. 그러나 하나라도 잘못이 있으면 조금도 용서하지 않았습니다. 태정부(太政府)는 곧 가장 높은 곳으로 경 이하에 죄가 있으면 태정부에서 곧바로 다스렸습니다. 그러므로 경 이하가 역시 삼가 봉행하여, 조금도 어기거나 월권하지 않았습니다. 그래서 신분이 낮은 사람이 높은 사람에게 부림을 당하고 아랫사람이 자기의 윗사람을 섬기면서도 간략한 예수(禮數) 때문에 혹여 소홀한 점이 있지는 않았습니다.

1. 정령(政令)은 신(信)을 오로지 주장하여, 한 길짜리 나무를 옮기는 일이라도[25] 상을 준다고 하면 상을 주었습니다. 이른바 학교라는 곳에서 사람을 가르치는 법은, 사대부의 자제 및 준수한 백성을 7, 8세부터 글을 배우고 글자를 익히게 합니다. 처음에는 일본 글자를 가르치고, 그 다음에는 한자를 가르치다가 16세가 되면 더 이상 경전을 읽게 하지 않습니다. 크게는 천문학, 지리학, 기하학에서 작게는 농기, 병기, 도형의 설까지 눈으로 읽고 손으로 익혀서 잠시도 그만두지 않습니다. 여자에게도 학교가 있습니다. 크게는 천문, 지리, 병학, 농학에서, 작게는 시문과 서화까지 모두 하나의 기술을 전공합니다. 천하 각국의 사람이 모두 영사관(領事官)이라는 직임을 띠고 와서 체류하고 있었는데, 반드시 숙식을 제공하고 그들의 기술을 배우면서 후하게 대우하고 겸손하게 말을 하였으니, 그들의 기술을 모조리 배워서 기계를 잘 이용하기 위해서입니다. 또한 스스로 각국에 사람을 파견하여 미진한 학술을 다 배우도록 합니다. 곳곳에서 화륜선과 화륜차를 만들고 사람들에게 먼 곳까지 가서 무역을 하게 하여 힘을 다해 재화를 벌도록 합니다. 군신상하가 부지런히 이익을 추구하여 부국강병을 급선무로 여기고 있으니, 정령이 상앙(商鞅)의 옛 법에서 나온 듯합니다.
1. 그들의 풍속에 처음에는 신도를 숭상하였고 이어서 불교를 숭상하였으니, 신도와 불교를 숭상하는 것이 그들의 옛 풍속입니다. 근래

25 한 길짜리 나무를 옮기는 일이라도 : 진(秦) 효공(孝公)이 상앙(商鞅)의 개혁안을 받아들여 도성의 남문에 나무를 세워놓고 북문으로 옮기는 사소한 일에 50금을 주겠다고 반포하여, 어떤 사람이 이를 옮기자 곧 50금을 주어서 백성들이 법령을 믿게 만들었다.

는 일체 이와 반대입니다. 신당에는 풀이 무성하게 덮였고 승려들은 모두 흩어져 버렸으니 청적(淸寂)과 허무(虛無)는 실제 일에 이익이 없기 때문이라고 합니다. 이것은 오히려 가상합니다. 학문은 한나라 유학과 송나라 유학이 병행하여 대립하지 않고 오히려 함께 공자의 도를 존숭하는 것이 옛 풍속이었습니다만 지금은 경전의 문자는 쓸모없는 것으로 여겨 처박아버리고 오직 날마다 부지런히 공리(功利)의 글에 힘을 씁니다. 그러므로 그 가운데 식견이 있는 사람은 한숨을 쉬며 개탄하기도 합니다. 기묘한 기술과 지나친 기교에 이르면 눈으로 보아도 상세히 알 수 없고 전해 들어도 자세하지 않습니다. 비단 배와 차에 화륜이 있을 뿐 아니라 화륜의 설비는 금과 옥의 그릇을 만들기도 하고 물과 돌의 재료를 다루는 데도 사용됩니다. 모나든 둥글든, 거대하든 세밀하든, 크든 작든, 정교하든 거칠든 화륜에서 취하지 않는 것이 없으니, 하나의 화륜으로 천하의 모든 일이 가능합니다. 곳곳마다 정조국(精造國)을 설치하여 사람마다 이로운 기계의 기술을 익히게 하니, 아무리 열심히 따져보아도 실로 그 방법을 다 알 수는 없습니다.

1. 온 나라의 도회지가 비단 한둘이 아니었습니다. 에도, 요코하마, 고베, 아카마가세키에 가서 모두 목격한 바, 번화한 여염과 풍요로운 시장을 처음 보고 굉장하다고 여기는 것은 혹 괴이할 것이 없겠습니다만, 자주 중국 사람들을 만났사온데 역시 중국보다 번성하고 풍부하다고 하였습니다. 신바시에서 에도까지 15리와 에도에서 사방으로 1, 2십 리 밖에 여염과 시장이 땅 가득히 즐비하여서 남은 땅이 없었습니다. 박물원을 유람하고 아사쿠사의 절에 갔을 때 은나라 그릇과 주나라 솥, 진나라 벽돌과 한나라 기와, 진기한 날짐승과 괴이

한 길짐승, 기이한 꽃과 이상한 풀 역시 없는 물건이 없었으니, 풍성함을 견줄 데 없다고 할 만하였습니다. 그러나 역시 때때로 과시하는 태도가 있었으니, 이것은 그들이 기이함을 자랑하곤 하던 습성이 남은 것입니다.

1. 그들이 평소 양성하는 군사는, 에도성에 녹을 주어 양성하는 자가 7, 8만 명이 되고 나머지는 육군성과 해군성에서 날마다 끊임없이 병사를 뽑습니다. 기계에 정통하지 않은 자가 없었고, 군율을 외우고 익혀서 앉거나 일어나고 나아가거나 물러나는 데 명령을 어김이 없었습니다. 말은 모두 크고 여위었으며 자세가 바르고 날래서 한 번에 천 리를 달릴 기세였습니다. 선박에는 대포를 설치하고 전차에도 대포를 설치하였습니다. 대포의 사용법 역시 전부 기륜(機輪)을 사용하여서, 동서로 적을 발견하면 대포가 따라서 조준하였고 손이 바쁘고 발이 날 듯 움직여 조금도 차이가 없었습니다. 이렇게 강한 군대가 있고 이렇게 정교한 무기가 있으면서도 오히려 열심히 부지런히 날을 부족하게 여기며 익히고 있었습니다.

1. 그들의 이른바 부국강병의 기술이라는 것은 오로지 통상을 일삼는 것입니다. 통상은 이익을 전유하는 것이 아니라 반드시 거래가 있으니, 이쪽에서 가서 저쪽과 상행위를 하고 저쪽에서 와서 이곳과 상행위를 하는 것입니다. 지금 일본은 각국과 통상을 하여 그 수가 매우 많습니다. 가서 상행위를 하고 오는 나라는 일본 하나이고 와서 상행위를 하고 가는 나라는 천하의 각국입니다만, 일본의 생산품이 반드시 전보다 10배가 되는 것은 아니니 생산품이 하나이고 소비하는 자가 여럿이면 물가가 뛰어오르는 것은 형편상 본래 그러한 것입니다. 날마다 전폐(錢弊)를 주조하여 쓰게 하면 동전은 싸지고 물건

은 비싸질 것이니 반드시 패망하는 방법입니다. 더욱이 교묘하지 않은 기술이 없고 정교하지 않은 기예가 없어서 조물주의 영역까지 다 빼앗아 다시는 여지가 없게 될 것이니 외양을 보면 위에 진술한 조목처럼 더 이상 부강할 수 없겠으나 몰래 형편을 관찰하면 역시 오래 갈 술책이라고 말할 수는 없습니다.

일동기유 후서(日東記游後敍)

전에 내가 일본에 사신을 다녀왔을 때, 같은 당의 사람이 노고를 위로하며 다음과 같이 말하였다.

"옛 사람이 먼 나라에 사신을 가면 비단 사령(辭令)을 전달하고 아름다운 풍속을 관찰하는 데 그치는 것이 아니라 정탐하는 것도 있었습니다. 정탐이라는 것은 보이지 않는 것을 보고 알아내지 못하는 것을 알아내는 것이니, 언어의 밖과 사물의 겉을 살펴서 나만이 알아내고 남은 알아채지 못하는 것을 정탐이라 합니다. 그대는 이번에 알아낸 것이 있습니까?"

내가 말하였다.

"남이 잘하는 것을 하는 자도 남이 잘 못하는 것을 못할 수도 있는 법인데 더욱이 저는 남이 하는 것도 못하는 사람입니다. 만일 못하는 것을 잘하려고 한다면 나는 원래 남을 정탐하지 못할 것이고 남은 내가 정탐하는 것을 정탐할 것입니다. 다만 우리의 응대를 바르게 하고 우리의 시선을 존엄하게 하여, 차라리 내가 정탐을 하지 않을지언정 남이 나를 정탐하지 못하게 하겠으니, 이것이 제가 감히 정탐을 일삼지 않았던 까닭입니다."

"그렇다면 그대는 무슨 일로 그들에게 갔습니까? 그들은 앞으로 인화(仁化)를 사모하고 규도(規度)를 삼가 지킬 것입니까? 아니면 선한 사람을 속이고 온유한 사람을 모욕하는 일이 다시 창궐하게 될 것입니까? 두 가지 가운데 한 가지는 정탐하지 않아도 결정할 수 있을 테니 그대는 질정하십시오!"

내가 말하였다.

"이번 사행은 진실로 두 나라의 신의를 닦으려는 것이었기 때문에 조심스럽게 독경(篤敬)을 행하고 당당하게 인의(仁義)를 말하여야 했습니다. 저들이 사납고 편협하게 하더라도 우리는 관대하게 대하고, 저들이 경망하고 영악하게 굴어도 우리는 대범하게 대하고, 저들이 기이한 기술과 지나친 기교를 써도 우리는 삼가 신중하게 졸약(拙約)하여야 했습니다. 만일 저들과 함께 일월과 같이 밝은 육경(六經)과 삼황(三皇)의 의상(衣裳)으로 돌아간다면 더할 나위 없이 좋았을 것입니다. 저들의 사정을 거절하지 않고 우리의 위의를 잃지 않으며, 성신(誠信)을 펴고 경계를 깨뜨려서 우리는 저들을 순화하고 저들은 우리를 거스르지 않았다면 이로서 차선이 되었을 것이니, 허둥대거나 반걸음 내딛는 사이에 그런대로 실수가 없을 수 있었을 것입니다. 저들이 마음과 눈을 기울여 스스로 급하게 여기는 것이라면 그들의 힘이 강하고 그들의 음식이 풍족하나 그들의 뜻이 커서 그들이 급하게 여기는 것이니 본디 내게 달린 것이 아닙니다. 그대는 걱정하지 마십시오!"

"진실로 그대의 말씀과 같다면 역시 눈앞의 다행이라 할 것입니다만 그들의 뜻이 어디에 있는지 그대는 헤아릴 수 있을 것입니다. 과연 우려를 하지 않아도 됩니까?"

내가 말하였다.

"자기 자신도 모르는데 어찌 그들을 알겠습니까? 우리의 울타리를 튼튼히 하면 도적이 들어올 수 없고 혈기(血氣)를 충족하면 병이 생기지 않을 것입니다. 만일 근본을 튼튼히 하지 않고 지엽을 다스려서 울타리를 보충하지 않은 채 베개를 높이 베고 자거나 맥을 꽉 잡고 말만 한다면 도적이 울타리 안에서 횡행하고 병이 고황(膏肓) 사이에 침투하는 것을 보게 될 것입니다. 그래서 제가 우선 우리에게 달렸다고 말하는 것입니다. 옷깃을 당기면 옷단이 따라오고 벼리를 들면 그물눈이 펼쳐지니 서로 의지하고 있기 때문입니다. 그대는 어찌 근본을 도모하지 않고 구구하게 밖에서 오는 말엽에 신경을 쓰십니까? 저들은 밖이자 말엽과 같으니 우리가 이미 닦았다면 저들은 스스로 물러나 들을 것입니다. 그리고 오늘의 대세를 살펴보면 저들은 바야흐로 훌륭한 일을 할 때입니다. 담판을 짓거나 외침을 막는다고 구차하게 우리를 빙자하여 말을 뱉어낸다면 우리의 이른바 우려할 것이 없다는 것이 여기에 달려있겠지요. 그러나 다만 저들이 하는 일은 우리가 하지 않는 일이요, 저들에게 맛있는 음식은 우리에게 맹독이 된다면 본래 자기를 버리고 따라서는 안 됩니다. 그러나 충신(忠信)으로 이끌고 도덕(道德)으로 인도하며 다시 외면을 온화하게 하고 마음은 바르게 하며, 오는 사람을 사랑하고 가는 사람을 경계하면 역시 거의 우려가 없게 될 것입니다."

"그렇지 않습니다. 저들이 강요해서는 안 되는 것을 우리에게 강요하여 한 마디 말이라도 마땅치 않으면 표연히 군대를 일으킬 것입니다. 그들의 예측할 수 없는 마음과 돌아보지 않는 행동을 그대는 미처 다 살피지 못한 점이 있습니다. 충신과 도덕은 갑자기 쓰러진 사람에게 고량진미를 주는 것과 마찬가지가 될 것입니다."

내가 말하였다.

"그대의 우려는 진실로 이것이었군요. 그러나 만 갈래 길도 하나의 길로 돌아가는 법이요, 모든 어려움도 큰 공평함에는 굴복하는 법입니다. 부드러운 나무는 꺾을 수가 없고 하늘의 거리는 마음껏 달려도 막힘이 없으니 쉽게 알 수 있는 이치입니다. 지금 저들이 우리에게 강요하는 바를 우리가 억지로 좇지 않을 것임을 저들 역시 모르지는 않습니다. 그들이 오면 예를 다해 대하여 소원해지지 않도록 하고 그들이 말을 하면 정을 다해 대답하여 숨김이 없도록 하여 성낼 점을 찾지 못하고 반대할 구실도 없게 하고 나서, 우리의 의를 강구하고 우리 백성을 가르치고 우리 식량을 저장하고 우리 성과 해자를 수선한 연후에 우려가 없다고 말할 수 있을 것입니다. 만약 능멸하여 화를 내게 만들고 의심하여 부딪치게 만든다면 울분이 쌓여 병이 되고 수치가 바뀌어 분노가 되는 것 역시 뻔히 일어날 결과입니다. 그러나 그대의 우려는 분명히 이런 것에 불과한 것이나 제가 어리석어 감히 억지로 이해시킬 수 없습니다."

"이런 것이었군요, 그대의 말은! 정탐을 일삼지 않는다더니 여기에서 더 정탐할 게 있겠습니까? 정탐한다면 우려는 저들에게 달린 것만이 아니고 우리에게 달렸다는 것을 삼가 잘 들었습니다. 이만 물러가겠습니다."

손님이 떠나고 나서 나 역시 여행에 피곤하여 한 달 동안 병을 앓았다. 그리고 또 성은을 입고 상산부(象山府 : 곡산)를 다스리게 되었다. 상산은 산 사이에 있었는데, 송사를 처리하다 틈이 나면 사행 도중의 견문을 엮었다. 조목을 나누어 기사본말체를 대강 모방하니 모두 네 권이었다. 이름을 '일동기유(日東記游)'라 하였다. 요컨대, 훗날 늙어서 낙향하면 농부, 촌로와 함께 콩밭이나 채마밭 사이에서 먼 나라의 기이한 얘기를 나누려 한다.

성상(聖上 : 고종) 14년 정축 중춘(仲春 : 2월) 하한(下澣 : 하순). 전임 수신사 김기수가 상산부 어목헌(禦牧軒)에서 쓰다.

日東記游

日東記游 卷一

事會【一則】

日本之國界, 我東萊南府而去四百有六十里, 爲對馬之島, 由此而或水或島嶼, 而至長門州之赤馬關, 始其境連陸之地也, 由此而大坂之城、江戶之城, 皆其之都也。國朝以來, 時有使价來往, 至宣廟壬辰, 平秀吉爲關伯【卽日本之大臣, 用漢《霍光傳》"事先關白光"之語, 稱以"關白", 或稱博陸侯, 而其所謂天皇, 恣其飽煖無所爲。】搆釁逞凶, 無所不至。宣廟特念民生之塗炭, 不苟較而與之和, 三百年哀慶不絶。今上戊辰(高宗五年), 其國廢關白, 而天皇親政, 款于我, 邊臣不報, 惡其號名之僭妄也, 是以有春間沁都之役,【沁都之役, 其所謂辦理大臣黑田淸隆、井上馨等, 來道其天皇之稱所由來久, 特以關白爲政, 往來文字, 無是稱, 今則天皇親政, 所以文字之有皇帝號也, 其之皇帝, 自尊而已, 無他意也, 且謂我棄好, 反加責言。】朝廷始悉其無他, 許續舊好, 彼使歡喜而去。

差遣【二則】

朝廷念彼雖歡喜而去, 究其中, 終不釋然我, 我苟先彼而使, 彼必望外喜之, 我乃惠而懷之, 義而制之, 正而服之, 信而結之, 不害爲脣齒我、屛翰我, 詢謀同而措劃定。於是政府啓, 向者日本使船之來, 專由於修好, 則在我善隣之意, 亦宜及今專使, 以爲修信使號, 以修信使稱應教金綺秀, 特爲加資差下, 令該曹口傳單付, 隨帶人員, 以解事者量宜擇送事, 允下, 時丙子二月二十有二日也。

余以謏才蔑學, 雖尋常使命, 亦恐不稱, 今爲斷髮文身, 目所未覩也; 驚波駴浪, 足所未涉也, 侏儷詭奇之是之循焉, 鼉鼊蛟鱷之是之抗焉, 其不慢然而瞿、瑟然而縮者幾希矣。而士大夫出身事君, 君耳忘身, 國耳忘家, 若夫吐剛而茹柔, 舍險而就夷, 義之所敢出也? 是云惟懼專對之非其人, 不復以跋涉爲懼, 逌然坦然如赴樂地, 則長風破浪, 人反有羨之者, 而瓛齋 朴相國書以來曰: "恨吾年位之公然到此, 此游遂讓與吾友也。"

隨率【二則】

別遣堂上嘉善大夫玄昔運訓導也, 號紫英。

掌務官前參奉玄濟舜。

乾糧官前參奉高永喜。以上倭譯也。

別遣漢學堂上嘉義大夫李容肅, 號菊人。

畵員副司果金鏞元。

書記副司果朴永善。

軍官前郎廳金汶植。前判官吳顯耆。

伴倘副司果安光默。前郎廳金相弼。

書記以下, 自辟入啓者, 幷別遣堂上二員、堂下譯官二員、畵員一員, 共十員。傔人金漢元、奴子漢釗·漢甲、檢查一名、轎子軍十名、各房奴子九名、萊府所從鄕書記邊宅浩·姜益洙、知印洪致肇·朴永浩·李章浩·朴文燦, 其餘小通事四名、樂工六名、節鉞手二名、令旗手二名、角手二名、螺手二名、笳手二名、鉦手二名、鼓手二名、日傘直一名、廚房馬頭一名、熟手一名、使喚七名, 並詳錄在掌務官事例冊子。

行具【四則】

冠帶衣履, 件件皆具, 茶丸酒餌, 物物料理, 萬里行人, 所不可已也。

經卷數種, 要遣羈愁, 紙墨諸品, 爲供行廚, 馬以馱之, 又龐然非輕裝也。

內賜使臣一行盤纏暨行中贈遺禮物, 具錄在掌務官事例冊子, 由前而儉惡其汰, 亦惟視法於後。

來裝較去裝無增減, 修信之行, 商販非急務也。一行戒告丁寧, 申禁所以無增, 而去時所載, 我之贈彼, 彼亦贈我, 所以並無所減也, 若以我謂有馬伏波之薏苡者, 妄耳。

附內賜使臣贐行物目

胡椒三觔。

摺扇九柄【白貼扇三柄、漆貼扇三柄、別扇三柄】

臘藥七種【淸心元十丸、九味淸心元十丸、蘇合元十丸、廣濟丸十丸、濟衆丹三十錠、薄荷煎八丸、紫金錠七錠】

商略【六則】

使以修信名, 修信者, 講舊修好, 敦申信義, 辭命以導之, 威儀以濟之, 不激不隨, 莊愼自持, 苟不辱君命, 庶幾其可耳。

或云: “倭, 則洋之茅也, 鬼而倀也, 賊而諜也。嶺湖之吉貝、關海之繭絲, 湖西·南之杭稻苧葉、關東·北之金銀銅鐵、虎之皮、熊之膽、鹿角之茸, 皆彼之所大欲也, 其言甘如飴, 其貌欣欣如曩日之識, 而其情則叵測也。子其愼之。” 余唯唯。

或云: “我之婦女, 彼之所甘心也; 彼之婦女, 亦甘心我丈夫, 白晝大塗, 解胸相招, 子之行, 必愼之。今日之失, 他日之報也。子又無事乎游覽, 我之遊覽, 則彼之游覽也, 子其愼之, 子其愼之。” 余唯唯。

或云: “子其無虞焉, 萬里滄溟, 一壯觀也, 江戶山川, 一壯覽也。我之使, 彼之喜也, 彼旣喜之, 必其館舍之壯麗也, 餼飧之豐腆也, 禮數之恪恭也。火輪之船, 一帆而千里, 穩往遄旋, 視庭所而反邇, 子其何虞之有?” 余唯唯。

或云: “彼固自立之國耳, 自在行止, 不受人牽制者耳, 所以紅毛之遍天下也, 所至風靡, 而獨闞之廓也, 拒之截也, 一日而力絀而服焉, 笑其笑, 罵其罵, 皮相之一紅毛耳。而其中則顧不然也, 故森山茂之與我人言, 絶絶然自愧其衣冠【時日本官人, 皆從洋夷衣冠。】也。時或屛人, 自立其三指謂我曰, 我與貴國與中國, 苟能如是焉, 何歐羅巴之足畏也云。此其人, 足與語禦洋之術者也, 子其行, 必敲其實而結之也。” 余唯唯。

或云: “忠信篤敬蠻貊可行, 子其忠信言而篤敬行。使乎使乎, 從古而難之, 子其愼之。” 余唯唯, 亟起而拜之。

別離【六則】

自受命之日, 以理行爲事, 行期促也, 間一由往省坊岩之阡, 則期尤促迫, 卒卒無暇, 作別離想, 而戶外之屨常錯, 槩言別也, 或詫其奇遇, 或羨其壯觀, 或讓其超遷, 而皆非也, 雖闊大丈夫, 無不以無事遄返, 叮囑不已, 其實危之也。

老娣弱女, 前期來會, 與病妻, 皆强言笑自若, 而觀其理針帣視酒食一倍加之意, 忽忽然若將余之不復能喫着於家者, 而夷然不以動心, 至辭家廟之時, 忽然感激于中, 孤露爲生, 惟日謁廟, 少寓古孝子終身之慕者, 今焉滄溟萬里, 不可涯也, 雖復肝腸如鐵, 亦難免淚落如荳也。

陛辭之時, 主上飭諭申申, 算行程占歸期, 丁寧惻怛, 若家人父子, 至使之進前仰面, 恭瞻天顔, 聖意所在, 可以仰測也。臣不勝皇恐, 感泣

之至, 雖卽日滅死, 可無餘恨。陛辭之日, 卽丙子【四月初四日也。】

設祖帳南門外, 公卿大夫, 傾城而出, 珍重敍別。時西日銜山, 江樹蒼蒼, 而車馬之聲, 猶不絶也。遂强起擧袂, 一揖而登車。

北里親朋, 追到于一舍之地, 各持一壺一杯, 亦酩酊大醉。菊里 李丈, 八耋老人也, 其兄子範善 穉元, 撰杖屨而至, 贈言慷慨, 勖之以"朝聞命夕飮氷"、古人使絶國之事。

徐殷卿之迂路、權景純之專候, 俱是一段奇緣, 趙汝晦之嶺外一笻, 尤是奇緣中奇緣, 若朝陽閣之逢德昭、蓬萊館之敍勛哉, 宦海離合, 有如是者, 而酒進四疊, 青衫爲之龍鍾, 碇擧一曲, 紅妓爲之嗚咽, 甑峰日出, 笳角轟耳, 艸梁烟斷, 舸艦撲地, 而火輪船上, 居然坐我矣。魚聖執平生剛腸人也, 申勤追到, 若將有無限告戒語, 而詢之已去也。

陰晴【十二則】

是年亢旱, 有水之田且龜坼, 而路上之塵沙堆面, 行人阻雨, 行人之愁, 而猶望其雨下也, 雨竟不下, 始終往返, 油復陶仍無功。

赤間關至神戶之曉, 小雨, 旗脚盡濕, 色爲之渝。

發神戶, 又出大洋, 不風而舟搖, 搖不已而又加之風, 行人之憂, 可知也。

抵橫濱之曉, 大雷電以雨, 雨注下如箭。

下馬宴日, 遠遼館遇雨而歸, 歸路入博物院, 院中不磚鋪處, 泥滑滑難以步也。

長華園赴宴之日雨, 而馬車行便利, 不足憂也。

海軍省, 觀放水礌砲, 仍赴井上馨[1]家宴, 道遇雨, 雨終日澍下, 夜深罷歸, 歸時尙未已。

---

1 馨 : 底本에는 '衡'으로 되어 있으나, 인명에 따라 '馨'으로 고침.

還發橫濱，宿橫水河之夜，大雨達朝。

神戶港還泊之朝雨。是日閏五月初一日也，待雨歇，纔行望闕禮。

赤馬關還發之夜，大風，舟幾覆者屢。

在彼境時，五六日必一雨，而彼之言此時必大水，而今年不然云。以我見之雨暘甚適，而以彼言之亦一大旱也。

還渡後，對我人較量雨晴，一直亢旱，田家之惜乾日甚，圭璧四薦，靈應漠漠。留萊府第二日暫霏，通度寺朝日暫雨，歸路抵善山府之日遇雨，中路進雨具，俄而撤去。

歇宿【附程里○八則】

是行也，趁程趕宿，詳于彼，而我之境則闕之，非闕之也，排站之爲某邑、出站之爲某邑、邑宰之爲某人，去時朝陽閣之留，一日行宴，歸路梵魚寺、通度寺之迂路二宿、嶺南樓之寅緣三宿、達城府之病憊留一日，俱有掌務官事例冊昭載，可取而考也。若夫朝陽閣之軒敞、梵魚寺之幽絶、通度寺之傑巨、嶺南樓之宏豁，亦俱歷時而不可忘也。而通度寺有申海藏先生眞影壁張，而袍笏拜之，亦一嶺海之奇緣也，若使先生而在者，歸而詑日東勝觀於杖屨從頌之地，先生必欣聽而傾羨之，不專美其西槎之遊，而人代邈然，今不可得，旋爲之悵然。

丙子四月二十九日庚寅，乘船釜山浦，是月小盡，五月初一日辛卯朝，抵長門州之赤間關【一云赤馬關，或單稱下關。】半晝一夜，夜宿舟中，舟以晝夜行，人宿而舟不宿也，停船中流，以小舟下陸【乘船下船，必中流停船，以小舟下上，蓋此船不能泊淺邊，後皆倣此。】入永福寺進午飧【自此舟中或停泊時別供，必自地方官，承外務省指揮進排。】因留一宿。釜山抵此爲八百里。

壬辰還上船，未刻前進，二宿舟中，甲午曉泊神戶港，赤關抵此一千七百里，朝下船，歇市中會社之樓，進午飧，申刻還上船宿舟中。

乙未辰刻發船行，二宿舟中，丁酉朝泊橫濱，神戶抵此二千四百里，下船少歇鐵路關, 此抵江戶一百有十里, 則陸路也。午發, 申刻抵江戶之延遼館【館舊大藏卿家, 一名富少路館。】因留焉。晝或幹事他往, 夜宿于此。戊戌行禮于外務省。

庚子, 行禮于赤坂宮, 歸路暫歇御花苑, 進午飧, 森山茂之所供具也。

壬寅, 領宴【下船宴】于遠遼館【此亦稱延遼館】歸路, 觀博物院。

乙巳, 觀調于陸軍省內教場, 歸路入外務省午飧。

丙午, 赴宮本少一之長華園。

丁未, 觀海軍省, 轉赴井上馨宅。

己酉, 赴對馬島主宗重正家, 其之深川別業。

庚戌, 赴森山茂家。

辛亥, 觀陸軍省之兵學寮, 午飧于小石亭上, 轉至工部省之工學寮, 觀電線, 歸路赴工部卿伊藤博文家宴。

癸丑, 觀太學, 謁先師塑像, 歸路觀開成學校、東京女子師範學校。

甲寅, 歷元老院, 至遠遼館領宴。【上船宴】

丙辰, 行禮于外務省。【告別】

丁巳, 還發至新橋乘火輪車, 至橫濱鐵路關午飧, 未刻乘船, 至橫水河, 停船一宿, 戊午未刻, 又前進, 阻風迂廻五百餘里, 還泊橫水河傍近三十里地, 又一宿舟中, 己未巳刻行船, 二宿于舟, 辛酉始達神戶, 則閏月初一日也, 病不下船, 仍宿舟中, 壬戌暫下船, 又歇會社樓, 進午飧, 旋卽上船, 又一宿, 橫濱抵此二千四百里者, 橫水以前, 逶迤可五六十里, 橫水以後迂回又五百里, 合計可爲三千餘里。

癸亥, 曉行船一泊于舟, 甲子早朝, 泊赤馬關, 一晝夜行一千七百里, 快哉! 下船午飧于永福寺, 少歇還復上船。

是日申刻行船, 是夜大風, 行三百餘里, 復退舟, 還泊于赤關近地, 又一宿, 乙丑, 風勢猶逆, 不得已逶迤, 行至對馬島下船, 宿以酊庵, 庵僧玄蘇, 壬辰一倭, 以其生丁酉, 我昭敬王特賜號以酊庵者也, 丙寅午赴舊島主宗義和【宗重正父】家宴, 申刻乘船, 亥初風稍息, 始行船, 一宿舟中, 以其翌閏月初七日丁卯, 還泊釜山浦, 赤關拒此八百里, 而赤關之迂回爲七百餘里, 自赤關至對馬島八百餘里, 馬島至此又六百餘里, 計去時路, 五千十里, 歸時路幷迂行七千餘里。

萊府, 留五日還發, 凡十有八日抵京, 一千一百有十里, 並去路爲二千二百有十里, 是行往回通計爲一萬四千二百餘里。

乘船【九則】

四月二十六日下釜山, 二十七日行海神祭。【祭文, 安司果光默製, 初獻自爲之, 餘隨員將事, 並錄在掌務官事例冊。】二十八日行宴, 【東萊水使爲主人, 章服相見後, 改時服進宴床, 後改絲笠戎服。】酒半, 邀東萊府使、蔚山府使、梁山郡守、機張縣監、釜山·多大兩僉使及各驛丞、各鎭邊將皆會, 遂命妓作樂, 絲肉迭奏, 可忘征人之愁, 盡歡而罷。以其翌月小盡之日, 乘火輪船。

乘船之日, 大張威儀, 出草梁之津, 望見一大船立中流, 夾板雙帆, 帆間煙筒, 可謂夢想之所不到也。東萊府使暨列邑守令, 列幕津頭, 爲送行也, 擧盃相看, 皆默然無語。房妓輩阻設門【草梁館至釜山鎭路有設門, 所以限彼人不出也。】不至, 惟有前排妓幾名, 亦皆回身反袂, 不忍告別也。遂悤悤登船, 船中迎接官以下皆日本人也。船是初見, 人亦初見, 雖面目與我人同, 而衣冠異制, 言語不通, 面面相覰, 不知所以爲禮, 惟簡重自持, 恭默修謹而已。

船制諦視之, 亦不可辭, 況余持重, 不可恣意探翫? 大抵一船皆是機關, 一機繡澁, 一船不動, 故船中行船、御船, 各有所任, 而別有幾人, 人各有一壺油、一條巾, 時時塗抹, 時時拭淨, 凡銅椽鐵紘類, 皆光瑩可鑑。聞彼人言, 非直行船之時, 則無事閑繫之日, 亦且不住塗抹, 不住拭淨, 不如是, 船不可行, 有船不如無船也。

船兩頭夾底, 又夾長百尺者, 高可二十尺, 高二十尺者, 十餘尺直沈水然後, 可免傾覆之患, 蓋他船底平臨水, 水多風順, 揚帆而去, 猶如齋閣者, 而此則不然, 直如以刀割物, 船爲刀而水爲物也, 苟非大風, 有風亦行, 無風亦行, 一船之力, 專借石炭, 石炭火發, 機輪自轉, 而船行如飛, 而船體則常搖搖不止, 雖順風飽帆之時, 操毫臨紙, 不由不多作幾點也。

艙裏設架, 架架住人, 每架兩層, 上層下層皆有臥榻, 亦必雕闌鏤戶, 玲瓏璀璨, 盥盤承注, 唾壺懸弨, 琉璃掛燈, 水晶貯瓶, 繡氍支脚, 文罽界枕, 又復眉安問時之鍾, 壁坎照身之鏡, 金碧奪目, 縨皇眩轉, 直欲勞五官而迷七性也。

船貴過半浸水, 故載輕, 則多貯沙石, 少得安穩而行, 船必須轉輪, 轉輪必須石炭, 故有行, 必須計程載炭, 遇無炭處, 程有餘而炭不足, 無寧回船也。

艙外謂之甲板, 板隔密比, 灰縫無罅, 加漆着油, 雨水不滲, 四設鐵欄, 欄上兩邊, 各掛二小船舷, 以上下據船之腰, 左右各有鐵梯, 亦舷以下之泊船梯板, 攝衣而上, 可四五丈, 梯隨身動, 如鳥附葉, 俯視波濤, 神爲之眩也。

船腰穴艙, 梯以出入, 圓蓋蓋穴, 亦設板扉, 掩蓋合扉, 宛然封鎖。腰上腰下, 亦復有穴, 上穴平蓋, 四旁設牕, 銅櫺加金, 傅以玻瓈, 直當艙屋, 爲通明也。下穴平蓋, 並無牕櫺, 去蓋雖明, 蓋之則暗, 此爲艙中徒隷所處。愈下而穴蓋又如前, 則一船機輪之所聚也。頫而視之, 直見艙底, 圓者、方者、圭而楞者、半月形者、斜而尖者、小齟齬者、大齟齬者、紡車轉者、篩輪往來者、戛之喞喞而聲者, 滿地油, 方鼎中之水淺而沸也, 終不見爇炭之所。

烟筩之旁, 又有風袋, 有時而鳴, 如深山半夜, 聞鬼嘯聲。船尾置大砲一坐, 傍設影表, 形如仰霄俯壑。船頭有屋, 艦長處之, 屋前有臺, 高可數丈, 梯而上, 上設子午盤, 艦長之所措點行船者也。

停泊【十四則】

發船釜山浦, 經五六島、絶影島而出海口, 望裏青山一髮依那者, 對馬島也, 島故從前信使所必由之地, 而今行直渡大洋, 往往島嶼, 了不關涉。一出大洋, 波濤凶湧, 船尤動盪, 一行諸人, 皆嘔吐暈眩, 扶頭而臥, 而余與安斑山及吳裨、李堂上, 幸不甚病, 時與之共上甲板, 見水天茫茫, 一碧無際, 身雖搖搖, 而心胸則爲之暢闊也。如是一夜晝, 泊長門州之赤間關, 市肆民物, 已覺櫛比, 此亦各國通量之一大埔頭云。晡時下船, 向永福寺, 寺在闤闠中, 鼓樓燈閣, 依樣招提, 而不僧不俗, 只如一傑巨廟宇, 上一堂不復下, 曲折逶迤而入。蓋一屋累架, 架架設槅, 入一室又有一室, 最深處是余歇所, 小庭花葉, 極竊窕也。

自此凡有停泊, 彼人之遊玩來者, 塡街塞巷, 不可禁也。其中捧紙墨乞書畵者踵相接, 隨員從人輩, 腕爲之脫, 而李堂上菊人, 獨與勃勃未已也。

大洋則雖水宗之險, 舟可一刀割去, 而稍近夾山, 往往有阻礙, 故水面或浮木標, 如陸之杙, 以爲此處當避也。又山隅覆處, 時見有皓然屋, 謂之燈明臺, 夜必點火照船往來, 爲無迷離失路之歎云。

水邊泊船處, 必石築爲梁, 往往設閘, 擬如虹橋, 又有築長堤, 斗入水橫而障之, 宛然一陂塘也, 中以停泊, 無畏風浪, 蒙衝巨艦, 鱗比蝟集, 檣楫疊亞, 如束密林也。

自赤關至神戶港, 兩山夾之, 波活浪靜, 舟中疾水之人, 亦皆歡喜異常, 兩岸青山面面可愛, 往往人家, 背山臨水, 村巷高低, 竊窕錯落, 對之惘然, 如逐水漁舟, 望武陵桃源也。

泊舟神戶港, 少歇市樓, 樓前臨市, 市民獻果密柑、枇杷、生梨, 並可一大甌。兵庫縣令神田孝平, 遣人剌候, 余亦回剌。歸路又歇此, 謝以密果數種。夜歸舟宿, 時端陽前日也, 縣令勅令家家懸燈, 影落水面, 照耀如同白日, 爲我觀也。大坂城, 距此二百里而近, 故市肆樓臺人物之盛, 比赤關尤有勝焉。歸時外務省之申申以留此一日往觀大坂之造幣局者, 此也。自此抵大坂, 鋪鐵路火輪車而行, 一日往返, 亦可以恣意遊觀云。

自神戶至橫濱, 又出大洋, 風濤尤險於釜山、赤關之間, 纔發船而行中諸人, 已皆廢食, 蒙被而臥, 可哀亦可憎也。風濤則果是危險, 辛苦二日二夜, 泊橫濱。橫濱抵江戶, 陸行無過一百有十里, 駕火輪車, 瞬目而至。

歸路停泊, 槩不出此, 而發橫濱行七十里, 停泊一宿, 則去時所不見也。地勢恰似我釜山浦, 四山圍繞, 一水溶溶, 出入由小汊港, 類葫蘆小項, 岸上人家無多, 蓋小去處也。此有造船局, 方造火輪船, 申勤留余, 要余觀玩, 而歸心如弦上矢, 觀玩非所樂也, 托病不下船, 伈伈度夜, 地名橫水河。

翌日發船, 行二百餘里, 忽遇大風。時方黑夜, 舟中之人, 擧倉皇罔措, 不知死處。余亦東顚西倒, 一身不由自主, 而舟翻覆無常, 浪浸船窓, 水淙淙枕席上, 衣袂皆濕, 眼前茶·酒椀、筆硏之具, 自跳自擲, 自相撞擊。時舟中之人, 略已昏倒, 而隔架之板扉帷幕, 盡皆拓開捲襞, 一船洞然靜, 悄悄無一人, 而時聞風聲浪聲, 器物跌碎, 聲如半天霹靂, 木折而屋爲之拔也。獨自兀兀, 倒覺寒心。船長來告, 萬難行舟, 惟有停泊, 而大洋中無處依靠, 勢不得不倒退至發船處, 然後可以停泊云。不得已許之, 遂返舟, 咿咿戛戛, 依舊搖盪, 至曉纔得少定, 乃還泊發船處云。

至神戶, 病不得下船。市樓主人, 爲送一大粧帖, 乞余書, 書贈古詩一首。爲裝石炭, 留一日, 亭午暫下, 要以安神定魂, 然嘔氣倍甚, 尤難進食。爲書報外務卿, 以有疾不得踐大坂遊玩之約也。

神戶至赤關又安穩。造船局發船之時, 見船上立一人似洋夷, 未見其下, 而遽收纜擧碇, 探知其直爲洋人, 傳語護送官曰: "此雖日本船, 今日之役, 專送我行, 則我未下船之前, 是我船也, 我之船何爲乎洋之人也? 亟下之勿留也。" 護送官曰: "良是良是, 然此亦外務省, 爲善護信使, 委送洋人者, 則至今進退, 亦不得由我也。蓋我人行此船, 尙不及此人, 每有遠行, 資一洋人, 受其指使, 然後萬全無一敗也。此行此人, 亦以此也, 而信使之意旣如此, 第當飛報外務省, 待其回示, 當惟命也。" 到此始來言, 外務省回文, 今纔來到云, 遂下洋人。

暫歇永福寺, 去時壁上題詩, 爲人摘去不復在, 爲之悵然。晡又發船, 行三百餘里, 又大風, 又黑夜, 舟幾覆者屢, 其危險十倍於前, 不得已又退船至發船處泊船。船稍定, 强力登圊, 圊傍卒隷輩所處也。先卒隷皆昏倒, 時纔回惺, 一卒曰: "而今而後吾其活夫!" 一卒曰: "今乃得泊釜山矣。" 一卒曰: "何不吹喇叭?" 喇叭者太平簫也。國俗凡公行出入, 動作必以太平簫爲節, 若泊釜山, 則當吹簫, 故卒之言如是也。余聽之, 可哀亦可笑, 歸與諸裨言之, 相與捧腹。

大明又發船, 逶迤至對馬島, 蓋風猶惡, 不可以直涉大洋也。舊島主【島主今廢, 屬長崎島兼理。】宗重正【方廢錮處江戶。】之父平義和【亦舊島主也。】家島中, 送人刺候。下船直向以酊庵【庵扁"鴻煎室", 舊有長老, 與島主爲我使東都。】路旁觀者, 挨肩疊跡, 人物濟楚, 衣衫鮮麗, 少無邊野之態, 亦一大都會也。此爲彼我通商之喉, 地确瘠無所產作, 直藉我衣飯者, 今久廢閣, 荒涼極矣, 而猶尙如此, 當時全盛, 可以想像也。島三面阻山, 一面受海, 如人張袂而坐, 左右胛夾海而渟滀之。庵在右山直臨水, 而對岸卽左山也, 岩石戌削, 歷屭或如馬形, 對馬之稱, 其以是歟? 未得坐彼而對此, 此之不爲馬形, 未可知也。庵久廢無一僧, 此亦有外務省官相待一宿, 以其翌昏後發船, 又其翌早朝還泊釜山津。

未及絶影島天始明, 李堂上亟走至前曰: "見朝鮮山矣。" 去而又至曰:

"見朝鮮船矣。" 萬里滄溟, 出沒死活, 幸還故國, 分外歡悅, 人情固如是耶? 余亦强起加餐。

留館【十九則】

延遼之館, 在江戶城北, 對濠而街, 街而入數十擧武, 而小衖衕呀然向東方抹角, 而館門南開, 木籬木扉, 古質而撲。入門廛旋馬, 而有屋穹然, 則地鋪甎, 甎有級而軒, 軒而沿複道, 循南而入, 過三兩架, 或堂或室, 皆館件諸員之處也。複道鋪簟, 類我國所謂行步席者, 始一堂豁然, 鋪花文氍毹中置大圓卓, 覆以綵繡花氈, 四圍設椅子, 據西界地, 而高一級, 精木爲限, 鋪細簟其上, 壁掛大畵幀, 幀前置大銅甁, 甁揷古松一株, 盤鬱蒼蒼, 各色草花圍繞之。北壁懸時鍾, 洞戶而出, 其後則北簷下複道也, 西進數步又一室, 室中鋪置一如俄之堂, 則彼爲會接之所, 此爲臥起之地, 皆信使所處也。

面南有小庭, 庭分而塢, 花藥雜列, 繞墻林竹方翳如, 細看之, 培壅尙未乾, 皆經新栽供養我也。

窓外小軒西設卓, 上列玻瓈鍾五六枚, 琉璃壺貯淸水盈盈, 編竹而架之, 承以木桶, 水點滴無汙地也, 旁有靑色大磁盆貯水, 養紫魚十數尾, 中有石假山, 綴以水草, 又有二磁盆, 兩頭剡而中直, 如我國所謂水仙花盆, 亦養紫魚。

坐後分兩架, 一供畵幀、花甁, 一供書卷, 北壁掛鍾, 鍾邊爲楄, 出而又複道, 其外隨員之處也, 西而爲一楄爲一架, 方室又一楄, 則淨室, 界壁豎木桶, 仰上殺下殺徹地, 對而溺, 溺無蹔停。又一楄而爲圊室, 皆鋪細簟, 可徒跣而至, 亦曲曲掛燈, 夜點火, 無提燈之勞。

又有浴室, 置大小盆二, 一以貯水, 一則空, 値浴時則移水空盆, 以小鐵箭, 盛熾炭耳, 掛盆而垂之水, 水自沸也, 候沸而坐其中, 惟意洗淨, 淨已覆之地隱溝, 顧視之不見水也。

馬車, 一長候駕雙馬車, 四輪前低而後高, 上設屋, 屋之上穹然, 四設琉璃窓, 左右開惟意入, 上下之時, 亦有階鐵爲之傳于車, 如馬垂鐙。車中前後據床, 油碧光瑩, 兩兩對坐, 可四人而足, 亦有坐十數人者云。車外前後, 亦有御戎坐處, 御坐前執轡, 轡有節, 馬以之遲疾左右, 惟意也。

館前有無數人力車, 車兩輪, 輪間設座, 坐一人, 或兩人坐則肩相挨也。障後高, 兩傍隨而低, 前無障, 障後有物襞疊, 雨或暘, 佈而蓋之, 居然有屋之車架。輪拄兩木, 向前而衡以格, 格之內一人, 承以胸而走, 疾如飛, 從行之人皆坐此。

館伴官, 爲外務小丞而往來焉, 迎接一員, 始終相守, 傳語官三員, 遞相出入, 假傳語官十數人, 長處焉。其餘徒隷之供奉者, 多不能記。

徒隷供奉, 各有所司, 供灑掃, 供養花, 供養魚, 皆有節, 如供庭花者, 水以噴之去其塵也, 篲以淨之去其穢也, 刀以規之去其花葉之瘀黃者也; 供甁花者, 日必一易花一易水; 供盆魚者, 日必以他器移魚, 覆水洗淨而後, 怪石水草, 按方而置, 置魚新汲水, 魚潑剌張尾而逝。

留館, 凡二十日, 始至也供食三日, 爲未設廚房也; 及歸也供食二日, 爲將撤廚房也。一日三供, 皆以飯, 凡供食, 惟正使少有加焉, 其餘一例別無等差, 大抵潔精而已, 不侈大誇張也。

初入館之日, 傳語官, 以小木牌四五十枚, 綴以繩, 面書館所在坊曲第號者來示之, 謂我給隨行下隷人, 一意恣意出入, 藉此標, 別可無迷路阻礙之弊云。余受而置之床頭, 出館之日, 擧以還之, 塵滿牌, 牌面之書, 不可辨也。

館伴官, 一有餽魚肉蔬菜之生者也, 外務卿, 一有餽熟供也, 宮本小一、宗重正, 皆有所餽, 邀余設食食之餘也。遠遼館兩度宴, 宴罷皆送餽餘饌, 具錄在事例冊中。【贈答禮物名目, 亦錄在事例冊。】

館中設戲三次: 一爲宮本小一所送, 一爲古澤經範所送, 一爲奧義制所携來, 具錄在安斑山日記。

一日館伴官來見, 要寫余眞像, 再三却之, 不余聽也, 忽見遠遠置一方鏡, 鏡架以木, 類我國鷄塒之置于庭者, 四木柱軒然也, 上設鏡, 鏡方櫃, 櫃面明鏡, 上覆以布草, 後似有穴, 障以物, 少頃去障, 手探櫃中, 又有一鏡走去, 已而以鏡來示之, 奄然有我在其中, 鏡面水汪汪欲滴, 而櫃面之鏡, 因自在也。

在路或有暫歇時, 彼人乞書畵者多有之, 而無敢撓余, 及到館, 彼中士大夫往往有屬托, 略有酬應, 然興至而作, 無甚害也。遠遼館宴後, 宴中諸人, 各以一聯書送, 皆新構中多寓意, 彼亦有具眼, 苟欲慕我而從我者, 先王之法言法服, 豈我之私自有也。

留館多日, 只有官人幹事來者, 無一儒生來與之結識, 雖官人, 非公事而來者, 亦無一人, 豈彼亦有禁而然歟! 聞館有守門將卒, 或有攔入者, 一切禁之, 使不得入云。

每有所往, 往來必異路, 亦多迂回, 皆傳語官輩所爲, 余亦知之而不知也。一日自外務省還, 日中而發, 日西昃尙在路上, 出一街又有一街, 出一巷又有一巷, 街街新面, 巷巷初見, 意彼每要我遊覽, 我一直不許, 則彼必怪我, 今欺我不識路逕, 恣意引我, 無所不至, 心甚可恨, 此而置之, 其必揚揚他日之弊, 不可不念, 遂嚴責徒隷, 促駕而返, 則只隔一街巷, 而回回曲曲, 其將迂回無已時也。

纔下車, 而拿入小通事, 數彼人之無禮玩弄而茫不覺察之罪, 而猛杖一頓, 可謂移乙之怒而彼亦恐嚇, 不復敢如是也。

始至江戶, 到新橋下火輪車, 則去江戶十里地也。馬軍九對前導, 是其皇帝親騎衛, 爲迎護信使, 特命出送者云。馬皆高項竦耳, 有泛駕千里之勢, 軍皆壯健, 每進退時, 輒手劍向上以爲節, 歸時亦來導前。每有行必有步軍幾人, 持杆棒夾前導而行, 辟除道路, 所以觀瞻者士女如雲, 而靜肅無譁者此也。

當初迎接官之至釜山者, 到館之日, 卽爲辭去, 館中相守者, 卽到橫濱迎接之人也。臨發又有護送官, 送至釜山, 而館伴與迎接官, 皆送至橫濱, 不忍別, 皆送至橫水河, 共一宿而散。

行禮【衣服附○十一則】

禮者, 出乎情, 故曰: "緣情制禮。" 又禮者體也, 得其事體也。孟子云禮者, 因人心之仁義, 而爲之品秩, 使各得其致之謂也。今我之使日東也, 人咸以禮節疑之。余固不知禮者爾, 然不反乎情, 不倍乎體, 篤我仁義, 視彼品秩, 雖曰非禮, 吾必謂之禮也。彼雖蠻夷之域, 而戎狄之族, 其國則固適體於我也, 我又豈可以區區衣冠, 妄自尊大也? 妄自尊大, 亦非禮也, 彼其情, 豈或甘心而爲之下也? 余故以春秋列國交聘君臣相見之禮, 仿以行之。

見倭皇于赤坂之宮, 儀節一如拜見我主上之禮, 先行肅拜禮, 後行入侍禮, 進退敬恭, 不敢有越, 至倭皇所居, 趨前立倭皇椅前拱立, 中等身材, 面白微黃, 眼爛爛有精彩, 神氣端穆, 未盡諦察, 傳語官告退, 退時不反身, 後步而出。後歸與人言, 人或笑之。余曰: "子之先不朝服, 搢笏庭拜, 彼所謂關白者乎! 關白臣也, 倭皇君也, 我之拜何如子先子之拜? 若彼之避椅, 恭身立而見之, 其禮之出何典, 未可知也。較之關白之深坐殿上, 不敢仰視, 余之所得不已多乎?"

每見彼之公卿, 吾且稽首至帶, 擧袂再揖, 未之或少示慢容, 彼則脫帽稽首而已, 是其之禮也。下之所以施上, 上亦以之施於下, 故見行路遇人, 一手帽不住之脫, 脫已禮也, 而或加之禮, 則稽首。若分賓主敍坐, 則先脫帽稽首, 帽故在手, 坐則置之床, 臨起身還手帽, 稽首而後着之。

亦有拜時膝地坐, 雙手據頭, 搶地無數, 愈敬愈久。長上有言, 必躬身喏喏, 再四磕頭, 不敢仰視, 然言已輒復對椅坐, 從腋下衣縫有穴處, 出烟具哈哈地炊而吸之, 烟突上直犯長上而不爲嫌。

衣冠皆洋製云。其之公服也, 袴貼禮無餘寬闊處, 立則後而臀腿, 前而外腎墳起處, 不按摩而可知之。襦亦肘至肩, 如袴之襯脚, 近體因寬綽如僧襦, 多用黑氈, 或白色, 白亦間以黑緯, 縫裁亦須橫縱歪斜, 片片相傅, 而鬆寬有罅, 罅隙輒可藏置物, 故所以煙具、吹燈、筆硏、刀鐫、時針、子午盤等, 隨手而取, 如探囊中也。靴用黑漆皮, 前如豕喙, 後有齒如屐, 着如襪掩踝而過之, 脫如靴置之地, 然太襯足踝, 脫之着之, 俱費力, 如漢女妙纒足, 爲無上苦業也。

帽, 圓頂直壓頭腦, 四有簷, 廑足遮陽, 或黑或白, 皆用氈, 或以籐絲, 或龍鬚精製, 或以黑緞製者, 脫必手壓摺疊, 置膝底或床上, 臨着手起之, 聲宕而屹, 無復摺疊痕也。

其所謂品服者, 襦用金綉, 綉多少而品視以高下。帽如未敷荷葉, 蓋用貂皮, 毫[2]芒甚長, 然其帽子, 見客見長上, 不着爲敬, 則服品服之時, 皆其敬之之事也, 所以手持之而已, 不見其加之頭也。

其舊制衣服, 上衣下袴: 袴如我國女袴, 袴上之袴, 而長垂踝; 衣如我國僧衫, 而前不掩衿, 衿兩邊有繫相交如帶, 而帶則無, 衣底似有單衫界, 嗓有繫活, 扣廣狹視貴賤, 而色黑白辨吉凶云, 而衣袴盡用黑色, 黑色則雖有喪者, 無復辨焉。

宴居時則其天皇以下, 皆着其舊制衣裳, 而頭髮皆斷之, 不見其有何冠制也。惟民家不斷髮, 髮作髻一寸許長, 界長反屈而結之, 餘則斷也, 向後顚光鑑如漆, 此其舊制云。

襪, 容足而別一條入大拇指如掌甲者, 輒曳草履或木屐。屐如俎, 只有前後齒, 無四圍也, 亦須上設艸或絲, 圍而不跟, 前立一柱, 拄拇指、次指之間, 襪之所以別拇指, 而足之所以有閑也。草屨亦如之, 凡鞋屐之不跟, 蓋其俗尙戰鬪, 取有進無退之義云。

2 毫 : 底本에는 '豪'로 되어 있으나 문맥에 따라 '毫'로 고친다.

婦人亦上衣下袴: 袴如裳不襞積, 後遶而前掩之, 步時, 武相親不敢闊也; 上衣同丈夫而掩衿, 腰繫大帶廣半尺, 衣多黑色, 或紅黃綠色, 帶多紅色或靑或黃, 衣皆錦綺羅綾, 帶必繡織大緞, 首飾雲鬟, 巧粧北髻、歧笄、雕釵, 寶色奪目, 金銀彩花, 妙相靜好, 宛然是一幅衣畫, 仕女圖中人也。

日東記游 卷二

玩賞【二十二則】

今玆之行, 奉命專對, 以修兩國之好, 行止之不可以不審愼也, 威儀之不可以不矜持也, 所以玩賞一事, 不可恣我, 亦不可以徇彼, 止於彼之再四邀請, 不可恝然處, 强而應之而已, 亦惟其制度器械之間, 苟然從事, 故於樓觀市肆之勝、山川風景之賞, 足到而目不到處, 槩不能存一焉。

釜山浦乘船出大洋, 上下一碧, 四望無際, 灝灝渼渼, 茫茫蒼蒼, 古人所謂"縱一葦凌萬頃"者, 無過江上放舟耳, 若値此境, 當如何書之? 而乘長風破萬里浪者較之, 此亦小小觀耳。今乾端坤倪, 無粘無垠, 而驚波駭浪之上, 坐我一人, 兩腋仙仙, 直是御風而羽化, 恨不携宗愨小兒, 共叫一快也。

永福寺在赤間關水邊, 佛殿僧寮, 依樣招提, 而近市湫隘, 無少蕭散閒寂之致, 但小庭花藥, 曲池魚苗, 只如人家小別業, 而佛殿中檀越神位, 密密東立, 無慮萬千計, 寺前後墻內, 皆人家墳墓, 墓一方地甎築, 或灰封而平之, 其上立一表或石或木, 面書善男或善女某氏號, 亦密密立不可計, 蓋人將死, 强起坐之, 待氣息盡, 斂以衣衾, 入之木桶埋于地, 廣輪之不多占, 良有以也。所見寺刹無多, 而規橅設置, 大抵皆然,然其國俗尙佛、尙神, 今則一切反是, 所謂神堂, 亦未之多見, 而所謂寺刹殿宇雖存, 僧徒散盡無幾餘云。【僧衣衫無別於俗, 而削盡髮, 頭光光與斷髮少異。】

赤關至神戶, 舍大洋瀰洄從兩山之間, 似是海之小者, 而彼謂之江也。水平鏡面, 山低螺鬟, 往往島嶼出沒烟波, 或欹巖老樹, 枝梧婆娑; 或幽洞危壑, 句漏嵌空; 或村落窈窕, 鷄犬相聞; 或汊港宛轉, 帆檣林立, 幾日海行, 滉瀁之餘, 往往佳趣, 亦自可人, 如一聲羯鼓, 見百花齊放, 旋復膝抱淸琴, 對床小接一樹看也。

神戶, 市棧宏巨雄麗, 已駭我人眼目, 而一到江戶, 街街巷巷, 無不巨麗, 最低小者, 亦勝于此。

到神戶, 已多見各國人, 歐羅諸人、露西亞人、米利堅人, 擧目深準高, 而黃其髮, 衣製亦略同, 卒難辨其孰歐羅而孰露西也。女子之未及笄者, 散髮行, 一堆黃色龐雜, 如狗尾之豐, 女子裳三四衸, 愈上愈短, 層疊異常, 白色或黃色, 面施紗羃, 爲遠塵沙隔羃, 視之尤覺乖當, 亦皆準高, 無論男女, 目皆陰沈無精彩, 如死人之目未及瞑者。凡人才慧, 皆在阿睹中, 而今此歐羅諸人, 其才慧, 則直奪造化, 而其眼無精彩如此, 未可知也。北京人亦多參其間, 髩長如戟, 而辮髮垂垂, 直際于踵, 亦足可駭也。

橫濱至新橋, 乘火輪車, 少歇驛樓, 一行行裝, 仍以舟, 使之直達于江戶近港, 只載親身衣衾器物于車, 車已待于樓前云。樓外又從閣道行數十架, 閣道盡而不見車, 有一長廊可四五十架者在道傍。余問: "車何在?" 曰: "此卽車也。" 見之俄認以長廊者, 乃車也, 非長廊也。車制前四架, 一車有火輪, 前駕輪而後載人, 其餘每車三架有半, 三架爲屋, 半架爲軒, 鐵鉤連之, 一車連于一車, 以至四五車、十車而不已, 則可三四十架, 四五十架, 軒以上下, 屋以坐也。外粧文木, 內飾以韋毳之屬, 兩隆如椅, 中低平據坐兩對, 一屋可六人或八人, 兩傍皆琉璃槅, 粧飾玲瓏, 欲奪目也。車車皆有輪, 前車火輪一轉, 而衆車之輪, 隨而皆轉, 雷馳電掣, 風顚雨狂, 一時刻可三四百里云, 而車體安穩, 無少擾動, 但見左右山川、草木、屋宅、人物, 前閃後爍, 不可把玩。一烟茶頃, 已達新橋, 卽九十五里也。

火輪車之行, 必由鐵路, 路無甚高低, 低者補之, 高者平之, 兩邊當輪處, 鋪以片鐵, 鐵外仰內俯以轅轢過之不脫方軌也。路不一直, 時有回旋, 而轉灣抹角, 亦無窘礙也。

路面鋪鐵, 亦須二面, 此有車往, 彼有車來, 來來去去, 兩無相妨, 來車去車亦必有方, 來車由左, 去車由右, 時或相遇, 一時停車, 兩相勞苦, 此旣四五十架, 則彼亦四五十架, 此之架架前後相隔, 無相關涉, 彼之架架, 此可坐視, 一架丈夫, 一架婦人, 一架本國人, 一架外國人, 架架各異。面面相覤, 問勞纔已, 旋卽擧火, 飆然而去, 瞥然不見, 搔首無言, 惝然駭而已。

赤坂之見倭皇也, 觀其威儀, 不甚張皇, 來去必以馬車, 則似其居止, 又有他所, 而騎衛無過百餘卒, 大紅氈洋製衣袴, 界緣飾金, 身體齊整, 裝束便利, 按行肅立, 寂然無譁, 足可謂紀綱之係也。

見倭皇而退, 外務卿以下諸官及式部頭【卽禮部卿】、大輔、宮內卿, 相揖至一室, 圍卓椅坐, 進茶設各樣糖屬, 琉璃鍾進氷汁和鷄卵雪糖成者, 味甘而淸爽可口, 但凜冽不可多食也。禮畢而罷。權大丞森山茂, 忽去而復來言: "其皇上有命, 修信使歸路, 入御花苑游覽而去。" 是日卽我國國忌齋日也, 姑應之。所謂御花苑, 卽其皇城中皇宮內苑也, 滿地芳艸樹木參天, 時有溪水泂渟, 架以長橋, 平衍幽敻, 亦自可愛, 逶迤至最深處, 森山茂在焉。余以齋日, 不可肆意游覽, 再四致意而歸。

遠遼館宴罷歸路, 入博物院, 院不知其幾百千架。其之后妃衣襨, 廟朝儀仗, 亦皆出而矢之, 爲示我也。殷彛、周敦、秦甋、漢瓦、樽罍、鼎俎、金石、笙鏞, 以至陸之百禽·百獸、水之百介·百鱗, 不生而致者, 必帶皮帶骨而乾之, 亦必托跗≪爾雅≫而置之。如兩頭之蛇、三足之鳥, 或琉璃爲甁而貯之, 或綺羅爲籠而藏之, 以至百卉、百木、眞珠、寶玉、珊瑚,、瑪腦、錦紋之石、綵畵之磁, 天之所生、地之所産、飛潛動植之物, 無物不有, 以至死人骸骨, 亦按部枝梧而立之。其生而致之者, 虎之圈、象之房、孔雀躚翩, 翡翠翺翔, 胡狐挪揄而伺人, 水牛宛轉而求食, 熊舐掌, 麈弄角, 雙鶴玄裳縞衣, 延頸而步于庭, 則我國之所常見也。至一處, 退色破弊之旗纛、藁繩爲衣之甁罌、馬鬣之巾、獸皮之屨、紅染布襞疊之裙、青色紬絲縷之襦, 爛然堆陳, 皆我國物也, 見之寒心。

陸軍內調一大場, 四設木柵, 陸軍卿以下諸官, 邀余設椅地坐。先試步軍, 步軍伍伍什什, 按行而立, 一隊必有隊長, 手持標旗, 又有一騎將, 往來指麾, 節以一角, 角聲一作, 旗爲之應, 旗脚纔動, 衆軍齊動, 進則齊進, 退則齊退, 坐作進退, 拔劍揷劍, 擧銃植銃, 無一先者無一後者, 左出右入, 右出左入, 前者後而後者前, 或走而過之, 或圍而裹之, 如常山之蛇, 腰腹受賊, 而頭尾皆爲之來救也。

次試馬軍, 馬皆腰短項長, 脛瘦題闊, 竦其雙耳, 有萬里之勢, 軍皆壯健矯捷, 腰劍手戟, 飛身上馬脚鐙一夾, 馬走如飛, 綠茸茸芳草地上, 只見四馬蹄, 轉燈翻盞而已, 而一前一却, 一無違令, 一如步軍。

次試車, 戰車兩輪, 駕以駟馬, 上坐一將, 前後戎御車, 而後又有小車, 鉤鎖連之, 連之斷之, 可惟意。前置大砲, 後有藥筒, 皆銅造也, 一番馳逐, 一時放砲, 砲隨所指, 聲震大野。又有馬載砲隨之, 臨放下砲于地, 一齊砲放, 無少參差。惟令前却, 一如馬車, 但其陣法, 一是長蛇捲地之勢。

海軍省觀放大砲。直臨海岸有一屋, 兩頭纖而腰膀闊, 一如船制, 入其中十數開戶, 如船窓, 窓前必置砲, 砲有機輪直向窓, 窓左右斜直, 各有兩道鐵, 可當砲輪, 砲左當左, 砲右當右, 亦各有鐵道。於是一人手小旗一面, 當窓窺察如覘敵者, 一人吹角而節之, 而有七八人裁藥傳火, 直欲放砲, 覘敵者忽又手旗右指, 吹角者應之, 放砲諸人, 卽推砲輪, 向右而轉, 而砲口指窓, 纔欲施放, 而覘敵者又左指, 角聲又作, 則卽又推之轉之, 砲體向左而砲之口仍指窓也, 蓋俄者左右前却處, 規輪鋪鐵, 政爲此也。覘敵左右, 隨所之而放之, 今此習放, 如臨敵也, 於是七八人一時幷力推者推, 整者整, 丸者丸, 藥者藥, 火者火, 手忙脚亂, 呼吸之間, 諸砲幷發, 聲撼山海, 兩耳爲之茫然也。臨放, 傳語官二人, 走至余坐床兩邊, 緊緊執定, 爲慮我驚動也。余笑曰: "余雖疲苶, 已過不動之年, 若個砲聲, 豈足以動我乎?"

屋之右, 立一柱高可三四丈, 頂施一物, 若紙裹胡桃大者, 少頃而發, 劃然作爆竹聲, 一火團直衝上天, 回回旋旋, 俄而千點流火, 紛紛落下, 此乃軍中機密相報之暗號云。

傍海穿渠引海入, 廣可容巨艦十數, 長可千餘弓, 此是操演水戰之地也。中一船火輪, 卽彼所謂蒸氣船也, 三帆檣, 檣有繩梯, 千架萬疊, 纈眼如紗。於是望船一哨有二人, 疾上檣張帆, 身緣繩梯, 如鳥附葉, 如蠅仰塵, 危乎怕哉, 令人愁絶。一人張之, 一人掛之, 旋復捲之襞之, 意氣安閒, 如在平地, 於焉還下, 拱手而立。於是齊運大砲, 齊轉火輪, 齊擧碇, 齊下梯, 備示嫺熟便利之狀也。

又觀放水礌砲, 砲已埋之水底, 線施岸上, 諦視之, 無聯絡之可尋, 傳火線末, 亟上樓隱身而觀之, 少頃天崩地塌, 一聲響亮, 一團火塊, 直衝上天, 而波翻浪倒, 一陣驟雨, 直灑向琉璃窓來, 俄而簷溜滴滴, 開戶視之, 上天無雲, 而水面尙沸也。

工部省, 製造兵器、農器, 各樣器械, 瞥眼看過, 不可殫記。所謂電線者, 諦視之, 亦不可狀, 曾聞人說: "電線之萬里傳信, 彼此只憑一盤, 盤中有針, 四圍有字, 針旋指字, 隨指隨錄, 遂爲一幅書, 如指元指亨指利貞, 以知元亨利貞之類也。此邊此針旋時, 彼邊此時針亦旋也。" 予以謂: "此法不可信, 蓋針體雖疾, 一旋一字, 以至百十字之多, 而時刻亦已多也。" 余於工部省見之, 電信之線, 其端入于屋中, 如我國舌鈴索之入屋者, 下垂于床, 床上設機, 機傍有器如櫃, 櫃中有電, 手敲其機, 電生于櫃, 閃閃爍爍, 直上于線, 傍又一器, 如我國攻木者墨繩之筒, 筒中有杠, 杠轉而傍又有片紙圓堆者, 一端直上于杠而圍之, 紙上有字, 傍又布紙, 紙有字, 爲此報彼之書也, 而圍杠片紙之字, 卽機傍布紙之字, 一字一字, 波勒無別, 有誰移寫, 忽焉在彼前, 而據視之, 片紙之未上杠, 初無有字, 纔上杠而隨有字焉。而此杠此紙, 亦不與線相關也, 則此皆吹嘘之事也, 此時, 彼邊不計千里萬里, 電線之入于彼之屋者, 線忽生電而筒中之杠轉, 杠轉而片紙之圍者解而下也, 下而有字. 卽此邊圍杠之紙之字也。彼邊之事, 固不當見, 而以此推彼, 想亦如是也。此所以萬里傳信, 只爭一時也。電線聯絡之柱, 在在道路, 直木可三四丈者, 上施磁杯,【卽見于新聞紙者。】線施于杯, 一柱之線, 其數不一, 此邊彼邊, 處所非一, 而或多或少, 遠近亦非一, 此又不得不然之事, 遇山野高之低之, 惟意爲之, 以至遇大海, 直沈于水底而過之云。此皆我之所見與所聞, 聞亦詳細, 見實丁寧, 而不敢辭其誣也。

文部省, 卽太學也。宮墻數仞, 垌府深嚴, 循階拾級而入, 入一門, 又有一門, 凡三重門而至正殿, 前門扁曰"杏壇", 入殿內行禮, 仰瞻塑像, 左右列四聖位, 亦皆塑像, 從享諸賢皆影幀, 釋奠時始乃陳設而行之云。前列書卓, 重重疊疊, 滿殿內皆古今書籍, 可謂棟已充而牛可汗也。左右壁掛周子、二程子、張子、邵子、朱子影幀, 款識, 皆金東溟世濂筆, 似其信行來時所書也。人代雖遠, 爲之奇欣, 行中禮裨金君汶植, 卽其旁裔, 指而示之, 亦一段奇事也。

元老院, 門墻峻整, 一如此地所謂御門者, 可知非他官衙之比也。二品親王, 出迎引邀至議事堂, 堂穹然平直, 直設長卓, 兩邊設椅子百十數, 大議事時, 其皇帝親臨議官列坐處云。皇帝坐處, 三等高榻, 隆榮華麗, 前兩邊, 各設二繡椅, 親王中帶議長者坐處云。堂中傍卓椅子之後, 又各列無數小椅子, 議事時, 雖閒散朝士暨平民, 亦皆入坐而聽之云。蓋龜從筮從百官庶民從之義也, 又引至他處, 方方曲曲, 皆設議事之所, 有博議之所, 有密議之所, 有數三人會議之所, 又有一所, 是無論某人, 苟有欲言之事可以利於國者, 直入穩議于此, 以爲上達, 或密達之地也, 蓋其規度汎濫, 不可槩以禮法論, 而廣遠闊大, 有非衰下氣像, 皆其之今皇帝所經紀云。

結識【三十四則】

三條實美, 年未三旬, 位至一品, 方任太政大臣, 風姿綽約如美人好女, 善書善談論, 遠遼館法宴連見之, 迎送起居, 輒身自爲主, 再四致禮, 臨行手書一詩, 件以小影索來, 以示殷勤惜別之意。

寺島宗則, 年可四十餘, 方任外務卿, 使事始終, 無有不與此人幹當, 簡率樂易, 務主方便, 與之言言不多而周至, 體頎而長, 休休然有長者之風, 坐間輒手撫頷, 仰身椅子, 諄諄以國計之不可不慮, 隣誼之不可不篤, 言之不已。

伊藤博文, 方任工部卿法制長官, 年可四十, 短少精悍, 兩眼彪彪, 善譚論, 間以諧謔, 自言坤輿之內, 足跡殆遍云。

山縣有朋, 方任陸軍卿, 長身修頸, 瘦骨峻, 與之言, 老成典重, 可念寺島宗則一流人。

鮫島尙信, 方任外務大輔, 年可三十, 中等身材, 美貌端麗, 一見歡洽, 如舊日之好, 每有遊翫, 輒以身先之, 善歐羅各國語, 每逢人迎笑握手, 以示惓惓之意, 似其俗然也。

黑田淸隆, 方任陸軍中將開拓長官, 年近四十, 面大眉粗, 少文秀氣, 鬖鬖當頷處, 削而不留, 尤見其麤猛, 言動默重, 全少款洽, 似有傲慢自大之色。

森有禮, 前任外務大輔, 纔使北京而還, 年可三十許, 面方鬚鬆鬆, 放言無拘束, 見帶專權使臣, 環瀛之地, 行將遍歷, 爲問我國市肆宮室之制及延接使客之節, 娓娓不已。

井上馨, 方任議官, 年可四十許, 面有刀傷痕, 自言與歐羅通好時, 以主和, 見斥於斥和之論, 朝罷歸, 夜遇盜, 幾乎死, 肩胛之間, 又有無數刀痕云。抵掌說軍國利病, 鑿鑿不亂, 是多才諝, 諳機務之人, 亦帶專權使臣云。

宮本小一, 方任外務大丞, 年四十餘, 端潔秀雅, 有文字氣, 幹事精當, 處事周便, 聞其方見嚮用, 所以各國事務, 必須此人斷決云。

森山茂, 方任外務權大丞, 年近四十, 兩眼昏昏有精彩, 而轉眄流盻之際, 少有廉厲氣, 善言一開口千枝萬葉支離爲說, 恒帶矜誇之意。

宗重正, 舊姓平, 前任外務大丞, 對馬島主也, 年二十餘, 長面方脣, 典重溫雅, 而時有脂紈氣, 方住江戶城外深川地, 外若宦于朝, 而其實軟禁云。

古澤經範, 方任外務權小丞, 年近三十, 長身豐貌, 眞率善談笑, 件余館中, 每致殷勤, 臨別不忍舍, 直追到橫水河而返。

水野誠一, 方任外務省官, 年二十餘, 面白色姸好眼, 細視常帶羞意, 迎余釜山浦, 同舟至橫濱。

奧義制, 方任外務省官, 迎余橫濱, 始終留館, 短身精剛, 文墨似不贍, 而口誦手操, 無暫已時。自言不背宋儒門程, 爲憂其國近制, 咄咄不已云。同古澤追來, 告別於橫水河。

野村靖,[3] 前任外務大丞, 方帶橫濱縣令, 爲人溫重有幹辦才, 所以春間之役, 來沁府, 與宮本小一, 爲我出力頗多云。聞余行, 來參遠遼館宴, 余歸至橫濱, 又專來訪驛棧, 以致款曲之意。

---

3 靖 : 底本에는 '汀'으로 되어 있으나, 인명에 따라 '靖'으로 고침.

石幡貞, 方任外務省官, 始終相守, 臨別贈詩。

尾間啓治, 年三十餘, 方任外務省官, 面多黑痣, 初以迎接官隨員, 來迎釜山, 終以護送官, 自江戶隨行至釜山浦告別。

荒川德滋, 昔名金助, 傳語官, 方任外務省書記生, 年近四十, 長身偉幹, 善我語, 勢倔强類我國嶠南人, 喜事樂鬪, 酒後妄言無忌云。正色臨之, 亦一和平原慤人。迎余于釜山, 歸時又隨行至馬島落留。

浦瀨裕, 亦傳語官, 方帶外務省書記生, 位荒川上, 昔名最助者, 兩人久處草梁, 亦俱至沁都, 而金助險波, 最助坦夷云。見之果然, 年五十餘, 魋頂露顔, 一似窮寒秀才, 而跧跼畏謹, 可與語可與任事。迎余橫濱, 歸時隨行至釜山告別, 有無限戀結之意。

中野許多郞, 位亞於荒川, 亦書記生, 年近四十, 體短少詳謹從頌, 迎余釜山, 送余釜山, 始終無少失。

岩田直行、石川守道, 皆書記生, 尤亞於中野, 皆以伴接之官, 始終留館。

島田修海, 護行軍醫, 方任海軍中軍醫, 中身白皙, 眼突睛, 嫺於筆翰。迎余釜山至江戶而去, 留館時, 時時來訪。

實吉安純, 護行軍醫, 方任從七位海軍中軍醫, 爲人詳和, 歸時隨行舟中, 多以藥物獻勤, 至釜山悵然告別而歸。

鳥谷保, 艦長也。往返萬餘里, 出沒於驚波崩濤之中, 其克有濟, 皆此人之力。長身白皙, 以舟爲業, 無家室, 其國四出停泊之地, 各有一情人, 隨處伏侍, 所以東顧西眄, 備極眷戀, 因緣簿上無少缺陷云。

大木喬任, 方任司法卿。

防城峻政, 方任式部頭。

大隈重信, 方任大藏卿。

萬里小路博房, 正三位, 方任宮內大輔。

川村純義, 方任海軍中將兼海軍大輔。

宍戶璣, 方任教部大輔。

林友幸, 方任內務少輔。

司法卿以下, 俱於遠遼宴見之, 亦刺候我館中。久後想像, 縱難得其髣髴, 對榻從頌, 含杯殷勤, 未始不爲天涯奇緣, 寅又臨別, 一聯托意鄭重, 有足感人者。

九鬼隆一, 方任文部大丞, 一等法制官, 觀太學日見之, 斷髮稍久, 鬅髿被兩肩, 如久病新起未梳頭者, 問我國學制, 娓娓不已。

大島文九, 開成學校儒生, 爲贈一詩, 詩佳筆亦佳, 約以來訪館中, 不果至, 爲其師安井衡號息軒送人乞文字, 余書息軒扁, 小跋題其下歸之。

加納久宜, 方任中視學。

北畠治房, 方任大審院判事。

吉井正澄, 方任工部大丞。

林清康, 方任海軍大佐。

平賀國八, 方任海軍大佐。

武秀行, 方任海軍祕書官。

末松謙澄, 方任工部權小丞, 井上馨書記, 春間來沁都者。

中村正直, 方任東京女子師範學校攝理。

藤澤次謙, 方任權大書記官。

富士谷成興, 方任工部大錄。

堀秀之, 方任敎部省書記官。文部大丞以下, 俱刺候我館中者。時或逢迎, 一任悤悤, 有似夢中省識, 覺來料理, 聲音笑貌分明也。

鹽田三郞, 前任外務大丞。

田邊太一, 亦前任外務大丞, 兩氏, 俱善外國之學, 足跡徧坤輿云。

栗本鋤雲, 安藝守, 舊幕府。

淺田宗伯, 漢醫, 善談笑, 善飮酒, 善詩。鹽田以下, 俱於宮本小一家, 半日周旋, 似皆豪傑之士。

增田貢, 號岳陽。

龜谷行, 號省軒。兩氏俱善詩。

松田柳亭、中島杉陰、管野晴林三人, 俱善書畫。增田以下, 俱於宗重正家見之, 增與龜谷屢寄詩, 意甚珍重, 似皆不遇時慷慨之士。

廣津弘信, 從六位, 美鬚髯, 昔曾多來留草梁云。

池原大深、關雪江, 兩氏皆善書, 善詩。

福島柳圃、吉澤雪庵, 兩氏皆善畵。廣津以下, 俱於森山茂家見之, 又有芳谷女史善畵。

宮本金作, 小一之子, 年方十二, 端妙異常, 來訪予館中, 動作以禮, 應對如流, 眞可謂稱其家兒也。

宗義和, 重正之父, 亦舊時對馬島主, 歸路泊馬島時見之, 設家宴, 邀余歡洽。貌豐碩闊大長者, 年六十餘, 不小衰, 有子數十人, 個個俊茂云。有十歲子東之介, 又有十歲孫直丸, 重正子也, 皆娟娟可愛, 孫尤天然和吉, 如祥威鳳, 宗氏之福, 其未艾乎!

源張甫, 長門州 山口縣官, 號九峰, 今姓高島。

神田孝平, 兵庫縣令, 兩人從未見面, 一以詩一以書, 俱致委曲之意。

燕飮【附酒食○二十則】

燕飮凡八, 法宴二, 私宴六, 下上船宴爲法宴, 而俱行之遠遼館, 外務大丞宮本小一家一、舊對馬島主宗重正家一、外務權大丞森山茂家一、議官井上馨家一、工部卿伊藤博文家一、對馬島 宗義和家一, 皆私宴也。外有御花園午飯, 陸軍觀調日, 外務省午飯、陸軍觀制造日, 陸軍省之小石亭午飯, 文部省【卽太學】暨驛樓、津亭, 有少憩時, 輒進茶果, 槩不盡錄。

遠遼館, 館宇壯麗, 門庭宏肆, 似亦其之行宮別館, 非尋常小去處也。余以十二日巳刻赴宴，宮本、森山兩大丞，先在迎接曰："今日之宴，約以午刻，而邀以巳刻者，此地亦饒淸勝，要與公破旅館涔寂之懷也。"遂延余步後庭，逶迤至後園，茂林脩竹，涼館燠室，處處可愛。時有士女三三五五分隊而行，螺鬟蝤項，窈窕婥嫋，可念閨閤中人也，然了不隱避，或遠遠立而觀之，或徐行而過之，心甚怪之。森山茂曰："吾國之法，皇宮及此館內，一月三次許朝臣內眷，惟意玩賞，今適其日也。"至一處，一泓池塘，縠汶漣漪，可爲數百頃，跨以長橋，委曲宛轉，時作島嶼，置亭榭其上，橋上覆架，如閣道樣，紫藤蓋之，紫藤垂垂綠陰滴滴，鬱然有幽趣，緩步而過，忽見帆檣出沒峰外，卽品川地云。遇雨不前而返，則太政大臣三條實美以下十有三員，已盡來會，設大卓，圍卓而坐，各人面前，各有各人名紙，紙供食套物目印紙，紙雜設各樣眞花折枝二餠、假花二臺，眞假相間，而各樣菓子餠餌之屬又間之，珍盛之中，別有淡雅之致。各人面前，各置二磁楪，一盛白布裹餠，布以承點漬，餠以佐食也，一淨空無物，空楪之左，有三匙大中小具，齒可以弔之，可以杙之，右二刀後二匙，幷一大而一小。於是供食，硬軟羹胾，無過少分，硬者胾者，匙有齒者鎭而刀割之，軟者羹者匙取之而已，或匙或刀一經食，置之楪上，於是侍者，退其楪，洗淨還置，刀還刀位，匙還匙位，而復進食，食之如前，退之還之，並如前，又以酒鍾置前，或畵磁，或雲楺，或琉璃，或高而足，或圓而耳，進食一套，進酒一行，雖寡飮，鍾有餘酒，添而滿之，至撤食不已。每進爵輒奏樂，樂聲促殺，製作精妙，乃西洋樂云。過午罷宴，凡起居動作、啜茶爇煙之節，太政大臣，必爲之主，坐輒同坐，行輒同行，始終不少解也。

上船宴，又赴遠遼館，太政大臣以下，皆以聚會，一如下船宴時，酒行屢巡，殽核豐腆，亦一如前宴，宴罷時已下午。庭設古樂，皆其天皇御樂云。亦有傀儡面舞于前者，或稱北齊 蘭陵王，謂之唐樂，或稱兩龍交戲，謂之高麗樂云。移坐一處，設大毬樂，一邊設障子，中心有小圓穴，有八騎兵分兩隊，四人衣紅，四人衣白，各跨馬手持一竿，竿置圈，可以俯取物，滿地紅白毬，似以毛絲爲之者，低身竿以取之，直向障子，廻旋馳突，擭竿抛毬，納之穴，毬入穴多者勝，衆人喝采，鼓鈸齊鳴。其騎馬馳馬之法，不無異同，而矯捷嫺熟，不相上下，爲此樂者，亦寓兵於戲之意也。樂罷皆散，時太政大臣先告歸不在也。

宮本大丞家，距其都二十里，馬車以往，片刻而至，至則市肆盡而村閭稀闊，有山野趣，巷口甚長，夾以樹木，似皆人家籬落也。入其門，又兩邊林竹翳然，而田麥方熟，一望無際，無復樊柳，似皆其之管領歟！近家而田，種茶百十頃，屋不甚張大，經卷藥罏，蕭灑有出塵想。款迎入室，分賓而坐，坐有其之友朋數三人，謂之對飯，使之陪客，而自居末席，似亦其之俗也。觥籌交錯，間以雅樂，樂名或琴或瑟，或箜篌、琵琶，較我之樂，或同或不同。又有一隊女史，跡見花蹊爲之首，年可三十餘，餘無過七八歲，盡王公家閨秀也。髿髮如漆，明眸皓齒，或紅衫綠袴，或綠衫黃袴，衣帶錯繡，珠翠奪目，皆能作書畫，拜跽之節，娉婷爾雅，可認大家規度。酒半，忽有一老翁，叩頭于前，詢之，宮本之大人也。余謝以失禮，已又有一婆前跽，似已拜了也，詢之，乃宮本之母親也。後有一女人，則宮本之內子云。余又慌張亟稽首，無數謝不敏失敬之罪，皆卽旋入，而宮本之母，時時手奉酒食而出，命侍婢置余之前，似皆其示殷勤而致敬禮也。食不甚豐，而潔鮮可口，位置齊整，不苟不濫，可念其爲人也。屋揭“長華園”扁，自稱長華園人。

宗重正家在深川，亦距其闉十里而餘，其之別業也，千章之木，十畝之池，池引深川水而入，虹橋垂之，往往開閘，芙蕖出水，小亭倒影，渺然有江湖之想，相與携手之亭上，池因地勢，不患不楞，宛然一湖面也，所以汀洲島嶼，出沒隱現，亭在彼岸，有堂有室，堂掛道君皇帝畫鶻障子，押熙寧年號印，首印御筆字。宗卿，問余以何代畫本，爲指其印而解之，惝然駭始以爲寶也。酒食豐腆，書畫間作。龜谷行[4]、增田貢，皆其客也, 亦以詩幅乞和, 文墨贍足, 寄托鄭重, 亦足謂天涯奇緣也。

森山茂、井上馨, 皆家園圚中, 棧閣崔嵬而已, 別無可觀, 酒食豐腆, 而森山少有强作之意, 此其所不足也, 而多示法書、名畵、牙軸、錦帙, 似皆鍾鼎富貴家物也, 又有滿床書卷, 我國新刻≪大典會通≫ ≪六典條例≫等書, 亦在其中, 而又有申文忠 通信日記一卷, 塗乙宛然, 似是當時藁本, 此我之所無, 而彼有之, 亦一可慨也。

工部卿家, 亦園圚中, 而供張獻酬之節, 一如法宴, 亦沒意思, 室中供其皇帝、皇后眞影, 律以禮法, 大是不敬也。庭前方塘、假山, 花藥位置, 亦自可觀也。

宗義和, 家對馬島, 過府中一帿之地, 門閭雄傑, 可念鍾鼎棨戟之餘也。室堂軒豁, 階戺修整, 乍時起居, 亦覺暢懷。義和不斷髮, 髮作髻, 自以爲不變舊俗, 初見敍禮訖, 土杯勸酒, 乾鱐佐殽, 亦必手捧而進, 皆其舊俗云。繼以命酒, 酒旨殽佳, 咄嗟之辦, 亦極豐腆。酒半, 邀余行翫其後園, 重棧複閣, 幽洞奇巖, 曲曲可坐, 面面生新, 而復置酒中堂, 委曲致意, 要聽我國樂聲, 命≪大吹打≫一回, 更演≪與民樂≫, 盡歡而歸。

餠餌之屬, 非直久已忘之, 縱使對食而操筆, 亦不可以形容, 蓋其製造異常, 檠出剏覩, 見而不知其名、食而不知其味者多, 如紅白團餠, 以山藥爲絲麪而裹之, 雖巧手夾來, 已盡破碎, 當初裹之之人幻也, 非法也。【如雪餻、絲麪, 我國所曾見者, 皆不錄。】

有所謂氷汁者, 磨氷作屑, 鷄子黃和雪糖而爲之云。氷一汁而已, 非氷也, 一勺入口, 冷徹齒根, 是何法也? 又有名氷製者, 五色粲然, 而形如假山, 味甘可食, 而一入口, 肺腑爲之凜冽, 亦一怪也。

飯, 硬而顆顆明潤, 蓋其炊法, 不柔軟, 而米性則自是好也。

---

4 行 : 底本에는 '永'이라 되어 있으나 앞선 문장에 따라 '行'으로 고친다.

魚肉, 或大塊烹炙, 而亦或磨而汁之, 團而熟之, 片切而盛于器, 卒乍見之, 不知其魚肉也。

魚膾, 特不細, 或有如指粗者, 而味則不腥也。

菜皆細切, 如生薑菜, 細入秋毫[5], 個個不亂, 可認其手法之精妙也。

雜菜, 入各樣魚肉, 雜以扁豆, 帶其而熟, 旨且淡, 正堪佐酒。

大鰕, 去皮鬚脚, 入油煎之, 肉盡泡也, 蘸醬食之, 他魚鮮, 亦仿而爲之。

葅或菁或苽, 皆片切盛之器, 鹹中有淡, 不以汁也。

糖屬之來我國者, 皆粗製也, 到彼見之, 日見其異, 或樓臺縹緲, 或花草細嫩, 或鍾鼎爾雅, 或山川陸離, 形形色色, 不可名狀。

酒有茴香酒、地黃酒、甘香葡萄酒, 色黑味酸, 回回酒、琉球酒, 性烈如我國燒酒, 惟其所謂日本酒者, 香烈色淸, 類我國高品法釀, 暫醉旋醒。

果不多見, 如蜜柑之屬, 我人皆知之, 不須記, 梨比我産, 多水而淡, 爽有餘而甘香不足也, 惟枇杷, 我國所未見, 蓋冬花夏實, 性且脆, 不可以遠致也, 色淡黃味甘而香, 入口爽然, 一枝衆蔕, 如棠棣之屬。

問答【九則】

初詣外務省, 外務卿寺島宗則、大輔鮫島尙信、大丞宮本小一、權大丞森山茂、權小丞古澤經範, 坐正廳延入, 中設圓卓, 四置椅子。余先致名帖, 卿以下稽首, 余肅揖, 以次坐椅。傳語官最助, 坐卿之側, 二堂上、二判事, 坐余之側。卿曰: "利涉大海, 洵可賀也。" 余曰: "幸無疾病, 敢問貴體百福。" 大輔以下以次勞苦, 余亦以致謝。訓導前致禮判、禮參兩書啓, 卿與大丞坼見, 卿曰: "大海上, 人易水疾, 聞正使幸

5 毫 : 底本에는 '豪'라 되어 있으나 문맥에 따라 '毫'로 고침.

無恙可喜, 倘無風濤之險?” 余曰: “幸無風濤之險矣。” “節候與貴國如何?” 余曰: “無甚異同。” 卿曰: “曾見黑田大臣耶?” 余曰: “春間之役, 鄙人不與焉, 只聞其名, 不見其面也。” 訓導前致呈日本國私禮單于余前。余曰: “鄙人來時, 只承命回謝春間貴价之行, 以修舊信而已, 而初無國書, 則實無拜見貴皇上之禮, 然旣到此地, 微情有所缺然者, 不腆薄儀, 聊表寸忱, 敢望諸公可能善爲進獻耶?” 因起身手奉單帖, 致之卿前, 卿亦起身開緘見之, 施置于前。時大輔以下, 皆起身還坐曰: “當極力陳達, 圖所以進獻矣。” 余遂起身告辭, 出至外廳, 大丞、權大丞, 隨至圍卓而坐。時則余及兩大丞、二堂上、傳語官外諸人皆不參。大丞曰: “次當進候于館所, 而先此少紓可乎?” 余曰: “大丞公, 春間使還, 萬里滄溟, 貴體無恙, 儘可賀也。” 大丞, 卽宮本小一, 春間沁都來人, 權大丞森山茂, 亦春間來者, 亦致殷勤。余亦致語如答大丞者。大丞曰: “遠涉滄溟, 良亦勞止, 休養幾日, 可能從容相會也?” 余曰: “今番之行, 專爲回謝春間之禮, 修信之義, 亶在乎此, 實無他件公幹, 則不得不遄歸, 而暫歇幾時, 亦可得從容奉誨矣。” 大丞曰: “不然。此行豈易得耶? 小從容幾月, 將息有暇, 遊覽惟意, 是所望也。苟不然則大可悵然。” 余曰: “我主上送我滄溟萬里, 日臨軒俟之, 使事得無辱乎, 行人得無病乎, 鄙人未歸之前, 我主上之憂可知也, 所以欲急急歸去者此也。且自其從容言之, 一旬內外, 儘可從容, 自其不從容言之, 一月一年, 亦有所不得從容者, 則從容不從容, 亶不在於久留與遄返也。至於遊觀之事, 當隨隙圖之, 以副感意矣。” 權大丞曰: “昨已以電信, 報貴一行之無事抵此于長崎島, 使之轉報于東萊, 今明間以可得達于萊府矣。” 訓導謝其厚意。權大丞又曰: “若有急急報知之事, 須以貴國諺文, 修書以來, 當卽飛報也。” 余曰: “厚意尤感尤感, 然實無如此急報之事也。” 遂辭歸肅揖, 起身而退。大丞、權大丞, 隨至廳端, 更肅揖而散。

歸館無幾, 兩大丞來訪, 接見於公廳。余與兩人對坐, 最助與訓導坐其間。大丞曰: "信使今番之行, 雖無拜見我皇上之禮, 然我皇上, 特欲接見, 甚盛擧也。" 余曰: "鄙人來時, 初無國書, 則實無拜見貴皇上之禮, 所以未承我主上之命也, 則鄙人之擅自拜見, 似不可也。" 大丞曰: "不然。我皇上自聞信使之來, 計日以待之, 故俄已以信使來到之意奏達, 則我皇上教以不日接見矣。" 余曰: "貴皇上軫念鄙人之自遠方來, 特有此曠絶之禮數, 鄙人亦何可一例固辭? 謹當依教行拜見之禮矣。" 大丞曰: "四年前皇宮失火, 近移皇居于赤坂之地, 距此可十里而遠, 拜見之禮, 不可不預定期日, 以爲奏達之地可也, 再明何如?" 訓導曰: "再明卽五月初十日, 我國國忌日, 則再明行禮, 似不可也。" 最助曰: "然則明日何如?" 訓導曰: "我國國法, 尤以坐齋日爲重, 明日行禮, 尤不可也。" 最助曰: "貴國國法, 吾亦知之, 午後罷齋, 有何不可於再明之行禮?" 大丞曰: "我皇上將行北巡, 聞信使之行期有日, 期欲接見後動駕, 初以去月念五乘船之日, 較量使行入京之日, 入京後卽爲接見, 接見後卽爲動駕之意, 擇日頒示矣。及聞行期之差退, 又特收已頒之令, 更擇以我國曆六月三日, 卽再明後二日也, 今不可以又遷就矣, 奈何?" 余曰: "貴皇上特命, 旣如此, 感激不盡, 再明旣是鄙國國忌罷齋之日, 則蚤晩何擇焉? 謹當依戒行禮矣。" 大丞曰: "行禮時, 不得不有服色儀節, 貴國之法如何?" 余曰: "鄙國之法, 有大除拜, 則以黑團領, 肅拜於闕內閤門之外, 若有入侍之命, 則以紅團領, 入侍于偏殿, 殿坐南向, 則至殿上廳端, 東向行曲拜禮, 由殿之夾門入, 或伏于御榻前, 或伏于御榻稍遠處, 有下詢言語, 必起伏而對之, 使之退則退, 退時至前曲拜處, 又行曲拜而出, 若奉命及他行之出去入來, 則只以紅團領肅拜于閤門外, 若入侍則如前入侍例也。貴國儀節則如何?" 大丞曰: "當爛熳商確, 奏達酌定後仰報矣。" 余曰: "肅拜之地遠近、入侍之禮行否, 當如俯示, 而至於行禮之節, 當以拜見我主上之禮, 拜見貴皇上矣。此意須諒會焉。" 大丞曰: "唯唯。" 權大丞曰: "我國國法, 各國使行之來, 必歷謁八省卿,卿若不見, 只呈名帖而歸, 禮也。再明行禮後, 卽行此禮可也。" 余曰: "此未曾行之禮也。" 曰: "此各國通行之規也, 何不可之有? 且曾前通信之行, 亦見閣老, 古亦有此例也。" 余曰: "通信前例, 吾亦知之, 但致國書于關白, 留館幾日, 受國書而歸而已也。若或見閣老, 此不過朋友尋訪, 今何可爲例也? 且鄙國, 羅、麗以來, 事大交隣, 皆有已例, 只幹本事, 不敢有私交例也。至於近年, 年使之至北京也, 只幹事于禮部一處, 禮畢而歸, 未嘗歷謁各部各省, 已例昭然。今此之行, 奉我主上之命, 直詣貴外務省, 謝春間之禮, 以修舊信而已。未聞有他省歷謁之命, 則擅行他禮, 鄙人之所不敢也。" 權大丞曰: "各國之使一例歷謁, 已爲規例。今此信使之行, 各省之卿, 依例待之, 則外務省, 亦不可以口舌解之也。各省卿, 若皆見之, 則可以行之乎?" 余曰: "此則不然, 鄙國國法, 謹拙成規, 不敢有擅便之事, 今不可以擅行此禮也。今貴國之於鄙國, 復修舊信, 永以爲好, 則二國無異一國也。鄙國之謹守拙規, 貴國之所知也, 庶無强其所不强。且也今此之來, 專靠貴省之周遮廻護, 則各省縱或有言, 貴省之善爲設辭, 俾無是非之端, 鄙人之所深望也。願兩公厚恕焉。" 權大丞曰: "姑且商量, 圖所以方便也。" 大丞曰: "公之入我境, 所見所聞, 應多可怪可笑之事矣。" 余曰: "平生家食, 一日駕萬里之海, 洶湧之是怵, 傾覆之是懼, 躬之不閱, 況恤乎聞見之可怪可笑乎? 但時上甲板, 身雖動盪, 而長風破浪, 亦足暢我胸襟, 是則可喜也。及其下陸, 見宮室之美、市肆之殷, 可認貴國之富盛, 是又可賀也。幷不見其有可怪可笑之事也。" 大丞笑而曰: "衣服之制、舟車之用, 似不無可怪而可笑也, 此果可喜可賀之事耶?" 余曰: "曾見信行所記, 略有所得於貴國制度之間, 上衣下裳, 寬大眞率, 板隔茅圍, 疎雅精密, 一見可認貴國衣服宮室之舊制也。苟見此時心乎愛之, 未見其他也。" 大丞曰: "非謂此也, 近制之衣服宮室, 皆洋制也。日本人心, 本自輕薄, 見人新樣器物, 必愛之而欲之也, 故任其所好, 姑與之習焉而已。且臨陣乘船,非此衣莫可, 所以姑從其制, 此又不得不然者也。" 余曰: "便利器具, 謹聞命矣。而公言衣服宮室, 姑從民之所好而許之, 吾且仰嘲可乎? 公等之服, 旣皆洋製, 則公等亦有所好而爲之者歟!" 因大笑, 大丞亦笑而曰: "此不得已也, 不有趙 武靈王乎? 貴國衣制, 亦豈無隨時而變者耶?" 余曰: "鄙國衣服, 未之或變也, 鄙國始康獻王, 與明 高皇帝並立, 衣服制度, 一從明制, 于今五百年, 上下貴賤同一規, 未之或一變也。" 大丞曰: "我國四面受敵, 又非貴國之比也, 所以所苦心爲此者, 表裏山河, 苟得無失焉已也。吾國亦豈樂爲此也?" 因咄嗟久之。余曰: "無傷也, 前言戱耳。貴國之苦心爲此者, 業已仰揣之久也, 無甚見外, 前言因一戱也。" 權大丞曰: "時時出游, 器械之利焉而效之, 制度之便焉而習之, 公其圖之也, 如今兩國, 須相愛護, 公其見之, 苟欲效之而習之, 吾輩當竭力以貢一得之先也。" 余曰: "甚感甚感。古諺云: '利器不可以示人。' 今貴國非徒示之, 幷欲其效之, 可認於我國有別般愛護, 而亦可認大國之風漫漫乎而渢渢乎也。" 時日暮, 遂相與肅揖而散。

御花苑最深處有小亭, 溪流潺湲, 上有飛瀑, 景致絶勝, 至而森山茂在焉。杯酒盒肴, 瀟灑極矣。森山曰: "旅館苦寂寂, 何不出而游, 少紓鬱懷也?" 余曰: "鄙人性本習靜, 實不知我苦心。" "誰爲公恣耳目之媚也? 如今兩國, 是一家了, 鄙國四面皆水, 所以外憂之至, 抵當不得, 至有今日之擧, 而亦不可一任受制于人, 故務盡富强之術, 多置兵先利器, 到今兵精糧足, 器機一新, 庶可以藉手禦侮也。念貴國山川之險, 可謂遠過鄙國, 然猶多近海外至之憂, 不可以全無備禦, 所以吾輩之縷縷以游覽爲言者, 周察軍制美者, 化之一也; 審視器械利者, 移之二也; 歷探俗尙可采者, 采之三也。歸貴國的確立論, 圖所以富國强兵, 脣齒相依, 以防外虞, 區區之望也。" 余曰: "感謝感謝。貴國盛意, 非不知也。今番之行, 亦非不欲携幾個有才藝之人來, 制度焉口以貫之, 器械焉手以仿之, 以至俗尙焉耳目以記之, 而只緣兩國許多年疑阻之餘, 幸有春間之擧, 則今日急務不可早自來謝而六個月後, 必有貴价之來, 故我朝廷, 期欲先此修信, 卒卒治行, 實無暇念及于此。且鄙國成規, 先信義而後事功, 所以汲汲乎先以修信爲事者也, 而鄙人亦自山裏措大, 見聞不廣, 才識蔑如, 雖手把器物, 終日摩挲, 實不知何者利而何者鈍也。一行隨員, 亦皆謹拙自持, 苟無得罪爲準則, 其亦類乎鄙人焉已也。雖日日游而日日賞, 徒形役耳, 無所益焉。今且竣今日之役, 歸後爛商, 亦於貴价之來, 更加確議, 自有其日, 何必苟循目前之戒, 卒卒塞責, 無得於己, 而辜負盛意也?" 森山曰: "公言亦可。" 因盛言自家兵精糧足, 無復懼外憂之意。余曰: "貴國旣如此富强, 外憂之至, 宜無藉手於我, 而猶此惓惓, 盛意攸在, 我朝廷亦豈不知之而感之也? 但鄙人無才, 實不可卒乍有得於游賞之際矣。望幸無少疑阻, 事事指敎, 鄙人當銘心鏤肺, 歸報我朝廷也。" 森山又曰: "每與貴國商辦, 支離拖延, 無一下卽決之事。我國則不然, 苟利于國, 則上下一心, 斷然行之, 無所持難也。六個月後, 細節之定, 亦無甚難事, 而若或如前遲捱, 則令人沓沓, 居間之人, 寧不難哉?" 余笑曰: "我國規模, 元自如此, 非如貴國之有專權大臣, 大臣不得斷行, 況小官乎? 所以小達于大, 下稟于上, 不得不有許多遲捱也。且小心謹愼, 不縱不恣, 自是我國一副素規, 則公等他日之役, 難保其事事聽從, 此則預爲諒會可也。槩言天下甚事, 豈可盡如我意? 貴國有言, 我未必盡從, 我國有言, 貴國亦未必盡施, 此則大率然耳。" 久坐憊甚, 遂起身肅揖而返。

遠遼館宴罷歸路, 與宮本小一同車, 向博物院。宮本丞傳語曰: "鄙家距館所雖遠, 欲以日間奉邀, 聊供午飧, 未知盛意如何?" 余曰: "盛速敢不翼如也? 春間沁都之役, 已聞大名, 鄙人來時, 申大官亦托每事須與貴公相議, 所以來此以後, 直欲踵門請敎, 而勢不可以面面委候, 則遽然開路, 旣甚難處, 且或衆中逢際, 獨致殷勤, 亦又不可, 故伈伈度日, 肝肺生癢矣。今幸同車, 可以攄盡心曲, 未知雅意, 亦可包容不? 從今兩國竟是一家耳。貴朝廷要我惟意游行, 甚盛擧也, 但我國素規入人國未嘗出游, 今若難於違戒, 一任放縱, 非謹守我朝廷素規也, 且雖以兵農器械言之, 鄙人旣乏才藝, 隨員亦無其人, 則徒娛耳目, 有何益耶? 所以今番之行, 只以修信爲重, 一切游學, 欲待他日, 此意須諒會焉。" 宮本曰: "若於回書啓, 謂以我皇上有命, 貴下不得自主, 略有玩賞云云, 貴下可無毁棄素規之譏, 如何?" 余笑而曰: "此尤不可, 寧有人付屬他人毁劃自己者? 如此之敎, 尤不願聞也。" 又曰: "鄙人來時, 奉有我主上之命, 我主上念鄙人之遠役, 丁寧告戒, 以到此留連, 無得過十五日, 一望之期, 看看不遠, 幸望善爲周章, 速速送歸, 俾無過此定限, 區區之望也。" 宮本曰: "兩件事, 件件領會矣。" 言未已, 已至博物院, 遂相與携手, 恣意玩賞而歸。

井上馨, 春間來沁都之副官也, 來訪館所, 謂余曰: "露西亞之有動兵之漸, 吾於沁都, 已有言之者而我國之人, 每往彼地, 見其日造兵器, 多積糧于黑龍島, 其意將何爲? 貴國須先事而備, 繕器械練兵卒, 以爲防禦之策可也。彼或來時, 愼無砲放, 未知其來意之爲何, 而遽先砲放, 貴國之失也。" 余曰: "此無過島卒之無知妄動耳。豈或長如此也? 然戒旣至此, 感謝感謝, 但禦彼之道, 必利其器而便其服, 武靈之變其衣、工倕之巧其制, 未始不可學, 而鄙國素規, 非先王之言則不言, 非先王之服則不服, 一副傳守, 且五百年。今雖死耳亡耳, 不願爲奇技淫巧, 與人爭長, 公亦庶幾知之矣。" 井上曰: "不然。鄙國素規, 初亦如此。及長門、薩摩之戰, 耐不得敗亡之勢, 不得已爲此, 此豈所樂爲也? 勢不得已也。所以勤勤以此, 告貴國者, 願貴國之先事而謀, 俾無他日之悔也。幸先生歸去必申勤致語于貴朝廷, 無負此至意區區之望也。" 余曰: "感謝感謝。當一一歸告我朝廷也。" 遂以密飯茶果待之, 良久話, 屬我以委訪而去。

議官井上馨宅赴會, 宮本小一偕焉, 堂設女樂, 酒半, 井上曰: "日昨申告之事, 公非有心人耶? 露西亞之注心貴國, 吾已言之縷縷, 吾非疾風傷性之人, 苟無所見, 則何必不憚煩至此也? 公之歸去, 須勿弁髦我言, 力告于貴朝廷, 早自爲備可也。" 仍出地球全圖一軸曰: "以此奉贈, 携歸去, 時時觀察一度, 度各有程里, 以此推之, 露西亞之距貴國幾里, 亦可知也。吾今奉使歐羅諸國去, 六七年後方可歸來。苟無所見, 何苦爲此縷縷之言也? 公可以諒此苦心也。" 余曰: "感謝感謝。公之苦心, 吾豈不知也? 謹當將公此言, 一一歸告我朝廷也。" 井上笑指女樂而曰: "今春江華城中, 凡屬婦女, 盡皆奔竄, 吾其捉而噉之耶? 縛而打之耶? 叱辱之耶? 今吾都無吝惜, 出女樂而示之也。" 余大笑曰: "此吾國素規, 而公有所不知也。公其年年來, 亦必年年隱避也。" 遂相與大笑。井上又曰: "吾且六七年後歸來時, 自北京從旱路由貴國義州, 直至貴京城而還, 何如?" 余曰: "伊時事, 伊時商量, 今不可以預講也。" 宮本曰: "今午, 我政府有命, 以我差往貴國矣。" 余曰: "是六個月之約耶?" 宮本曰: "聞命而已, 姑未的知裏許也。" 時雨注下, 夜亦已深, 遂各罷歸。

古澤經範, 來商發行日時, 五月二十二日也。古澤曰: "貴曆二十七日, 卽我國曆十八日也, 以此日敦定如何?" 余曰: "鄙人來時, 奉有君命, 以留此, 無過十五日, 今已十五日矣。日前宮本公言: '騎船方在大坂, 今已電信促歸, 可以四五日後歸來, 裝載石炭, 又可費一兩日, 然後可戒發云' 計算其期, 卽今日也。船旣昨日歸來云, 而從今又四日而後, 始可發船云者, 是何遷就捱延之甚也?" 古澤曰: "不然。此宮本言之不審也。今此船, 昨日入來, 船非空船, 多少裝載, 陸續卸下, 至于今日。自明日粧飾艙屋, 裝載沙石, 沙石不多, 船輕易敗, 所以沙石不可不多多裝載, 如是又當費數三日然後, 石炭及貴行行李, 以次裝載, 則四五日猶云促迫矣。何不諒之甚也?" 諒其言不甚誣, 遂許之。古澤又曰: "明日文部省, 不有奉邀乎?" 曰: "有之。" 曰: "將何以爲之?" 余曰: "間者貴朝廷有命, 多處要來, 無不趨走矣。我聞文部省, 卽貴國之太學云,太學之請, 又安得不從也? 故已許之矣。" 曰: "好矣。再明元老院, 不有奉邀乎?" 余曰: "有之矣。" 曰: "許之乎?" 曰: "姑未有諾, 而元老院, 是何等事務之官耶? 鄙人挽近身體不佳, 無以有命卽從也。" 古澤曰: "元老院, 不可不赴也。元老院議長, 卽我皇上至親二品親王也。親王欲見公而邀之, 公何可以不赴也? 幸更思之。" 余不覺勃然變色曰: "親王何親焉? 修信使雖不大之人, 卽他國奉命使臣也。苟欲見之, 則無難招之, 揆以體禮, 寧有是也? 余雖疲然, 至於此事, 斷不可以奉承矣。" 古澤曰: "不然。是我言之無倫也, 非以親王之尊體, 欲見閣下, 便卽招邀之謂也。元老院, 卽我朝廷大小事會議之所也, 議長, 卽是親王也。今兩國復修舊好, 則鄙國之規橅設寘, 不可不使貴國知之也。所以不於其家, 而奉邀於元老院也。先生何過慮之爲也?" 聞其言似是, 初頭一言之失, 不足深較, 乃笑而曰: "公言親王欲見我而招之云, 故余果激觸, 有前言之過也。此亦貴朝廷厚意, 余何可以不赴也? 公亦以此知委可也。" 古澤喜而去。

文部省之文學寮, 大丞九鬼隆一申勤待余酒, 次問余曰: "貴國學則專尙朱子耶, 抑有他所尊尙耶?" 余曰: "我國學則五百年來, 只知有朱子, 背朱子者, 直以亂賊誅之。至於應擧文字, 用佛、老語者, 竄謫不宥, 國法截嚴, 故上下貴賤, 只有朱子, 所以君君臣臣、父父子子、兄兄弟弟、夫夫婦婦, 一遵孔、孟道理, 無他岐可錯, 無他術可衒也。" 九鬼爲之點頭, 茶罷而起。

遠遼館宴罷, 多官皆散, 惟有宮本小一、森山茂、古澤經範在焉。宮本曰: "吾且趁六個月之約, 當往貴國, 凡屬接待之節, 務從簡省可也。" 余曰: "公之行期, 當在何間?" 曰: "距公行四十日, 當趁下陸爲計也。貴行登船後一朔, 可至貴京城, 公入城可十日, 我行渡泊甚好。" 又曰: "此是私言也, 今不必與公言之, 而所條約者, 可行則行之, 不行則不行, 一言而決之可也。如今春貴國諸公, 事事以吾不敢知爲言, 其將悶菀死人也。吾不敢知, 孰知之? 今番則若以禮曹判書接我時, 須當身直接我, 面商可否, 斷而行之。如或禮曹判書有身病或有他故, 不可接我時, 須以他有權力可以解事斷事之人, 代接議定, 無至延拖時日幸甚。事若一日辦, 則一日歸, 二日辦, 則二日歸, 豈非兩便之道耶? 至若禮曹判書不接, 以他人代差之時, 亦必以政府差遣公案來, 吾可以信之, 而與之面商矣。" 余曰: "眞切眞切。然此等事, 自可理會, 不必過屬。至於接待之節, 必多生澁, 萬萬不及貴國待我之親切無間也, 此亦國俗然也。老成鍊達之人, 羞見生客, 日用帶行之事, 動輒齟齬, 是我國之大病痛處。假令公行之未必加倍款接, 而以公見之, 謂之疏之可也, 謂之忽之亦可也, 此則公預爲量恕可也。至於凡幹公事之延拖時月, 亦我國之例也。自古以來, 無專權之臣, 雖微細之事, 必也有事之官, 自下達上, 轉轉至於上官知之, 然後始乃告于政府, 政府諸大臣, 亦這這通議, 然後始乃上聞, 自上亦不卽決, 必還下, 使諸臣條條辨議, 然後始乃下旨而可否之, 此所以延拖時月之故也。此事亦須公之預爲參恕, 無至過加迫促可也。" 宮本又曰: "又有一私談, 公須明記在心。春間之行, 江華府中凡屬婦女, 盡皆避匿, 流離分竄, 無一安堵而居者, 此曷故焉? 吾行中, 若有雜亂悖惡之輩無知忘行之罪, 吾自治之有餘, 何必有此光景也? 吾非欲見貴國婦女, 而有此言。凡民之一日離散, 有一日之害, 二日離散, 有二日之害, 哀彼小民, 其亦何罪? 此若自政府出令而爲之者, 則不必出令, 若民自如是者, 則下令禁之, 俾無更至離散之地可也。" 余笑曰: "此亦我國異於貴國處也。我國男女之別, 元來切嚴, 雖以親戚言之, 五六寸以外, 不相往來接面, 雖親姊妹兄弟, 十歲以後, 坐不同席, 語必闖門。至於閭巷賤流, 亦皆一醮之後, 夫死而不嫁者, 往往有之, 自然成俗, 今六百年矣。所以外國之人, 尤爲羞澁隱避而不見之, 且有一事, 比年以來, 多有外國人往來海上, 不知何國之人, 而有時下陸, 若逢女子, 輒强奸之, 或一女子而衆人遍奸之, 至於卽斃者亦有之, 故一見異船之來, 遽波奔而浪竄, 不可禁止, 所以異船一過, 一境蕩然。春間貴使之來, 初亦以從前外國之人知之, 有此奔竄耳。若明知貴國之人, 則豈有此也? 下次公行之來, 縱不敢出門縱觀, 必無離散之擧矣, 不必以此過慮也。" 時已日暮, 遂告別而歸。

臨發, 往外務省告別, 卿以下迎接殷勤, 手傳其天皇別禮單訖, 卿委曲爲言曰: "貴行修信, 委婉鄭重, 深所感歎, 而我朝廷深意所在, 公可以諒之耶?" 余曰: "貴朝廷盛意, 庶幾可以揣度矣。" 卿曰: "一强國之自立, 不如二弱國之相依。今我國之與貴國, 一葦可航, 可謂脣齒之邦也。若痛癢相關, 有無相藉, 憂患忻慼, 矢心同之, 則可以有濟。貴行歸朝後, 亟告貴朝廷, 凡百事爲無少芥滯, 以爲萬萬世永好之地, 豈不美哉?" 余曰: "盛意至此, 深感深感。謹當依戒, 歸告我朝廷, 而但我國謹守拙約, 不通外交, 所以凡事樸實, 無奇技妙藝可以爲人出力者, 則倘無一分資助於貴國, 而徒望貴國之資助我矣, 豈非愧恥之甚者也?" 卿笑曰: "寧有是也? 此皆公之退謙耳。" 遂數語告別而起, 至外廳, 大丞、權大丞, 追出告別。大丞曰: "吾且奉使往貴國矣。凡事之周章方便, 全恃於公矣。" 余曰: "公行之來, 吾人之所甚幸也。至於鄙人, 則適玆承乏, 有今日之行, 而古人所謂如我者流, 車載斗量, 不可勝數者也。位卑言輕, 不足有無於我朝廷, 則其何以有益於周旋之際耶? 但公雅量高致凡事周便, 必能善其終始, 是所區區之望也。" 因與之別而歸。

日東記游 卷三

宮室【十六則】

宮室之制, 公私貴賤, 大同小異, 瓦多而苫少, 卽其古俗, 木片鱗蓋者, 絶不可見。

無論公私屋, 門制非如我國所謂高柱大門, 只平架聳柱, 横長縱短, 而或柵木爲籬, 籬缺兩傍, 各立大柱, 中設板扉, 亦或櫺扉則扉直靠, 柱上無衡也。

墻垣之土築, 甎築絶無而廑有, 有則覆瓦, 瓦上或釘鐵作櫺星, 上端尖, 尖中架以木, 不欹側也。此最防盜之妙法, 不然擧木柵塗黑, 乍看如鐵, 繩削正方堅牢, 無異於土甓之築, 而櫺間星星, 洞見裏無隱也。

無論公私屋, 地平上平然結搆, 不崀峩累級之階也, 階砌甃礎, 亦皆任其石勢, 圓者、方者、歪者、仄者, 要之其面齊, 而其根固而已, 不繩削之也, 所以柱礎, 植柱安而受柱廣, 少無戉削傾危之患。

雖傑巨廨宇, 無高柱大梁, 層層結搆, 自下而上, 不壁不瓦之時, 婆娑枝梧, 只如小兒戲具, 及其瓦壁之就, 屹然儼然一高大屋子也。

一入其國, 不見溫堗, 云堂云室, 只從布置, 或涼或燠, 但以地處, 時於屋中一隅, 立一二圍大銅環柱, 入承塵下, 蹲如爐, 設戶開闔, 冬寒時, 熾炭其中, 柱體熱烘, 一室爲之熏然云。

戶牖之屬, 皆用推隔, 無施樞開闔之法, 一室中壁少而隔多, 隔多琉璃, 或用菱紙, 或紙畵山水魚鳥, 隔上向外, 又設隔紙塗, 而不推開也, 間隔隔上設木隔, 亦不推開者, 而細刻山水棧臺, 映而視之, 恍朗纈眼, 向外隔外, 又施木隔, 夜而障之, 晝撤去也。蓋一凹衆隔, 推一隔又推一隔, 以至一二十隔, 推放之地, 設一木櫳, 稱隔大小, 一隔二隔推放盡時, 一扉而闔之, 居然一庫無痕無罅。承塵槩用板木長架, 架板不用井字, 闌間或逐理雕刻, 天然圖畵, 每於亭榭, 方木爲柱, 而必用一連皮木, 柱體取竦直, 而皮窳技痕臃腫, 惟其勢年久皮脫, 自在文理, 斧鑿無痕, 亦可愛也。

樑棟欄檻之屬, 皆取平直純素, 不施雕繪, 凡所謂山節藻棁之制, 絶不可見。

凡公私屋, 夾門幾架爲長廊, 或處人, 或置車馬, 人處之地, 多作兩層樓, 上下皆處人, 人多架少, 優可能容, 小或旋馬, 大則一帿, 卽有穹然屋外廳之首也, 自此外堂、內軒、小樓、別院、燠館、涼榭、溫室、溷舍, 一屋逶迤, 宛轉屈曲, 重重閣道, 面面遮隔, 隔一開時, 外內洞然, 惟府庫, 屋後曠地, 別占一所, 隨屋大小而多少之。

瓦多用雌, 一頭曲一頭平, 曲頭加於平頭, 鱗鋪而上, 上用雄瓦而鎭之, 惟公舍, 槩用雄雌瓦。

苫蓋之屋, 村野或有之, 公私屋中, 若有小亭, 則亦用苫蓋, 苫多用茅, 不用結也, 一蓋厚尺, 簷餘斷之, 齊整如木之繩削, 十年一易, 腐爛色黑, 而不厖亂也, 脊用長竹或長木片, 堆疊鎭之, 而遍用竹簽, 不褪脫也, 或用石片鎭之。

瓦屋, 瓦鱗輒用灰縫, 瓦黑灰白, 白黑相間, 墻壁用甎, 亦復灰縫, 而灰厚如索, 突兀瓦甎之外。

二層之屋, 公私家多有之, 上樓下屋, 依樣古制, 而公館及市肆, 或有三層、四層, 三層之上, 又有一層, 或如壇坫, 粉墻圍之, 或如幡幢, 稜角尖尖, 或安子午之盤, 或竪十字之牌, 則歐邏人之所蓋造云。

樓上雲梯, 不用直上, 一層向左, 一層向右, 層層回旋, 如行螺殼之中, 所以三層、四層之梯, 下上而無暈眩之慮, 且欲用直梯, 一木之長, 亦難得其許大也。

簷端架筧, 簷隅植木, 木則中空, 或植以竹, 霤落于筧, 流入植木, 木下隱溝, 所以雨來如霍, 不見簷留, 雨歇庭空, 無點水也。

城郭【附橋梁道路○十三則】

城郭所見, 惟江戶而已, 江戶之城, 週圍七十里云。

城無譙樓, 穹然高而已, 石以築之, 下豐上銳, 城下鑿壕, 壕廣可以方舟, 城上種樹, 樹大可以連抱, 樹影入壕, 上下蒼翠, 一望翳然有濠濮之趣。

曾見城上有木, 木大城坼, 所以城之有木, 城之忌也, 今此不然, 似反藉此爲固, 未可知也。

城凡四重, 壕亦四重, 外城則無門, 當初不設, 必無是理, 中間毁壞, 何不重建, 未可知也, 當設門處, 坦然開路, 城之左右端, 屹然相對, 亦有甕城, 不破不壞, 如新築也。

內城, 亦有甕城, 甕城有門, 謂之御門, 御門之制, 横長縱短, 下豐上銳, 巋然高而已, 入門又有門, 則界城之門, 横之縱之, 俱大於甕城之門, 而單簷有層, 【非直城門, 凡屬有層之屋, 雖三層四層, 簷則單而已。】 上爲樓而下爲門, 內城之內, 又有內城, 至於其之皇宮宮城, 而爲四重, 直門有橋, 橋皆木造, 壕上之橋, 似是便於捲設也, 左右欄楯, 一如石築。

非直壕上之橋, 橋皆木橋, 石築之橋, 絶無多見, 無其多木而少石歟? 木易朽敗, 而橋橋皆新, 蓋其俗之勤於事, 豫其備, 可知也。

其皇宮中, 有一懸橋, 下臨萬丈之壑, 不可以梁而然歟! 抑亦示巧之一也。橋廣可三四間, 長可四五十丈, 界欄左右, 各有鐵絚而度之, 行其上空, 空然作聲, 而身搖搖如步虛梯, 橋兩頭各立二柱, 高可數十丈, 橋下左右, 又有鐵絚, 度之兩端, 出于橋頭, 石簸而上加之柱, 柱上有穴道, 其穴屈而下, 又入于柱外石簸, 則界石圍木, 如豚之柵, 此其所以懸橋也。

橋凡略彴外, 下皆虹其梁, 而架壕之橋, 虹梁峨峨, 隨風帆檣, 任其往來, 亦一可觀。

道路街巷, 平直正方, 不圭頭之剡, 不乙項之屈, 一望亨然, 如中繩墨, 折旋合度, 楞角不携也。

道路潔精, 徒跣行可無汚, 而大雨之餘, 不甚泥滑, 蓋先取水邊小石, 鋪之地上, 加沙土而平之, 故一雨纔過, 旋卽乾淨者也。

大道中, 往往有井字板扉, 界地而蓋之, 車行馬走, 如踏平地, 似是通隱溝, 去穢之所也。

街端巷首, 必有一人, 持等身竹帚而立者, 似是隨穢隨除之役也。

街路之上, 五間十間, 往往立一燈杆, 上施琉璃燈, 無縫無罅, 天然造成, 中有盞有心, 心自竪而無油, 昏黑上燈之時, 人一動括, 【機括所在, 未知何處。】燈火自起, 汔于天明, 人又動括, 燈火自滅云, 所以夜深行路人不携燈。井上家話宮本小一, 宮本勸我用此法, 此蓋引出地膏之法也, 取無禁而用不竭, 亦一除人力之妙方。余以俗自饒油, 人亦無才, 不欲爲此術外之術以駭人爲辭。

人物【十二則】

人物, 一見可愛, 日所見千人萬人, 非其人人俊俏, 大抵極凶極醜之人, 絶不可見。

凡人之美者, 只合謂之美好可, 謂之端妙可, 謂之精悍可, 謂之古怪可, 而謂之俊偉英特則不可, 蓋中等以上身材, 絶無而或有, 有亦麤率支離, 少軒昂秀拔之人, 所以貴人中無體大者, 而俊偉英特之不可見也。

每見人, 未言先笑, 一言傾情, 今日之見, 昨日之好也, 而且重然諾而信行止, 一路踐約, 還有似於硜硜, 就其中端嚴罕言語之人, 雖終日塑坐, 而一副面皮笑容, 已可掬。

婦人, 貴賤有貴賤之別, 雅俗有雅俗之分, 有姸有媸有穠有纖, 而其爲柔爲順女子之相則一也。長門州女然, 神戶港女然, 橫濱女然, 江戶女然, 以至對馬島女亦然, 昨日所見, 今日所見, 無不皆然。蓋女子自有一副女子相也。

無論男女貴賤, 日日所見, 不知幾萬萬人, 而始終不見一個殘疾之人、一個寒乞之人。行中漢學堂上李君容肅, 走燕都十數, 遍閱歷旣富, 眼目自別, 而亦以爲: "我自結髮從事行間, 見天下人, 不爲不多, 崔·盧、王·謝之氏族, 吾亦嘗見之矣; 潘·衛、宋·杜之風采, 吾亦嘗見之矣; 韓·柳、歐·蘇之文章, 吾亦嘗見之矣; 房·杜、姚·宋之勳業, 吾亦嘗見之矣, 以至宗廟、朝廷之美, 樓臺、市肆之盛, 蘆溝之橋, 舟楫如林, 東岳之廟, 香煙成雲, 令威之柱, 蒙恬之城, 遼野千里, 欲窮行人之目, 而薊門之煙樹, 怳乎惚乎, 瞻之依邪, 習焉陸離, 如此不一之狀, 吾亦嘗盡得而見之矣, 而十之一、千之百, 而跛者、眇者、侏儒者往焉, 衣結而帶索者往焉。今日所見且萬萬, 無一殘疾行乞者, 而今而後, 吾其見之也夫!"

婦女迎壻, 便漆其齒, 齒漆之餘染及脣, 半合口之時, 如含黑豆, 纔見語笑, 一注鍋底, 此非漆也, 乃口含鐵汁之苦, 矢夫不二心者, 所以寡婦處女與娼妓之類, 皆不漆齒云。

娼樓妓館, 在處有之, 新橋地句欄, 可爲三百餘所, 推乎此, 而他可知也。蓋其俗, 舊尙男寵, 今廢之, 以爲耗人之精, 而絶人之種也, 然少年情足, 遠客夢煩, 不可不有以發洩之, 此娼妓之所以多也。

娼妓中, 入內供奉者, 謂之女娘, 縱渠養夫, 而朝士大夫, 則不敢爲東山之携、龍門之賞, 似其遠嫌也。其次謂之妓女, 公卿大夫遊閒子弟, 凡有宴遊, 恣與之狎, 而官醫必月三點閱, 先診表脈終驗陰溝, 以視其惡疾有無, 以士大夫之所薦枕, 不由不審愼戒懼也。

娼妓之有惡疾者, 一番經驗, 便卽割籍, 不復齒於娼妓之列, 此則名地獄款帖, 不至乾婆路斷, 於是乎冶容倚市, 以要行路之人, 苟或逢着, 交臂不失, 一入其中, 脫身無計, 不病亦病, 不死猶死, 此所其地獄之稱, 而黃昏狹邪, 見粉頭而愕尒者, 惟恐其或入於地獄也。

言語侏儷, 如僧諷千手呪, 不可解聽。蓋中國人言, 言語便是文字, 我人之不能解者, 以一字二三音, 而一得解聽, 學之甚易, 我人言, 音釋參半, 而字音無一二, 故始雖難解, 而終亦易學。日本人言, 亦音釋參半, 而音同華而二三, 釋倍我而支離, 所以尤難解, 尤難學, 而每與之言, 我言一二段, 彼言五六段, 傳譯而聽之, 則我之一二, 彼之五六, 而彼之五六, 卽我之一二。

言語之時, 發語處更端處, 俱甚艱澁, 無數汲引, 無數呑氣, 如周氏之期期、鄧家之艾艾, 有時氣急面發, 亦如晩林老鶯, 喉舌俱燥, 至一往接連處, 伶儁流麗, 如瀉水之不咽, 而弄梭之無停, 但女子言語, 舌頭籠硬, 不得滑利。

規模尙精緊, 動止多飄忽, 蓋其性燥, 其情軟, 所以見重厚舒緩之人, 咄咤齷齪, 不自耐持也。

俗尙【二十四則】

俗, 尙神, 尙佛, 又尙儒, 卽其舊也。熊野日光, 是其權輿, 而凡大小吉凶軍旅之事, 無不禱神云。以我所見宮本小一家, 有神堂一區, 自以爲祈年穀豐登者, 自通西人, 并不尙神, 則今玆夸示, 似示其不變舊俗也。

陸軍省小石亭左邊山上, 有伯夷廟, 神座肅穆, 神椅神輿, 整整齊齊, 當初設置, 似極崇奉, 而今其剝落已甚, 蛛絲罥壁, 苔痕沒堦而已。此亦非慕其淸風高節而俎豆之, 無過神祠之一, 而舊所尙而今則廢也。

佛法, 自弘法師始, 可謂曺洞宗、臨濟宗者, 後先闡教, 而弘法, 亦業文史, 工篆隷, 佛而儒者, 而若舜首座之倡明性理之學, 大有功於儒家, 則蓋其混視三教, 無分物我, 舊俗已然也。

自通西人以來, 神堂鞠爲茂艸, 僧徒顚連溝壑, 則遑遑焉富强之術, 實無暇念及于此, 而亦以此, 皆虛文, 無蓋於實事云, 則其俗, 舊尙先神而後佛, 先佛而後儒者, 神佛如此, 儒復何論? 所以兒長教習, 八歲至十五, 使讀其國文, 并讀漢字, 漢字旣通, 不復事於經傳, 農書、兵書、天文·地理·醫藥·種樹之書, 卽其芻豢而茶飯也, 所以婦人女子販賈童稚, 界尺一下, 擡數星緯, 喝聲乍起, 歷指坤輿, 若問孔、孟何人, 便瞠乎呵爾, 不復知爲何說也。

所謂學校, 不一其名, 有開成學校, 有女子學校, 有英語學校, 有諸國語學校, 師範鄭重, 教授勤摯, 則無過功利之學耳。孜孜矻矻, 不舍晝夜, 蓋其巧不可及, 而其勤尤不可及, 若夫精算計細規度, 直可使秦 商鞅望風而走, 宋 荊公拘執自敬也。

亦有游閒公子、王公閨秀, 只習汗漫筆札, 而亦復通衢大道, 設館立師, 大書特書, 稱以學校, 督課不貰, 攻習無荒, 所以五六歲小女兒, 亦能作如椽大字, 初聞惝怳, 以爲之神, 習見之, 其俗然也。

男女之別, 不甚截嚴, 卽其舊俗, 所謂競渡而苟合成婚, 托妻而奸孕致謝, 今似不然, 而德公家中賓主不分, 則人人皆然, 故其公卿家婦人, 露面行於道路, 而但靜閒靚穆, 不斜睇流眄, 大家擧止自與鬟奴角妓, 逈然有別爾。

王公宰相赴朝坐衙之行, 大則馬車, 小則人車, 一人伏侍而已, 別無騶徒, 有時家近徒步行, 不以爲恥, 雖稠人廣衆, 賓主敍話之外, 無他聲喧, 在家則鼓掌椓椓一聲哎, 而侍者至, 公會則對案上置一磬如小鈸, 指叩其上, 錚而無不應響趨走, 亦其舊俗也。

家置時鍾, 人佩時針, 凡公私宴會及私相尋訪, 必先期報時, 無或相違。

凡有燕游邀速, 必以刺往回, 亦必細詢, 赴會人多寡等殺, 精核登單, 以節酒食之備, 適當而已, 無過無不及者。

凡有動作, 必明示條約, 可禁可諱, 纖悉清單, 無一漏失, 蓋其精細有餘, 所以一沙一石之運, 一米一錢之費, 夥計密密, 揭示旁午, 有精極而鑿, 細極而碎, 而上下一規, 無少錯誤, 亦多可取也。

蓋其舊俗, 務自夸大, 恥爲人下, 至於器物玩好, 一番供張, 必易而新之, 猶恐人之謙其一器而重設也, 則必對客而撞碎之, 示不復用, 今則不然, 夸衒之風, 今尤倍昔, 而慳悋之習, 割捨不下, 則錙銖而勃谿之, 簞食豆羹, 見于辭色, 此蓋節食節用, 亦從富國强兵中來也。

西人之來留者, 遍於國中, 槩挈眷築屋, 食祿做官, 無異本國人, 亦或締昏因而交僕使, 奄然親屬也, 而一種處士之橫議, 猶棘棘不與之合也。

所謂新聞紙, 日槩字搨印, 無處無之, 公私聞見, 街巷談說, 口津未乾, 飛傳四方, 爲之者, 看作事業, 當之者, 視以榮辱, 亦必字如荏細, 精工無比, 蓋其喜動而惡靜, 無事慄慄, 有事則跳, 所以見小事, 眉飛而肉舞, 十指爬搔, 不知癢在何處, 是其素性然也。

人多潔癖, 習與性成, 對人飮啖, 口津手澤, 惟恐汚食, 雖自己獨飡之物, 必以右手箸取, 左手手奉而納之口, 蓋以此箸一汚, 此食盡汚, 僕御之賤, 亦不可以己之汚而汚之也。

每見飮食之際, 若鍒器磁器, 洗淨復用, 若木造之器, 一用便棄, 蓋以其質, 難以洗淨, 其汚不可復進也。

凡事, 諱忌甚於婦人女子, 閒漫做作, 亦必揀日, 避凶趨吉, 不少放過。

性尤愛祕密, 雖日行常事, 當事人外, 未之或泄, 與人言, 必斥退閒人, 不使參聞。

凡事之必潔必整, 精緻無比, 其之俗尙也, 所以田間畦塍, 無小廣狹, 如中繩削, 無小屈曲, 一例正方, 至於菜田藩柳, 亦必長短齊, 而鉅細均, 樓臺欄檻, 不是過也, 觀於此, 而其規模可知也。

其人, 恒言清國不可入, 入其道路多糞穢云。以我年使之所見, 皆以爲滿城隱溝, 無溪壑之汚, 而牛馬之過, 必荷畚鍤而隨之, 所以道路之乾淨無比云, 而今聞此人之言, 則其尤潔於北京人可知。

凡人尿溺, 必于淨間, 而不置溺器, 此則槩同北京人規度, 而聞北京人暗有溺器, 而不以示人云云, 此人則似幷無其器也。

舊聞不食牛肉, 爲其力於農, 而亦尙神佛之致也, 自通西人, 無難食之, 以爲非牛肉, 無以壯筋力云。

苟相敬禮之地, 輒用御字, 如御駕, 御體, 御行等語, 尋常用之。

雖父祖之尊、王公之貴, 爲其下者, 必呼其名, 名之所以尊之也。

政法【二十二則】

日東之建國旣久, 其之皇系, 與關白攝政時, 政令制度, 自有前人之述, 今不必贅, 只錄行間所覩記, 以藉他日之攷閱。

或云日本, 卽周 泰伯、仲雍之後, 史稱泰伯、仲雍, 以天下讓于季歷, 採藥爲名, 逃之荊蠻, 斷髮文身不復還, 春秋時句吳其後也。日本地一泓水而隔江浙, 江浙 吳越之遺地也, 其子孫之在彼者爲句吳, 在此者爲日本歟! 而雕題文身也, 斷髮, 通西人以後事, 而口口自明其建國之舊制, 則斷髮文身, 泰伯、仲雍當日始變之形也, 泰伯、仲雍當日之事, 夫子稱之以至德, 則求其心, 仰不愧天俯不怍地, 異域視如樂地, 毁形固其甘心, 而以若子若孫之心, 溯而想之, 亦一人倫之大變也, 離親戚而去鄕里, 謝冠冕而背衣裳, 以堂堂中國聖人之裔, 而作蠻夷之域而戎狄之族, 其悲恨切骨, 當復如何哉? 所以不復改其祖始變之形, 以寓其至痛焉, 則此日本人之斷髮、文身, 自以爲舊制者, 抑亦可疑之一, 而古語亦有以和人, 爲泰伯、仲雍之後者。

關伯攝政時, 所謂倭皇, 直一虛位, 食以飫之, 色以厭之, 宮室以安之而已, 不使之與外事, 故自亦自暴而自棄也, 鍾鼓聞於外, 不復敢爲盛德事, 至今倭皇, 一朝奮發, 革除關白, 而始親政務, 其善變不善變不可知, 而蓋亦不愧其爲人生一世也。

舊制, 五畿七道六十六州, 州各有守, 或稱島主, 皆世襲如周之封建、唐之藩鎭, 今倭皇一切革罷其久其近, 惟其績而黜陟云。

舊制, 源、平、藤、橘四大姓, 如漢之金·張、晉之王·謝, 今倭皇, 皆使之去之, 改賜以他姓, 如三條、寺島、宮本等姓, 或以地, 或以事, 因其勢而賜之姓, 故三條之族, 未必皆性三條, 惟四大姓外, 諸姓似仍其舊也。

如對馬舊島主, 本姓自是宗中冒平, 卽秀吉之賜也, 今改以宗, 則變姓中第一善變者, 而猶復怏怏有不平之色, 儘乎變法之難也。

官制亦悉變更, 而自有其之政案。

衣制, 悉從洋制, 而其之所謂公服也, 如其私服, 則猶有舊制, 衫袖一方, 各繡一字或物形, 內而官府之號, 外而州郡之標, 一見可知爲某郡某官之人, 以至車馬、旌旗、傘蓋、提燈, 無不皆然。

凡有職務之人, 日必赴衙、仕罷, 皆有時刻, 惟五日、十日, 必一暇休沐, 不敢有怠。

制造之局, 無處無之, 大而舟車, 小而兵農之器, 人人操作, 街街充塞, 惟宮室土木之役, 似非其所急, 蓋其之所謂皇宮火今四五年, 倭皇居于行宮云, 而尙不汲汲營建云。

置救育之院, 幼兒之失父母者, 貧人之無室家者, 輒收而養活, 俾各有所成就, 各有所產業, 然後放之使歸, 各宜其家云。

游食之民, 一切置辟, 而一掃除以上, 皆有廩給, 故無一流丐之人云。

立法, 必以信徙木棄灰, 未之或一失, 故上使下, 下事上, 無少疑阻, 無少携貳, 有罪當死, 死而無怨, 自知死罪, 不敢倖生, 所以畏罪不犯, 各率其職。

君臣上下, 惟一征利, 假如造舟放之水, 造車推之道, 惟人領取, 無所吝惜, 以若所費, 較若所爲, 瞥然看之, 一往無謂, 甚似迂闊, 而領舟、領車, 自有其人, 其賈幾何, 其利自在, 其利幾何, 其稅自在, 所以其費萬錢, 其利萬倍, 一副成俗, 人不爲怪。

舟車之官造者, 亦無官舟、官車之名, 今日造之, 明日用之, 亦必賃貰於領舟車之人, 而貰亦太重, 千錢、萬錢, 不復顧惜, 此其勸民爲利之意, 而利於民, 自利於國, 而況其年終之稅, 利又萬倍者耶?

舊制, 無人不佩劍, 若官人公事, 必左右佩劍, 自通西人, 公行只佩一劍, 私行幷不佩劍云。

其所謂萬國公法者, 諸國締盟, 如六國連衡之法, 而一國有艱, 萬國救之, 一國有失, 萬國攻之, 無偏愛憎, 無偏攻擊, 此西人之法, 而方規規奉行, 不敢有失。

電信之修, 鐵路之鋪, 作一大事務, 矻矻孜孜, 式日營造, 而不知止也。

造幣之局, 處處有之, 金錢、銀錢, 當百、當千, 紙幣一度, 至抵萬錢, 亦式日斯造, 而不知止云。

有專權大臣、專權公使之名, 一受其君命, 苟有利于國者, 專之可也, 凡其管下之生殺黜陟, 凡其幹事之便否遲疾, 皆可以專之, 所以謂之專權, 非專擅跋扈, 如古之魯三家、晉三軍之爲也。

雖其無事之時, 下官之事上官, 一階級之間, 而尊卑截然。兩相列椅, 殆若抗禮, 一有供給, 磬折趨走, 無異廝役之奉長官。觀於外務一省, 卿與大輔與大丞、小丞, 始若無甚等敎者, 及其傳帖遞單之時, 大輔奉單帖開緘, 惟謹雙手呈鑑于卿, 卿晏坐而受之畢, 大輔還坐于椅, 則大丞又如俄者大輔之爲, 而大輔亦晏坐如卿, 大丞、小丞以次行之亦然, 可知其法令之甚嚴, 而若不當其事者, 雖小丞以下傳語官之最卑者, 大輔以上起身行禮之時, 視若不見, 坐而不動也。

留館時, 有所贈給于館伴諸員, 一墨、一紙之小, 必稟覆于外務省, 而後始乃領去。及還至釜山, 又有所贈給, 則以爲來時未及受指揮, 不敢擅受爲辭, 留置草梁館所, 後經告知而受之云。此亦其畏法自守可知也。

規條【六則】

我行始到萊府, 而彼之汽艦已來泊, 館守山之城佑長寓書, 先以規條三冊送之: 一爲迎候我使節目, 一爲其艦中規則, 一爲其城內禁條, 幷以黃龍艦、延遼館圖各一紙。入人國先問其禁，我所當問而彼先示之，亦不失爲主人之道。及到江戶，外務省又有約條，稱以“代舌”而送之，是要我人行止任便者，待之務盡款誠，處之務盡周便，自示其禁，又務盡其明劃，而且文字簡當，重言復言，而無沓拖之病。玆幷錄之。

館倭書

我四月十日，接到貴國東萊府使洪公 丙子三月十五日單簡及玄訓導條陳書，現今貴國，爲派修信使於我邦，要貸用我火輪船，乃使在本館，尾間書記生，賚貴書，駛往東京，以轉啓我朝廷，朝廷深喜貴國之速有此擧也，卽發遣火輪船一隻，搭載接伴外務官員數名，旣已到達此港矣，貴信使啓行日時，惟任其便，若夫在船及京地旅館等項一切要需，覼縷于別簡，幸勿勞貴意，敬具。在釜山 大日本公館長代理。明治九年丙子五月十四日，外務四等書記生山之城佑長。

第一條，艤火輪船黃龍號，應貴信使一路航行之需，如其煤炭諸費，悉任我政府營辦，不須貴信使雇賃。

第二條，本省，派外務少保水野誠一，七等書記生尾間啓治，負荷貴信使一行旅航事務。

第三條，外務六等書記生荒川德滋，同中野許多郎及生徒十一名，負荷通譯及延接事務。

第四條，旅館，設在東京第四大區錦街第二街一番地，今豫附館圖一枚。

第五條，船內廚饌一切，自我供給之，是爲船內一竈同炊，其費用，難辨主客也，莫煩貴慮。

第六條，軍醫員一名，在船內。

第七條，船到馬關、兵庫兩港，數時間碇泊，以療航客之憊，此時上陸閒行，或投旅舍，灌浴，梳髮，攝養，俱有準備。

第八條, 船由橫濱港上陸, 汽車一驚前往東京, 到該港, 另有外務官員辨理貴信使入京之鹵簿。

艦內規則

一。艦內各房, 定有上, 中, 下等級, 須聽艦長指示, 各就其室,

一。艦內, 切戒火燭, 須小心注意, 吸煙, 亦有時, 有處, 非就其處, 則雖其限內, 不得吸之, 非得其時, 則雖就其處, 不得吸之, 嚴禁房內密饋燧吹吸。

一。每室必有燈, 限時消滅, 故秉別燭出入, 亦爲所嚴禁。

一。艦內設有厠圊, 非就其處, 不可濫尿溺。

一。盥漱有場, 使水一切於其處, 禁他所汎濫。

一。水火夫行船, 極爲劇甚, 不可近切傍觀, 或妨張綱轉舵之事, 其或誤觸瀛罐踐鐵, 領入器械場, 則害及其躬。

一。甲板上, 禁怏譚壯語, 艦內過昏夜戌牌亦然, 莫喧聒亂運艦號令。

一。甲板上, 限逍遙步趨之處, 禁限外隨意步趨。

一。噉飯有定所, 有時限, 必有一齊同食, 不得各自隨意就席, 若其疾病, 有不能出房室者, 則告情, 蓐食亦無妨。

一。艦內, 有不許乘客進人之處, 切戒勿强迫濫過。

一。所帶有之行李物品, 須付之監督員收藏, 若其或有火藥易爆發或脆弱易腐敗之物, 則要詳明其性質, 以便特殊收藏, 但其朝夕必須物料, 或坐間不可須臾離之打包, 小籠, 置之房內亦無妨。

一。會食禁飮酒, 若酷嗜之者, 於房內, 就臥寢時飮少許無妨, 若使酒狂噪紛譁違者以犯禁論。是係船客搭載禁例, 士君子一見知了, 無敢犯之, 若其僕隷, 不可不揭示切戒, 玆譯述以告, 敢煩諸君, 丁寧告戒, 豫防一船之患。

明治九年四月日。

註違罪目【二十八條】

一。狹隘小路를乘車馬ᄒᆞ며馳走ᄒᆞᆫ者。

一。夜中의無提燈ᄒᆞ여挽諸車ᄒᆞ고又乘馬ᄒᆞᆫ者。

一。無斟酌으로疾車馬ᄒᆞ고使行人障礙ᄒᆞᆫ者。

一。挽人力車者强勸乘車ᄒᆞ여且過言ᄒᆞᆫ者。

一。置馬車及人力車，卜車於往來處所ᄒᆞ여妨害行人，或橫牛馬於街口ᄒᆞ여妨碍行人ᄒᆞᆫ者。

一。投棄往來禽獸之死者或汙穢之物ᄒᆞᆫ者。

一。以沐浴家로爲生業者戶口開放ᄒᆞ며或樓上不垂簾者。

一。家屋前怠掃除ᄒᆞ여或不浚汙水ᄒᆞᆫ者。

一。婦人이無謂로斷髮ᄒᆞᆫ者。

一。卜車及人力車湊合之時의妨碍行人ᄒᆞᆫ者。

一。掃除大小便不蓋糞桶ᄒᆞ여搬運ᄒᆞᆫ者。

一。以羈亭으로爲生業者不記止宿人名ᄒᆞ며或不爲進告之者。

一。破毁街衢號札及人家番號姓名標幷其所標招牌ᄒᆞᆫ者。

一。妨誼譁爭論及人之自由와且爲應驚愕噪鬧ᄒᆞᆫ者。

一。戲消滅街衢常燈ᄒᆞᆫ者。

一。依疏忽ᄒᆞ여抛澆於人汙穢物及石礫等者。

一。通行田園種藝之無路處ᄒᆞ며又牽入牛馬ᄒᆞᆫ者。

一。於往來道路의放尿於非便所處者。

一。於戶前으로向往來ᄒᆞ여使幼稚爲大小便ᄒᆞᆫ者。

一。幷挽卜車及人力車ᄒᆞ여妨碍通行者。

一。誤放牛馬ᄒᆞ여使入人家者。

一。使鬪犬ᄒᆞ며且戲令嗾嗾人者。

一。飛揚巨大紙鳶，爲妨碍ᄒᆞᆫ者。

一。乘醉ᄒᆞ여戲妨車馬往來者。

一。打撥窓戶ᄒᆞ며攀墻塀ᄒᆞ여徒出顔面ᄒᆞ여瞰視行人且嘲弄者。

一。用三尺以上之長網으로牽馬ᄒᆞᄂᆞᆫ者。

一。折游園及路傍花木ᄒᆞ여或害植物ᄒᆞᄂᆞᆫ者。

一。於道路及人家에서强乞錢兩或爲强賣者。

代舌

一。府內人家, 極爲稠密, 最畏失火, 故雖令監卒, 日夜巡警, 旅館內外, 亦請貴客, 各自戒懼。

一。旅館, 若失火, 則從火勢所向, 接遇官誘導以避之, 卽淺草 本願寺、芝 金地院是其轉寓之所也。

一。貴客, 若有一時感冒, 及心思不佳等, 則必須速告其情, 以請醫療, 便豫有醫官之備。

一。時漸溫熱, 若房內不潔, 則或恐障礙貴客之健康, 故使房直, 時時入室灑掃, 莫訝其唐突。

一。貴客出游, 雖使通辨導之, 若不要之, 則不必跟隨, 任意出游, 因無妨也, 車馬亦然, 欲乘則乘, 指顧可辦, 且夜間徜徉市街亦一奇, 慮導者之勞, 而不敢出者, 非接遇官本意也。

一。貴客出游, 或恐迷于路岐, 故豫附木牌, 記以旅館所在, 若失路窘迫, 則以是牌, 示警察官, 該官, 懇切指示以無過。

但府內, 設有警察官, 無處不巡視, 該官則着紺黑色服, 持三尺許杖。

一。市街, 無處不設厠圊, 以便于路人, 且人民家屋, 亦各設之, 故苟不於其處屎尿。

但市街厠圊, 塗之以白粉, 縱七八尺, 橫三尺乃至六七尺。

明治九年五月日。

學術【七則】

所謂學術, 漢、宋對峙, 朱、陸并行, 如源正之之≪三子傳心錄≫、山崎氏之≪宋儒言行書≫ 皆篤信程、朱不走他岐者也, 如伊藤之≪童子問≫、雙柏之四書徵, 則攻斥程、朱, 無復餘地, 人且兩趨而不悖也。

舊無文字, 我三國時, 百濟人王仁, 携書籍以入云。至今向我人, 致無限感謝之意。

其國諺文, 謂之伊呂波, 舟通中國, 得書籍可以輸來者輸來, 不然, 且伊呂波而翻譯之以歸。

中世文風大作, 輸來中國書籍甚多, 至於康熙所刊≪四庫全書≫, 亦全部輸來者四云。

自通西人, 專尙富强之術, 經傳文字, 弁髦而庋閣之。若通經攻文之業, 著有禁令, 今八九年, 如安井衡之學門、重野安繹·川田毅之文章, 皆其舊日講習, 若過數十年, 遺老且盡, 所謂學問典型且不可復見云。

安井衡, 號息軒, 學主漢儒, 攻斥程、朱, 卽伊、物之流亞, 而其所著≪左傳輯釋≫≪論語集說≫兩書, 有中州人應寶時、沈秉成所爲序, 極其推詡, 直擡擧擬倫於毛奇齡 西河, 西河者, 洛閩之劇賊耳, 然其淹貫通識, 亦自一時之大方家。

剞劂之役, 日不暇歇, 而亦其巧妙敏速, 雖充棟卷帙, 一日而就, 所以中國書籍, 隨來隨刊, 苟欲求書, 不必燕市, 而搨精紙韌, 反有勝焉。

技藝【七則】

書法, 舊有弘法師者, 一國皆宗之, 中祖蘇、米, 濃脆餘而骨氣不足, 盤屈圍繚, 有張顚酒後光景, 而全少祥雅之致。近日一種公帖文移, 專主歐率更, 瘦筋勁骨, 居然醴泉一派, 文酒寫意之場, 依舊濃滑。

荻原秋岩, 方以名筆擅世云, 而未得及見。

三條實美, 楷法拙劣, 而行草流麗, 龍飛蛇走, 亦可謂一時之豪。

畵家, 專主細密精緻, 金碧花鳥, 窈窕濃艶, 而亦欠秀拔, 古木蒼藤, 瘦竹皺石, 蓋其所短耳, 然較之唐、宋諸譜, 時難分其工拙。近日, 如跡見氏、瀧和亭之手法精工, 亦可謂之入妙。

寫意水墨, 時亦有之, 拳大毫滿蘸水墨, 向紗薄, 未糊粉紙上, 飛抹橫塗, 無所不可, 蓋其手不笨重, 神不膠滯, 快適流動, 往往有可取。

界畵一路, 自其所長, 而近又工習西法, 巧上着巧, 眞無物不肖, 無法不精, 下而卒隷, 小而童稚, 亦皆映紙界尺, 手精毫矻矻不已。

印章, 槩取精姸, 而有時古拙, 不讓漢印, 蓋其性巧, 欲學無不學也。

物産【二十六則】

陸奧産黃金, 石見出白銀, 播摩之銅, 血殷紅, 豐前之鐵, 雪色翻, 薩摩之劍, 鋒利無比, 築前之米, 顆潤可數, 肥前之布, 滑而疏, 美濃之紙, 潔而韌, 赤關之硯, 可方端溪下坑, 西京之墨, 勝似庭珪妙製, 平安之筆精, 杉原之酒香, 相模之木, 比美橡樟, 甲斐之馬, 幷驅騏驥, 俱有前述, 且非經賞, 不必歷指, 姑從闕疑。

鐵皆百鍊, 凡造器械, 鋒利且不計, 才加拂拭, 雪花模糊, 眼看奪色, 光輝射人。

秔稻之水田移秧, 始於日本, 則日本之米, 宜甲於天下, 而近又農器之巧, 農夫之勤, 可盡土利之出, 而松前、蝦夷千里之地, 盡奪而灌漑之, 其利尤當萬倍於前云。

布帛之屬, 不可殫記, 而赤地之錦, 精好之織, 今行初見, 若其博物院及對馬島舊主家, 所見片錦譜, 【凡各樣錦緞, 片割粧帖, 謂之片錦譜, 】無紋有紋, 無物不有, 宜不借於江南、西蜀織造之局也。

紙, 潔比於唐, 韌較於我, 此其所長, 而近又一種西洋之紙, 遍行其國, 光滑奪目, 濃厚如掌, 而似紙非紙, 還無足貴, 以吾所見, 不及其地之頂品也。

赤間關之硯, 滑利過之, 似非佳品。

筆墨, 一遵唐制, 非其舊也, 近又多用西人筆, 劃紙作字, 不蘸墨而終日用之, 不知其何法製造也。

馬皆驍健可用, 牛則甚大, 服載似倍於我國之産, 而肉不甘軟, 庖廚之用, 倘不及於我國也。

木多竦直可用, 而石少博厚, 意其山皆土, 山無層巖絶壁, 可以採取而然歟!

銅之白者, 謂之白銅, 我之所無也, 多取北京而用之, 今見日本所産, 光澤俱勝於北京來者。

髹器, 自可數天下第一。

磁器, 彩畵舊不及北京, 近參西法, 精巧出色, 博物院有一花瓶, 高可抵屋, 遍體彩畵, 金碧眩目, 渲染無痕, 此亦仿西法爲之, 西人見之, 以爲靑於藍者, 薩摩州所進云。

古色祕色, 諸窯各各出色。

鏡, 舊有烏匣鏡者, 今不可見, 坐鏡、懸鏡, 皆從西法, 惟銅鏡, 尙有舊制。眼鏡亦舊有髹漆木爲圍, 屈其虹腰, 兩圓相當, 上圭下圓, 髹匣而藏之, 形如胡蘆者, 今則無之, 只有輪小, 纔可遮眠而無郭, 或銀或銅爲郭, 而加鶴膝, 鶴膝兩端, 屈而下之, 掛之耳後, 牢着不脫, 郭與膝俱細如絲, 此亦西法歟!

綿布, 攝津之産, 而近又無處無之云。織造, 一依西法, 如所謂西洋布者。

茶, 色靑者, 其舊産, 而不多見, 茶農茶利, 一似北京, 蓋西人重茶, 茶利之倍於前也。

道味魚, 其俗所謂鯛者, 無處無之, 無時無之。

羌古道魚, 亦其之所産, 味淡可食。

北海有魚, 其名曰明太, 亦名北魚, 北之魚也, 其生也, 水遊活潑, 不足値惠子之賞, 其死也, 盤飧滋味, 不足享侯門之貴, 特其産繁, 而其値賤耳, 故我之人, 窮山絶峽, 黃白婦孺, 無不識北魚者, 今見博物院鱗族之設, 獨不見北魚, 彼亦言所無者此云。

椶櫚木, 有長累尋者, 有大盈抱者, 無處無之, 有時山上鬱然成林, 所以緣厓之棧、架壑之橋, 無不以椶櫚爲之, 可見其賤也。

蘇鐵木, 木死釘鐵則活, 所以謂之蘇鐵, 而從前我人, 見而奇之, 所以多見於信使記異之書, 而其國人, 想不以爲貴也。

竹, 巨細無處無之。

花卉之屬, 我無而彼有者多, 我有而彼無者無之, 林薄之間, 花簀簀可愛, 而類皆不知名, 至如躑躅, 映山紅, 西龝等花, 我之人而得一盆, 可値千金者, 岩畔溪側, 無非是也。

古云, 彼無黃鳥, 今行見之, 空林栗留, 流麗可聽。

人蔘, 近或種養, 而槩不宜土云。

燭, 白色氷滑, 類我之白蠟燭, 而加之潔, 此取木液爲之云, 而木名不知。

油, 雜取鯨魚之膏爲之, 亦搾木取汁者多, 近又一切用石炭油, 취유之方, 未及聞。

日東記游 卷四

文事【九則】

與彼人往復文字, 自書契以至尋常文移, 幷皆入之, 而若唱酬詩篇, 則我之自著, 行中走筆, 自多遺亡, 而彼之寄贈, 一傾行橱, 人皆耽翫, 東分西析, 不復存留, 只以隨身幾函入之, 然一臠而知全鼎, 片錦而知全疋, 亦何患其無多有也? 下有寄宮本小一書一度、≪息軒扁後題≫

一則、≪觀陸軍精造局記≫一篇文, 亦入之, 或不無他日之攷也。

書契

朝鮮國禮曹判書金尙鉉, 呈書日本國外務卿閣下, 維時首夏淸和, 伏惟貴國雍熙, 本邦輯寧, 均堪驩誦, 本邦之與貴國, 隣誼懇款, 蓋有三百年之久, 則脣齒攸依, 心膽相照, 固其宜也, 忽因事端, 彼此疑阻, 抑亦遐敻之地, 傳聞之言, 何能保無差爽? 迺者, 貴國大臣, 航海辱臨, 本邦亦遣大臣, 迎接於畿沿鎭撫之府, 談晤歷日, 辨理精詳, 積歲含蘊, 一朝開繹, 何等快活, 何等忻幸? 惟我聖上, 深念舊好之續修, 特派禮曹參議金綺秀前往, 庸寓回謝之義, 尙鉉秪承寵命, 謹將尺幅, 陳告大義, 庶幾照領, 欣慰無斁, 恭希若序保愛。以副遠懷。不備。丙子四月日。禮曹判書金尙鉉。

別幅

虎皮二張。

豹皮二張。

雪漢緞二匹。

白綿紬十匹。

白苧布十匹。

白木綿十匹。

各色筆五十柄。

眞墨二十笏

憑付隨員, 略伸菲儀, 哂收是望。

朝鮮國禮曹參判李寅命, 呈書日本國外務大丞閣下, 維夏始熱, 緬想台候鴻禧, 溟海隔遠, 傳聞易訛, 兩相疑阻, 屢閱星霜, 每念隣交舊誼, 不勝慨歎, 何幸貴國大臣, 來與本邦大臣, 洞析明辨, 無復留碍, 有若蘭晼, 雨收風定, 而其臭固自如也? 今奉朝命, 特派禮曹參議金綺秀, 以寓修謝之義, 從玆敦宿契而訂永好, 權忻曷已, 肅此不備, 仰惟照亮。丙子年四月日。禮曹參判李寅命。

別幅

豹皮二張。

青黍皮十張。

雪漢緞二匹。

白綿紬十匹。

生苧布十匹。

白木綿十匹。

各色筆五十柄。

眞墨三十笏。

憑付隨員。略伸菲儀。哂收是望。

修信使呈日本國私禮單物目。【此不可無攷特附于此】

雪漢緞五匹。

虎皮五令。

豹皮五令。

青黍皮三十張。

白苧布二十匹。

白綿紬二十匹。

白木綿二十匹。

採花席三十張

鏡光紙二十卷。

黃蜜三十斤。

回書契

玆爲照覆者, 接到貴國丙子年四月公翰。貴國, 今以禮曹參議金氏, 爲修信使, 派遣本邦, 續修舊好, 併寓向者我特命全權辨理大臣前往貴國之回謝等之事項, 具照領矣。蓋兩國之有交誼, 爲年旣久, 而一朝契闊, 情味漸疏, 今貴國, 速派信使, 來臨弊邦, 信使亦鄭重述使命, 斡旋周至, 大爲暢序交懽之地, 兩國之欣幸莫大焉。我皇帝陛下嘉尙之, 特旨延見, 寵遇殊深, 信使復命之日, 閤下聞此事, 必應有忻悅, 此所我之信而不疑也。玆賀貴國雍熙, 幷祈閤下之福祉。敬具。明治九年六月十七日。大日本國外務卿寺島宗則印。大朝鮮國禮曹判書金尙鉉閤下。

一。蒔繪行廚一箇。

一。陶器花甁一對。

一。色紗五卷。

一。色絹十五匹。

一。海氣絹五匹。

一。烟管三對。

一。烟草袋三箇。

一。寫眞帖二冊。

不腆土宜, 哂收是祈。

玆爲照覆者, 接到貴國丙子年四月公翰, 貴國與弊邦, 一葦可航, 隣交有舊, 日久而信使間絶, 經六十餘年, 兩國情誼漸乖離, 本年我辨理大臣, 前往貴國, 重修舊交, 建立新監, 貴國亦速派遣信使, 以寓修謝之意, 我政府接遇之詳略, 今不敢贅焉。惟其平素傾慕之念, 得此時觸發, 了盡在我之分, 是貴信使亦所了知也。蓋兩國交際, 自是益親密可期而待, 兩民幸福莫大焉。臨信使開發聊酬貴意。敬具。明治九年六月十七日。大日本國外務大丞宮本小一印。外務權大丞森山茂印。大朝鮮國禮曹參判李寅命閤下。

一。蒔繪行廚一箇。

一。陶器花瓶一對。

一。色紗三卷。

一。色絹七匹。

一。海氣絹三匹。

一。烟管三對。

一。烟草袋三箇。

不腆土宜，哂收是祈。

附日本國回禮單目錄

一。刀一口。

一。漆器六個。

一。薩摩陶花瓶一對。

一。箑五握。

一。赤地錦一卷。

一。紅白纚二匹。

一。甲斐色絹十二匹。

一。越後白縮布十二端。

一。越後生縮布十二端。

一。奈良白曝麻布十五疋。

往復文移

以書簡致啓上候然ハ貴下今般修信使トシテ御來着ノ趣我皇帝陛下へ及奏聞候處滿足ニ被思召候依テ特別ノ叡思ヲ以テ貴下ヲ御引見可被成旨被仰出候條來ル我六月一日午前十一時赤坂皇居へ御參內可被

成候此段得御意候。敬具。明治九年五月三十一日外務卿寺島宗則印。朝鮮修信使金綺秀貴下。

譯漢文

玆照會者，貴下以修信使來我東京，即恭奏我皇帝陛下，陛下深嘉之，特旨准貴下謁見，我六月一日午前十一時，須昇赤坂皇宮，爲之告示。敬具。明治九年五月三十一日外務卿寺島宗則印。朝鮮修信使金綺秀貴下。

玆仰覆者，伏蒙尊駕光降，繼以華緘，傳到公文一度，謹當依此趨走，特荷耑指，尤切感誦，泐此順候。外務卿閣下。丙子五月初九日修信使金綺秀印。

以書簡致啓上候陳ハ昨年十月貴國平安道 義州人李元春ト申者洋中ニ漂流スルコト數日至難至危ノ際ニ方リ不圖英國船オスカワイル號ニ救助セラレ以テ再ヒ天日ヲ拜スルヲ得タリ我北海道 函館在留同國領事官ヨリ轉メ本年一月我東京 英國領事館ニ送達ス蓋シ前後六ケ月間救護至ル所啻ニ衣食ノ恩ノミニ非サル也貴弊兩國尋交成熟ニ至リ候ニ付同年四月同公使ヨリ右漂民元春儀拙者ノ手ヲ經テ貴國ヘ轉還致シ呈候樣照會ヲ得卽別紙通及往復候抑航海者ノ漂到及ヒ危難ノ境ニ臨ム有ルヲ見ハ之カ愛護ヲ加ヘ之カ救恤ヲ施スハ天下ノ通法萬國ノ通義ニテ固ヨリ其國ト通好ノ有無ヲ不問然則英船ノ救護英官ノ顧恤モ亦其愛性ノ通義ニ出ルト雖モ數月ノ久キ恩義並ヒ至ルハ豈感激セサルヲ得ンヤ此漂民ヲ貴下ニ付セントス貴下宜シク此意ヲ諒シ以テ還領セラルヘシ而シ英國政府厚誼ノ致所貴國ニ在テ同國ヘ相當ノ謝辭可有之儀ニ候ヘハ歸國ノ上ハ貴政府ニ於テモ必ス安ク本業ニ就カシメ候儀ト信シ疑ハサル所ナリ此段併テ得御意候敬具。明治九年丙子六月三日外務卿寺島宗則印。朝鮮修信使金綺秀貴下。

譯漢文

茲照會者，貴國平安道 義州人李元春者，昨年十月，漂泛在海洋中，困厄數日，偶際英國船遠須加惟留號航過，爲所救助，由在我北海道 函館港英國領事館，以本年一月，轉送在東京其公使館，頃日貴國，與我締約方成，於是，本年四月英國公使，照會於余曰："將該民，由本省，還其故國。" 其書載在別簡，蓋前後六朔受其愛好，以得保全性命，不啻衣食之恩也。夫航海者失路，漂泊到岸，及遭颶風，陷危難者見之，何人不加保護施救恤？是天下之通法，萬國之通義，曾不問其國通好有無也，則英船救急，英官愛憐，自是人世常務，但其至如數月之久，不敢忽略，其恩義豈得無感哉？今將該漂民，送附貴下，爲望貴下，其諒此意，以領還焉，且英國政府，厚誼所在，便知貴下，亦應有所謝於英官之辭也。聞之，貴國處漂民自有法，而該民之遭厄也，是實無疑，故還其故土，則貴國，其使之安就本業也，我信之而不容危疑也，併茲陳之。敬具。明治九年六月三日，外務卿寺島宗則印。朝鮮修信使金綺秀貴下。

爲回報者，貴國送來漂民平安道 義州人李元春，茲以領受，念其流離顚連，蒙數朔支保之恩，非直渠一人受賜，卽弊國一國之人，同受其賜也，感感激激。至若英國之人，特垂救恤，死者而活之，凍餒者而衣食之，赤子入井，動心惻隱，雖人人皆然，然當之者，安得不千感萬感？依戒馳謝，在所當然，而惻隱之心，仁之端也。英國人當初救血，特仁人之事耳，寧或區區望今日稱謝之語也，只當將此一副感感之心，銘肺鏤肝，以爲悠悠之報可也。安知不他時，英國人有難，而我國人克加救恤也？只此佈謝，欲望下一轉語，俾英國人，知我國人之無限感感，斯可矣。餘外李元春之帶還故土，使之安業，則在我者耳，何至過勞感念也？於此於彼感激無已，諸希照亮。敬具。丙子五月十二日。朝鮮修信使金綺秀印。外務卿閣下。

以書簡致啓上候然ハ貴國禮曹判書ヘ宛タル別簡一封貴下ヨリ御遞

達有之度候右ハ外務大丞宮本小一ヲシテ貴國京城ヘ前往セシムルノ一事ニ有之候依テ貴下御心得ノ爲簡中ノ漢譯文壹通ヲ添付致シ候敬具。明治九年六月十三日外務卿寺島宗則印。朝鮮國修信使金綺秀貴下。

譯漢文

茲照會者, 致貴國禮曹判書之別簡, 敢煩貴下遞達, 書意非他, 外務大丞宮本小一前往貴國京城一事也。今另錄送其封內譯漢文, 以聞知於貴下。敬具。明治九年六月十三日, 外務卿寺島宗則印。朝鮮國修信使金綺秀貴下。

茲爲照會者, 我朝廷以外務大丞宮本小一, 爲理事官, 前往貴國京城, 有所辨理, 卽據修好條規第十一款內, 預經揭載, 更議立通商章程, 約束兩間人民, 且條規內, 應補添細目, 以便遵照也。貴朝廷亦使貴官, 有權可決定者, 會接面商則幸甚。敬具。明治九年六月十三日。大日本國外務卿寺島宗則印。大朝鮮國禮曹判書金尙鉉閣下。

茲回報者, 來致鄙國禮曹判書別簡二褢, 謹領受, 順便帶去, 以爲卽傳之意, 仰報。敬具。丙子五月二十二日。修信使金綺秀。日本國外務卿閣下。

茲照會者, 天晴台候萬祺, 區區禱祝, 某歸期, 俄與貴省權小丞商確, 以今二十七日敦定, 卽貴國曆六月十八日也。凡關事務指麾幹辦, 專係台下執, 玆敢仰報, 伏希崇裁。丙子五月二十二日。修信使金綺秀印。外務卿閣下。

以書簡致啓上候陳ハ貴下乘船黃龍丸儀往路神戶港ニ於テ凡二晝夜滯泊煤炭其外諸品積入候付テハ其間同港ヨリ汽車ニ付シ阪府ニ到リ同所造幣寮御經覽有之度所希望候抑兩國交際ノ道ハ只ニ使聘ノ往來ノミニ無之有無相通シ長短相補ヒ以テ兩國ノ便利ヲ計ルヲ目的ト致シ候ヘハ之ヲ要スルニ貨幣ノ媒妁ニ賴ラサルヘカラス貨幣ハ各國トモ

皆其種ヲ異ニシ品位亦同シカラス乍去比較照計シテ世間弘隆ノ便相生シ且其邦國ノ獨立タルハ貨幣ノ品位如何ヲ見テ指定スヘキ理ニ有之候間今幸ニ我邦ニ來臨アルニ依リ先ツ我貨幣鑄造ニ注意スル所ヲ親シク經覽相成候ハハ自ラ信認セラルルノ端トモ相成可申是我邦ニ於テモ大ニ貴國ニ望ム所ナリ則貴下今般ノ職掌ニ於テモ最御注意可有之樣ト存候就テハ阪府地方官及造幣寮員ヘモ預シメ通知致シ置候間此段御承引有之度存候尤該所經覽手續等總テ本省出張官員ヨリ御打合可申候。敬具。明治九年六月十七日。外務卿寺島宗則印。朝鮮修信使金綺秀貴下。

譯漢文

玆照會者, 貴下歸路所駕之船黃龍丸, 發橫濱至神戶港碇泊, 可以二晝夜間, 以積載需用煤炭及雜具, 望貴下不徒過其時間, 汽車一瞥到大坂府, 有覽觀我造幣寮也。蓋貴於交際者, 不獨使聘往來而已, 兩國人民, 將以有無相通, 長短相補, 互利益其國, 則不可不賴貨幣媒妁, 而貨幣者, 各國各異其形, 實質亦不匀同, 唯其相比較照計, 以成締盟國弘通之便焉。故各邦之獨立與否, 則視貨幣良否如何, 可以兆之。今貴下幸來辱, 則親睹我邦注意鑄造錢貨, 或將有所信認, 是我邦所大望於貴國也。在貴下職掌上, 豈得不亦所應用意哉? 此一行, 徑告大阪府地方官, 無有碍行路, 望敢枉駕, 若夫途次事宜, 須本省護送官員協辦也。敬具。明治九年六月十七日, 外務卿寺島宗則印。朝鮮修信使金綺秀貴下。

玆仰覆者, 俄既面誨, 今又書諭, 懃懃懇懇, 以交好之地, 洞然無間, 察其風土, 觀其俗尚, 習其器械, 聽其議論, 以至城郭山川之險夷, 政令民物之利病, 無不使之知之, 珮服無量, 銘之心肺, 貴國盛意, 何可忘也? 申戒神戶港滯留之間, 大阪城遊玩一事, 謹當奉依, 而但恨鄙國, 規度有方, 不敢踰越, 他日貴价之枉屈也, 凡百羞澁, 萬不能親切無間,如今日貴國之待鄙人也, 縱或海量之, 隨處存便, 安得無預爲之不安者乎? 玆敢披露, 萬乞保重, 沕此順候。敬具。丙子五月二十六日。修信使金綺秀印。外務卿閣下。

爲照會者, 課日風雨, 貴朝廷隆毖, 百度鼎吉? 鄙行發行翌日, 黑夜阻風, 一行甚危, 暨泊神戶, 鄙人疾作宛轉床, 玆所以二晷留連之際, 未克諧大坂之遊, 緬玆盛眷若委草莽, 縱緣勢使, 厚自忸怩, 耑憑寸楮, 諸希海涵。敬具。丙子閏五月初二日。朝鮮修信使金綺秀印。日本國外務卿閣下。

唱酬詩

錦帆無恙赤關津, 蘇節張槎孰果因? 此事何曾來夢想? 居然永福寺中人。【題永福寺壁。】

錦帆直發釜山津, 奉使扶桑結舊因。休道烟波千里闊, 天涯亦作比隣人。【敢次隆礎却呈。】

▶日本 源張甫

眉際盈盈口角津, 竭來文字儘奇因。浮生逢別秖增悵, 他夜相思夢裡人。【又步前韻謝源張甫。】

扶桑深緣映鷄林, 喜見高人航海臨。彤管縱令乏詞藻, 可無新句表微忱?【宮本小一席上寫呈朝鮮修信使。】

▶日本 跡見花蹊。

夢裡扶桑靑作林, 佳山佳水幾登臨。東京芳草連天碧, 他日相思奈遠忱?【栗本鋤雲, 以跡見女史韻, 寄詩乞和, 和之。栗本詩缺】

滴滴雨聲愁共寒, 夢中猶自理征鞍。天涯賴有同心友, 吉祥文字恣團圞。【淺田惟常, 宮本客也, 寄詩乞和和之。淺田詩漏。】

驪歌聲共漏聲寒, 別恨離愁惱去鞍。李、杜之文倉鵲術, 此生只可夢團圞。【又和淺田, 臨行又有別詩, 詩闕。蓋其人精於景岳之術。】

四海皆兄弟，萬方亦一視。而況同文邦，誰復別彼此？鷄林與馬洲，一衣帶水耳。更有輪船便，烟波道孔邇。怪底千歲交，近來漸解弛。忽聞星軺至，趐然引領俟。鼓吹何鎗鎗，旌旗何韡韡？禮儀師鄒魯，文物則朱氏。偶望鸞鳳會，燕雀亦拊髀。未聽論之宏，已觀貌之偉。想吾青年時，三冬耽書史。志大而才疎，經綸業漫企。如今壯心磨，蕭然臥閭里。何以發吾蒙，幸接大方士。寸管心未盡，歸舟早已艤。渺渺白雲深，離愁滿遠水。苟存誠與信，何慮交情否？惟願源源來，尋盟從此始。【奉呈朝鮮國修信使金公案下。】

▶日本 龜谷行。

蒸彼芸蔥蔥，上天同一視。廢興各有時，賢愚適如此。有誰閒商略？商略徒爲耳。觀塞齊得喪，走瀛無遠邇。槩論亦非計，文張武或弛。後人偏多舌，何不百世俟？眞樸一以削，文物何韡韡？良工巧排置，天地亦有氏。間架太迫促，歎息閱周髀。我聞日東國，民冠從古偉。釋詩倡宋代，國書著明史。徂徠述漢儒，千載若有企。傳謄伊呂波，車書通萬里。古經漏秦火，扶桑多名士。名士非君誰？明發爲我艤。相逢宗公宅，一言交如水。國勢方未艾，世道已傾否？臨別奚足悵，懽恰伊今始。【次龜谷行。】

幸承識荊歡，煎石入淸觀。唱和示趙璧，惠報一何寬？鵷鷺羽爲美，名聲動詞壇。日東游未盡，雲帆歸三韓。梅雨方放霽，洋心恬風瀾。漢城到何日？請爲傳平安。江雲思尤切，曉天孤月寒。【奉送倉山 金公。】

▶日本 增田貢。

晉哉新知樂！一日平生歡。謦詩眞如諦，欬字平等觀。吾儕貴脫略，且宜禮數寬。詞壘動旗鼓，指麾若登壇。示整壺歌遵，出奇華山韓。矙乎望洋歎，千尺起文瀾。筆下龍蛇走，意氣自閒安。珍重相思字，歸與一燈寒。【次增田貢。】

隣邦交誼若金蘭，渡海輶軒盟不寒。應記扶桑新典制，耐看殷國舊

衣冠。認成叔向生風采, 坐想鄭僑披肺肝。鴨綠江流助文勢, 筆端浩蕩湧波瀾。【奉呈朝鮮修信使金公案下。】

▶日本 增田貢。

聞說漢廷能擧賢, 追隨書記盡翩翩。薰風綠樹三旬客, 輕楫長帆千里船。劍珮光搖釜山月, 絃歌聲湧武城烟。相逢相別如春夢, 添得行筐詩幾篇?【奉呈朝鮮修信使金公案下。】

▶日本 龜谷行。

▶兩詩應有和存而忘不記。

偶尋鷗盟到日東, 此生何賴接儀容? 襟懷開去君試醉, 這處蓬萊第一峰。【奉呈倉山 金大人先生幷政之。】

▶日本 池原奩。

宛轉扶桑日出東, 來都如復見君容。高人行止吾能卜, 富士山高第幾峰。【次池原大所。】

雲章忽飛來, 薰手披緘視。三復而三嘆, 奇哉妙臻此! 宛猶仙樂發, 鏘鏘洗塵耳。早晩騰紙價, 傳播遍遐邇。鷄林朝有人, 紀綱張不弛。交誼乞日新, 刮目可相俟。國勢益隆隆, 文物極韡韡。須使隣邦人, 賁歎拊其髀。吾言豈空發? 感君英且偉。吾曾不自料, 數卷草野史。燈前抛筆歎, 古人不可企。目未極大觀, 足未出千里。奮然乘槎去, 海外尋奇士。世事相牽纏, 遠游舟未艤。一朝與君逢, 雀躍欣萍水。文章存知己, 斯道尙未否? 天涯亦比隣, 請益今日始。【謹疊見酬韻, 奉呈倉山 金先生幷乞正之。】

▶日本 龜谷行。

朶雲忽墜案, 再四揩眼視。故人不我棄, 繾綣直到此。肉味渾可忘, 簫韶宛入耳。不見今幾日? 人遐其室邇。耿耿復耿耿, 夢魂不暫馳。新詩道心曲, 君如我相俟。處子眞堂堂, 鮮葩一何韡? 咄咄功業晩, 那堪肉生髀? 所尙良不已, 自著表有偉。閒來何所事? 晴窓閱靑史。古人我不見, 後人不我企。所以幷世人, 相知輕千里。君言我不信, 以我爲奇士。富山蕨可採, 深川舟可艤。奈何歧路分? 有如梗泛水。相別在須臾, 出門道已否? 只許肝膽照, 心交從此始。【又和龜谷行。】

夏木千章翠欲流, 躍魚樂處鳥聲酬。漢城他日想陳迹, 記取深川前對洲。【宗重正席上呈倉山先生。】

▶日本 宮本小一。

▶此有和韻而亦忘之。

星槎底事太悤悤, 數月淹留欲表衷。自是香毫纔敍意, 如何寸舌互難通? 由來弊國無應慰, 遠涉佳賓恐說窮。回思好間修好日, 罷閒蜀魄喚園中。【恭呈朝鮮國修信使金公閣下。】

▶日本 奧義制。

我行莫道太悤悤, 久處猶難訴盡衷。相看擬如溫玉對, 不言還有點犀通。東京芳草情何已? 滄海歸槎路未窮。落日館前分手恨, 那堪他夜夢魂中?【次奧書記。】

極知天意福蒼生, 二國和成尋舊盟。奉命鷄林朝發鷁, 觀光蜻域晚張旌。兩間萬物覃恩化, 四海一家皆弟兄。竊樂有朋來自遠, 同開奎運飾昌平。【恭呈朝鮮國修信使閣下伏乞郢斧。】

▶日本 大島文九。

開成學校集諸生, 歡意渾如證宿盟。才子擅場生夢筆, 行人臨發捲心旌。交隣有道今惟古, 相好無猶弟及兄。日月中天經傳字, 終看四海樂昇平。【次開城儒生。】

東京女子花蹊氏, 榮辱人間平等視。一紙一毫一硯池, 千秋萬歲同生死。

淸詩妙畵法書全, 三絶如君世所傳。可有平生知己未? 阿娘白首正堪憐。

天然繡口錦心腸, 竊窕家家幾女娘。函丈齊趨跡見學, 聖宮咫尺開

成傍。【宮本小一, 要余書詩, 贈跡見女史, 强應之。】

涪舟理程襟, 往事數愆尤。平生輕遠別, 到此悔壯游。少焉波浪穩, 望裏神戶洲。邱壑多佳趣, 蔥蒨樹木幽。疾病阻歡賞, 睠焉情未休。多謝主人意, 過客能記不?【神戶港會社樓, 主人乞詩留題。】

▶附對聯爲寄贈日東諸人之作

一人知己平生樂, 兩國交隣不世緣。【宮本小一】

平生不作迷藏戱, 抵死難爲阿好人。

觀止居然吳 季子, 善辭誰是晉 行人。【寺島宗則】

復修舊好從今始, 旁有人言愼莫聽。【森山茂】

白髮書生修信使, 黑頭宰相善隣人。【三條實美】

英豪無敵三千界, 忠孝相傳五百年。

君是經綸無不足, 吾惟儉約以爲能。

梁、楚此聲何以得? 孔、顔所樂且令尋。

苟得意時休再往, 已施恩處且相忘。

胸中急務除荊棘, 眼底長供盡畵圖。

願將禮樂追三代, 肯把風花趁六朝?

君能國事如家事, 我是今人愧古人。

從古皆稱宋人物, 至今不變漢衣冠。

人如冀北多名士, 地似江南何處村?

感君憂國丹心耳, 奈我書生白面何?

初日芙蓉山下葉, 結繩文字火前書。【古澤經範】

鍾鼎千年傳世業, 經綸一代有名家。【宗義和】

鸞停鵠峙宜家子, 鶴瘦松高永世人。【宗直丸】

【右十八對, 皆有寄托, 而今數人之外, 並未記寄贈何人。】

列邦土上各君臣, 全地毬間一兄弟。【奉酬朝鮮修信使金先生。】

▶日本 宍戶璣。

▶附≪與宮本小一書≫

上日之會, 醉以酒而飽以德, 而又過蒙借愛鄭重肫摯, 尊太公暨太碩人, 親賜迎接, 視同家人, 綺也何人, 得此於下執事? 風雨鷄鳴, 感君子之既見, 峨洋琴曲, 歎故人之知音, 其奈六鳥乍匿, 四馬已秣, 灰香酒滴? 戀戀乎分手之難也。歸來旅館, 孤燈耿耿而件影, 和愁和夢, 多在於長華之園也, 綺天下之畸人爾, 生旣寡歡, 衰益鍾情, 中歲憂戚, 笑逸少之過言, 南村友生, 慕泉明之會心, 所以於友朋分上, 死生以之, 而最是天涯知己, 雷逢電別, 別易會難, 百年難復期, 此日足可惜, 安得不一倍低惆黯然傷神也? 爲訴中情, 兼候夜安。願聞尊太公、太碩人, 一例安康, 閤內淸謐, 足下胤子無恙。諸具另紙, 統希崇亮。

▶附息軒扁後題

余蚤聞日東有安井息軒先生, 下帷窮經, 著作等身, 而不識其年代, 至今尙在然無, 縱使在然, 相去萬里, 落落難合。及奉使到此, 躬拜夫子廟, 退而讀新刻書目, 赫然有先生在, 始知先生尙在世, 而猶不識其居止, 庶幾遇之而不可見, 臨發有示余以≪左傳輯釋≫ ≪論語集說≫ 兩書序, 乃中朝人應寶時、沈秉成所爲也, 道先生問學, 元本井井, 靡有遺質之人, 始乃得其居止且近, 而余行促矣舟已艤, 梢夫唱欸乃辭, 海山蒼蒼, 海水茫茫, 而先生終不可得以見之矣。豈塵根未祛, 道機尙淺而然歟? 始猶難見, 而不見常耳, 終又可見而不得見, 此生此恨, 較之應、沈, 倘又倍焉。丙子仲夏下澣, 朝鮮行人金綺秀, 悤悤書息軒扁下。

▶附≪觀陸軍省精造局記≫

余之使日本, 送之者之言之不一, 曰: "使臣體重, 不可恣意遊覽者。" 有之, 曰: "今日之事, 他日之的, 凡有遊覽, 一切牢却爲可者。" 有之。或有曰: "二言皆是, 忘我使體, 惟事遊覽, 不可, 不顧他日, 苟循目前亦不可, 必也折中於斯二者, 可游游, 不可游不游可也。" 余曰: "何以教之?” 曰: “今子之行, 有異於前人之行, 一言一動、一遊一覽, 不可背經, 亦不可違權。彼將藉子之行, 欲有辭於天下, 必其持之也專, 要之也切。子其參前倚後, 苟無越理, 且得其懽, 若正色抗顔, 望望然去, 究今之勢, 亦子莫焉已也。以我爲子計, 彼不反道, 我姑從之, 雖不反道, 無自我先之, 斯可矣。” 余深服其言, 宿息常上下于心。及至江戶, 江戶其之都也, 其大夫士與余交者, 猶曩日之好也。於是要之海軍省, 觀大砲之放、水礵砲之放, 要之陸軍省, 觀步戰、馬戰、車戰之習, 又要之其小石亭, 陸軍省之兵學寮精造局在焉, 地曠而深, 多花木泉石之勝, 古人所謂, 會心處, 不必在遠, 翳然林木, 便有濠濮, 想者此之謂也。飯于亭上, 飯畢, 散步至一處, 穹然屋前, 有烟筒甋築, 高可際天, 仰視之, 神爲之眩, 入其屋, 屋一隅大火輪, 半于地而轉輪, 轉而一條革布帛廣者, 圍繚輪身, 隨以上下, 倏倏轢轢, 直際于承塵之外。諦視之, 一大銅椽, 架于革, 隨革而轉椽一頭, 架革一頭, 抵一隅, 將出屋傍之屋, 昂首隨而就之, 果然此又有架椽之革, 下而匝一輪, 輪傍有機, 一輪轉一機, 一機又轉一輪, 輪輒有圍匝之革, 又上而架于他銅椽。於是椽輒架革, 革輒匝輪, 輪滿一屋, 而傍之屋, 傍傍之屋, 皆滿銅椽, 耀于上, 革條上上下下, 則屋屋皆然, 而衆屋之下之輪、上之椽, 下上之革, 無不轉, 直俄者一火輪之力也。於是輪轉, 而輪傍之機皆轉, 機轉而一機, 必有一器, 冶而煉之, 椎而築之, 鉅而劈之, 刀而割之, 釘而斲之, 錐而穴之, 以之切之、磋之、琢之、磨之、削之、平之, 圓者方之, 長者短之, 曲者直之, 巨者細之, 皺者精之, 亂者理之, 人以一物一器之下, 無不如所欲焉。余噫曰: “技至此乎! 一火輪而天下之能事畢矣, 技至此乎! 子之所不語也, 吾不欲觀之矣。曩之阻余遊者是, 勸余遊者不是, 而余不得從其是者, 然則余之遊, 其不是與? 奇技淫巧, 亦惟曰: ‘是將利用而厚生, 利用厚生, 學之可也, 況觀之乎? 則余之遊, 其是與!’ 余惟曰: ‘彼之勸我遊, 固不反道, 而我之遊, 無自我先而已也。’”

歸期【四則】

陛辭時, 自上詢及到彼留館之遲速, 以從前信行, 或留二十日, 或十五·六日、十二·三日, 多無過二十日, 少不下十一日仰對, 上曰: "執其中一望甚好, 無過一望可也。" 爲教, 故歸期, 期欲無過乎此限, 而滄溟萬里, 夢魂迢遞, 對彼人雖或强爲大談, 而件件事事, 莫非愁惱, 於焉一望已過, 一行之人, 擧懷悶鬱, 而路不走陸, 行不由我, 明發不寐, 心旌搖搖而已。

至五月二十二日, 接伴官古澤經範, 始以黃龍艦之往大坂城者, 昨始還泊來告, 此卽來時所騎, 而歸時亦當騎此故也。遂與之料理, 以二十七日還發爲定, 從今又過四晝五夜, 始可乘船, 眞正是一日如三秋也。子卿大耐人, 何法消受, 得過十九年之久? 思之茫然。

古澤去, 而宮本小一, 送人來言: "貴行聞已定期, 爲之悵然, 而此事, 直須自貴行, 書報外務省, 方可治行。" 蓋送客之事, 不宜在主人先發口, 聞其言則禮也, 遂書報外務卿, 以本月二十七日, 當乘船歸去。

歸期於是乎定矣, 行中諸人, 擧紛紛擾擾, 手欲爲之舞, 足欲爲之蹈, 相對笑口, 哆不可噤, 而欲與之言, 旋又胡亂走去, 爲捲疊行李也。

還朝【一則又別單十四則】

六月初一日還朝, 興仁門外小駐, 換着時服, 直入闕, 詣崇陽門外, 入來肅拜, 先呈行中聞見別單【別單見下】于承政院。至申刻入侍, 天顔有喜動, 問行人之勞苦、彼情之誠僞, 玉音如響。時下褒奬之教, 又以遠役之人, 時又敦炎, 特下蜜水爲教, 醍醐湯一大器、甘苽一器、鱅魚腊肉合一器。臣以萬萬無似, 奉使絶域, 獲保首領, 無事歸來, 罔非我聖上洪恩之攸造, 而勞問逈絶, 宣賜珍重, 臣感惶怵惕, 不知所以措躬之所。移時罷退, 導燭歸家, 已下人定鍾矣。候客盈門, 不暇問訊, 直入拜家廟, 次謁姊氏于內堂。老姊病妻, 喜極欲涕, 二女跳躍, 不識迎拜之爲禮, 還可笑。

附≪行中聞見別單≫

臣於四月初四日辭陛, 二十九日自釜山浦乘船, 五月初七日到江戶, 二十七日離發, 閏五月初七日還泊釜山浦, 計往回道里, 水路九千八百里、陸路二百二十里是白乎所, 謹掇拾彼地聞見, 庸備乙覽是白齊。

一。往返程途, 已具原狀是白乎所, 釜山至長門州, 大洋中波濤稍險, 長門至神戶港, 海之小者, 而彼所謂江也, 波平浪穩, 神戶至橫濱, 有遠江州地方, 亦無邊大洋, 波濤之險, 甚於釜山、長門之間, 彼人亦以爲險者也, 歸路過相模州, 忽遇大風, 舟幾傾覆, 舟中之人, 無不暈倒, 不得已退行二百六十里, 過赤間關, 又大風, 風浪捲起, 直拍船上, 時又黑夜, 風聲浪聲, 器物趺碎聲, 雖彼中船格, 亦皆驚眩失色, 較之前尤加幾分罔措, 又不得已退行三百餘里下碇, 過夜遲明行船, 風猶不順, 又迂路由對馬島而返, 此皆遇風而然也。往返無過一萬二十里, 幷前後迂回, 可爲一萬二千餘里是白齊。

一。山多明媚, 水少漣漪, 蓋海中之山, 類皆平遠蘊藉, 而海邊之水, 不得澄淸寒冽也。自赤間關至江戶, 所見之山, 一例婀娜, 無險怪戉削之氣, 富士山之高、箱根嶺之險, 曾前信使之所目擊, 而今此水陸異路, 惟於海上, 時望富士山, 皓然白色, 出沒雲間, 蓋山上積雪不解, 至六月始消云。下陸後處處園林相望, 一水一石, 自在布置, 窈窕可愛。自橫濱至江戶之間, 有品川者, 大海中, 有七八墩臺, 是與洋人接戰時, 特設放大砲者也。船多貯石, 石重船沈, 沈船不已, 乃成墩臺云。其功力亦甚宏大是白齊。

一。人物, 二男而三女, 女多艶冶, 男悉俊俏, 所至塡街塞巷, 日所見不下數千萬, 而無一跛躃殘疾之人, 無一襤褸顚頇之人, 言語侏離啁哳, 雖不可解聽, 而舌頭流利, 口角伶俜, 如孩兒逞癡, 而見人色喜, 恒帶笑容, 所以別無可憎可惡之人是白齊。

一。地接大海, 多雨少晴, 雨亦頻雨易霽, 風則無小障礙, 故凡亭榭廟宇, 稍爽塏處, 輒衣冠飄拂, 淨淨不可以久留也, 所以留館之時, 爲五月旬念間, 而日候不甚熱, 上下老少, 夜皆挾衾, 泉性痿弱, 地氣沮洳, 而凡築室除道, 類皆先取水邊小石, 鋪作地平, 然後以土掩之, 故一雨纔過, 道路乾淨, 庭戺整楚, 大道上往往坎地, 以井字板扉, 階地而蓋之, 似是隱溝去穢之所也。其規撫大率如此是白齊。

一。江戶之城, 週廻可六七十里, 壕塹深廣, 城無譙樓, 而有連抱之木, 交掩蒼翠, 每見城上生樹, 樹大城坼, 而此則不然, 似反藉此爲固也。外城多無門, 門毁而不設, 未可知也。每有雉城, 城內又有中城、內城, 內城之內, 又有內城, 則其所謂皇宮也。城凡四重, 皆有壕池, 一如外城, 城有門, 必外單而內重, 外門無樓, 內門有樓, 城以石築, 下豐上銳, 門皆方板, 不環其竇。其皇宮之內, 有一懸橋, 長可四五十間, 廣可三四間, 鐵絙而度其下, 直掛于兩邊長棚, 又垂而下之, 鎖固于地, 過其上如步虛梯。大抵橋皆木造, 圍欄架梁, 無非木也, 純石之橋, 不見幾處是白齊。

一。宮室之制, 公私貴賤, 大同少異, 瓦多用雌, 一邊曲頭, 一邊平頭, 中如四破之竹, 曲頭向右, 平頭向左, 鱗而鋪之, 自然妥帖, 無少罅隙, 自下達上, 由是鱗鋪, 然後脊用雄瓦鎭之, 縫合處輒用灰縫, 厚如繩索, 瓦青灰白, 白多青少, 一望皓然。屋皆層樓複閣, 一屋而入, 外軒中廳, 外堂內室, 複道而通之, 涼隔而障之, 衆隔齊撤, 外內洞然。雖三層重屋, 無厚柱大樑, 立一柱安一梁, 層層結搆。每一室前面涼隔, 或以紙或以玻瓈, 外又有板隔, 夜則障之, 背分兩架, 一爲臥床, 一爲壁欌, 下懸板以置物也, 臥床之壁, 必掛書畵障子, 床上古銅甁或磁畵甁, 盛揷各樣花草, 家家盡然。大凡屋制一從洋規, 其國古制, 槩用木片鱗鋪, 或用茅, 蓋厚可一二尺, 一刀翦之, 無少參差, 而雨洗風磨, 不朽無敗,可見掩蓋之工, 而居處之精也, 然其古制, 或於村野見之, 石垣土墻, 亦必雕鏤, 而公私第宅, 槩不多有, 多以木柵爲圍, 或以鐵爲柵, 至於菜田果圃, 亦必木片竹枝, 正方爲籬, 不少斜欹, 田間畦塍, 川邊柵欄, 井井有度, 毫釐不亂, 可念其精細無比是白齊。

一。其所稱皇帝, 年方二十五, 中等身材, 面白微黃, 眼有精彩, 天然標緻, 自親務以後, 勵精圖治, 勤勤不怠, 關白可廢則廢之, 制度可變則變之, 襯脚之袴, 半身之衣, 可以利於用軍者, 雖洋人之服, 一朝舍舊而從之, 不少持難而人莫敢有異言。至於舊關白, 方以從四位, 食廩居江戶, 亦不敢有怨尤之色、覬覦之意云。此人旣不可責之以諸夏之君, 則斷髮文身, 雕題漆齒, 亦無愈乎洋人之服也, 以此易彼, 不足深較。槩其英明勇斷, 任賢使能, 似多有可取是白齊。

一。官職尊卑, 未始不截然, 而禮數則闕如, 下之所以施於上, 上亦以之施於下, 兩相脫帽, 兩相稽首, 甚至此屈彼叩, 見甚駭然, 然一有差誤, 少不容貸, 太正府, 卽其最尊奉, 而卿以下有罪, 正府直治之, 故卿以下, 亦奉行惟謹, 不敢有違越, 所以賤役於貴, 下事其上, 不以禮數之簡, 而有所或忽是白齊。

一。政令, 專主乎信, 尋丈之木, 可賞則賞。其所謂學校教人之法, 士大夫子弟以及民之俊秀, 自七八歲, 教之學書習字, 初教日本字, 次教漢字, 至十六歲, 不復使之讀經傳, 大而天文、地理、句股之學, 小而農器、軍器、圖形之說, 眼閱手調, 未之暫掇。以至女子, 亦有學校, 大之天地兵農, 小之詩文書畵, 皆專一藝。天下各國之人, 皆以領事官來留, 亦必館穀而師其術, 厚其禮而卑其辭, 要以盡其技而利其器, 亦自遣人各國, 以盡學未盡學之術。處處造火輪船、火輪車, 教人遠販賣, 要以盡其力, 而利其貨, 君臣上下, 孜孜爲利, 以富國强兵爲急先務, 蓋其政令, 似出於衛鞅遺法是白齊。

一。其俗, 始焉尙神, 繼而尙佛, 神佛之尙爲其舊俗。近日則一切反是, 神堂鞠爲茂草, 僧徒類皆流離, 以爲淸寂虛無, 無益於實事云。此猶可尙, 而學問則漢儒宋賢, 並行不悖, 而猶共尊夫子之道, 卽其舊俗, 而今焉經傳文字, 弁髦而庋閣之, 惟日孜孜功利之書, 故其中有識之論, 亦有噓唏而慨歎者。至於奇技淫巧, 目視而不能悉, 口傳而猶未詳, 非直舟車之有火輪, 火輪一設, 攻金攻玉之器, 治水治石之材, 方圜鉅細, 大小精粗, 無不取齊於火輪, 一火輪而天下之能事畢矣, 處處設精造之局, 人人習利器之術, 燭照數計, 實不可以盡其方是白齊。

一。一國之都會不直一二, 而就其江戶也、橫濱也、神戶也、赤間關也, 皆所目擊是白乎所, 閭閻之盛, 市肆之豐, 初見而壯之, 容或無怪, 而屢見中國之人, 亦以謂殷富過於中國云。自新橋至江戶一十五里, 江戶四距一二十里外, 閭閻市肆, 撲地櫛比, 無一閒地, 博物之觀, 淺草之寺, 殷彝周鼎, 秦甎漢瓦, 珍禽怪獸, 奇花異草, 亦無物不有, 其殷富, 可謂無比, 而亦時時有夸耀之態, 此其衒奇會之餘習是白齊。

一。其所素畜之兵, 江戶城中廩養者, 爲七八萬, 其餘自陸軍之省、海軍之省, 日抄兵不已, 無不精通器械, 諳鍊師律, 坐作進退, 無可違令, 馬皆項高脛瘦, 矯逸騰踔, 有一蹴千里之勢, 船卜用大砲, 車上亦用大砲, 用砲之法, 亦全用機輪, 見賊東西, 砲隨而指, 手忙脚飛, 毫釐無差, 有此强兵, 有此利器, 而猶勤勤孜孜, 惟日不足是白齊。

一。其所謂富强之術, 專事通商, 商不專利, 必有去來, 此去商彼, 彼來商此, 則今日本通商各國, 厥數甚夥, 去商而來者, 日本一國, 來商而去者, 天下各國, 而日本所產, 必不十倍於前, 則生之者一, 耗之者衆, 物價騰踊, 勢所固然。於是日造錢幣而當之, 錢賤物貴, 必敗之道, 況無技不巧, 無藝不精, 奪盡造化, 無復餘地, 外樣觀之, 莫富莫强, 如右所陳諸條, 而陰察其勢, 亦不可謂長久之術是白齊。

日東記游 後敍

曩余使日東而返，黨人或勞苦之曰: “古人之使絶國，非直其導達辭命，觀美風裁而止，亦將有所覘焉。覘者不視之視、無得之得，視之言語之外、事物之表，我所獨得，而人不之覺，斯之謂覘，子其有得於斯乎?” 余曰: “爲人之所能爲者，且不能爲人之所不能爲，況余不能爲人之所爲者耳。苟欲能其不能，我固無覘於人，而人將覘我之覘，只可整我應對，尊我瞻視，寧我無覘，無使人覘我所以不敢事乎覘。” 曰: “然則子亦何事於彼? 彼將嚮仁慕化，謹守規度歟? 抑亦欺善侮柔，復事猖獗歟? 有一於二，不待覘而可決，子其質之!” 余曰: “今玆之役，亶出修信，兢兢乎篤敬之行，侃侃乎仁義之辭，彼以剛褊，我以寬之，彼以輕儇，我以莊之，彼以奇技淫巧，我以謹愼而拙約之，苟與彼同歸於六經之日月、三皇之衣裳，上也無已，無拒彼情，無失我儀，開誠布信，拓畦與畛，我自順彼，彼不逆我，次也以是，以造次於是，跬步於是，苟得無失焉耳。若彼之注心注目，自有所急者，其力强，其食足，而其志大，其之所急，固不在我也，子其無虞焉!” 曰: “洵如子之言，亦可爲目下之幸，而其志所在，子可以揣知矣。其果能無虞也否?” 余曰: “不能知己，何以知彼? 牢我藩籬，賊不能入，足我榮衛，病不能生。苟或不本而枝，藩籬無補，高枕而臥，榮衛無養，扼擥而譚，將見賊橫於墻壁之內，而病侵於膏肓之間矣。余故曰: ‘在我者耳。’ 領挈而齊隨，綱擧而目張，直相須資耳。子何不本元之謀，而區區於外至之末也? 彼猶外耳末耳，我之旣修，彼自退聽，且以今日之大勢相之，彼方有爲之時也，折衝禦侮，苟然借我而吐口氣，則我之所謂無虞者在此，而但彼之所爲，我之所不爲也，在彼芻豢，而在我爲鴆毒，則固不可舍己而從之，然忠信而御之，道德而將之，而復溫其外，而貞其中，惠其來，而警其往，亦庶乎無虞焉耳。”

曰: “不然。彼且强我以不可强者，一言無當，飄然而起，蓋其叵測之情、無稽之行, 子有所未盡察者耳。忠信、道德, 無幾歸於暴厥之粱肉歟!” 余曰: “子之慮固是也! 然萬殊歸於一塗, 衆難伏於大公, 若其荏染之木, 不可摧折, 何天之衢, 胡走無礙, 卽易見之理也。今夫彼所强我而我之不可强從, 彼亦非不知之。其來也, 待之盡禮, 無間乎秦、越之視, 其言也, 辭之盡情, 洞見乎困廩之隱, 彼將無處生嗔, 無物拄肚, 然後講我義理, 敎我士民, 積我糇糧, 繕我城池, 然後斯可謂之無虞焉已也。若夫陵跨而至於忿懥, 疑阻而至於扞格, 積鬱而病, 變羞而怒, 亦必至之勢耳。然子之虞, 必不過至於是, 而余之愚, 有不敢强解者也。” 曰: “有是乎, 子之言! 無事於覘, 覘又何以加之? 覘則其虞非直在彼, 而在我也, 謹聞命矣。請從此辭。” 客去而余亦倦於游, 匝月唫病, 而又蒙恩知象山之府。象在萬山中, 訟餘有暇, 輒綴緝行中所覩記, 立目分條, 略仿本末史體, 凡得四卷, 名曰日東記游。要之, 他日歸老, 與田夫、野叟, 譚絶域奇聞於荳塍菜畦之間。時聖上十四年丁丑仲春下澣。前任修信使金綺秀, 書于象山府之禦牧軒。

【영인자료】

日東記游

일동기유

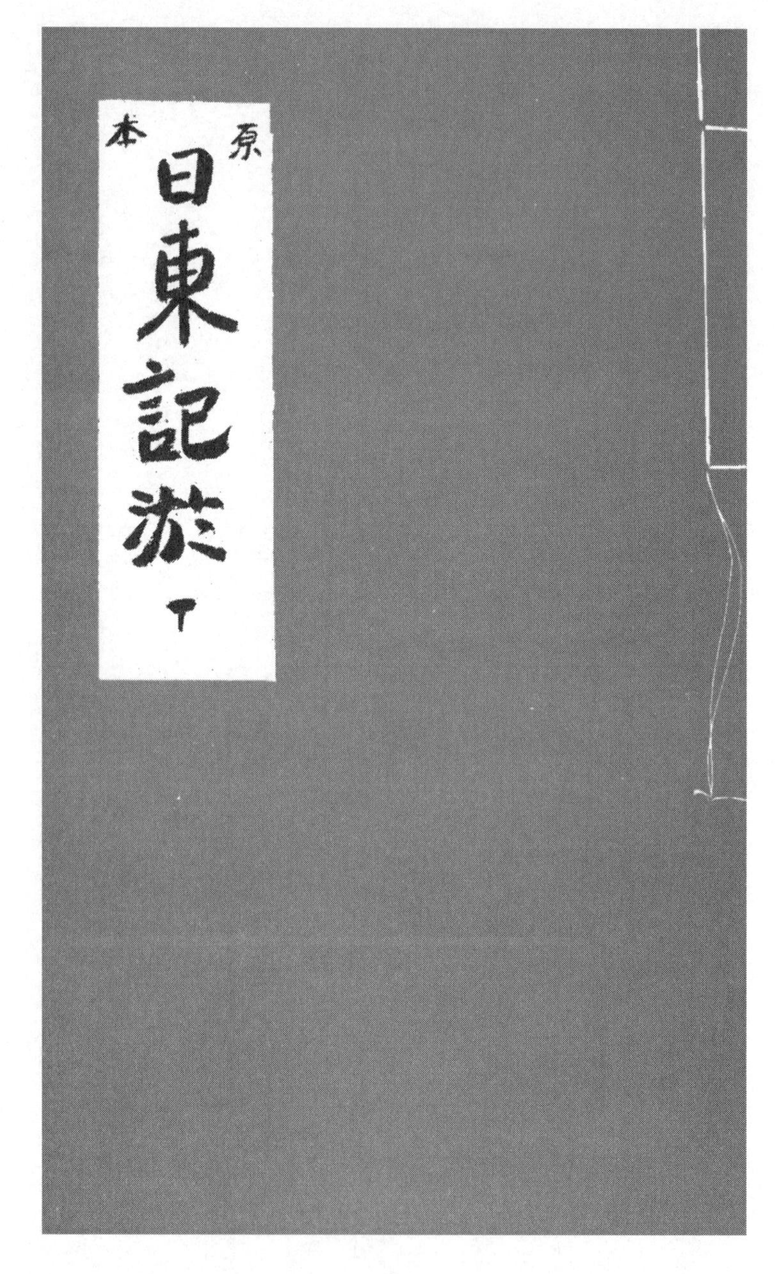
原本
日東記游
下

日東記游 下

日東記游卷之三

宮室 十六則

宮室之制公私貴賤大同小異尾多而皆少即其古
俗木片鱗蓋無絶不可見
無論公私屋門制非如我國而偶高柱大門只平架
簷柱楹長短而或柵木為籬籬缺兩傍各立大柱
中設板扉而或檽扉則扉直靠柱上無銜也
墻垣之土築甎築絶無而屋有有則覆尾尾上或釘
鐵作檽屋上端尖尖中架以木不欲側也此是防盜
之妙法不然畢木柵塗黑馬亦看如織繩前亞方堅牢

蓋異於土壁之築而樓間星星間見累累亦隱也
無論公私屋地平上平然結構不甚義累級之階也
階砌礎礎皆任其不勢圓者方者歪者仄者要之
其面齊而其根圓而已不繩削之也而以柱礎植柱
安而受柱柱廣少無戕削傾危之患
雖傑巨廟宇宇高柱大梁層層結構自下而上不壁
不瓦之時漫要枝梧只如小兒戲具及其瓦壁之就
屹然儼然一高大屋子也
一入其國不見溫堗云堂云室只徒布置或床或燠
但以地處時於屋中一隅立一一圓大銅環柱上入

承塵下蹲如爐設戶開闔冬〻寒時爇炭其中柱體熱
烘一室為之熏然云
戶牖之屬皆用推槅無施樞開闔之法一室中壁之
而槅〻流璃或用蔑紙或紙畫山水魚鳥槅上向外
又設槅紙塗而不推開也間槅〻上又設木槅施不
推開者而細刻山水樓臺映而視之恍朗徹眼向外
槅外又施木槅花而障之書樞者也蓋一覓衆槅推
一槅又推一槅以至二三十槅推放之地設一木檝
插槅大小一槅二槅推放盡時一扇而闔之居然一
庫室而全鑄

承塵皆用板木長廣之板不用井字間或逐理雕刻
天然圖畫每於尋樹方木而必用一連皮木柱
體取疎直而皮紋枝痕雕暈惟其勢年久皮脫自在
文理谷鑿其痕亦可愛也
楣棟欄檻之屬皆取平直純素不施雕繪凡所謂山
節藻梲之圖絕不可見
凡公私屋夾門或架為長廊或支人或置車馬人支
之地多作兩層樓上下皆支人人多架多便易能容
小或雜馬大圖場亦有穹然屋外雕之首也自此
外堂內軒小樓別院燠館浴榭溫室圍舍一屋遮

彼邦屋曲重々閣遶回々遮掩々一開時外内洞然
惟府庫屋宇及臙地別占一所隨屋大小而多少之
瓦多用雌一頭曲一頭平曲頭加於平頭鱗鋪而上
上用雄瓦而填之惟公舍寺用雄雌瓦
苫蓋之屋村野或有之公私屋中亦有小廈則亦用
苫蓋苫多用茅不用秸也一蓋厚尺餘條對之齊整
如木之緻附十年一易腐爛色黑而不見亂也者用
長竹片或長木片堆壓填之而偏用竹釘不復脫也
或用石片填之
瓦倉瓦鱗排用灰縫瓦黑灰白々黑相間墻壁用甎瓦

之後灰縫而灰厚如索突兀屋脊之外
二層之屋公私家多有之上樓下屋依樣古制而公
館及市肆或有三層四層三層之上又有一層或如
壚坫粉墻圍之或如幢幢稜角尖尖或安子午之盤
或豎十字之牌則歐邏人之所蓋造云
樓上屋梯不用直上一層向左一層向右層層回旋
如行螺殼之中雖以五層四層之梯下上而無暈眩
之慮且欲用直梯一木之長亦難得只許大也
簷端架筧簷隅植木木則中空或植種竹筒承于筧
流又植木木下隱溝而以承來如屋不見簷霤兩邊

庭宮之點水也

城郭 附橋梁 道路○十三則

城郭所見惟江戶而已江戶之城周圍七十里云
城堞譙樓穹然高而已石以築之下豐上銳城下鑿
壕壕廣可以方舟城上種樹樹大可以連抱樹影入
壕上下蒼翠一望蔚然有濠濮之趣
曾見城上有木木大城拆所以城之有木城之忌也
今此不然何反藉他為固未可知也
城凡四重壕亦四重分城則各門當初不設名名至
理中間毀壞何不重建未可知也嘗設門數坦然開

路城之左右端屹然於其上有雉堞城不破不壞如我
筆也
內城上有雉堞城雉堞城有門謂之御門御門之制樸古
雉堞下迎上從層然高而已入門又有門則累城之
門樓之雉之傍大於雉堞城之門而巢多有層外直城門凡層
有層之屋雉三層四層叢則多而已上爲樓而下爲門內城之內又有
內城至於其之皇宮宮城而爲四重直門有橋橋皆
木造壕上之橋似是便於捲設也左右欄楯一如石
築
外直壕上之橋橋皆木橋石築之橋也三層見其

多木而少石軟木易朽敗而橋〻皆新蓋其役之勤
於事豫其備可知也
其皇宮中有一延橋下臨千丈之壑不可以梁而然
欲柳亦示巧之一也橋廣可三四間長可四五十丈
界欄左右各有鐵絙向虛之初其上空〻然作欄而
身掛〻如步虛梯橋兩頭各立二柱可數十丈橋
下左右又有鐵絙度之兩端出于橋頭石竅而上加
之柱〻上有穴道其穴屈而下又入于柱外石竅則
界石圍木如腸一柵出其兩以延橋也
橋凡略約飭下皆虹其梁而架墻〻橋虹梁峨〻隱

風帆檣任貨往來亦一可觀

道路街衢平直正方不圭歐之制不已玦之屈一望

亦然如中繩墨折旋合度楞角不撓也

道路潔精往既行可無污而大雨之餘不甚泥滑蓋

先取水邊小石鋪之地上加以土而平之故一雨纔

過遂已乾淨去也

大道中往之

街衢兩畔田有廿仔板屋界地而蓋之車行馬走也

路平地何是通隱溝去穢之所也

街端巷首必有一人持箒竹箒而立者何是隱穢

隱陰之役也

街路之上五間十間往々立一燈桿上施琉璃燈其
縫無罅天然造成中有盡有心々自置而其油昏黑
上燈丿時人一動括機括未知何處在燈火自起泛于天際
人又動括燈火自滅云所以夜闌行路人不擾燈井
上家語官本少一官本勸我用此法曰此蓋引出地
膏之法也取其業而用不竭於一隆人力之妙方余
以俗自燒油人之其才不欲為此術外之術以駭
人為辭

人物 十二則

人物一見可愛日所見千人萬人非女人之倭俏大抵極善極醜之人絶不可見

凡人之美者只合謂之美好可謂之端妙可謂之精悍可謂之古[illegible]可而謂之俊偉英特則不可蓋中等以上身材絶無而或有之亦嚴亭支離少軒昂秀拔之人可以貴人中無號大夫而俊偉英特之不可見也

每見人未言先笑一言傾情今日之見昨日之好也

而且重然諾而信行止一諾踐約還有似於硜硜然
其中端嚴罕言語之人雖終日對坐而一副面皮笑
容已可掬
婦人貴賤有貴賤之別雅俗有雅俗之分有妍有媸
有穠有纖而其為柔為順女子之相則一也長門外
女然神户港女然橫濱女然江户女然以至對馬島
女亦然所目而見今日所見無不皆然蓋女子自有
一副女子相也
無論男女貴賤日日所見不知幾千萬萬人而終不
見一個殘疾之人一個寒乞之人行中漢學堂上李

君所嘗之藏都十數編閱歷之富眼目自別而亦以
為我自結髮從事於間見天下人不為不多崔盧王
謝之氏族吾亦嘗見之矣潘衛宋杜之風采吾亦嘗
見之矣韓柳歐蘇之文章吾亦嘗見之矣房杜姚宋
之勳業吾亦嘗見之矣以至宗廟朝廷之美樓臺市
肆之盛廬舍之樣舟楫也林東岳之廟香煙成雲[illegible]
[illegible]之[illegible]館之城郭野千里欲窮於人之目而劉門
之煙樹恍乎惚乎睹之依稀留焉陸離也此不一之
狀吾亦嘗盡得而見之矣而十之一千之百而略其
勝者假傳者從焉亦結而未審者從焉今日所見且

萬〻無一殘疾幼老者而今而後無其見之也夫
婦女迎婿便漆其齒〻〻漆之餘染及唇半合口之時
如含黑豆纔見語笑一注鍋底此非漆也乃口含鐵
汁之裝矣夫不二心者所以寡婦處女与娼妓之類
皆不漆齒云
娼樓妓館在處有之到處地勾欄可為三不勝所推
乎此而他可知也蓋其俗舊尚男體今廢之以為耗
人之精而絶人之種也然少年情慾遠莫禁煩不可
不有以發洩之此娼妓之所以多也
娼妓中入内供奉与得之女婚姻還嫁夫而朝士大

夫則不敢與東山之携龍門之賞何其遠哉也其次謂之妓女公卿大夫游閒子弟凡有宴游者與之押而官醫每月三點閱先診表脈終驗陰溝以視其惡疾有無以士大夫之所薦枕不由不審慎哉娼妓之有惡疾者一番經驗便與割籍不復齒於倡妓之列此則名地獄歟帖不至執婆路斷於是乎治容修飾以要行路之人為或逢着交臂不失一入其中脫身無計不病亦病不死猶死此所其地獄之稱而其昏狹邪見粉頭而愕余考惟恐其或入於地獄也

言語侏儒也佗諷千手呪不可致融蓋中國人言語
便是文字我人之不能解者以一字二三音而一得
解聽學之甚易我人言語音釋參半而字音之一二
故如能雖致乃終不易學日本人言與音釋參半而
音同義而二三釋信我而支離所以无雖致尤難學
而每與之言我言一二段彼言五六段傳譯而融之
則我言一二彼之五六而彼之五六以我之一二
言語之时發語處更端處俱甚難譯是故汲引是故
吞義也周圍之姻々鄭家之交々有时氣急面赤
也況林老憎喉舌俱燥至一從接重累倫便流涕也

濁水之不咽而美核並無傳但女子言語舌齶極硬
不得滑利
視模尚精遲動止多輕忽蓋其性燥其情軟所以見
重厚舒緩之人咄咤齷齪不自耐於也

俗尚二十四則

俗尚神尚佛又尚儒以其舊也雖然日光是其權輿而凡大小吉凶軍旅之事莫不禱神云以我所見官本少一家有神堂一區自以為祈年豐登者自通西人并不尚神則今方奉宗似宗其不變舊俗也陸軍省小石亭左邊山上有伯東廟神座肅穆神樗神輿犧犧齋齋當初設置似極崇奉而今至荊蕪已甚蛛絲罥屋苔痕增階而已此以比其清風高置而俎豆之無過神初之一而舊所尚而今則廢也

佛法自弘法師始而後曹洞宗臨濟宗之後又闡教而弘法亦業文史工篆隸佛而儒者而若虎關之倡明性理之學大有功於儒家則蓋其混視三教無分物我攘斥已絕也

自通西人以來神學鞠爲茂艸往往頗庫講經則遑遑焉嘗絕之術寥寥晚會及于此而亦以此法爲安是蓋於寥事云則其俗舊尚其神而後佛其佛而後儒者神佛如此儒後何論而以兒長教習八歲至十五使讀其國文并讀漢字漢字既通不復事於經傳農書兵書天文地理醫藥種樹之書以其貿易而要

仮也所以婦人女子販賣童稚界尺一下撻數星緯
唱聲乍起歷指坤輿美問孔孟何人便瞠乎呵甭不
復知為何說也
所謂學校不一其名有開成學校有女子學校有英
語學校有法國語學校師範兼教授勸導則是過
功利之學耳孜孜矻矻不舍晝夜蓋其巧不可及而
其勤尤不可及若夫精美詳細規度直可使秦商鞅
望風而走宋荊公拗執自敘也
亦有游間公子王公国多只習汗漫筆札而[illegible]以後道
衢大道設彼立師大書特書称以學校所以五六歲

小女兒亦能作如椽大字初聞惝怳以爲神筆見
之其俗然也
男女之別不甚截嚴以其舊俗而屢競復而苟合成
婚托妻而好學致謝今人不然而德公家中寶重不
分則人人皆然故其公卿家婦人露面行於道路而
但都間親穆不斜歸流眄大家舉止自與鬟奴負婢
迥然有別甫
王公宰相皆胡越衛之行大則馬車小則人車一人
伏侍而已別無騶徒有時家近徑步行不以爲恥雖
稠人廣衆賓主敘話之外無他聲喧在家則鼓掌椽

掾一聲吹而傳者至公會則對出帝上置一磬如小鉞
指叩其上錚而無不應響趨走亦其舊俗也
家置時鐘人佩時針凡公私宴會及私相尋訪必先
期報時亡相違
凡有燕游邀速必以刺從回亦必細詢赴會人多寡
等殺精核不單以茶酒今之備適當而已無過差不
及者
凡有動作必明示條約可禁者謹識悉請單書一遍
失蓋其精細有餘而以一沙一石之運一米一錢之
費夥計密密揭示傍午有時精極而讚至細極而碎而

上下一覩是亦少錯誤亦多可取也蓋其舊俗務自奢大耻爲人下至於器物玩好一番陳張必暢而新之猶恐人之嫌其一器而重設也則必對客而摧碎之示不復用今則不然奢侈之風氣尤倍者而慳吝之習割捨不下則錙銖而較谿之壑貪亘羨見于辭色此蓋爲今世所用亦從富國强兵中來也

西人之來留者遍於國中率挈眷屬居舍稱做官者異本國人亦或締婚因而交懽便奄然親屬也而一種處士之攘夷猶棘々不與之合也

所謂新聞紙日每字搨印無辜無之公私聞見衙巷
談說口津未乾飛傳四方爲之者看作事業當之者
視以榮辱亦無字如荏細精工無比蓋其無動而思
靜無熹慄慄有事則跳所以見小事眉飛而肉舞十
指爬搔不知癢在何處是其素性然也
人多潔癖習與性成對人飲啖雖自己所食一物必
以箸斷其接口處着取左手奉而他之曰蓋以自口傳御也
食嘗汚僕御之賤亦不可以己之手而汚之也
每見飲食之際無不咒洗淨過用無不是
一用便棄蓋以其質雖以洗淨其汚不可復進也

凡東俗之甚於婦人女子 簡漫做作 亦必擇日避忌
忌諱者不少放過
性尤慶秘密 雖日用常事 當事而人外未之或泄與說與人
言 必斥退閒人 不使參聞
凡事之必潔 必極精緻 是此其之俗尚也 所以田間
畦塍 無小欹頗 必中繩削 無小屈曲 一例正方 正方
菜田藩柳 亦必長短方而作細網樣 其欄楔不異 為
也 觀於此 而其細模可知也
其人恒言 唐國 不可 又為其道路 多畫其稱云 以我
筆使 而生焉

之說者歸佛之陰之直以道路 | 執淨者比之所

今此人之言則其尤甚者也此多人可知

凡人尿溺者于淨間之不登溺器則蓬門此多人

觀度之門出多人賤有溺器之因其已人云云此則

似然之甚其究也

舊聞不食牛肉為其力推輓而上尚神佛之致也自

屬西人多就食之以為牛肉多以壯筋力云

尚相敬禮之地輒用御字如御旗御馳御物等語尊

常用之

雖父祖之尊王公之貴並其下者無呼其名之之所

以尊之也

政法 二十二則

日東之建國已久其之皇帝與關白攝政時政令者度自有前人之述今不必贅只從近間所覩記以著見日之所聞

或云日本乃周泰伯仲雍之後史稱泰伯仲雍以天下讓于季歷採藥名逃之荊蠻斷髮文身不復還春秋時句吳其後也日本地一帶水之隔江浙江浙吳越之邊地也其子孫之在彼者乃句吳在此者乃日本故而雕題文身也歟敷通西人以後事而曰之

自明其建國之舊制則斷髮文身泰伯仲雍當日如
變之形也泰伯仲雍當日之事夫子稱之以至德則
雖其心非不愧天信不作地異域視如異地毀形固
其甘心而以吾子孫之心溯而想之亦一人倫之
大變也離親戚去鄉里謝冠冕而背衣裳以變之
中國聖人之裔而作蠻夷之域而戎狄之族其所
切骨者後也何哉而以不復改其祖如變之形以崇
其至痛者則此日本人之斷髮文身自以爲舊俗長
於亦可疑之一而古後亦有以和人爲泰伯仲雍之
後者

関白攝政時亦猶倭皇直一委任令以供之色以嚴
之宮室以安之而已少使一與於事故自上自異於古
自來也倭皇閒於外不復敢與國家事至今倭皇一
朝權并歸諸関白名號政務其美惡不盡曰變不可
知而蓋亦不愧其於人生一世也
權者五畿七道六十六州各有守或稱太守皆世
襲如周之封建唐之藩侯今倭皇一切草略其久其
也惟其績不黜陟云
權者源平藤橘四大姓如漢之金張晉之王謝也倭
皇時使之去之改賜以他姓如三條寺參宮本等姓

或以地或以事因其有功而賜之姓故三條之族再又
皆姓三條惟四大姓而諸姓似仍其舊也
如對馬舊島主本姓自是宗中間平秀吉之賜也
今改以宗則為姓中第一美者而猶後快之者云
平之色便爭奪之亂也
官者之意交更而自有其之政業
衣者悉從洋者而其之所謂公服也如其私服則猶
存舊者衫袖一方之繡一字或物形而官者之號
各而如郡之標一見可知為某郡某官之人以至車
馬之旗幟無盡標幟之告示皆然

凡為職務ノ人日必赴其仕處皆有時刻惟五日十
日必一暇休沐不敢有怠
制造ノ局無處無之大而舟車小而兵器ノ器人之
操作街之充塞非宮室土木之役似凡百所急要者
之所謂皇宮火之曰五年僑皇居于紀宮云而尚不
設之甚建云
置救育ノ院幼兒ノ失父母者無人之無室家者輒
收之養活俾各有所成就各有所產業然後放之使
得各自營其家云
游民之也一切置罪之一切除之以上皆有條給授之

一流所之人云

立法必以信徙木棄灰秦之政一失如上位下下奉

上無所疑阻無所推諉各畏其法而無怨自知犯

罪不敢律生而以畏罪不犯各守其職

君民上下惟一征利似如造舟放之水造車推之道

日本唯人須取無所吝惜以美而費較美而為贊然

看之一往無謂其似造閑而須舟須車自有其人其

要錢似其利自在其利錢似其利自在而以其費美

俄其利美信一副成俗人不為怪

舟車之官造者與無官舟官車之名今日造之明日

用之與毋任貫於領舟車之人而貴與太多。十錢矣
錢而復取情此其勸戒免利之意而利於民自利者
國而況其年終之稅利又爲倍者耶
舊制善人不佩劍若官人公事及左右佩劍自通西
人公約只佩一切私約并不佩劍云
其所謂萬國公法者諸國締盟如六國連衡之法而
一國有艱萬國救之一國有失萬國攻之無偏愛憎
無偏攻擊此西人之法而方規規奉約不敢有失
電信之條鐵路之鋪作一大事務碌碌孜孜式日營
造之不知止也

造幣之局費之有之金錢限錢當至壹千紙幣一度
已頒發錢亦式日加造而不知止云
有專權大臣專權公使之名一受其命令苟有利于
國者專之可也凡其館下之生殺黜陟凡其辦事之
便不便遲疾皆可以專之而以理之專權非專擅致匿
如古之魯三家晉三軍之爲也
雖其至重之事之時下官之事上官一階級之間而尊卑
截然而相列樣態者抗於一有供給磬折趨走之眞
而役之奉長官觀於其務一省卿與大輔與大丞小
丞則若其其等級者及其陟帖進等一時大輔拔萃

帖用綿紙[illegible]手呈盤于卿卿受之而受之畢大輔
還坐于椅則大丞又如儀於大輔之前而大輔亦受
坐如卿大丞少丞以次行之亦無可知其法令之甚也
嚴而名分尊卑等事於雖小丞以下從容了尊卑也
大輔以上[illegible]了時視焉[illegible]不見其[illegible]而不[illegible]也
留館時有所贈給于彼伴接員一墨之微之小必登
置手簿者而後始入館之及至釜山又有所贈
給則以爲來時未及受指揮不敢擅受及其[illegible]留置册
還館而後經告知而受之云此亦其法自守可知
也

46

規條 六則

我行如到萊府而彼之瀛艇已來泊舘守山之城佑
長寓書先以規條三冊送之一爲迎候我使者自一
爲貴艇中規則一爲貴域內禁條并以黃龍艇延遣
館員各一紙入人國先問其禁我所當問而彼先示
之亦不失爲主人之道及到江戶外務省又有約條
稱以代書而送之是要我人所行止任便接待之務者
款誠處之務者周便自示貴禁又務者其所難而且
文字簡當兩言後之而是萬拔皆拖并保之

館倭書

我四月十日接到貴國東萊府使洪公丙子三月十五日單簡及玄訓導條陳書現今貴國為派修信使於我邦要僱用我火輪船乃使在本館尾間書記生賫貴書馳往東京以轉致我朝廷朝廷深喜貴國之速有此舉也以發遣火輪船一隻搭載接伴外務官吏數名已到達此港乃貴使啓行日時惟任貴便若夫在船及陸地接待等項一切要需覼縷于別簡幸勿勞貴意敬具在釜山大日本公館長代理明治九年丙子五月十四日外務四等書記生山之城佑

長
第一條
蒸火輪船黄龍號應要信使一路航行之需如其煤
炭該費悉係我政府營辦不須貴信使僱債
第二條
本省派外務少保水野誠一七等書記生尾間啓治
負爲貴信使一行諸般事務
第三條
外務六等書記生荒川德滋同中野許多郎及生徒
十二名負爲通譯及延接事務

第四條
旅館設在東京第四大區錦街第二街一番地合豫
附館圖一枚
第五條
船內廚饌一切自我供給之是為船內一竈同炊
費用雜辨之費也莫煩慮
第六條
軍醫員一名在船內
第七條
船到馬關兵庫兩港收時間碇泊以療航客之倦此

時上陸間行或投旅舍灌浴梳髮攝養俱有準備

第八條

船由橫濱港上陸汽車一駕前往東京到港另有
外務官負辦理者任使入京之寓居

艙內規則

一艙內各房室有上中下等級須聽艙長指示各就
其室

一艙內切戒火燭須小心注意吸烟亦有時有處
就其處則雖其限內不得吸之非得其時則雖就其
處不得吸之嚴禁房內密價燈吹吸

一每室各有燈限時消滅收束別娼出入亦爲所嚴禁

一艙內設有廁圍非就其處不可溲尿溺

一盥漱有場使水一切於其處禁他所潑滌

一水火夫司船櫃爲劇務不可近切傍觀或妨張碍

轉舵之事其或誤觸鑰鍵踐機侵入器械場則害及其身

一甲板上禁快譚壯語艙內過昏夜戌牌之後最喧聒亂寢人艙號令

一甲板上限處進步趨之處禁限外隨處步趨

一喫飯有定所有時限必有一齊同食不得各自隨
意就席若其疾病有不能出房室者則告情著食亦
無妨
一船內有不許乘客進入之處切戒勿強迫擅進
一所帶有之行李物品須付之些精兒收藏若其或
有火藥易爆發或脆弱易腐敗之物則要詳問其性
質以便特殊收藏但其朝夕必須物料或生間不可
須臾離之打包小籠置之房內亦無妨
一會食禁飲酒若醉嘵之者於房內就臥爲時飲勿
許無妨若使酒狂喧紛(嘩)大聲者以犯禁論

是係船의搭載甚例士君子一見知了無敢犯之

善與僕婢로可不揭示切戒其譯述以告誡頒法

其丁寧告戒豫防一般之患

明治九年四月日

詿違罪目 二十八條

一 狹隘小路를乘車馬ᄒᆞ며馳走ᄒᆞᆫ者

一 夜中의無提燈ᄒᆞ며挽諸車ᄒᆞ고又乘馬ᄒᆞᆫ者

一 無斷히로疾驅車馬ᄒᆞ고使行人障礙ᄒᆞᆫ者

一 挽人力車者強勸乘車ᄒᆞ며且過言ᄒᆞᆫ者

一 置馬車及人力車上車於往來要所ᄒᆞ며妨害行

人或橫牛馬於街口ᄒᆞ며妨碍行人ᄒᆞᆫ者

一投棄蔬果禽獸之死者或汚穢之物ᄒᆞᆫ者

一以沐浴家로爲業者戶口開放ᄒᆞ며或樓上不垂簾者

一家屋前面掃除ᄒᆞ며或不潑汚水ᄒᆞᆫ者

一婦人이ᄒᆞᆫ裸로斷髮ᄒᆞᆫ者

一上車及人力車湊合之時의妨碍行人ᄒᆞᆫ者

一掃除大小便不蓋糞桶ᄒᆞ며搬運ᄒᆞᆫ者

一以驛亭으로爲生業者不記止宿人名ᄒᆞ며或不爲進告之者

一破毁街衢號札及人家番號姓名標札幷貸所標招牌之者

一妨喧譁爭論及人之自由外且爲應驚愕噪鬧之者

一戲消滅街衢常燈之者

一佛跡忽之以拋澆於人汚穢物及石礫等者

一通行田園種藝之無路處之以又牽入牛馬之者

一於往來道路以放屎於非便所處者

一於戶前立之向往來之以使幼穉爲大小便之者

一幷挽上車及人力車之以妨礙通行者

一誤放牛馬ᄒᆞ야使入人家者

一使鬪犬ᄒᆞ며且戲令嚙噬人者

一飛揚巨大紙鳶爲妨碍ᄒᆞᆫ者

一乘醉ᄒᆞ야戲妨車馬往來者

一打擲窓戶ᄒᆞ며攀墻塀ᄒᆞ야徒出顔面ᄒᆞ야瞰視行人且嘲咲者

一用三尺以上之長綱으로牽馬ᄒᆞ는者

一折遊園及路傍花木ᄒᆞ며或害植物ᄒᆞ는者

一於道路及人家의셔强乞錢兩或爲强賣者

代言

一府內人家極爲稠密最畏失火故雖令監卒日夜
巡邏旅館內外亦請男女各自戒懼
一旅館若失火則從火勢所向接遇官等以避之
即淺草本願寺並金地院是其轉寓之所也
一男女若有一時感冒及心思不佳等則必須速告
其情以請醫療使豫有醫官之備
一時漸溫熱若房內不潔則或恐障礙男女之健康
故使房直們々入室灑掃其汚其塵矣
一男女客出游館使通辨導者等之若不要之則不必
跟隨任意出游因無妨也車馬亦然欲乘則乘指麾

可辨且夜間徜徉市街之一亭廛等者之傍而不敢

出者必接遇官本意也

一男女出游或忽迷于路岐故豫附木牌記以旅館

所在若失路實迫則以是牌示警察官護官懇切指

示以去處

但府內設有警察及無處不巡視護官則著紺黑

色服持三尺許杖

一市街無處不設一廁圍以便于路人且人民家內亦

各設之故萬不於其處放屎尿

但市街廁圍塗之以白粉縱七八尺橫三尺乃至

六七尺
明治九年五月日

學術 七則

所謂學術漢宋對峙朱陸幷行如陽明之三三子傳心傳山崎氏之宋儒之紹書皆屬信程朱不走他岐者也如伊藤之童子問徂徠之四書徵則攻斥程朱無復餘地人且兩立而不悖也

舊無文字我三國時百濟人王仁携書籍以入至今向我人致無限感謝之意

其國讀文諺之伊呂波自通中國以書籍可以輸來古輸來不然且伊呂波而翻譯之以歸

中世文凡大作今稱來書中國購甚多至於唐迦可刊四庫
全書亦全部稱來者四云
自通西人專尚當說之術經傳文學弁髦而度閑之
其通經攻文之業者有禁今今八九年如安井衡與
學問重野安繹川田剛之文章皆負舊日講習其道
數十年矣老且盡而說學問典禮且不可復見云
安井衡號息軒學主漢儒攻斥程朱以伊物之派並
而負一時著左氏輯釋論語集說兩書有中外人應寶
時沈秉成兩為序極其推詡直擬於毛奇齡
西河西河若璩閻之劇賊耳然其淹貫通識亦自一時

陸之大古家
奇劇之役日不暇歌而舞巧妙敏速館之樓臺傑
一日而熟而以中國書籍隨來隨刊爲欲求書不得
遊市而搨楮紙朝及有勝書

技藝七則

書法舊有弘法師者一國從宗之中祖蘇米濃肥腴而骨氣不足盤屈圓縮有張顛酒後光景而全乏力科雅之政近日一種公帖文稱專主歐書更瘦筋勁骨民之醜泉一派文酒嘲言一切便着濃滑荻原秋岩方以名筆擅世云而書只及凡三條源美材法書勁而幼學臨摹撫元帖者亡可紀一時之豪

畫家專主細密精緻金碧不泥之窮巧盡態而乏古人意

拔古木蒼藤瘦竹皺石蓋其所能耳然較之唐宋諸
譯時雖分其工拙近日如狩見氏湖和尹之手法精
工亦可謂入妙
寫意水墨則亦有之拳大毫由離水墨向紗落末粗
粉紙上刷抹橫塗盡而不可蓋其手不放筆神不勝
沛快之法動往往有可取
界畫一端自其所長而近又工習西法巧上益巧真
畫物不肖毫髮不精下而筆端小而畫纏毛髮映纖
界尺手指毫毛之不已
印書早期取精妍而有時古拙不合儀式印書其惟巧欲

學之不厭也

物産 二十大則

陸奥産黄金石見出白銀播摩之銅血色紅豐前之
鐵雪色皦薩摩之劒鋒利無比筑前之米顆潤可數
肥前之布滑而紙美濃之紙潔而韌赤間之硯可方
端溪下坑西京之墨勝似庭珪妙染平安之筆精杉
原之酒香相模之木比美櫟樟甲斐之馬並駈駛驥
俱有前述且淵經覺不必歷指共屈閩難
鐵皆可鍊凡造器械鋒利且不計才加拂拭雪花糢
糊雕為奪色光輝射人

秔稻之水田移秧如於日本則日本之米宜甲於天下而至文農器之巧農夫之勤可見土利之出而松前蝦夷千里之地盡墾而灌漑之則利大当萬倍於前云

布帛之屬不可殫記而赤地之饒精好之織々紗初具莫非精物況及對馬舊島豪家所見片饒諸襍凡各錦緞片割緞帖謂之片錦諸色紋有紋色物不有宜不偕於江南西蜀織造之局也

紙潔比於唐韌耐於我以其而長而色文一種西洋之紙遍於其國光滑奪目潔厚如韋而似紙非紙還

無足貴以吾所見不及其地之頂品也
赤間關之硯滑利過之似非佳品
筆墨一道處處非其舊也至又多用西人筆劃作
字不離墨而終日用之不知其何法者遺也
馬皆驍健可用牛則甚大所載似倍於我國之産而
肉不甘軟庖廚之用倘不及於我國也
木多疎直可用而石亦博厚無其山皆土山無層巖
絶壁可以採取而然歟
銅之白者謂之白銅我之所無也多取此來而用之
亦見日本所産白鑞俱勝於此亦來者

髹器自可數天下第一

磁器彩畫舊不及此多從泰西法精巧出色博物院有一花瓶高可拄屋遍施彩畫金碧眩目渲染無痕此亦仿西法為之西人見之以為青於藍者薩摩州所造云

古色秘色法瓷各各出色

鏡舊有烏匣鏡者今不可見此鏡退鏡法從西法雁銅鏡尚有舊制眼鏡亦舊有髹漆木為圈屈貝虹腰兩圈於當上圭下圈髹匣而藏之之形如葫蘆者今則無之只有輪小緣可遮眼而着頭或銀或銅為郭而加

鶴膝所謂居而下之掛之耳後寧矣不脫郭与膝俱

細如絲此亦西洋歟

綿布攝津之產而色又無處無之云織造一倣西洋

如所謂西洋布也

茶色青也乃舊產而不多見茶農茶利一似我朝蓋

西人專茶之利之倍於前也

道味魚其俗所謂鯛也處處多有之無時無之

蓋古(海)道魚之其之所產味淡可食

北海有魚其名曰明太亦名北魚北之魚也其生也

水游活潑不足值惠子之賞其死也鱗發淡味不足

享侯門之貴者其需無盡而其值賤耳故我之人求山
絶峽黃白好寶者不識此魚者亦見於物覽鮮族之
設網不見此魚彼亦言而無名者也云
棕櫚木有長至數丈有大盈抱者無數無之有時山
上聳然成林而以緣屋之棧架壁之椽無不以棕櫚
爲之可見其賤也
蘇鐵木〻枯打鐵則活而以謂之蘇鐵而從前我人
見而奇之而以多見於信使記異之書而其國人視不
以爲異也
竹巨細無數無之

花卉之屬我無而彼有者多我有而彼無者無之林藿之間花叢叢可愛而數皆不知名至如躑躅映山紅西龕等花我之人而只一盆可值千金者岩畔溪側無丸是也

古云彼無黃鳥今則見之空林栗留流麗可聽

人蔘則或種養而蔘不宜土云

燭白色冰滑類我之白蠟燭而加之潔此取木液為之云而木名不知

油樵取鯨魚之膏為之山櫟木取汁者多也又一切用石炭油取油之方未及問

日東記游卷之四

文事九則

與彼人往復文字自書契以至尋常文移并皆入之而若唱酬詩篇則我之自著行中盡筆自多遺亡而彼之寄贈一併行櫥襲皆耽擱東分西析不復存留只以隨身載囊入之然一臠而知全鼎片錦而知全疋亦何患其多有也下有寄宮本少一書一度息軒扁後題一則觀陸軍精造局記一篇文亦入之或不無他日之攷也

書契

朝鮮國禮曹判書金尚鉉呈書日本國外務卿閣下
維時首夏清和伏惟貴國雍熙本邦輯寧均切驩誦
本邦之與貴國隣誼懇款蓋有三百年之久則唇齒
依倚心膂相照固其宜也忽因事諸彼此疑阻折之
嫌覆之地傳聞之言何能保其無爽便者貴國大臣
航海辱臨本邦亦選大臣迎接於識沿餞接之府談
晤歷凡辨理精詳積歲含蘊一朝開釋何等快活何
等欣幸惟我　聖上深念舊好之續修特派禮曹参
議金綺秀前往庸寓回謝之義尚俟秉承　寵命謹
將尺幅陳告大義區或並須欣聽喜默恭希若序保

愛以副遠懷不備丙子四月日禮曹判書金尚鉉

別幅

虎皮二張

豹皮二張

雲漢緞二匹

白綿紬十匹

白苧布十匹

白木綿十匹

各色筆五十柄

眞墨三十笏

憑付隨員略仲恭儀陋收並坐

朝鮮國禮曹參判李寅命呈書日本國外務大丞閣下

維夏妣越緬邈台候鴻禧溟海層遠傳問易訛而相

疑阻屢閱星霜每念隣交舊誼不勝悵歎何幸貴國

大臣來與本邦大臣洞析以辨意度翻礙有差闡曉

兩收凡匡而貴與國自如也今奉　朝命將派禮曹

參議金綺秀以寓修謝之義區區敦睦契而訂永好

懽祈曷已肅此不備仰惟照亮丙子年四月日禮曹

參判李寅命

別幅

豹皮二張
靑黍皮十張
雪漢緞二匹
白綿紬十匹
生苧布十匹
白木綿十匹
各色筆五十柄
眞墨三十笏
遂以隨身略伸菲儀哂收是望
修信使呈日本國敎部贈物目 此不可去故 特附于此

雲漢緞五匹
虎皮五令
豹皮五令
青黍皮三十張
白苧布二十匹
白綿紬二十匹
白木綿二十匹
綵花席二十張
鏡光紙二十卷
黃蜜三十斤

國書契

茲為照會者據到貴國丙子年四月公翰貴國今以
禮曹參議金氏為修信使派遣本邦便修舊好併寓
向者我特命全權辦理大臣前往貴國之回謝等之
事項具照領矣蓋兩國之有交誼為年既久而一朝
契闊情味漸疏今貴國速派信使來修契邦信使之
鄭重述使命辭旨周至大為暢序交懽之地兩國之
欣幸莫大焉我皇帝陛下嘉尚之特旨延見寵遇殊
深信使後　命之日閣下聞此事必應有忻悅此向
我之信而不疑也茲賀貴國雍熙并祈閣下之福祉

敬具明治九年六月十七日大日本國外務卿寺島

宗則印　大朝鮮國禮曹判書金尚鉉閣下

一蒔繪衣厨一箇

一陶器花瓶一對

一色紗五卷

一色綃十五匹

一海氣綃五匹

一烟管三對

一烟草袋三箇

一寫眞帖二冊

不腆土宜哂收是祈

茲爲以覆者接到貴國丙子年四月公翰貴國與弊
邦一葦可航鄰交有舊日久而信使間絕經六十餘
年兩國情誼澗乖離本年我辦理大臣前往貴國重
修舊交建立和盟貴國亦速派遣信使以寓修謝之
回意我政府接遇之詳略今不敢贅焉惟廿年來欽
慕之念得此時觸發聯歡在我之分是貴信使亦所
了知也蓋兩國交際自是益親密可期而兩民幸
福莫大焉將信使開發聊酬貴意敬具明治九年六
月十七日大日本國外務大丞宮本小一印

外務權大丞森山茂印　大朝鮮

國禮曹參判李寅命閣下

一薩綸紗廚一箇

一陶瓷花瓶一對

一色紗三卷

一色縮七匹

一海氣縮三匹

一烟管三對

一烟草袋三箇

不腆土宜哂收是祈

附日本國回禮單目錄

一 刀一口

一 漆器六個

一 薩摩陶花瓶一對

一 箑五握

一 赤地錦一卷

一 紅白絹二匹

一 甲斐色絹十二匹

一 越後白縮布十二端

一 越後生縮布十二端

一奈良白眼麻布十五反

往復書移

以書簡致啓上候然ハ貴下今般修信使トシテ御
来着ノ趣我皇帝陛下ヘ及奏聞候處満足ニ被思
召候依テ特別ノ叡思ヲ以テ貴下ヲ御引見可被
成旨被仰出候条来ル我六月一日午前十一時赤
坂皇居ヘ御参内可被成候此段得御意候敬具明
治九年五月三十一日　外務卿寺島宗則印　朝鮮
修信使金綺秀貴下

譯漢文

右照會ス貴下以修信使ヲ來我東京ニ至リ恭奉我皇帝
陛下陛下深嘉之特旨准貴下謁見我六月一日午
前十一時貴昇赤坂皇宮為之告示敬具明治九年
五月三十一日外務卿寺島宗則印　朝鮮修信使
金綺秀閣下
右呈覽者伏惟高旆光降往以萬福傳到公文一度
謹讀係此趨走特為崇指尤切感謝此順候外務
卿閣下丙子五月初九日修信使金綺秀印
以書簡致啓上候陳ハ昨年十月貴國平安道義州
人李元春ト申者洋中ニ漂流スルコト數日至難ニ公

危ノ際ニ方リ不図英国船オスカワイル號ニ救
助セラレ以テ再ヒ天日ヲ拜スルヲ得タリ我北
海道函館在留同國領事館ヨリ轉メ本年一月我
東京英國公使館ニ送達ス蓋シ前後六ヶ月間救
護到ル所啻ニ衣食ノ恩ノミニ非サル也貴國両
國尋交成熟ニ至リ候ニ付同四月同公使ヨリ右
漂民元春儀拙者ノ手ヲ経テ貴國ヘ轉還致シ呉
候様照會ヲ得即別紙ノ通及往復候抑航海者ノ
漂到及ヒ危難ノ境ニ臨ム有ルヲ見ハ之カ愛護
ヲ加ヘ之カ救恤ヲ施スハ天下ノ通誼萬國ノ通

義ニメ固ヨリ其國ト通好ノ有無ヲ不問然則英
船ノ救護英官ノ顧恤モ亦貴處性ノ厚義ニ出ル
ト雖氏數月ノ久キ恩義並ヒ至ルハ豈感激セサ
ルヲ得ンヤ今ヤ此漂民ヲ貴下ニ付セントス貴
下宜シク此意ヲ諒シ以テ還送セラルヘシ而メ
英國政府厚誼ノ致ス所貴國ニ在テ同國ヘ相當ノ
謝辭可有之儀ニ候ヘハ歸國ノ上ハ貴政府ニ於
テモ必ス安ク本業ニ就カシメ候儀ト信メ疑ハ
サル所ナリ此段併テ得御意候敬具明治九
年六月三日外務卿寺島宗則印　朝鮮修信使[illegible]

續奏書之下

譯漢文

英照會本貴國平安道義州人李元春于昨年十月漂泛在海洋中困厄數日仍際英國船達汲加准洛號航過為伊救助由在我此海道函館港英國領事官以本年一月轉送在東京貴公使館頃日貴國與我締約方成於是本年四月英國公使照會於余曰將該民由本省還貴國其書載在別簡蓋前後六朔當貴慶好以得保全性命不啻衣食之恩也夫航海者失路漂泊到岸及遭颶風險危雖在見之何人

不加保護施救恤是天下之通誼英國之通義寔不
問貴國通好有無也則英船救急英官優恤自是人
世常務但貴國如設月之久不敢忽略貴國恩義豈得
無感戢今於該漂民送附貴下爲望貴下其諒此意
以領還之且英國政府厚誼何在便知貴下亦應有
所謝於英官之辭也聞之貴國處漂民自有法而該
民之遭厄也是實無疑如還貴故土則貴國其使之
安執本業也我信之而不容危疑也併其陳之敬具
明治九年六月三日外務卿寺島宗則印　朝鮮修
信使金綺秀貴下

爲回報去年貴國送來漂民英國平安道義州人李元
春等以傾覆倉貝流到鄭建嶽救朝支保之恩非直
渠等一人受賜即英國一國之人同受其賜也感〻激
激至矣英國之人於重極恤去年而請之使接去而
救急之古事入井動心惻隱雖人〻皆然〻〻當之者
安得不千感萬感循我馳謝在所當然而惻隱之心
仁之端也則英國人當初救恤特仁人之事耳區或
區〻望今日稱謝之語也只當將以一副感〻之心
銘肺鏤肝以爲〻〻之報可也安知不他時英國人
有難而我國人亦加救恤也只此佈謝敬望下一轉傳

俾英國人知我國人之善隣國之助于之條約李先
春之帶送故土使之安業則在我尤耳倘蒙回過萬感
念也於此於彼盛激無已謹希照亮敬具丙子五月
十二日朝鮮修信使金綺秀印外務卿閣下

以書簡致啓上候然ハ貴國禮曹判書ヘ宛タル別
簡一封貴下ヨリ御遞達有之度候右ハ外務大丞
宮本小一ヲシテ貴國京城ヘ前往セシムルノ一
事ニ有之候印依テ貴下御心得ノ為簡中ノ漢譯文
壹通ヲ添付致シ候敬具明治九年六月十三日外
務卿寺島宗則印　朝鮮國修信使金綺秀閣下

譯漢文

茲照會者茲貴國禮曹判書之別簡敢煩貴下處達
書意所記外務大丞宮本小一前往貴國京城一事
也今另修送其封以譯漢文以聞知於貴下敬具明
治九年六月十三日外務卿寺島宗則印　朝鮮國
修信使金綺秀貴下
茲爲照會者我朝廷以外務大丞宮本小一爲理事
官前往貴國京城有所辦理已據修好條規第十一
款內預經揭載更議定通商章程約束兩國人民且
條規內應補添細目以便遵照也貴朝廷亦使貴官

官有權可決定者今接重商則事甚敏具明治九年
六月十三日 大日本國外務卿寺島宗則印 大朝
鮮國禮曹判書金尚鉉閣下
茲因我來致鄰國禮曹判書別簡二墨謹領覽服
便帶去以爲公信之意仍我紀具丙子五月二十二
日修信使金綺秀印 日本國外務卿閣下
貴邦今去天晴台候益祺遙遙禱祝無任傾誠與貴
省權少丞商權以今二十七日發足貴國曆六月
十八日也凡兩國事務指麾斡辦專係台下秋石敬仍
報付書漢載而丙子五月二十二日 修信使金綺秀印

外務卿閣下

以書簡致啓上候陳ハ貴下乗船黄龍丸儀往路神戸港ニ於テ凡二晝夜滞泊煤炭其外諸品積入候付テハ其間同港ヨリ汽車ニ付シ阪府ニ到リ同所造幣寮御経覧有之度所希望候抑両國交際ノ道ハ只ニ使聘ノ往来ノミニ無之有無相通シ長短相補ヒ以テ両國ノ便利ヲ計ルヲ目的ト致ニ候ヘハ之ヲ要スルニ貨幣ノ媒妁ニ頼ラサルヘカラス貨幣ハ各國トモ皆其種ヲ異ニシ品位ハ同シカラス乍去比較照計シテ世間弘隆ノ便相

生シ且其邦國ノ獨立タルハ貨幣ノ品位如何ヲ見テ指定スヘキ理ニ有之候間今幸ニ我邦ニ来臨アルニ依リ先ツ我貨幣鑄造ニ注意スル所ヲ親シク經覽相成候ハヽ自ラ信認セラルヽノ端トモ相成可申是我邦ニ於テモ大ニ貴國ニ望ム所ナリ則貴下今般ノ職掌ニ於テモ最御注意旨有之儀ト存候就テハ阪府地方官及ヒ造幣寮ヘモ預シメ通知致シ置候間此段御承引有之度存候尤該所經覽手續等總テ本省出張官員ヨリ御打合可申候敬具明治九年六月十七日外務省

寺島宗則印　朝鮮修信使金宏集貴下

譯漢文

若與今者貴下得逢所駕之舡芝龍丸發橫濱至神戶港碇泊可與二晝夜間以積載需用煤炭及雜貨望貴下不徒過其時間汽車一瞥到大坂府有覽觀我造幣寮也蓋貨幣於交際者不獨便聘從來而已兩國人民於以有無相通長短相補互利益其國則不可不賴貨幣媒介而貨幣者各國各異其形實價亦不勻同唯其相比較之計以成締盟國弘通之便焉故各邦之獨立與否則視其貨幣良否如何可以兆之

今貴下幸來府則親睹我邦注意備造修作貨或於有
所信諒是我邦所大望於貴國也在貴下職掌上些些
得不亦所應用者哉此一行經告大坂府地方官者
有碍行路誰敢枉駕若夫途次事宜須本省護送官
多協辦也敬具明治九年六月十七日外務卿寺島
宗則印　朝鮮修信使金綺秀閣下
前修好者俄定更論今又書諭勤勤懇懇以交好之
地洞然無間察其風土觀其俗尚習其器械聽其議
論以至城郭山川之險夷政令民物之利病無不使
之知之拜服無量銘之心肺貴國盛意何可忘也申

戎神戶港滯留之間大阪城游玩一事謹審奉悉而
但我朝國規度有方不敢踰越他日貴价之枉屈也
允爲蕭灑萬萬不能覼縷今日貴國之待鄙
人也惟我海量之隱處存便安得無預爲之不安者
乎茲敢披露萬乞俯垂諒此悰允敬具
丙子五月二十六日 [illegible]
朝鮮修信使金綺秀
[illegible]外務卿閣下

爲此大會者謂日風雨貴相阻遂奚不度其吉別行發
紀翌日黑夜阻風一紀甚危登泊神戶港人疾作宛
轉床若所以二縣密處之際未竟游大阪之游幡君
國春夏秀華蒼惟餘修使得自悃怩遍寸楮諸希
海涵茲具丙子閏五月初二日　朝鮮修信使金綺秀

奉呈日本國外務卿閣下

謹酬詩

錦帆遙意東南津蘇節張槎勳業因此事何多來去客
想居無永福寺中人 題永福寺壁
錦帆直發釜山津奉使扶桑結舊因付與烟波千里
闊天涯亦作比鄰人 敬次瑤韻奉呈
日本源張甫
眉際盈盈只角津鷗來文字倚奇因浮生逢別種種
悵他夜相思多程人 又步前韻謝源張甫
扶桑深綠映雞林喜見真人航海移彤管從今承迓詞
蓬壺秀句未微悅 官本山之 唐上寫呈
朝鮮修信使
日本跡見花蹊

夢裡扶桑畫作林佳山佳水幾經眼東來芳艸迷天

涯他日相思奈遠恍栗本鋤雲以所見女史詩寫詩乞和〻之栗本詩缺

滴〻雨聲愁共寒夢中猶自理征鞍天涯賴有同心

友吉誦文字澹園圖淺田惟常宮本某也某詩乞和余〻成因詩編

騷歌聲共漏聲寒別恨綿綿惱去程李杜之文倉韓

術此生只可多園圖又好淺田惟常又爲別詩二闋義或人稱書畧岳之術

四海皆兄弟萬方亦一視而況同文邦誰復別彼此

鷄林與馬洲一衣帶水耳更有輪船便烟波道孔邇

怪底千歲交近來漸叙弛忽聞星軺至翹然引領佇

鼓吹何停〻旌旗何韡〻禮儀師鄒魯文物則朱氏

伊豈雲夢參遊崔六樹辟未聽論之深已觀貌之偉
想其妻年時三冬耽書史志大而才疎經綸業漫企
如今壯心磨蕭然卧閭里何以裁其豪才擢大方士
寸發心未老歸舟早已艤渺渺白雲深離愁滿遠水
爲投識與佗何知交情吾惟發深深來君盟須此姑

奉呈　朝鮮國修信使金公閣下

日本龜谷行

茲彼芸蘆蘆上天同一視應無各有時賢當言如此
有誰聞商賤商賤往爲耳觀應書仍青邈瀛蓋遍
婆論之九計文張武或弛後人偏多舌何不爲世儀
真樸一以削文物何難難良工巧擬置天地之有氏

自擎太迫但新息良困辭我向日東國高冠從古傳
釋詩倡宋代國書著明史徂徠述停傳千載又有企
侍膝伊呂波卑書通來曾古經漏秦火技藝多名士
名士九君誰比撰然我藏奇逢遼京公邑一言交如水
國都方來笑之道已傾召佳別美且情擬恰伊之妃

次韻答行

幸承識荊歡無名入情觀唱和示辭壓忠款一何寬
鵷鷺如儀美名都動詞壇日東游來飛雲帆得三郎
梅雨方投雲澤心悟風濶浮時記何日謹如情平安
江雲思無切曉天孤月寒 奉送倉山金公

日本 增田貢

娛我形骸集一日平生歡聲話真如佛歎字平等觀

在信書脫略且宜禮貌寬閑坐動旗鼓指麾美在壇

示我長歌並出壽華山都生洋彩千尺花文瀾

筆下龍蛇走老氣自開安珍重和田子歸與一燈寒

次於田爽

鄰邦交誼美金蘭海外輶軒盟不寒在昔扶桑我與

朱耐看殷國舊衣冠遺風妙向生成采唯把鄰賓投

勝肝膽綠江流勝文物笑談譯滄溟波濶鮮修行

金公案下

日本於田爽

聞說淨廷縱筆賢追隨書記君翩翩董瓜綠樣三句

安勁楫長帆手里舟仞押光搖金山月縷歌聲滿武城烟相逢相別如春夢海外何匪詩篇 奉呈
朝鮮國修信使金公案下

日本龜谷行

而詩庶為和東之長而紀

偶爾隨盟到日本山生何觀接儀容雜情開七思錢醉憶蓬萊第一峰 奉呈倉山金大人先生並政之

日本池原存

宛轉扶桑日出東春秋如澹見君容鷗人何止老終上富士山看第幾峰 次池原大阿

雲章仙飛來薑手披緘複三復而三嘆奇哉好璧此宛猿仙乘筏依々洗塵耳早晚騰絕便傳播遍遐邇

鷄林故有人紀綱張不弛交誼之日新刮目而相俟
國勢益隆之文物極彬之須使鄰邦贊歎彩樹其聲
者也書生羨感君英且偉者也不自料數卷草野史
煙然挽筆記古人不可企目未極大觀足未出千里
奮起乘槎去海而尋奇士無事就辭纏遠游舟未艤
一朝與君逢雀躍欣評於文章者知己然道者未啻
天涯之比鄰請看今日如
逢疊見聯韻奉呈倉山金
公先生并乞正之
日本龜谷行
層雲忽隱罩再四揩眼視故人不我棄繾綣直就興
因味澤可忘箇韶窮入耳不見幾日人迎其宅運

昳昳復昳昳之夢魂不離弛新詩達心曲君如我相憐
童子真堂之鮮花一何韓嬋之頑寧晚那抱肉生辟
阿尚良不已自著書有傳聞來何阿事晴自閱書史
古人我不見後人不我知所以并世人相知輕千里
君言我不信以我為才士富山蕨可採深川魚可膾
奈何岐路多有如梗泛水相別在須臾出門道已及
只許肝膽照心交從此始又和龜井約
及木千章翠欲流躍魚達紫氣多靜酬漢城他日相隨
庭記取深川共對洲 宗重丘廣止堂倉山先生 日本宮本小一
此有和韵不必録之

星槎匆事太忽々數月淹留發來裏自是香鷹總叙
意如何寸舌互難通由來與國無慮隔遠洋佳賓恐
說舊回且好聞修好日鮮開爲愧與國中　恭呈　朝鮮國修信
使金公閣下
日本奧義制

我邦美意太忽々久憂猶難訴衷哀和爲擬如温玉
對不言還有點犀通萬事芳州情何已滄海隔樓飛
未家蒼月饒前分手悵那堪他夜多夢中　次奧書記

極知天意福蒼生二國和成每舊盟奉命雞林相會
鷄觀光蝶域晚豫旋兩間事物重恩化四海一家時
第久羅事有朋來自遠同開奉運飾昌平　琴呈　朝鮮國修信

使閣下伏乞斧正

開成學校集書院生觀意澤女史宿盟才子擅場生平

日本大島文九

筆幻人間萬撓心旋交翔有道今懷古相好長經第

及久日月中天經傳字終為四海樂昇平

次開成傳生

東家女子花蹊氏學存人間手等觀一紙一毫一硯

池千秋萬歲同生死

清詩妙畫法書全三絕如君世所傳可有平生知己

未阿娘白首正堪憐

天然綿口錦心腸吟咏流家々幾女娘幽文高趣跡見

學雲宮殿尺開成校分官本少一要余書訪姬跡見女

史苑誌之

浩舟理程穩往事數悠尤平生輕遠別路此海壯游
少焉波浪穩望裏神戶灣即聲多佳趣蒼翠樹木幽
疾病阻歡賞贈焉情未休多謝主人意足吾能記[illegible]
神戶港會社樓主人乞詩留題

附
對馬為學照日東詩人之作
一人知己平生無兩國交鄰不世緣 官本少一
平生不倚遂蔽我抵於難為阿好人
觀止居然異季子善觀誰是勇行人 大島宗則
修修舊好從今始旁有人言慎莫聽 森山茂
白髮靑生倏倍黑頭寧相善鄰人 三條實美

英豪美譽三千界忠孝聲傳五百年
君是經綸之君足恭惟儉約以爲能
學禮之興邦何以得孔顏而學且今尋
苟得遂時仕再從己施恩愛且相忘
胸中意務除荊棘腹底長供君盡國
形於禮樂追三代肯把風花遊六朝
君能國事如家事我是今人愧古人
從古皆稱宋人物至今不變漢衣冠
人如冀北多名士地似江南何處村
國君和國丹心耳奈我書生白面何

初月芙蓉山下叢結繩文字吹前書 古澤經範

倭身千年傳之葉偉編一代有名家 宗義和

鷺倭鵑崎宜家子鶴慶松高永世人 宗直丸

右十八對皆有寫杭而今數人之外並未記寫姓
名人

列邦土上各君臣全地球同一兄弟

奉酬 朝鮮修信使金先生

日本宍戸璣

附 與宮本少一書

上日之會醉以酒而飽以德而又過蒙惜愛鄭重肫

辱尊大公登太政人親賜延接視同家人待也何人

得此於下執事風雨雞鳴愿君子之既見峨洋琴曲

歎故人之知音莫李六鳥卞匿四馬已秣灰香酒滴
意〻乎分手之難也歸來㩳彼鄉煙耿〻而伴影〻和
愁和多多在於長崎之國也傳天下之畸人爾生兒
寡歡寒益憶情中歲處感笑逆旅之退言南村友生
慕帛所之會心可以於友朋分上義生以之而易是
天涯知己爲逢遽別〻易會難百年雖後期此日之
可得安得不一倍悵惘黯然傷神也爲訴中情盡候
夜安穩聞尊太公太碩人一例安康閤內清謐足下
胤子兰蕙諒具另帋候書岸洗
附息軒扁後題

余嘗聞日東有安井息軒先生下帷著經著作等身
而不識其年代至今尚在否矣縱使在否相去萬里
落々難合及奉使到此即拜夫子廟退而讀新刻書
目赫然有先生在知名先生尚在矣而猶不識其居
止庶幾遇之而不可見惟叢有示余以左傳輯釋論
語集說兩書序乃中朝人應寶時沈秉成所爲也適
先生同學之本井々麓有選竹之人知乃得其居止
目之而余行程矣舟已艤稍夫唱歎乃我海山蒼々
海水茫々而先生終不可得以見之矣豈塵根未祛
道緣尚淺而然歟如猿離見而不見常耳然又可見

而不得見此生此恨歎歎座沈倍文信之丙子仲夏
下澣朝鮮行人金綺秀忽忽書息軒扁下

附觀陸軍省精造局記

余之使日本送之者之言亦不一曰使臣體重不可
遽爲游覽者有之曰今日之事他日之約且有游覽
一切牢卻爲可者有之或有曰二言皆無忘我使體
惟事游覽不可不戒也曰苟諸目前亦不可必也折
中於二者可游之不可游不游可也余曰仍以敎之
曰君子之行有異於常人之行一言一動一游覽
不可苟焉亦不可過撓彼將藉子之行欲有教於天

下必貴於之也尊要之也切乎貴余前待後翁之言哉
理且得貴懼善正色抗辭望之然去寞寞之楞楞乎
莫之已也乃我為子計彼不反迎我好從之雖不反
道焉自我先之奴可矣余深服貴言務息常上下于
心及至江戶江戶貴之都也貴大夫士與余交者猶
畧旨之為也於是要之海軍省觀大砲之放水雷砲
之放要之陸軍省觀步騎馬戰車戰之習又要之貴
小石亞陸軍省之兵學寮將造局在焉地曠而深多
花木泉石之勝古人所謂会心處不必在遠者然林
木便有濠濮想乎此之謂也飯于亭上飯畢散步至

一穹窿屋前有煙筒數丈可際天仰視之神爲之
眩入其屋々一隅大火輪半于地而轉輪轉而一條
革布帛廣如圍繞輪身隨々上下倏々轉々直際于
承塵之外渝視之一大銅樑架于革隨革而轉樑一
頭架革一頭架革隅將出屋傍之屋昂者隨而執之
果並此又有架樑之革下而匝一輪々傍有機一輪
轉一機々又轉一輪々軸有圍匝之革又上而架
于他銅樑於是樑軸架革々軸匝輪々滿一屋而傍
之屋傍々之屋皆滿銅樑耀于上革條上々下々則
屋々皆然而衆屋之下之輪上之樑下上之革来

轉直俄者一火輪之力也輪是輪轉而輪傍之機皆轉機轉而一機亦有一器冶而燒之椎而鑿之鉅而劈之刀而割之釘而斷之錐而穴之以之切之磋之琢之磨之削之平之圓者方之長者短之曲者直之巨者細之緻者精之亂者理之人以一物一器之下無不如所欲焉余嘆曰技至此乎一火輪而天下之能事畢矣技至此乎子之所不謂也吾不欲觀之矣累之阻余游者是勸余游者不是而余不得悍其是者矣則余之游其不是與奇技淫巧而惟曰是務利用而厚生利用厚生學之可也況觀之乎則余之游

只是与余惟曰彼之勸我游国不反道而我之游者
自我先而已也

歸期 四則

陛辭時自 上詢及到彼留館遲速以往前信行

那留二十日對 五六日十二三日多不過二十少

不下十日作對 上曰執其中一望甚好無過一望

可也爲 教故歸期之欲無過乎此限而滄溟萬里

夢魂迢遞對彼人雖或強爲大談而件件事事異域

愁惱於是一望已過一行之人擧懷闔轡而終不堪

陸行不由我所茫不寒心旋旋而已

至五月二十二日據伴官古澤經範也以言於船之

往大坂城時去如是佝來告此公來付所接而細付之
岩橋此段也遂與之料理以二十七日是發為定限
々又過四晝夜始可乘船真正是一日如三秋也
如大阪人何其滯留乃過十九年之久思之能然
古澤去而宮本少一送人來言貴邦間之定期如之
悵然而此事直須自貴邦書狀於勝者方可從邦蓋
送交之事不宜在吾人先發口問其它則於也蓋者
狀於勝邦以本月二十七日期乘船得也
得報於是事完全邦中諸人舉邦之極之手欲舞之
舞足欲蹈之踏相對笑口吟不可噤而欲與之言旋

又於亂走去爲捲澄初事也

還朝一則 又別單十四則

六月初一日還朝 自敦仁門分下 駐轎書時所直入
闕 由崇陽門分入國門 再拜 先呈於中門見別單(別單見下)
于承政院 以申刻入 侍 天顏 有去勳 問於人之
勞苦 彼情之誠僞 玉音 如瀼時 下詢其詳之 教
又以遠役之人 時又敢炎於 下賜水為 教 醍醐
湯一大器 甘菰一器 鰣魚膊肉合一器 臣以寡之之
何奉使絶域 猥得易飲無事復 未因非我 聖上洪
恩之攸造 而 謄問迴絶 宣賜珍重 臣感惶怵惕

不知所以措然之所移時羅是遣尊俯膝家已下人定
使為候史處門不敢尚訊直入拜家廟次謁姊氏于
內堂老姊癡妄喜極欲涕二女跳躍不識逕拜之為
神異可笑也

附 行中聞見別單

臣於四月初四日辭 陛二十九日自釜山浦乘船
五月初七日到江戶二十七日離茲閏五月初七日
還泊釜山浦計往回道里水路九千八百里陸路二
百二十里是白乎所謹撥於彼地聞見膚備 乙免
是白齊

一往返程途已具原狀是自釜山至長門即大
洋中波濤稍險長門至神戶港海之小者而彼所謂
江也波平浪穩神戶至橫濱有遠江即地方亦云甚險
大洋波濤之險甚於釜山長門之間彼人亦以爲險
者也歸路過相模即忽遇大風舟幾傾覆舟中之人
無不暈倒不得已退泊二百六十里過赤間關又大
風風浪捲起直拍船上時又黑夜風聲浪聲器物跌
碎聲雜於中船客亦皆驚膽失色較之前尤加數分
因勢又不得已退泊三百餘里下碇過夜屢次泊船
風猛不順又退路由對馬島而返此皆逆風而然也

往返遂過一万二十里並前後迴回可為一万二千
餘里也白齊
一山多岡嶼水少漣漪盖海中之山數皆平遠蘊藉
之海邊之水不得澄清異於他自赤間關至江戶所
見之山一例嶕嶢無險怪崚嶒之氣富士山之真箱
根嶺之險曾前信使之所目擊而今此水陸異路雖
於海上時望富士山皓然白色出没雲間蓋山上積
雪不解至六月始消云下陸後處處園林相望一水
一石自在布置窈窕可愛自橫濱至江戶之間有品
川在大海中有七八墩臺是與洋人接戰時將設放

大砲者也船多貯石〻重船沈〻船不已乃成壞臺
云其功力亦甚宏大是白齊
一人物三男而三女〻多艷冶男悉俊俏而且塡街
塞衢目所見不下數千万而無一跛躄殘疾之人無
一襤褸駿毅之人言語侏儒啁哳鴃不可解聽而舌
頭流利口角伶俐如猿兒猩癡而見人色甚恒喜笑
容所以別無可怪可惡之人是白齊
一地據大海多雨少晴雨亦斷雨易靄風則無少障
礙坂瓦亭樹扇宇稍爽塏盡瓶衣冠飄拂灑〻不可
以久留也所以留館之時爲五月自念間今日候不

其地上下老少夜時挾衾泉性暖乃地氣溫暖而乃習

室[illegible]自多有[illegible]

之故一兩條過道路於海底陀穩捲大道上往往坎

地以井字板蓋階地而蓋之似是隱溝之稱之所也

且觀橋大竿如此是白麝

一江戶之城周回可六七十里壕塹深廣城上譙樓

而有連挽之木安檯若干每見城上出橋之大城坼

而此則不然似及轉此為固也外城多是門門鐵而

不設未可知也每有雉城城內又有中城內城內城

之內又有內城則其所謂皇宮也城內四面皆有壕

池一如我城々有門無外草而内垂於門之樓内門
有樓城以[illegible]第下壘上假門皆方板不環其屬其皇
宮之内有一廣橋長可四五十間廣可三四間低垣
而度廿之下直構子兩邊長柵又垂而下之假因于地
過其上如一步大橋大柱橋皆木造圓柄架連並丸木
也總石之橋不見鐵處是自橋
一官宮之前公私第賤大門之異處多用雕一處曲頭
一處平頭中如四被之竹曲頭向右平頭向左鋪瓦
鋪之自然無帖垂而鋪隙自下達上由是銅鋪於屋
脊用雄及條之縫合處輒用灰縫厚如鐵塗屋處承

白之多事也一也髹然屋皆屋棧板閣一屋而又於
軒中層於堂內家複道可通之際檽爲障立衆檽方
撤如內洞然館三層重屋皆厚板大樑立一柱安一
閣屋了結構每一室前面穿檽或以紙或以玻璃於
又或板檽相對障之皆分兩架一爲臥家一爲壁櫥
櫥下爲板以置物也臥床上壁如掛書畫障子亦上
古銅瓶或磁盤瓶國檽多採瓦象家之名然大凡屋
宇一屋洋規其國古宇皆用木片鋪鋪或用茅蓋厚
可一二尺一刀剪之長寸余而雨洗風磨不朽亦
敗可見檐蓋之工而居處了精也然其古宇或於村

野則之石垣土墻亦以籬鐵而公私第宅舉不多有
多以木柵為圍或以鐵為柵至於菜田果園亦以木
片竹枝正方為籬不如斜款田間畦塍川邊柵欄井
井有度毫釐不亂可念其精細亦此是自底
一女所稱皇帝年方二十五中等身材面白微黃眼
有精彩天然渾厚自親務以後勵精圖治勤勤不怠
國有可廢則廢之制度可變則變之褫除之積弊
之害可以利於用學於雖洋人之服一切衣飾至隱
之不如於雅之人要放於與之至於藩國內方以隱
四位各處底江戶亦不敢於怨尤之色頗觀之意云

此人斷不可盡之以誅戮之甚則斷髮文身雕題漆
齒亦未會乎洋人之服也以此易彼不足深較第須
英明勇斷任賢使能何多為乎取是白處
一官職可卑事死不截然而禮貌則兩如下之所以
施於上之所以施於下而不脫帽而拜稽首甚亂
此屈彼即見甚駭然之一有差誤亦不容貸太正府
所其人最尊奉之卿以下為正字直諫之故卿以下
亡者必以惟讓不敢有違哉而所賤役亦皆下事其上
不以禮貌之簡而為不可或忽是白處
一政令專主乎信是去了木可則貴其而從學校

教人之法士大夫子弟以及民之俊秀自七八歲教
之學兼習字初教日本字次教漢字至十六歲廢
史之諸經傳大而天文地理句股之學小而農器軍、
器圖形之說船閘手術末之艱擬以至女子亦爲學
校大之天地兵農小之詩文書畫皆專一藝天下之
國之人皆以欲奉泰西諸國倣效之師其術慕其
神而卑其辭畢心者其技之利其器亦自害人之國
以爲學者學之術業之造火輪船火輪車教人遠
服要安以爲其力之利其貨其作上下孜孜爲利以
富國強兵爲第一先務蓋其政令似出於衛鞅遺法是

自序

一其俗如是之尚神從之者佛神佛之為其羅俗之
日則一切及是神學輯及我華但徒類流說以於
清寧是善之益於學事己興理可為而學問則廢懷
深惜並行不惜乃理共其夫子之道以其舊俗而今
至經傳文字弁髦而度閑之惟日孜孜功利之書
故其中有識之論亦有噫嘻之悅利者至於奇技淫
巧目視而不能然至口傳而理未得如直舟車之有火
輪火輪一設攻金攻木之器治木治石之材方圓作
細大小精粗無不取之於火輪一火輪而天下之能

事畢至處處設精造局人人習利器之術將此數
計實不可以寡者方是白齊
一一國之都會不過一二而就其江戶也橫濱也神
戶也未開國也皆所目擊是白乎所闠闠之盛市肆
之豐初見之壯之容或無怪而屢見中國之人亦以
設殿屋過於中國云自新橋至江戶一十五里江戶
四距一二十里於闠闠市肆撲地櫛比無一間地其
物之觀淺草之寺殿宇與園囿其奇獸淨房珍禽怪獸奇
花異草亡無物不有其殿屋可謂無比亦亦時時有
奇擬之態此其衛事全之條理是白齊

一其兩畫營之兵江戶城中屢養者七八萬其餘
自陸軍之者海軍之者日操兵不已無不精通器械
諳練師律坐作進退之方連令馬步攻其陣營遮邊
騰躍有一蹴千里之勢船上用大砲車上亦用大砲
用砲之法亦全用機輪具賊東西砲隱而指手非肺
亂變猶善美有此強兵有此利器而猶勤之敵之情
日不足之畧白矣
一其所謂富商強之術專事通商之不專利又有去來
此去商彼之來商此則今日本通商之國廣設其艦
去商之來者日本一國來商而去者天下之國之日

本所產出不十倍於前則生之者一耗之者衆物價
騰踊勢所固然於是日造錢幣而益之使賤物者漸
敗之為道況是技不巧且藏不精奪於造化且違於地
於探觀之美嘗善治而右所陳請修而隆寡其弊之
所以能長久之術是白齊

日東記游後叙

曩余使日東而反鄕人或勞苦之曰古人之使絶國
非直其導達辭命觀美風采而止亦將有所覩[illegible]覩
者不覩之覩是得之得覩之言語之外事物之表我
所獨得而人不之覺斯之謂覩子其有得於邦乎余
曰為人之所能者且不能為人之所不能為況余
不能為人之所能為者耳苟欲能其不能我因是覩
於人而人將覩我之覩只可輕我應對尊我瞻視寧
我是覩是使人覩我所以不敢爭乎覩曰然則子与
何事於彼彼將鄕仁慕化謹守規度歟抑亦與善侮

柔後事猖獗歟有一於二不待覘而可決子其歷之
余曰今茲之役置出修信競競爭篤敎之初侃侃守
仁義之辭彼以剛褊我以寬之彼以輕儇我以莊之
彼以奇技淫巧我以謹慎而拙約之苟與彼同歸於
六經之日月三皇之衣裳上也無已無拒彼情無失
我儀開誠布信招睦與盼我自順彼彼不逆我次也
是以造次於是顛沛於是苟得無失焉耳若彼之注
心注目自有所爲者其力強其食足而其志大其心之
所急固不在我也子其無慮焉曰諭女子之言亦可
爲目下之事而其志所在子可以揣知矣其果能言

虞也否令目不能知己何以知彼耶我藩籬賊不能
入足我常衛病不能生苟或不本而枝藩籬無補耳
枕而卧掌衛無養扼擘而譚將見賊横於墻壁之内
而病侵於膏肓之間矣余故曰在我者耳欲擊而辯
隨綱舉而目張直相須資耳子何不本元之謀而遏
遏於外至之害也彼猶外耳害耳我之既修彼自退
聽且以今日之大勢相之彼方有為之時也折衝禦
侮苟然侵我而吐口氣則我之所謂無虞者在此而
但彼之所為我之所不為也在彼鷙豺而在我為鳩
毒則固不可舍己而從之然忠信而御之以德而將

之而後過其外而貢其中惠其來而譬其往亦庶乎
其無虞焉耳曰不然彼且强我以不可强若一言無
膚髮然而起蓄其叵測之情無穢之外子有所未盡
察者耳忠信篤德無致歸於暴厥之渠因歎含曰子
之處固是也然第殊歸於一塗衆雖伏於大公善其
苞蘖之木不可摧折何天之衢胡走無礙亦易見之
理也今夫彼所强我而我之不可强從彼亦非不知
之其來也約之盡禮無間乎秦越之視其言也辭之
盡情洞見乎固膚之隱彼將無處生嗔無物挂肚然
後謂我義理教我士民積我糇糧繕我城池然後功

所謂之無虞焉已也若夫陵跨而至於危疑阻而
至於扞格積鬱而病憂蓄而怒亦必至之勢耳然子
之虞必不過至於是而余之慮有不敢殫解者也曰
有是乎子之言無事於覘覘又何以加之覘則其虞
非直在彼而在我也謹聞命矣請從此辭客去而余
以倦於游五月陰病而又慵 恩知象山之府象在
弟山中谷陰有暇輒綴緝行中所覩記立目分條略
仿本末史體凡得四卷名曰日東記游要之他日歸
老與田夫野叟譚絕域奇聞於荳棚菜畦之間時
聖上十四年丁丑仲春下澣前任修信使金綺秀書

于象山府之禦牧軒

雅量亦致凡事周便必能善其終如是而還之之一旦
也因與之別而歸

意也此深感深感謹當歸告我朝廷而但我國謹守株約不通外交而以凡事樸實無奇技好藝可以爲人力者則倘無一分資助於貴國而徒受貴國之援助我矣豈非愧恥之甚者也卿笑曰寧有是也此時公之退迎可遂敍話告別而起至外廳大丞權大丞退出告別大丞曰吾且奉使往貴國矣凡事之周章自此專恃於公矣余曰公行之來吾人之所甚幸也至於鄙人則亦若承迎有今日之約而古人所謂如我者流車載斗量不可勝數者也但卑言輕不足有無於我朝廷則其何以有益於周旋之際耶但公

不敢出門作觀光遊離披之舉矣不如以此退還也
時已日暮遂告別而歸
將發程外務省送別卿以下歷接殷勤手傳與天皇
別禮華說所奏曲名言曰貴行修信委婉鄭重深爲
感歎而我朝廷深意所在公可以詳之而余見貴朝
廷盛意應感可以措辭矣卿曰一強國之自立不如
二弱國之相倚今我國之與貴國一葦可航可謂唇
齒之邦也若痛癢相關有無相需困患忻戚失心同
之則可以有濟貴行歸朝後必告貴朝廷凡爲事爲
善如斧削以爲事之世永好之地豈不美哉余曰盛

言之五六寸以外不相往來接面雖親姊妹兄弟十
歲以後皆不同席如閭門至於閭巷賤流亦皆一
醮之後夫死而不嫁者往往有之自然成俗亦五百
年矣除以外國之人尤爲著隱隱避而不見之且有
一事比年以來多有外國人往來海上不知何國之
人而有時下陸若逢女子輒強奸之或一女子而衆
人遍奸之至於斃者亦有之故一見異船之來遠
沒奔而潛竄不可禁止而以異船一過一擾爲恐者
聞貴使之來初亦以從前外國之人知之有此奔竄
耳着以知貴國之人則豈有此也 下缺 黃公行之來作

此事亦須公之預爲參如甚然後加迫但可也官本
又曰又有一紙請公欲以記在心春間之行江華府
中凡屬婦女者皆避匿深藏分離無一安堵而居者
此爲彼之者行中矣有操戈悖惡之輩無知無行之
深者自治之有餘何如有此患累也者深則是貴國
婦女而有此言凡民之一曰離散有一日之害二日
離散有二日之害高彼小民貧亦何深此矣自政府
出令而爲之者則固不如出令於民自如是者則下
令禁之傳至更無驚散之地可也余笑曰此亦我國
異於貴國者也我國男女之別元來切嚴雖以親戚

多生波瀾矣不及貴國結我之款切無間也此亦國
俗然也若成律遵之人善見生客日用常行之事動
輒翹訝是我國之大病痛處假令公行之來必加信
款接而以公見也謂之踈之可也謂之無之亦可也
此則公預為量也可也至於凡幹公事之拖延時月
亦我國之例也自古以來無專權之臣雖微細之事
必也有事之官自下達上轉轉至於上官知之然後
始乃告于政府政府諸大臣亦言之通議然後始以
上聞自 上亦不即決必還下[illegible]臣僚之雜議然
後始乃 下旨而可否之此所以延拖時月之故也

則行之不行則不行一言而決之可也如今春貴國該公事〻以吾不敢知爲之貴將自發教人也吾不敢知孰知之今番則多以禮曹判書接我時須當另直接我面商可否斷而行之如或禮曹判書有另病或有他故不可接我時須以他有權力可以解事對事之人代接議定之〻毋延拖時日幸甚事多一日辦則一日歸二日辦則二日歸豈非兩便之道耶也矣禮曹判書不接以他人代差之時亦如以貴政府差遣公幹來吾可以信之而與之面商矣今日[illegible]切然此等事自可理會不必過屢也於接待之際必

賊誅之至於名峯文字用佛老語至靡麗論不背國法
截嚴故上下貴賤只知有朱子所以君々臣々父々
子々兄々弟々夫々婦々一道孔孟道理無他岐可
備無他術可衛也九鬼[illegible]點頭共聚而起
走遠飯宴甚多官皆敬服有宮本小一森山茂古澤
經範在外官本日交且兹六個月之約當往貴國凡
屬摸從之一節務從簡者可也余曰公之約期當在何
間曰距公約四十日當發下陸君計也貴約癸卯後
一朔可至貴京城[illegible]入城可十日我約渡泊甚好又
曰此是私言也今不必與公言之而所條約者可行

朝廷大小事會議之所也議長亦是親王也今兩國
後修舊好則兩國之親撫設賓不可不使貴國知之
也所以不於其家而奉邀於元老院也先生何足慮
之為也問其言似是初聞一言之失不足深較乃笑
而曰公言親王欲見我而招之云故余果激觸有前
言之過也此亦貴朝廷厚意余何可以不赴也公亦
以此知委可也古澤喜而去
文部省之文學寮大丞九鬼隆一申勤待余酒次問
余曰貴國學則專尚朱子所抑有他所尊尚耶余曰
我國學則五百年來只知有朱子背朱子者直以亂

故已許之矣曰如是再問元老院不有事與乎余曰
有之矣曰許之乎曰姑未有議而元老院是何等事
務之官耶院等何人摠之而體不佳是以有命以陞也古
澤曰元老、不可不赴也元老院議長以我皇上之親
二品親王也親王欲見公而邀之公何可以不赴也
李更且之余不覺勃然變色曰親王何親者修信使
雖不大之人以他國奉命使臣也苟欲見之則當躬
於之國亦見由寧有是也余雖疲然至於此事斷不
可以奉承矣古澤曰不然是我之無倫也邦以親
王之若貴欲見閣下便以招邀之謂也元老院以我

歸來云而匡匡又四日而後始可發船云者是何遲
就推延之甚也古澤曰不然此宮本言之不審也今
此船昨日入來船此空船多少裝載陸續卸下至于
今日自明日將修飾艙屋裝載沙石而沙石不多船輕易
敗所以沙石不可不多多裝載如是又當費數三日
然後石炭及粮物之等以次裝載則四五日猶云促
迫矣何不諒之甚也僕只亦不甚詳遂許之古澤又
曰明日文部省不有奉邀乎曰有之曰將何以爲
余曰聞本處朝廷有命多數要來者不敢違多我問
文部省即本國之太學云太學之請又安得不應也

余曰伊時事伊時商量今不可以預講也宮本曰今
年我政府有命以我差往貴國矣余曰是六個月之
約耶宮本曰聞命而已然未的知幾許也時雨淫下
夜亦已深遂各罷歸

古澤經範來商發行日時五月二十二日也古澤曰
貴曆二十七日即我國曆十八日也以此日數定之
何如余曰鄙人來時奉有 君命以留此無過十五日
今已十五日矣日前宮本公之騎船方在大坂今已
電信促回可於四五日後回來情載不甚又可費一
兩日然後可載發云計筭其期則今日也船既昨日

此旅之包西亞之距貴國幾里亦所知也否今奉使
歐羅諸國去六七年後方可歸來前吾所見何異爲
此街々之言也公可以移此貴心也余曰感謝感謝
公之貴心吾豈不知也謹當於公此言一々歸告我
朝廷也井上笑指女樂而曰今春江華城中九層婦
女盡皆奔竄者其捉而醜之耶猜而打之耶叱辱之
耶今吾都盖恪恃出女樂而示之也余大笑曰此吾
國素親而公有所不知也公貴年々來亦必年々隱
避也遂相與大笑井上又曰吾且六七年後歸來時
自北京從旱路由貴國義州直至貴京城而還何如

事而彼俾無他日之悔也友先生歸去必申勤陂語
于貴朝廷無負此至意遑遑之望也余曰感謝感謝
常常歸告我朝廷也遂辭留而整飯茶果終之良久話
屬我以委訪而去
議官井上御從赴會宮去乃一催馬崖設女皇后半
井上曰日昨申生之事公知有心人都色西亞之往
心貴國于己言之縷縷至於瘋風偏性之人萬無所
見則似必不憚煩至此也公之歸去須勿棄餘我
力告于貴朝廷早自多備可也仍出地球全圖一幅
曰以此奉贈攜回去時時觀覽一度之久有程里以

禦之策可也彼或來時慎毋砲放未知其來意之為何而遽先砲放貴國之失也余曰此毋乃島民之妄生妄動耳豈之或長如此也然我邦至此感謝感謝但係彼之道而利其器而便其服武備之製其衣工僅之巧其制未始不可學而我國毫觀以先王之言則不言以先王之服則不服一副傳守且五百年今雖如耳已耳不務為奇技淫巧與人爭長公亦應識知之矣井上曰不然我國毫觀初亦如此及長門薩摩之戰殆不能敗亡之勢不得已為此 二宗所業為也勢不能已也所以勸之以此豈爲貴國者 務貴國之先

者也此之教大不願聞也又曰敝人來此奉有我國
主上之命我　主上念敝人之遠役丁寧告戒以到
此隨遽無過十五日一望之期爲〻不遠幸望善
為周章速〻送歸俾無過此定限〻〻之望也官本
日兩件事件〻領會多〻弟已〻至於博物院遊於其
樓之手迹是張廣之歸
井上御春向來沁都之副官也者訪館所謂余曰
西亞之有動兵之漸者於沁都已有言之者而我國
之人每往彼地見其日造兵器多積糧于里是抗要其
意將任為貴國患先事而備修器械練兵卒以為防

動亦又不可收佗之度曰肝肺生瘡多今支只車可
以據存心由來知雅意亦可包容不經今兩國竟是
一家耳貴朝廷要我惟是游約甚國事也但我國素
視入人國未嘗出游今兹雖於違戒一任放作九謹
守我朝廷素視也且能以兵農器械言之動人必之
才藝隨負亦兼人則徒炫耳目有何益耶所以今
番之行只以修信爲重一切游學欲待他日此意展
論會之官本月吾於回書啓語以我皇上有命貴下
不得自主雖有所賞云云貴下可云云毀毒素煩之謂
如何貪笑而此尤不可曉有人付屬他人毀辱自己

一則書現則公等他日之役難保見事之聽從此則
預爲諒會可也旣言天下共之事亦豈可居如我意貴
國有言我未必然居我國有之貴國亦未必盡施此
則大事從因久生隨其遂起可用權而返
遠處彼寓罷歸路與宮本小一同車向博物院宮本曰
傳語曰勤家距館而離遠欲以日間奉邀御伴午飡
未知國意如何余曰國連敢不奉如也春間訪都之
役已聞大名勤人來時申大官之托每事須與貴公
相議而以來此以後直到踵門請教而務不可面二
委員則遠與開路次甚難爰且或衆中逢際將致慇

此條之國憲收在我朝廷亦豈不知之而劇之也但鄙人之才實不可幸今有位於樞要之際者支半無小疑沮事之措敎鄙人常銘心鏤肺仰報我朝廷也森山又曰每與貴國商辦支離抛延之一下以決之事我國則不然爲利于國則上下一心斷然行之無所拘礙也亦個月後細節之定亦無甚難事而若或如前遲捱則令人苦之居間之人寧不難說命矣曰我國規模元自如此如貴國之有專權大臣大臣不得斷行只小官手所以小違于大下稟于上不得不有許多遲捱也且小心謹愼不惟不忽自是我國

服念修于此且鄙國咸親先信義而後事功所以汲
汲乎修信四者講者也而鄙人亦自山裏撥大見
聞不廣才識蔑如雖手把器物終日摩挲實不知何
者利而何者鈍也一行隨處亦皆謹按自於萬善爲
器為準則其亦數乎鄙人焉已也雖日日遊而日日
賞待所假耳矣而益至今且後今日之後歸後爛闌
亡於異你之來更加確議曰自有女日何以為循目前
之戒幸幸塞責善後於己而尊敬盛意也森山曰公
言亦可因國之自家兵精器足之後懼弱急之意也余
曰貴國既如此富強智刃至道善藉手於我而猶

國並稱多至海外到之和不可以全之備鑠可以吾
輩之續續以遊覽為言者周察軍制美者倣之一也
審視器械利者移之二也歷探俗尚可采者采之三
也將貴國的確立論國可以富國強兵唇齒相依以
防外虞區區之望也余曰感謝感謝貴國盛意亦不
知也今番之行亦不欲推我國有才藝之人來此
度量口以貴之[illegible]之手以仿之以至俗尚耳目
動記之而只緣兩國許多年疑阻之餘幸有春間之
舉則今日急務不可不早自來謝而今個月後如有
貴价之來奴我朝廷則以先此修信章治行實是

兵庫揖而發
御苑花最深處有小亭溪流瀑淺上有飛瀑景致絕
勝至而森山茂在焉杯酒盒肴滿灌極矣森山曰旅
館苦寂寂何不出而游少得歡情也余曰吾人性本
沈靜實不知歡娛之爲苦而以吾心游說森山曰泄
泄乎終不知我苦心誰爲公供耳目之娛也方今兩
國是一家了敵國四面皆水而以外寇之至極嘗不
得至者々日之事而今不可一任受制于人故務是
富強之術多置兵先招究到今兵精器足究械一新
庶可以藉手禦侮也今貴國山川之險可謂遠邇勁

大丞曰我國四面受敵又非貴國之比也所以苦心
為此者未嘗專山河為得無失焉已也吾國之山無事為
此也因咄嗟久之余曰無傷也前所言哉耳貴國之共
心為此者業已仍措之久也無幾見外前言因一戲
也權大丞曰時時出游器械之利焉而效之制度之
便焉而習之公貴國之也也今兩國欲相愛讀公貴
見之焉欲效之而習之吾輩當竭力以爲一得之先
也余曰甚感甚感古語云利器不可以示人今貴國
非徒示之并欲貴效之可謂於我國有利殷愛讀而
今可謂大國之風讓讓之乎而況況之乎也時日暮遂相

物也日本人心本自輕薄見人新樣器物必愛之而
欲之也故任其所好然與之習貫而已且將陣乘船
非此衣美可所以然從其制此文石乃回不然者也余
曰便利器具謹聞命矣而公言衣服宮室然從民之
所好而許之乎且待期可乎公等之服更皆洋制則
公等亦有所好而為之者歟因大笑大山亦笑而曰
此皆不得已也不有趙武靈王乎貴國衣制亦豈無
隨時而變者耶余曰弊國衣制未之或變也弊國
始祖 康獻王與 明高皇帝並立衣服制度一從
明制于今五百年上下貴賤同一規未之或一變也

萬里之海洶湧之是怵傾覆之是懼形之不閑況極
乎聞見之可怪可笑乎但時上甲板身雖動搖而長
風破浪亦足暢我胸襟是則可喜也及其下陸見宮
室之美市肆之殷可認貴國之富盛是又可賀也并
不見其有可怪可笑之事也大丞笑而曰衣服之制
舟車之用似不無可怪而可笑矣也此果可美可賀之
事耶余曰吾見信行所記略有所得於貴國制度之
間上衣下裳寬大貞卓板橋等國諫雅精密一見可
認貴國衣服宮室之舊制也前見此時心乎愛之未
見其他也大丞曰然得此也近制之衣服宮室皆詳

行各省之所係例行之則外務省亦不可以口舌解之也各省卿著皆見之則可以行之字余曰此則不然敝國國法謹拙拘覲不敢有擅便之事今不可以擅行此禮也今貴國之於敝國復修舊信亦以爲好則二國卽是一國也敝國之謹守拙規貴國之所知也庶無强其所不强且也今此之來專當貴省之周旋廻護則各省雖或有言貴省之善爲說辭俾之寬是非之誚敝人之所深望也於兩公厚望焉權大丞曰然且商量國所以方便也大丞曰公之入我境所見所聞亦多可怪可笑之事矣余曰平生家食一日驀

也何不可之有且曾前通信之行亦見聞老古亦有
此例也余曰通信所例吾亦知之但致國書于兩白
留館幾日受國書而歸而已也若或見聞者此不過
朋友君之訪問何可為例也且鄰國羅麗以來事大交
鄰皆有聘(記)儀(例)只辦本事不敢(有)私交個也至於近年二
使之至此条也只辦事于禮部一受禮畢而歸未嘗
所謂(各部)各省已例昭然今此之行奉我　主上之
命直詣貴外務省謝春間之禮以修舊信而已未聞
有他省所謂之命則擅行他禮部人之所不敢也權
大丞曰各國之使一例所謂已為規例今此信使之

秘遠変布 下詢言語必起伏而對之使之退則退
退時至前曲拜変又行曲拜而出着奉 命又他行
之出去入來則只以紅團領肅拜于閤門外着入侍
則如前入侍例也貴國儀節則如何大丞曰當爛熳
商確奏達酌定後仍報矣余曰肅拜之地遠近入侍
之禮行否當如備示而至於行禮之節當以拜見我
主上之禮拜見貴皇上矣此意須諭念焉大丞曰唯〻
權大丞曰我國〻法各國使行之來必因謁八省卿
卿者不見只呈名帖而歸禮也再明行禮後亦行此
禮可也余曰此未嘗行之禮也曰此各國通行之規

後以為接見接見後回以為動駕之意擇日頒示矣
及定約期之意是又將已頒之令更擬以我國曆
六月三日以再明後二日也今不可以又遷就矣奈
何余曰貴皇上特命既如此感激不盡再明既是鄙
國 國忌罷坐之日則遲晚何擇焉儀節謹當依戒行禮
矣大丞曰行禮時不得不有服色敢問貴國之法如
何余曰鄙國之法有大除拜則以黑團領肅拜於闕
內閣門之外若有入侍之 命則以紅團領入侍于
偏殿 殿坐南向則至 殿上廳東向行曲拜禮
由 殿之夾門入或伏于 御榻前或伏于 御榻

曠絶之禮故鄙人亦何可一例因襲謹當依教行拜
見之禮矣大丞曰四年前皇宮失火近移皇居于赤
阪之地距此可十里而遠拜見一禮不可不預定日期
毋以爲奉違之地可也再明何如訓導曰再明即五
月初十日我國 國忌日則再明行禮似不可也且
明日然則明日何如訓導曰我國之法尤以晦朔日
爲重明日行禮尤不可也最明日貴國之法吾亦知
之午後羅瀨有行不可於再明即行禮大丞曰我皇
上將行此巡閱信使之行期有日期欲接見後動駕
初以去月念五乘船日相較是使行入京之日入京

感尤感然實是如此之事也遂辭歸甫揖起身而退
大丞權大丞隨至廳語更甫揖而散
歸館翌朝兩大丞來訪接見於公廳余與兩人對坐
景助與訓導坐其間大丞曰信使今番之行雖是拜
見我皇上之禮然我皇上特欲接見甚盛舉也余曰
鄙人來時初是國書則實是拜見貴皇上之禮而以
未承我　主上之命也則鄙人之擅自拜見似不可
也大丞曰不然我皇上自聞信使之來計日以待之
故俄已以信使來到之意奏達則我皇上教以不日
接見矣余曰貴皇上軫念鄙人之自遠方來特有此

然余曰我 主上遣我滄溟萬里只修聘使之使事
得主厚字行人得主務乎邦人未歸之前我 主上
之意可知也所以欲急急歸去者此也且自貴從容
言之一旬內外儘可從容自貴不從容言之一月一
年亦有所不得從容者則從容不從容豈不在於久
留與遲速也至於游觀之事當隨貴國之以副盛意
矣權大丞曰昨已以電信報焉一行之起居事抵此于
長崎島使之轉報于東京今則間何可得達于某府
矣訓導謝貴厚意權大丞又曰如有意々報知之處
須以貴國諺文修書以來當以飛報也余曰厚意尤

卓而坐時則余及兩大巫二堂上傳語官外諸人皆
不參大巫曰次當進候于館而而先此少紓可乎余
曰大巫公春間使還万里滄溟貴體無恙深可賀也
大巫曰官本少一春間江都來人稱大巫森山茂亦
春間來者亦致殷勤余亦致謝如答大巫者大巫曰
遠涉滄溟良亦勞止休養幾日可能從容相會也余
曰今番之行專爲回謝春間之禮修信之義豈在乎私
實無他件公幹則不得不歸歸而虛馱幾時亦可得
從容奉誨矣大巫曰不然此行豈易得耶小從容幾
月將息有暇游觀惟吾是所望也苟不然則大可悵

之險余曰幸無風濤之險矣萬候與貴國此行余曰
無甚異同卿曰曾見黑田大臣耶余曰春間之役鄙
人不與焉只聞其名不見其面也訓導前數呈日本
國私禮單于余前余自鄙人來時只承 命回謝春
間貴价之行以修舊信而已而初無國書則實無拜
見貴皇上之禮然既到此地微情有所缺然若不腆
薄儀聊表寸忱敢望諸公可能善為進獻耶因起身
手奉單帖致之卿前卿亦起身開緘見之旋置于前
時大輔以下諸起身還坐曰當極力陳達國所以進
獻矣余遂起身告辭出至外廳大丞權大丞隨至國

問答九則

初詣外務省外務卿寺島宗則大輔鮫島尚信大丞
宮本小一權大丞森山茂權少丞古澤經範出迎
延入中設圓卓四置椅子余先致名帖卿以下稽首
余肅揖以次坐椅傳語官最助坐卿之側二堂上二
判事坐余之側卿曰利涉大海洵可賀也余曰幸無
疾病敝邦君體百福大輔以下以次勞苦余亦以次
致謝訓導前致禮判禮參兩書啓卿與大丞拆見訖
曰大海上人易水疾向無便事善慮可喜倘無風濤

味甘而香入口爽並一枝衆蒂如棠棣之屬

菹或青或紅皆片切鹽之黑醎中有淡不以汁也
糖屬之來我國者皆粗粉也到彼見之日見其異或
樓臺纏繞或花艸細嫩或佳鳥爾雅或山川陸離形
形色色不可名狀
酒有茵香酒地黃酒甘香葡萄燒酒黑味酸甜々酒
琉球酒性烈如我國燒酒惟其所謂日本酒者香烈
色清類我國夏節清釀軟醉旋醒
果不多見如蜜柑之屬我人皆知之不須記梨比我
産多水而淡爽有餘而甘香不足也惟枇杷我國所
未見蓋冬花夏實性且脆不可以遠致也色淡黃味

好也

魚肉或大塊烹炙而之或磨而汁之團而熟之片切

而鹹于醬辛乍見之不知其爲魚肉也

魚膾者不細或有如指粗者而味則不腥也

菜皆細切如生薑菜細入秋毫個個不孰可認其手

法之精妙也

襍菜入各樣魚肉襍以扁豆帶萁而熟之旨且淡可堪

佐酒

大蝦去皮鬚脚入油鹽之内如煮泡也雖將蒸之如他魚

鮮亦仿而爲之

117

餅餌之屬此直久已忘之維使對食而操筆亦不可
以形容蓋其制甚異常者出於觀見而不知其名食
而不知其味者多如紅白圓餅以山藥為餡粉而製
之雖巧手來東已盡破碎當初製之之人幻也此法
也如唐饌色粉我國所未見者禁不傳
有所謂氷汁者磨氷作屑雞子黄和唐糖而為之云
氷一汁而已此氷也一句入口冷徹齒根是何法也
又有氷製者五色鮮艶而形如假山味甘可含而一
入口肺腑為之凜冽貫亦一怪也
飯硬而顆顆而潤蓋其炊法不柔軟而米性則自是

宗義達和家對馬島過府中一帳〻地門[illegible]雄傑可

念僅困於兵戰〻修也宮室軒檻階陛修整亦頗超

居之費賜懷義和不剃髮〻作髻自以爲不變舊

俗[illegible]見[illegible]神說土杯以勸[illegible]鋪佐[illegible]宂手捧[illegible]

也比其舊俗[illegible]命酒[illegible]之勸[illegible]手[illegible]余[illegible]

[illegible]後國[illegible]肉出[illegible]曲〻可[illegible]西生

[illegible]而[illegible]中[illegible]妥雅我國[illegible]

命大[illegible]一回更[illegible]與我[illegible]歡而歸

緣也
森山茂井上馨等家園圃中樓閣崔嵬而已別無可
觀酒令賞膳而森山有隱伏之意此只所不言之也而
多示法書名畫牙軸條帙似皆傳累世家物也又
有滿床書卷我國刊刻大典會通與典條例等書亦
在其架中而又有申文忠通信日記一卷逢乙亥所藏似
是當東萊本也我之所無而彼有之亦一可怪也
工部卿家亦園圃中而供張款酬之節一如法宴亦
設意屋宇中供貝皇帝皇后真影律以禮法大是不
敬也庭前方塘假山花叢信亦自可觀也

長崎國人

深堂正家在深川之雖其園十里而得其一別墅也
千章ノ木十郎ノ池 之引深川水而入虹橋垂々往
々開芙蓉出水小亭倒影湖心若江湖之想相与
携手之亭上池因地勢不主不構宛然一湖面也所
以汀洲島嶼出沒隱現亭在彼岸有堂有室堂掛道
君皇帝五鶴障子押巡尊寶錦印々為印御筆字宣和
問余以何代畫本為指其印而叙之惜然驗如以為
實也佩受豐賻書畫間作龜形亦於田更諸其家也
大以諸帽気和久里竊是寄托郷里之是謂天涯素

三十餘々矣過七八歲者王公家閨秀也髮如漆
明眸皓齒或紅衫綵袴或綵衫紫袴衣帶繡珠翠
奪目皆能作書畫拜謁ノ節婉娩肅雅可謂大家規
度矣坐中忽有一老翁叩頭于前詢之官本ノ大人也
金謝以失禮已又有一婆前謁似己相了也詢之乃
官本之母親也後有一女人則官本之內子云令又
慌張亟稱多矣如謝不敏失敬ノ孔皆已從入而官
本ノ母附々手奉屆合而出命侍婢盃傘ノ前似皆
其示殷勤而致款禮也合看甚重而深鮮可口位置
齊整不苟不濫可令其為人也屋濶長崎闔扇自秘

時太政大臣先告歸不在也
宮本大丞家距其都二十里馬車以往片刻而至〻
則市肆盡而村閭稀闊有山野趣巷口甚長夾以樹木
似清人家籬落也入其門又邪迤林竹蹊徑而田麥
方熟一望〻隨是樊柳似清其之營頗欲正家而
田種麥可十頃屋不甚張大經卷茶鑪蕭洒出塵
想頗迎入室分賓而坐〻有其之友朋好三人謂之
樹竹使丫陪客而自居書席以與其之儕也殷等交
偕間以雅樂〻名或琴或瑟或笙笛或篳篥
或同或不同又有一隊女史跡見花溪如丫首等可

下船宴時酒行屢巡殽核豐腆亦一如前宴戲畢時
已下午庭設古樂皆世天皇御樂云亦有舞童舞
子弟安戎粧出爲蘭陵王謂之陵王樂或粧而龍交戲
謂之高麗樂云擊毬一處設大毬樂一邊設障子中
心有小圓穴有八騎兵分兩隊四人衣紅四人衣白
各騎馬手持一竿竿頭畫圈可以備取物滿地紅白毬
毬以毛絲爲之騎者低身以竿取之直向障子迴旋馳
騁擲竿拋毬納之穴毬入穴多者勝衆人唱采鼓錚
齊鳴其騎馬馳馬之法不如我國而矯捷則過之
不相上下爲此樂者亦寓兵於戲之意也樂畢皆散

無過少分砭者截者匙者鑿者鑷刀割者叉者羹者
匙取之而已或匙或刀一經食具之楪上於是侍者
退其楪洗淨還置刀還刀位匙還匙位而後進
食如前退還之亦如前又以酒盞置前或盞或碗
或雲母或琉璃或高而足或圓而耳進食一套進酒
一行雖有餘酒添而滿之至撤食不已每進
酌輒奏樂樂之聲促緩作精妙乃西洋樂云過午罷
宴乃起座動作飲茶吸烟之節太政大臣必爲之主
唯輒同唯行輒同行始終不少解也
上船宴又赴延遼館太政大臣以下皆已聚會一如

藤垂垂綠陰濃濃蔥然有幽趣緩步而過忽見帆檣
出沒峰外即品川地云過雨不前而返則太政大臣
三條實美以下十有三員已盡來會設大卓團欒而
坐各人面前各有各人名紙供食奩物目印紙標設
各樣真花折枝二餅假花二甚真假相間而各樣菓
子餅餌之屬又間之罇盛之中別有淡雅之盞各人
面前各置二磁楪一盛白布裹餅有以漆盒盛饌
食品匙淡餅以佐食也一淨空器物空楪之左有三
匙大中小異齒可以捕之可以杙之右有二刀其
日本後有二匙并一大而一小於是供食饌盞漆美哉 硬軟

尋常小憩處也(余以十二日巳刻赴宴)宮本森山兩大丞先在迎接曰今日之宴約以午刻而邀以巳刻者此地亦饒清勝要與公破旅館淬寂之懷也遂延余步後庭邊迤至後園茂林脩竹渺館燠佳處處可愛時有士女作三三五五分隊而行螺鬟蟠頂窈窕嬋娟可念閨閤中人也然了不隱避或遠之立而觀之或徐行而過之心甚怪之森山茂曰吾國之法皇宮及此館內一月三次許朝臣內眷恣意玩賞今適其日也至一處一泓池塘縠紋漣漪可爲數百頃跨以長橋委曲宛轉時作島嶼置亭榭於上橋上覆架如閣道植採紫藤蓋以緊

讌飲 附酒食○二十則

讌飲凡四法宴二私宴六下上摠宴為法宴而偕行之延遼館外務大丞宮本少一家一舊對馬島主宗重正家一外務權大丞森山茂家一義官井上馨家一工部卿伊藤博文家一皆私宴也外有飯花園午飯陸軍觀操日外務省午飯陸軍觀制造日陸軍省之小石亭午飯文部省學己太醫驛樓津亭有少甜時輒進茶果餅不盡錄

延遼館々宇壯麗門庭宏肆似亦其之行宮別館也

十歲於茲三子也 皆猶之高凌於九天益加吉也祝 真丸

諸盛感宗之祐世來文字

[illegible]滿長門勢出日為力號九峰之雄[illegible]

神[illegible]孝拜兵庫於今而人臣未見面一以話一以表

賀[illegible]者曲[illegible]上之

池原大河
劉雪江 西人也 工[illegible]書
福島櫻園
亞阿雪巖 西人也 以畫鷹且以下俱於森山茂家見
之 又有芳野女史 [illegible]
宮本金作 少一之子 年方十二 諸如異等 書法可觀
中勤作 以神存對 如係真其學 試于我家見也
宗義[illegible]臺曰 父以藩時對馬島主 嗣之 泊馬島
時見 設宴宮殿 余歎合鄉與館 大臣安等六十
餘人 其有子年十八 個 後成之 方十歲 子讀文[illegible]

淺田宗伯 漢醫之善談笑者 能飲且能詩 塩田以下 俱於
宮本小一家 半日周旋 以此皆豪傑之士
增田貢 號岳陽
龜谷行 號省軒 而亦能善詩
松田[illegible] 號[illegible]
中島[illegible]
管野[illegible] 林[illegible] 三人 俱善書畫 塩田以下 俱於宮本之家
見之 與龜谷 屢唱詩 善其珍重 以詩[illegible]之
廿
廣津弘信 [illegible] 多年留[illegible]云

中村正直 方任東京女子師範學校攝理

藤澤次謙 方任權大書記官

富士谷成興 方任工部大保

堀孝之 方任教部省書記官文部大丞以下作判者

我使中亦時或逢迎一任偬偬有何事中省識覺來

料理者語音笑貌抑亦何能也

鹽田三郎 前任外務大丞

田邊太一 亦前任外務大丞而今任善後圖之事足

鄭永寧 押與云

栗本鋤雲 安藝守舊幕府

以手訪彼中不果至為貴所安井衡號息軒送人文字
余書息軒篇小跋點貴了賜之
加納久宜方任中視学
岡內重俊方任大審院判事
吉井友實方任工部大丞
林清康方任海軍大佐
平岡國八方任海軍大佐
武象紀方任海軍秘書官
末松謙澄方任工部權小丞井上御書記妻向同年以
都去

美里中[illegible]從[illegible]三位[illegible]宮內大輔
川村純義方任海軍中將兼海軍大輔
宍戶璣方任[illegible]大輔[illegible]以下但於達[illegible]
之[illegible]與我[illegible]中久後相像[illegible]對揄[illegible]
從[illegible]舍杯[illegible]勤未如不為天涯[illegible]緣[illegible]又[illegible]別一献杯
[illegible]部[illegible]乃[illegible]人[illegible]
九鬼隆一方任文部大丞一等法制官觀太學日見
[illegible]鬚髮[illegible]久[illegible]被兩肩如久病新起未[illegible]頭[illegible]問
我國[illegible]不已
大島圭文九開成學校[illegible]生[illegible]照一話[illegible]佳[illegible]上[illegible]約

[illegible]

鳥谷[illegible]

[illegible]

大木喬任 方任司法卿 [illegible]

大隈重信 方任大藏卿 [illegible]

人迎余于釜山晴以父從行至馬多爲留

浦瀨裕亦從後方事務者書記生位荒川上等

名景助也兩人久受對東之使至沉都亦余助陰陵

晨助但美云見之果然年五十許臃腫頂豪嶽一似其

寔才而蹉跎畏謹可与語可与任事迎余接後收

時隨行至釜山告別爲云阴慈結之憶

中野許多郎位亞於荒川亦書記生年至四十雅飭

少從量至須迎余釜山送余釜山始終無少失

岩田直 此以伴接之官

石川守爲 書記生尤亞於中野[illegible]妃

野村何也 前任外務大丞方書授濱除令為人溫重有
才識才兩次來向ㅣ經來心志与宮本小一 共我出
力頗多云 同余初來為主遠(?)接余偕至橫濱又數來
訪驛棧以致款曲之意
石幡貞 方任外務書記官 [illegible]相守臨別贈詩
尾間啓治 年三十 從方任外務書記 [illegible] 面多重遠(?)[illegible]
送我自江戶隨行至釜山浦告別
荒川德滋 號名金助 從方任外務書記 生年
至四十 長為伴 [illegible] 善我語 [illegible] 類我國 [illegible] 人 善
事 [illegible] 云正色 [illegible] 一和平 [illegible]

外保川地外交官手翊而其實軟樸云
古澤經範方任外務權少丞年已三十長而豐頰真
率而謙恭性余館中每致殷勤臨別不忍舍直追到
橫濱而還
水野誠一方任外務省官年二十餘面白色娟好眼
細祝某等善言送余釜山浦同舟至橫濱
奥義制方任外務省送余橫濱如條留館極為精
剛文學似不贍而口誦手抄書稿已時自書不肯深
傳但謂吾國色尚黑不已云同古澤追來告
別於橫濱

私立病院醫之不我言呈多才諳洋様故□人之事業者□

使臣云

宮本小一方任外務大丞年四十餘諳練老雅有文

學能詩書稍通英文書周便閑於方見擢用而以文國

事務必須此人然後決云

森山茂方任外務權大丞年近四十兩眼常之有精

彩而手眼俱明是人有應厚氣善言一開口千枝萬

葉支離漫汗而出嘗以稱辭之意

宗重正前任外務大丞對馬舊島主也年二十一

體長面方性典重溫雅而時有勝做氣方任江戶城

黑田清隆方任陸軍中將開拓長官年近四十面大
而粗少文彩氣象發露欲言而不留尤見其無猜
言動默重全少款洽似有傲慢自大之色
森有禮方任外務大輔兼任公使而略年方三十許
面方頰觝觝放言無拘束見其專權使臣環瀛之地
多所遍歷為向我國亦曾官而一物及延接使臣之
節嫺嫺不已
井上馨方任議官年可四十許面有刃傷痕自言與
政黨不通始時以其意見所於所初議論相殊歸夜遇
盜截手及肩脾一面又有無數刀痕云握掌說軍國

不寫云之不已
伊藤博文方任工部卿法制長官年方四十雄少精
悍而聰慧善譚論間以諧謔自言坤輿之內足跡
殆遍云
山縣有朋方任陸軍卿長身修頸癯面峻峭与之言
志成典重不合奇邪則一流人
鮫島尚信方任外務大輔年方三十中等身材美貌
謹麗一見歡洽如舊日之好每右傾聽輒以手先之
美談邏多國語每逢人迎笑握手以示惓惓之意做
其俗然也

結識 三十四則

三條實美年未三旬位至一品方任太政大臣風姿綽約如美人好文墨善書善談論盡達彼情當每見之迎送起居概自爲主再四致禮修行手書一詩併以小影寄來以示殷勤惜別之意

寺島宗則年可四十餘方任外務卿使事始終皆有不與此人辨當備事樂易務主方便與之言言不多而簡至殷顏而長休休然有長者之風坐間執手接欽佩有樣子諄諄以國計之不可不廣隣誼之不可

故朝士暨平民亦皆入堂而聽之云蓋爲院無院者
官院民院之義也又引至他處方方曲曲皆設議
事之所有博議之所有密議之所有數三人會議之
所又有一所是無論某人爲有欲言之事可以利於
國者直入穩議于此以爲上達或壅達之地也蓋其
規度汎濫不可槩以禮法論而廣遠闊大有非寓下
氣像皆其之今皇帝所經紀云

生可汗也左右壁掛周子二程子張子邵子朱子劉
幀題識以金字演世德等人物其信物來時所書也人
代雖遠為之尊敬物中禮拜金君後植以其象為指
而示之亦一般奇事也

元老院門牆峻整一如此地所謂御門者可知也
官員之出也二名親王出迎引邀至儀事堂之穹然
平直之設長卓而遂設椅子為十數大議事時其皇
帝親臨議官列坐處云皇帝坐處三等高樓隆崇萬
處前而為道各設二綉椅親王中常議員長坐處云堂
中傍卓椅子之後又各列無數小椅子議事時雖閒

數不一此邊彼邊變而非一而或多或少盡邊邊亦非一此又不得不然之事邊山邊野高之低之唯邊邊之國邊邊大海直沈于海水底而邊之云此皆我之所見與所聞亦詳細又實丁寧而不厭以傳諸人之必笑我以誣而我亦不敢執其誣也

文部省即太學也宮墻數仞洞府深嚴循階拾級而入之一門又有一門凡三重而至正殿前門扁曰杏壇入殿內則禮佛塑像左右列四聖位亦皆塑像從享諸賢皆影幀釋奠時則陳設而行之云前列書桌書之鑑之滿殿內諸生今書籍可得棟已充而

有字为此形彼之書也而此片紙之字ら機傷布
紙之字一字之沒勒之別有誰移寫忽己在彼前而
據視之片紙之未上杠初無有字纔上杠而隨有字
焉而此杠此紙亦不与線相関也則此皆吹嘘之事
也此时彼邊不計千里萬里電線之入于彼之屋者
線忽生電而筒中之杠轉杠轉而片紙之圍者轉而
下也下而有字ら此邊圍杠之紙之字也彼邊之事
因不當見而以此推彼想亦如是也此所以萬里傳
信只爭一时也電線聯絡之柱在之道路直木可三
四丈者上施横閒紙者ら見于我線施于一柱之線只

美里收信彼此只憑一盤盤中有針四圍有字針旋
指字隨指隨寫遂爲一書幅如指元指亨指利指貞以
知元亨利貞之數也此盤此針旋時彼盤此時針亦
旋也所謂此法不可信蓋針雖疾一旋一字以至
百十字々多而時刻亦已多也余於工部省見之電
信一線其端入于屋中如我國舌鈴索之入屋者下
垂于床々上設機々傍有器如櫃々中有電櫃手敲其有
機電生于櫃內々爆々直上于線傍又一器如我國
攻木者墨繩之筒々中有杠々轉而傍又有片紙圍
堆者一端直上于杠而圍之紙上有字傍又有布紙二

後捲之屢〻之書氣安閒也在乎地於機還下推手而
之於是乎運大砲乎轉火輪乎擧碇乎下梯備示嫺
熟便利之狀也
又觀放水礌砲〻已埋之水底線施岸上歸觀之善
聯絡之可以傳火線者亟上樓隱身而觀之少頃天
崩地塌一聲響亮一團火塊直飛上天而波翻浪倒
一陣驟雨直瀉向琉璃窓來俄而爲霤滴〻開戶視
之上天無雲而水面尚沸也
工部省者造兵器農器各機關械皆照處置不可殫
記而謂電線者諦視之亦不可狀者問人說電線之

足以動我乎
屋之右立一桓高可三四丈頂施一物以紙畧如机
大矣少頃而發劃然作爆竹聲一火團直飛上天回
回旋之俄而千點流火紛紛落下此乃軍中機密相
報之暗號云
傍海穿渠引海入廣可容巨艦十數長可千餘弓此
是操演水戰之地也中有一船火輪以從所向迅疾
船也三帆檣檣有繩梯千萬疊綴眼如紗於望
船一哨有二人疾上檣張帆方緣繩梯如鳥附葉如
猱仰摩免手怕哉令人慘絶一人張之一人掛之旋

而有七八人執事傳火直欲放砲覘敵者忽又手旋
右指吹角者應之放砲諸人以推砲輪向右而轉而
砲口指處繼欲施放而覘敵者又左指角者又作則以
又推之轉之砲輒向左而砲之口仍指處也蓋其儀也
左右前卻覘輪鋪償路為此也覘敵左右竟而之
而放之之此習教如臨敵也於是[illegible]
[illegible]推砲者砲尺者尺算者算火者火手忙腳亂呼
吸之間諸砲并發聲撼山海而回顧之茫然也臨放
時譯官二人者與余坐床兩邊遽遽之執定為達我驚
動也余笑曰余雖疲茶已過不動之年若個砲聲豈

又有小車鈎鐺連之連之鐵之可推去也並置大砲
後有纛旗皆銅造也一番馳逐一时放砲砲隱可指
聲震大野又有馬載砲隱之臨放下砲于地一齊施
放去少參差惟令前却一如馬軍但其陣法一是長
蛇捲地之勢也
出軍必有觀放大砲直臨海岸有一屋兩頭鐵爲腰膊
闊一如船制入其中十数開户如船窓窓前各置砲
砲有機輪[illegible]直向窓窓左右斜直各有兩道鐵寸
當砲輪砲左之左砲右之右各有鐵道於是一人
手小旗一面當之窺察如覘敵者一人吹角而[illegible]之

角三聲一作旋乃之麾旗所揮動衆軍方動進則方
進退則方退坐作拔劍揷劍以擧鎗植鎗之一先者至
一後者左出右入右出左入前者後而後者前或走之
而過之或圍而累之如常山之蛇腰腹首賊而尾
皆本之未敢也
次試馬軍馬皆腰短項長脛瘦蹄闊踈其便耳有異
見其勢軍皆壯健矯捷腰劍手戟飛身上馬脚鐙一
夾馬去如飛綠草三萬地上只見四馬蹄韃燈翻
盡而已而一前一却一条進令一如步軍
次試車戰車兩牆以駟馬上坐一將前後戎御輦後

骸骨亦按部枝梧而立之女生而致之其虎之圖象
孔雀鸚鵡翡翠鵁鶄胡孫揶揄而伺人水牛完
持而求食熊羆虎豹美角俊鶴之翼縮而延頸而若
于庭則我國之所常見也至一長鼠色被黑之旗壽
藁繩爲衣之瓶罌馬鬣之巾襪皮之屨紅紫布屛器
之禮書畫油紙紙之褥烟盛堆床我國物也且見之
異心
陸軍内營一大場四設木柵陸軍卿以下諸官學令
設標地坐次諸兵軍步軍伍々什々按列而立一隊
各有隊長手執標旗又有一騎將往來指麾者以之

欲出貨亦自可遠逢迎至其場得窺森山茂在之余以
爲日不可肆意游覽□□□□意而歸
遂遽促駕而歸然乃博物院之不知其幾多千架其
之后妃之衣服玩物儀仗之皆出而失之為示我也殷
蠻夷鼓吹樂器楮墨具爼金石竹木以至□□之百
禽獸水之下人所不錯不生而致者必帶皮骨而
封之亦必托附爾雅而書之如雨縣〻蛇三足之鳥
或昧德為骸而好之或結羅為羅而藏之以至于丹
石木真珠寶玉珊瑚瑪瑙錦綾〻石緑畫之磁天之
所生地之所產飛潛動植〻物〻無物不有以至于人

車則以貝居止又有色而而駛者無退石階辛大紅
氈洋毯衣褥界緣飾金為紐高擬懷來使者接紅眉
之寶如是謹是可謂紀綱之保也
見倭皇而退外務卿以下諸官及式部頭(式部助神)大輔
宮內卿相揖至一室圓卓椅唯進茶設各樣糕餅(相[illegible])
饅頭魚肉汁和雞卵麵粉成者味甘而層疊可口(粉米所製之食也)
畢而退權大書記官森山茂如其而後訖貴皇上命修
信使同路入御苑遊觀而去(則日貴國[illegible])
爾乃他路之間謂御苑乃貴皇城中皇宮內苑
也其地芳草樹木參天時有流水洄淳架以長橋平

過之不脫方軌也然不一直時有回旋而轉灣抹角
亦〻是窒礙也
然而鋪鐵亦須二面然有車往彼有車來來〻去〻
兩邊相妨來車亦然有方來車由左去車由右時或
相逢[illegible]兩相擠矣[illegible]此次四五十
架則彼之四五十架此之架〻前後相構亦相同尚
彼之架〻此可坐視一架丈夫一架婦人一架本國
人一架多國人架〻各異面〻相覷向易殊已極
峯火騰然而去瞥然不見擧首去之惝然駭而已
赤坂之見倭皇也觀其威儀不甚張皇來去不以馬

連于一車以至五車十車而不已則乃三四十塊四
五十塊軒駁上下層以坐也外粧四文木內飾以韋
毳之屬兩隆如椅中低平據坐兩對一層可六人或
八人兩傍皆琉璃搞糊塗玲瓏瞭寿目也車之諸有
輪前車火輪一轉而衆車之輪隨而皆轉雷馳電掣
風颳雨狂一時刻可三四百里云而車體安穩亦
搖動但見左右山川艸木屋宅人物前閃後爍不可
把玩一烟茶頃已達新橋己九十五里也
火輪車之行必由鐵軌々無甚高低々有補之高者
平之而又過之輪處鋪以片鐵々外作內衡所以接撑

迴訪人共才書是則直奪造化而[illegible]
而其眼之精彩如此未可知也出京人亦多紛貝間辮
長如戟而辮髮垂垂直墜于踵杳是可駭也
橫濱至新橋乘火輪車少歇驛樓一行之裝仍以舟
使之直達于江戶近港只載輯行而余器物于車車
已往于樓前云樓外又從閣道行至于架閣道盡而
不見車有一長廊可四五十架者在道傍余問車何
在曰此即車也見之儼認以長廊者乃車也其長廊
也車制前四架之一車有火輪輪前駕輪而後載人其條
每車三架有半三架為屋半架為軒鐵鉤連之一車

貝百蔻百旋渡賊抱清琛甘麻小枝一搖香也
神戶市樓宏巨雄麗已驚我人眼目而一到江戶街
街衢衢無不巨麗是低小者無勝于此
到神戶已多見各國人歐邏巴人亞西亞人米利堅
人皆目深準高而黃髮衣裳服用亦殊難以形狀
邏而熱色西也女子之未及笄者散髮作一堆黃色
儼然如物尾一豐女子裳三四幅金上金鐺屈疊異
常白色或黃色面施紗羅幕為遮塵而屑幕視之花盤
乘轎之時準高冒之無論男女同皆陰沈無精彩如也
人之目未及睹焉凡人才慧皆在於瞳中而今此歐

氣息盡斂以衣衾入之木桶埋于地廣輪之不多占
良有以也所見寺刹甚多而規模設置大抵皆然二
其國俗尚佛尚神今則一切反是所謂神祇之日見
而所謂寺刹殿宇雖存僧徒散盡其家條云從衣衫無別於
俗而削其髮頭光
光與俗髮少異
赤間至神戶含大洋闊洄逶兩山之間似是海之小
者而彼謂之江也水手便面山低嶇鬟徑〻島嶼出
沒烟波或欹巖老檜枝樺婆娑或幽洞危壁句漏嶔
空或村落窮院鷄犬相聞或以港家拏帆檣林立或
日海幻漫滯〻俟往〻佳趣亦自可人如一捲鴉鼓

毋耳若循此境當如何書之而乘長風破萬里浪者
乾之此亦小々觀耳今執端坤倪無粘無掛而獨脫
馳鴻溟之上唯我一人而脈仙山一直是御風而羽化恨
不據以宗懿小兒共呼一快也
永福寺在赤間關水濱佛殿僧寮依據於堤而近市
湫隘無步蕭散閒暇之致但小庭花葉曲池魚苗只
如人家小別業而佛殿中擬越神位牌々東之去之
萬千計寺前後墻內皆人家墳墓々一方地輒築或
灰封而平之其上立一碑或石或木面書某甚或某
女某氏號亦牌々之立不可計蓋人將死強起坐之待

日東記游卷之二

玩賞二十二則

今番之行奉 命專對以修兩國之好行止之不可以不審慎也威儀之不可以不矜持也何以玩賞之一事不可忽哉亦不可以徇彼止於彼之再四邀請不可却然後黽勉而應之而已亦惟於制度器械之間苟然從事於已樓觀市肆之諸所山川風景之覽足到而目不瞬柔不能存一焉

釜山浦乘船出大洋上下一碧四望無際瀰瀰漾漾茫茫蒼蒼古人所謂作一葉凌萬頃者無過江上故

[illegible]不敢開也上衣同丈夫而掩衿腰趕大帶
廣半尺繡文里色或紅黃綠色葉多紅色或青或黃
衣皆作[illegible]錦世女繡織大假為飾匣鏡巧極非難
皓異雕飾[illegible]色奎目金銀彩花好者靜好冤如足一
幅衣畫仕女圖中人也[illegible]
[illegible]
[illegible]

寢居時則皆天皇以下貴賤男女皆著其襪出而行而斷髮皆斷
之其則其有餘髮者也唯民家不斷髮之作髻一寸
許長界長反屈而結之然則斷也向後頰尖低頭
此其舊物云而
襪容足而別一條入大拇指也掌中縫輒見其屐或
木屐之如俎只有前後齒無四圍也亦須上設草或
皮圍而不跟前立一柱柱攝指次指之間穿之可以
別拇指而足之可以有閑也草屐亦如之凡鞋屐之
不跟蓋其俗尙我國所有也無退之載云
婦人亦上衣下裳之如裳不殊衣積多遠而前掩之然

羅[illegible]也
其所謂品服者種用金繡〻多少而品秩以其下帽
如未數各差蓋用貂皮豪芸其長短其帽子見安見
長上不著為政則服品服之時皆其敬之〻事也所
以手捧之而已不見其加之頭也
其舊制衣服上衣下袴〻如我國女袴〻上之袴而
長無踝衣如我國僧衫而前不掩衿〻兩邊有[illegible]相
交如帶而帶則長衣底似有單衫界際有襞褶扣襻
[illegible]視男賤而色黑白排吉凶而國色[illegible]色[illegible] 衣袴盡用[illegible]色[illegible]色則[illegible]
有長者之後排寫

上時至肩如袴之襯脚上裝因實緯如俗襪多用黑
邊或白色白上間以黑綿縫裁上項橫縱歪斜片片
相傳而縫實有鋪鋪陳擻可藏些物故可以烟具喫
烟筆研刀鑷時針子午無筭屢隨手而取如探囊中
也靴用黑漆皮前如豕喙後有齒如屐著如襪掩踝
而過之脫如靴登登地於太襯足踝脫之著之俱要
力也婦女好纏足為無上苦業也
帽圓頂直壓頭腦四有簷壓足遮陽或黑或白皆用
鬃或以藤紗或蘸鬃粘氈或以黑假髮其脫如手壓
揖興盛氣膝屈或牀上跪着手起坐之務宮而屹然不改揖

袴於上上亦以之袴於下故國俗必遇人一手帽不
任之脫脫已禮也而或加之禮則稽首著分貴賤叙
坐則先脫帽稽首帽於在手坐則置之牀將起則還
手帽稽首而後著之
亦有拜時膝地以兩手據膝稽地無數愈敬愈久長
上有言必卽頓首諾諾再四磕頭不敢仰視然言已輒
後對稽然後脫下衣縫有穴穴出煙具哈哈地然而
吸之烟穴上直抵長上而不爲通
衣縫皆洋製之其公服也稽貼骨無條貫洞衰立
則後而觸腿前而外肖擴起雙不掩摩而可知之禮

之禮倣以行之

見倭皇于赤坂之宮儀節一如拜日我 主上之禮先行肅拜禮後始入侍於進退叙第不敢有越後歸與人言人或笑之余曰子之先不胡服稽首庭拜彼所謂國白者乎國白臣也倭皇君也我之拜何如子先子之拜若彼之儼擯恭身立而見之其禮之出何典未可知也較之國白之深坐殿上不敢仰視余之所得不已多乎

每見彼之公卿等但稽首而已無帶笏之禮惟揖未之或有亦慢於彼則脫帽稽首而已是其之禮也 下之所以

之禮仿以行之

見倭皇于赤坂之宮儀節一如拜見我 主上之禮 即皇帝

○明治皇至倭皇所居殿前立倭皇之椅前拱立中等身

材面白微黑眼眸炯炯有精彩神氣端穆亦表諸庭除

從此追之時方為其後要不出

先予之拜著彼之殿椅恭身立而見之其禮之出何

典未可知也較之國自之深坐殿上不敢仰覩命之

所得不已多乎

每見彼之公卿者且揖者或無帶笑容而揖未之或少

亦[illegible]彼則脫帽揖手而已是其之禮也下之所以

行禮 衣服附 ○十二則

禮者出乎情故曰緣情制禮又禮者體也得其事體也孟子云禮者因人心之仁義而爲之品秩使各得其敍之謂也今我之使日東也人咸以禮容貌之余固少於禮者余然不及乎情不傷乎體焉我仁義視彼品秩雖曰非禮者必謂之禮也彼雖蠻夷之域而我狄之族其國則固適體於我也我又豈之可以區區衣冠妄自尊大也妄自尊大亦非禮也彼其情豈或其心而爲之下也余故以春秋列國交聘君臣相見

已之怒而彼之恐嚇不復敢如是也
如至江戶到新橋下火輪車則去江戶十里地也馬
軍九對立前導是其皇帝親騎衛為迎護信使特命出
送者云馬皆高項諫耳有逸足千里之態軍皆壯健
每進退時輒手劍向上以為正即歸時亦來導前每為
行又有步軍幾人持棍棒夾前導而行辟除道路所
以觀瞻者士女如雲而靜肅無譁者此也
當初迎接官一至釜山者到館一日以為翌去船中
相守者 以到橫濱迎接一人也非其又有護送官送
至釜山而彼伴與迎接官從已至橫濱不忍別於此送

得入云
每有所往往來必要路上路上多逢四路傳達官乘而爲
余亦知之而不知也一日自外務省還日中而叢白
西長尚在路上出一衚又有一衚出一衚又有一衚
衚衚翻而衚衚初見意彼每要我游覽我一直不許
則彼必怪我今欺我不識路程意行了我我之所不
心甚可恨此而直直只足揚揚也白之樂不可不念
遂發夷徒操促攜而返則只屢一衚衚而回回曲曲
其雖逢回回已時也總下車而會文山屬子數彼人
之無禮殊甚而並足不覺令人眾而猛杖一頓可謂殺

一鏡迷去已而以鏡來示之奄然爲我在其中鏡面
水汪汪欲滴而櫃面之鏡因自在也
在船或有畫影付彼人乞書畫者多爲之而其尤難捷
余及與彼中士大夫往往爲唐摭說爲碑序與
至而作之其時也遠遠彼當後當中諸人各以一碑
書以送我擇中多寫之彼之爲其所爲欲贈我不絶
我云先至之法之法所以我之私自有也
留彼多日只爲官人諸事來者之一儒生來尚了結
識雖有人非以事不來者之一人出彼之爲主而
然郭問彼爲守門將率或爲擱入者一切禁之使不

館伴官一有饋魚肉蔬菜之生者也外務卿一有饋
勉供也宮本小一宗重正皆有所饋數余設食之之
待送還館而夜宴之羅皆送饋饌具在事例冊
中賜答禮物名目亦俱在事例冊
館中設戲三次一爲宮本小一所邀一爲古澤經範
所邀一爲奥義制所携來具係在安延山日記
一日館伴官來見要寫余眞像再四却之不余聽也
忽見遠遠登一方幢幢之架以木類我國鞦韆之登子
屋安四木柱斷然也上設幢幢方櫃櫃面照幢上覆
以布举後似有穴隙以物少頃去隙子探櫃中又有

尾而逝

留館凡二十日如至也供饋三日爲未設廚房也及歸也供饋二日爲將撤廚房也一日三供皆以飯凡供饋惟正使少有加焉其餘一例別無等差大抵潔精而已不修大奢張也

初入館之日傳語官以小木牌四五十枚綴以繩面書館所在坊曲第號也來示之謂我從隨行下輩人一牌憑是出入藉此標別可無迷路阻礙之弊云余受而置之床頭出館之日舉以還之塵滿牌牌面之書字不可辨也

兩木向前而衡以格之一內一人承以背而走疾如
飛從幼人皆唯此也
館伴官為外務小丞而往來焉迎接一次如終相守
傳語官三次遞相出又假傳語官十數人長受焉其
餘從者之供奉者多不能記
從者供奉各有所司供灑掃供養花供養魚皆有言
如供庭花者水噴之去其塵也鑷以淨之去其穢
也刀以剪之去其花葉之腐萎者也供瓶花者日必
一易瓶一易水供盆魚者日必以色器移魚受水洗
淨而後堅石水草擬方而置之魚針汲水魚液刺張

覩之不見水也
馬車一長僕駕雙馬車四輪前低而後高上設屋〻
之上穹然四設琉璃窓左右開帷幕入上下之付內
有階鐵爲之傳于車如馬垂鐙車中前後據床油名
光瑩兩〻對坐可四人而足亦有坐十數人共之車
外前後亦有御者坐處御坐前執轡〻有前馬以之
蓬帳左右帷幕也
館前有無數人力車〻兩輪〻間設座坐一人或兩
人坐則肩相挨也障後高兩傍隨而低前無障障後
有物屈折疊而或賜佈而蓋之居處有屋之車加架輪柱

仙盆盆六人者坐矣
坐後分兩架一供畫帳花瓶一供書卷於壁掛時偉
僅邊爲楄出而又移送貝外隱匿之處也西隅又一
楄爲一架方室又一楄則淨堂界壁豎木桶無底上設
廁々微地對而溺々無軒停所下又一楄而爲圓窓隱
鋪細簟可往跣而去而曲々掛燈夜點火無提燈之
勞
又有浴室置大小盆二一以貯水一則空值浴時則
移水空盆以小鐵箭盛熾炭耳掛盆而番之水々自
沸也候沸而坐其中惟是洗淨々已覆之一地隱廠

鬱葱々各色草花園繞之北壁過明障開戶而出則
後則行於簷下複道也西邊為亭又一屋於中鋪置二
女儀一堂則彼人會議之所此九間起一地皆作使
所處也
西南有小庭々之西隅花草雜列繞墻林竹方勝如
細者之墻雖高未乾此經新栽供養我也
窓外小軒西設短卓上列玻璃條五六枝琉璃壺貯清
水盆之編竹而[illegible]之承以木桶水點滴無污地也旁
有青色大磁盆貯水養金魚十數尾中有石假山綴
以水草又有二磁盆而頸細而中直如我國所謂水

留館 十九則

延遼之館在江戶城北對濠而衛衛而入數十步武而小衚衕呼然向東才拐角而館門南開木籬木扉古質而樸入門屢旋馬而有屋宇然則坐舖敷敷有級而軒軒而沿廊道循南而入過三面皆或堂或室皆館伴諸員之處也樓下鋪草薦我國所謂紅氈席土始一堂敞然鋪衣文氈盜中置大圓卓覆以綵緞花氈四圍設椅子據西面地而高一級精木爲限鋪細氈壁掛大書畫幀幀並前置大銅瓶瓶插古松一樣盤

閣幾淺拙矣而猶尚如此當時全國可以想像也噫
三面阻山一面邊海如人張袂而生左右開夾海而
渟潴之處在左直臨水而[illegible]山也岩石成削
層巖或如馬形故馬之稱亦以是歟未得其緻而故
此之之石為馬形未可知也處久廢之一僧以之為
外務省官相給一宿以其靈氏[illegible]後並取又以[illegible]朝
還泊釜山津
未久絶影島已矣如何李堂上要之至黃日貝朝鮮山多
去而又至日見朝鮮船之萬里滄溟出沒於浪青處
故國分外歡悅人情固如是耶[illegible]亦衆

今乃得泊釜山云云一本曰何不吹喇叭喇叭者太平
箫也國俗凡公行出入動作必以太平箫為節若泊
釜山則當吹箫敲鼓之言如是也余聽之可哀亦可
笑歸與諸譯言之相與捧腹
大船又發船逶迤至對馬島盖以猪惡不可以直涉
大洋也舊島主島主今在長崎島為伊理處宗重正方在個處江戶之父平
義和亦舊島家多中莲人剝落下船直向以酊庵酊庵扁
陽刻云室舊為長崎與島主為我使者都始傍觀者挨肩疊跡人物亦纖
衣衫鮮麗少無邊野之態亦一大都會也此為彼我
通譯之喉地而确齊無所產作直需我衣服者今久廢

我也蓋我人約此船尚不及此人每有遠行資一洋
人妻其指使然後美全無一敗也此人亦以此
也而行使一意免如此等者宂報外務省給貸回示
當准命也到此始來之外務省回文〻總來到云遂
下洋人
觀影並稱之去時壁上題詩為人摘去不復在故
悵然而晴又發船約三百餘里又大風又黑夜再發驚
者屢其危險十倍於前不得已又還船至義船裁泊
船〻稍近強力登園〻傍舉[illegible]舉[illegible]也[illegible]
盛倒時繞回惺一字曰而今而後[illegible]活夫一字曰

至神戶病山屋下舟市樓主人為送一大概帖名金
書三賜去時一弟為安名炭留一日亭午數下要以
安神宮閱然嘔氣信其无雖進食為養能卿以
有疾不得踐大极游玩约也
神戶至未而又安穩造船為華那時見船上之一
人似洋事未見其下而遽收纜并破探知其真為洋
人傳譯後官曰此雖日本船今日之役專送我行
則我未下船之前[illegible]我船也我之船何為乎洋之人
也亟下之勿留也該官曰良是然以上外務
省為差該信使委之洋人去則[illegible]到今進退不得由

人擧倉皇因措不知死處今々東頹西倒一身不自
自主而舟翻覆々無常浪浸船底水深々桃席上衣袂
皆濕即前茶罐酒榼筆硯之具自跳自擲自相撞擊
時舟中之人皆已昏倒而房窓之板扇帷幔盡皆拆
開樓壁々一船洞然靜悄々無一人而時聞風聲浪激
與物跌碎聲如半天霹靂木折而屋頹々拔也猶自
兀々倒從寢心船長來告萬難行舟惟有停泊而大
洋中無處倚靠故勢不得不倒退至某船無處可以
停泊云不得已許之遂逐舟卿々嘈々依舊搖盪已
曉纔得少定乃還泊某船云云

可憐也風濤則異是危險幸甚二日二夜泊橫濱橫
濱抵江戶陸行去過一百有十里駕火輪車瞬眉而
至
歸路停泊緊不出此而發橫濱行七十里停泊一宿
則去時所不見他地形恰似我釜山浦四山圍繞一
水滌之出入迴曲汊港數葫蘆小頃岸上人家甚多
蓋小去處也此有造船局方造火輪船中動留余要
余觀玩而歸心如若上矢觀玩泳而樂也抵病不下
船仍之度夜地名橫濱河口
翌日發船行二百餘里忽遇大風時方黑夜舟中之

把生穓并亏一大艪兵庫縣令神田孝平貴人知候
余之回刺歸路又影山謝以番果數種夜歸寓館時
端陽節日也縣令勅令家之燃煙火於水面照耀如
同白日為我觀也大坂城距此二百里而近故市肆
樓臺之人我之國比未開國尤有勝焉府時外務省之
申之以留此一日往觀大坂之造幣局也自此
抵大坂舖鐵路火輪車而行一日往返亦可以從喜
遊觀云
自神戶至橫濱又出大洋風濤尤險於釜山赤間之
間隱憂船而行中諸人已是痛不省被而卧可哀也

點火照船往來爲之迷路失路之患者
水邊泊船處乃名掌着架往往設閘擬如虹橫又有
築長堤斗入水橫爲障之窮盡一堤壞也中以停泊
無異於浪華衝巨艦鱗比蝟集檣楫疊立如束蘆林
也

自赤關至神戶港兩山夾之波浩浪靜舟中商旅之
人亦皆歡喜異常兩岸青山面面可愛往往人家皆
山形水村甚可位置窈窕傍海對對恰如迎水繫舟
絶哉眞眞桃源也
泊舟神戶港中家家市樓樓帶帳市市民皆果寶枇杷

下船向永福寺〻在園囿中藍樓煙閣依稀松檉而
不偕不倚只如一傑巨廟宇上一層石像小曲折邊
邐而入蓋一屋壘架〻設橋入一室又有一室層
層累是余所小庭花葉極窈窕也
自此凡有停泊彼人之游玩來者填街塞衢不可禁
也其中捧筆墨乞書畫者踵相接隨忽往人筆腕為
之脫而李堂上萬人獨興勸〻未已也
大洋則雖水寧一陸舟可一刀割去而稍近夾山往
往名阻礙故水面或浮木標也陸之杙以為迴舟
避也又山間霧變時忽有陰雲之煙則如夜也

停泊 十四則

登舡釜山浦行五六里過絶影島而出海口望東萊山
一髮依俙那也對馬島也島居我境前信使所必由之地
而今則直涉大洋徑徑島嶼了不關涉一出大洋波
濤洶湧舡尤動盪一行從人皆嘔吐暈眩扶曳而臥
而余與安雖山及吳穆李書上章不甚病時與之共
上甲板見水天茫茫一碧無際目雖搖搖而心胷則
爲之暢闊也如是一夜晝泊長門州之赤間關市肆
民物已覺稍比此而各國通商之一大埔頭云晴時

者小蒸氣等大蒸氣等紡車輪等諸輪往來者戞戞
喞喞而聲者溢地油方昇中之水淺而沸也終不覓
薪炭之所
烟筩之旁又有風袋有時而鳴如深山半夜聞鬼嘯
艙舳尾置大砲一坐傍設影表形如佇胥倚竪舡頭
有尾艦長室之屋前有臺高可數丈梯而上上設子
午盤艦長之所指點行舡者也

不溢四設欄楯〻〻上兩邊各掛二小船〻以上下據
船〻腰左右各有鐵梯〻與船以下之泊船梯板攝石
而上(兩四)仰視五丈梯隨身動如鳥附葉信視波濤神乃
〻眩也
船腰穴(艙)梯以出入圓蓋〻穴亦設板扉推蓋合扉
宛然封(鐵)鑽腰上腰下亦復有穴上穴平蓋四旁設窓
鋼櫺加金傳以玻璃真當艙屋爲通明也下穴平蓋
並無窓櫺去蓋後明蓋之則暗〻此爲艙中信綠所處
愈下而穴蓋又如前則一船機輪之所聚也俯而視
之直見艙底圓如方如圭而楞如半月形者斜而尖

順風施帆帆時搖尾隨絕而由不多作然點也
艙前置設架架之住人每架兩層上層下層皆有卧榻
之之為雕闌鏤户玲瓏璀璨盥盤溺注唾壺懸頭琉璃
掛燈水晶貯瓶繡氈支脚文廚界榥 又後層安問時
之壁嵌照身之鏡金碧奪目徹皇眩轉直欲將五
官而迷亡性也
船身過半浸水故載輕則多貯沙石少得安穩而行
舟之火便轉輪之輪名便石炭故有行之便計程載炭
過之炭處程有限而炭不足之寧回舟之如
艙外謂之甲板之板層比灰縫之鑄加漆膏油雨水

御船各有所任而別有幾人々々各一壺油一條巾時々塗抹時々拭淨凡們機械繩類皆光堅可使聞彼人之言非直行船之時則々事閒暇々日亦宜不住塗抹不住拭淨不如是船不可行有船不如無船也

船西頭夾底又夾長百尺者高可二十尺高三十尺者十餘尺直沈水然後可免傾覆之患蓋西船底平不銳淮水々多風順揚帆而去猶如鶻閃者而此則船身直如以刀割物船為刀而水為物也蓋非大風有風亦行無風亦行一船之力專借石炭々火蒸機輪自蒸機輪轉而船行如飛而船背則常捲々不止機

流夾板幔帆々間煙筒可謂奇觀之所不到也年兼
前使登列邑守令列幕津頭為送行也舉盃相屬皆
默然無語房妓牢阻設門草梁館至釜山鎮路有設門所以限彼人不出也
不至多惟有前排妓幾名亦皆田員反袂一不忍告別也
遂登々舩々中迎接官以下皆日本人也船是初
見人亦初見雖面目與我人同而衣冠異制言語不
通面々相覷不知所以為禮惟簡重自持甚默修謹
而已
船制論觀之亦不可叙從今抄重不可深悉探微大
抵一船皆是機圖一機編渋一船不動故船中行舡

乘船 九則

四月二十一日發東萊二十六日下釜山二十七日行海神祭祭文安司果光默製初欲自爲之餘以隨員將事並𥳑從常務官事例冊二十八日行宴東萊水使爲主人以章服相見後酒半遞改時服進宴床後改紅笠戎服東萊爲使蔚山府使梁山郡守機張縣令釜山多大兩僉使及各驛丞各倅堠邊將皆會遂命妓作樂犯肉迭奏可忘征人之愁盡歡而罷以其望月小盡之日

乘火輪船

乘船之日大張威儀出草梁之津望見一大船立中

鴨八百餘里馬島至此又六百餘里計
野陽時路并逶行七千餘里
美府留五日還發抵(九有日)京一千一百有十里並七站
爲二千二百有十里是行往回通計爲一萬四千二
百餘里

癸亥曉行船一宿于舟甲子早朝泊赤馬關一晝夜
行一千七百里快哉下船午飡于永福寺少歇旋復
上船
是日申刻行船是夜大風行三百餘里後退舟還泊
于赤關地又一宿乙丑風勢猶逆不得已還泊行
至對馬島下船宿以酊庵々僧玄蘇壬辰一倭以貞
生丁酉我　勝教王特賜號以酊庵者也丙寅午赴
舊々島主宗義和宗重家宴申刻乘船夜初風稍息
如行船一宿舟中翌日丁卯還泊釜山浦赤關距此
八百里而赤關之迭國爲七百餘里自赤關至對馬

用演劇又老隠至嘉達館便安寢上船
丙辰初神手縣務省告別
丁巳還發至横濱火輪車至横濱價之間午後未
刻乘船至横水河停船一宿戊午未刻又為阻風
迂回五百餘里至泊横水河傷至三十里地又一宿
舟中己未巳刻初船二宿于舟辛酉始達神戸則閏
月初一日也宿不下船仍宿舟中壬戌歇下船又歇
會社觀進午後還上船又一宿横濱拔帆二千四
百里至横水以前無邊迂可五六十里横水以後迂回
又五百餘里合計可為三千餘里

乙巳觀調于陸軍省内教場歸路入外務省午飡
丙午赴宮本少一之長萬田
丁未觀海軍省轉赴井上衛宅
己酉赴對馬舊島主宗重正家其之深川別業
庚戌赴森山茂家
辛亥觀陸軍省之兵學寮午飡于小石亭上轉至工
部省之工學寮觀電線[illegible]歸路赴工部卿伊藤博文家
宴
癸丑觀太學謁先師塑像歸路觀開成學校東京女
子師範學校

未回抵此一千七百里朔下船歌市中會社之樓進
午飧申刻還上船宿舟中
乙未辰刻發船行二宿舟中丁酉朔泊橫濱神戶抵
此二千四百里下船少歇刻鐵路回此抵江戶一百有
十里則陸路也午後申刻抵江戶之延遼館舊大藏卿家一名
富小路館因留焉書或辯事每往夜宿于此
戊戌行禮于外務省
庚子行禮于赤坂宮歸路歇御花苑進午飧森山
茂之所供具也
壬寅饗宴宴下船于延遼館此之稱延遼館歸路觀博物院

而在者歸而說日東勝觀於杖屨從頌之地先生亦以欣聽而徵義之不自專美於前楊之遊而人代繼然今不可得從為之悵然

丙子四月二十九日庚寅乘船釜山浦是月小盡五月初一日辛卯朝抵長門州之赤間關(一云赤馬關或單稱赤關)半晝一夜三宿舟中舟以晝夜行人宿而舟不宿也停船中流以小舟下陸(乘船下船必中流停船以小舟下上蓋此船不能泊淺處後皆倣此)入永福寺進午飡(自此舟中或停泊時別供必自地方官承外務省指揮進排)因留一宿釜山抵此為八百里

壬辰還上船未刻前進二宿舟中甲午曉泊神戶港

歇宿附程里〇八則

是行也遊覽程里歇宿詳于彼而我之使則聞之耶聞之
也排站之爲某邑出站之爲某邑之亭之爲某人去
時朝陽閣之留一日紛寄謁梵魚寺通度寺之是
爲二宿嶺南樓之優緣三宿達城府之病滯留一日
俱有掌務官事例所取載可取而考也若夫朝陽閣
之軒敞梵魚寺之幽絶通度寺之傑巨嶺南樓之宏
豁亦俱歷附而不可忌也而通度寺有中海藏之贊
影壁張而袍笏拜之亦一嶺海之奇緣也男便是生

旱也
還渡後對我人輒曰雨晴晴一直亢旱田家之情孰曰
甚主壁四萬靈名漢漢留萊府第二日輒蒙通度寺
朔日移雨帰路抵善山府之日過雨中路進雨具俄
而撤去

所不塼鋪處泥滑々難以步也

長崎國赴宴之日雨而馬車似便利不足憂也

海軍省觀放水雷砲仍赴井上衛家宴適逢雨々終

日霍下夜深罷歸々時尚未已

還發橫濱宿橫〻水河之夜大雨達朝

神戶港還泊之朝雨是日閏五月初一日也待雨歇

歸紛坐　闕禮

赤馬關還發之夜大風舟幾覆者屢

在彼境時五六日忽雨而彼之言此時必大雨而今

年不然云以我見之雨暘甚適而以彼言之亦一大

陰晴十二則

是年亢旱有水之田且龜坼而路上之塵沙堆面行人阻雨行人之愁而猶望其雨下也雨竟不下始終往返油後閣無功

赤間關至神戶之曉小雨被服盡濕色為之渝

發神戶又出大洋不風而舟搖〻不已而又加之風行人之憂可知也

抵橫濱之曉大雷電以雨〻注下如箭

下馬宴日未暮遽被逐雨而歸〻路入博物覽之中庭

限告戒語而詢之已去也

此里親朋恨到于一念之地多於一壺一畫一杯之
酩酊大醉菊田孝文八耆老城久子魏善稱元櫻杖
履而至照之㢘悅歸之以朝門命夕飲泳古人使絕
國之事
徐殿卿之逗留横濱縣之事俱是一段奇緣趣也
勝之崇外一節尤是奇緣中奇緣看朝陽閣之筆德
照蓬萊館之叙歸試宕海離合有如是者而酒筵回
彝書彩如龍腔碇筆一曲紅妓如鳴咽甑峰凡
出如角聲耳出欲烟斷舟艇撲地而火輪船上居然
坐我矣魚呈執平生剛腸人也申勸恨到炙於有矣

然感激于中聊以為生惟日竭蹶少寓古孝子終身
之慕者今焉遠違萬里不可淹也雖後肝腸如鐵石
難免淚落如霰也
陛辭之時 主上飭諭中之美行程占歸期丁寧惻
怛若家人父子至使之進前仰面恭瞻 天顏 至
意所在可以仰測也臣不勝皇恐感泣之至雖即日
滅死可無餘恨四陛辭之日即丙子四月初四日也
設祖帳南門外八公卿大夫士傾城而出珍重叙別時
西日銜山江樹蒼蒼而車馬之絡繹不絕也及復起
分袂一揖而登車

別離 大別

自受命之日日以理行爲事於期促也間一由徃省姑若之行則期尤促追卒卒無暇作別離想而戶外之屨常借墅言別也或論其奇遇或羨其壯觀或讓其艱還而皆非也雖關大丈夫無不以王事遠役叮囑不已其憂危之也

老妣弱女立而期來言與病妻皆强言笑自若而觀其理針薪親酒食一倍加之意忽忽然若將余之不復能喫着於家室也而要之不以動心至辭家廟之時忽

所以紅毛之遍天下也所至風靡而獨關之廓也拒之截也一日而力絀而服焉笑其笑罵其罵皮相之一紅毛耳而其中則闖不然也故森山茂之與我人言切切然自愧其衣冠(時日本官人皆從洋衣冠)也時或屏人自立其三指謂我曰我與貴國與中國多能知是焉何歐邏巴之足畏也云此其人足與語禦洋之術者也子其行必嚴其廣而結之也余唯唯或云忠信篤敬蠻貊可行子其忠信言而篤敬行使乎使乎從古所難之子其愼之余唯唯而亟起而拜之

或云我之婦女彼之所甘心也彼之婦女亦甘心我丈夫白晝大塗解脫相抱子之行必慎之今日之失他日之報也子又無畏乎游覽我之游覽則彼之游覽也子其慎之子其慎之余唯唯

或云子其無慮焉渺渺滄溟一壯觀也江戶山川一壯觀也我之使彼之喜也彼既喜之必其館舍之壯麗也饌飧之豐腆也禮數之恪恭也火輪之艇一艇而千里穩往遄旋親庭已而反通子其何慮之有余唯唯

或云彼國自立之國耳自在存亡不受人牽制者耳

商略 六則

使以修信名修信者講舊修好敦申信義辭命以導之威儀以濟之不激不隨唯慎自持苟不辱 君命庶幾其可耳

或云倭則洋之弟也鬼而倀也賊而儒也嶺湖之害同國海之藩籬也湖西南之秔稻嶺東關北之金銀銅鐵虎之皮熊之膽鹿角之茸皆彼之所大欲也其言甘如飴其貌欣欣 如暴日之識而其情則叵測也子其慎之余唯唯

亦賂我所以並善而滅也若以我得有伏波[馬]之薏苡者妄耳

附

內賜使臣贐行物目

胡椒三斛

摺扇九柄 白貼扇三柄 漆貼扇三柄 油別扇三柄

臘藥七種 清心元十丸 九味清心元十丸 蘇合元十丸 廣濟丸十丸 [illegible][illegible]丹三十錠 薄荷煎八丸 紫金錠七錠

行具 四則

冠帶衣履件件皆具茶丸酒餌物物料理萬里行人
所不可已也
經卷數種要遣人寰綃紙墨香品爲供行廚馬以馱之 治
又麗跣[illegible]輕裝也
內賜使臣一行盤纏隨行中贈遺禮物具係掌務
官事例冊子由前而僉遷其次亦惟視法於後無事
來見較其尊卑無增減修信之行商販非急務也一行
戒吉[illegible]顧回[illegible]所以無增而[illegible]以之贈彼彼
了學申禁
去時所謝

伴倘副司果安光默

前郞廳金相可

書記以下自辟入 啓者並別遣堂上三員堂下譯

官五員共十六人僕人金漢元奴子漢釗漢甲軸子軍官並一名

十名各房奴子九名萊府書記邊宅浩姜益洙知

印洪敎㬓朴永浩童浩朴文燦貝倅小通事四名

樂工六名並砲手二名令旗手二名角手二名螺手

二名笳手二名鉦手二名鼓手二名日傘直一名廚

房馬頭一名使喚七名並洋傢在當務例冊子

鼓手一名

隨率 二則

別遣堂上嘉善大夫玄昔運 訓導也 號紫英

學務官前參奉玄濟舜

乾糧官前參奉高永喜 以上倭譯也

別遣漢學堂上嘉義大夫李容肅 號菊人

書畵員副司果金鏞元

書記副司果朴永善

軍官前郞廳金文植

前判官吳顯耆

余以謏才蔑學雖忝備使　命亦恐不稱今焉到彼
文身目所未覩也鯨波駭浪足所未涉也侏儒詭奇
之是之循焉黿鼉蛟鱷之是之抗焉其不懼然而矍
瞿然而懼者幾希矣而士大夫出身事君〻耳忘身
國耳忘家若夫吐剛而茹柔舍險而就易義之所不
敢出也是以惟懼身對之非其人固不復以跋涉
為懼逌然坦然如赴樂地則長風破浪人及有義之
者而璥齋朴相國書以來曰悵吾年侵之公然到此
此游遂譔與吾友也

差遣之外

朝廷今彼雖欲害而去究其中終不釋然我〻苟先彼而使彼必望外喜之我乃惠而懷之義而制之正而服之信而結之不害為唇齒我屏翰我詢謀同而措劃定於是大政府啓向者日本使船之來專由於修好則在我善鄰之意亦宜及今專使以為修信使號以修信使稱隨從人金綺秀特為加資差下令該曹口傳付隨帶人員以解事者量宜擇送事 允下 時

丙子二月二十有二日也

臣不報隱其號名之僭妄也是以有春間沁都前後役
沁都之役其所謂辨理大臣黑田淸隆井上馨等來
道其天皇之稱所由來久特以前日關白爲政往來
文字無是稱今則天皇親政所以文字之有皇帝號
也其以皇帝自尊而已無他意也且謂我棄好又加
責
言朝廷始悉其無他許續舊好彼使歡喜而去

日東記游卷之一

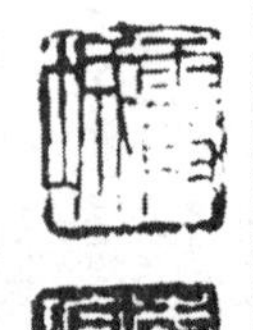

事會二則

日本之國界我東南東萊府而去四百有七十里爲對馬之島由此而或水或島嶼而至長門州之赤馬關始其境連陸之地也由此而大坂之城江戶之二城皆其之都也 國朝以來時有使价往來至 宣廟壬辰平秀吉爲關白即日本之大臣攝權漢霍光傳先關白光之語故以關白稱博陸侯而其所謂天皇擁虛器皇洛只傀儡無所爲是兇無所不至 宣廟特念民生之塗炭不肯較而與之和三百年間民慶不絶 今上戊辰其國廢關白而天皇親政致欵于我邊

009729

日東記游上

日東記游

一

2

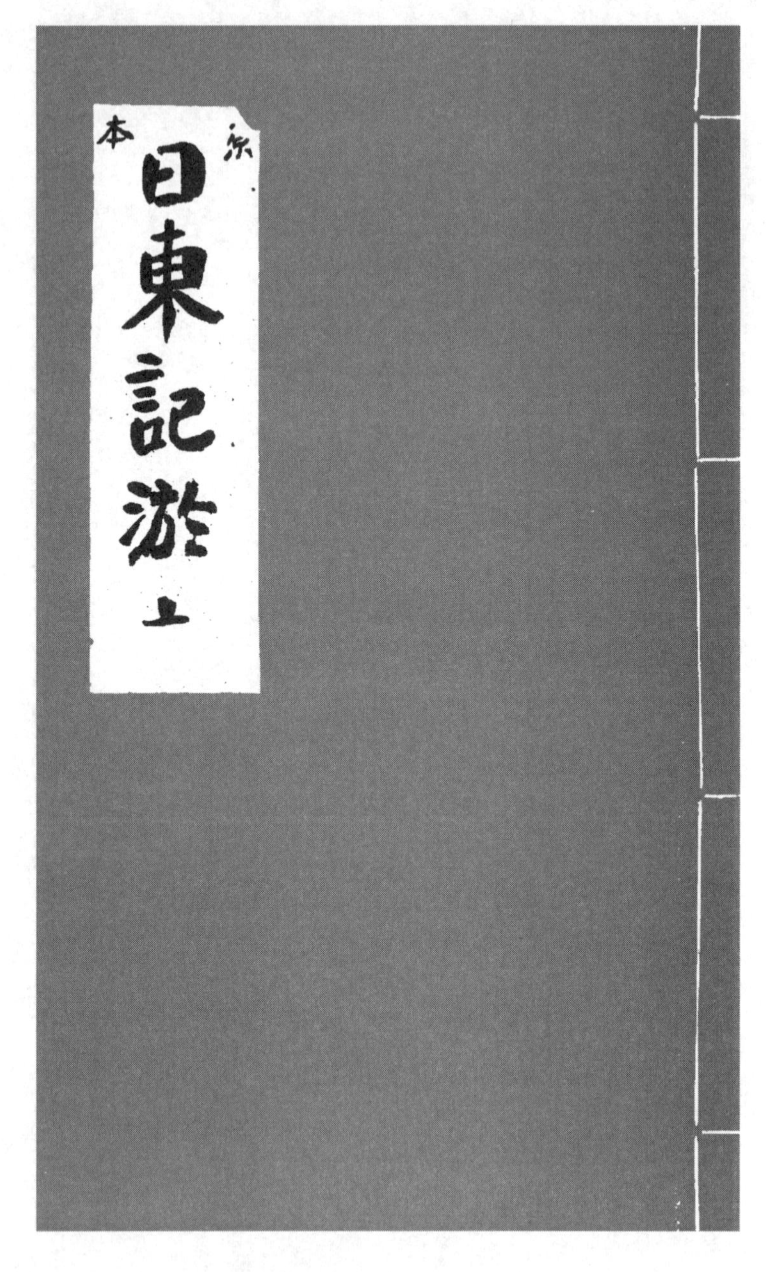

1

【영인자료】

日東記游

일동기유

여기서부터 영인본을 인쇄한 부분입니다. 이 부분부터 보시기 바랍니다.

구지현

연세대학교 국어국문학과 및 동대학원 졸업
선문대학교 국어국문학과 교수

수신사기록번역총서 1

일동기유 日東記游

2018년 2월 22일 초판 1쇄 펴냄

지은이 김기수
옮긴이 구지현
펴낸이 김흥국
펴낸곳 보고사

책임편집 황효은
표지디자인 손정자

등록 1990년 12월 13일 제6-0429호
주소 경기도 파주시 회동길 337-15 보고사 2층
전화 031-955-9797(대표), 02-922-5120~1(편집), 02-922-2246(영업)
팩스 02-922-6990
메일 kanapub3@naver.com / bogosabooks@naver.com
http://www.bogosabooks.co.kr

ISBN 979-11-5516-768-7 94910
979-11-5516-760-1 세트

ⓒ 구지현, 2018

정가 32,000원

사전 동의 없는 무단 전재 및 복제를 금합니다.
잘못 만들어진 책은 바꾸어 드립니다.